IN TEUFELS KÜCHE

Jörg Zipprick

IN TEUFELS KÜCHE

*Ein Restaurantkritiker
packt aus*

1. Auflage 2011

© Eichborn AG, Frankfurt am Main, Februar 2011
Umschlaggestaltung: Christina Hucke
unter Verwendung eines Fotos von Hartmuth Schröder
Lektorat: Dr. Barbara Werner van Benthem
Ausstattung, Typografie: Susanne Reeh
Satz: Fotosatz Amann, Aichstetten
Druck und Bindung: CPI – Clausen & Bosse, Leck
ISBN 978-3-8218-6524-9

Eichborn Verlag, Kaiserstraße 66, 60329 Frankfurt am Main
Mehr Informationen zu Büchern und Hörbüchern aus dem Eichborn Verlag
finden Sie unter www.eichborn.de

Inhalt

Prolog: Die Herren mit den weißen Westen
oder Das kommt davon, wenn man zu neugierig isst

Das Telefon klingelte. Wieder einmal. Das Telefon hatte an diesem Tag schon etwa 252 Mal geklingelt. Griff ich zum Hörer, schnaufte jemand und legte anschließend auf. Überließ ich das Gespräch dem Anrufbeantworter, wurde nicht einmal geschnauft.

Es gab nur wenige Gruppen von Menschen, die sich durch meine Recherchen gestört fühlen könnten. Die meisten gehörten einem Berufsstand an, den ich einst verehrt hatte. Viele davon waren Köche, Spitzenköche sogar. Auch ihre Lehrlinge oder Lieferanten kamen als Anrufer in Frage.

Früher, da hatte ich einen Traumberuf gehabt: Essen gehen und dafür bezahlt werden! Was für ein Privileg! Essen muss ja jeder. Gut, ich musste auch darüber schreiben, wenn ich Geld für das Essen erhalten wollte. Aber es gibt Schlimmeres als bei Tisch zu sitzen und sich von wohlmeinenden Weißmützen füttern zu lassen. Zumal ich jung in dem Job angefangen hatte und über Jahre die Speisekarte sozusagen von oben bis unten genießen konnte: Top-Köche in Paris, London, New York oder Barcelona durfte ich beschreiben, mit Krabbenfischern in Charleston grillen, Kaviar- und Abalone-Farmen besuchen, Rohmilchkäse an Loire und in der Provence beim Reifen zusehen. In Mexiko hatte ich Millefeuille von Jicama (eine lokale Knollensorte) und Mango gekostet, in Thailand Kochkurse belegt und dabei karamellisierten Schweinebauch mit Palmzucker und Piment angereichert. Touren zu den Restaurants von Marrakesch, Moskau, Kuala Lumpur rundeten meine Restaurantkenntnisse ab. Es ging mir gut; zumindest so lange, bis mein Magen den Appetit und mein Hirn die Lust am Superlativ verlor. Schließlich war seit Jahren jeder beschriebene Träger einer Kochmütze mindestens »erstaunlich«, wenn nicht »genial«.

Wenn ein Kritiker einen Koch lobt, dann ist er, der Schreiber, erst einmal der Größte. Kritisiert er den Koch, ist er ein Unmensch. Wenn der Koch jedoch befürchten muss, sein Kritiker könnte schreiben, dass vermeintliche Handwerkskunst nur noch Teil der Entertainment-Industrie ist, dann wird Letzterer nur noch als Zielscheibe gesehen. Über Geschmack lässt sich unter zivilisierten Menschen nicht streiten, meinen Sie? Irrtum! Menschen schlagen sich wegen Geschmacksfragen gegenseitig die Zähne ein.

Die Gastronomie von heute lebt von Mythos und Wortgeklingel; was dahinter steckt, wird sorgsam verborgen. Und die Köche sorgen mit ihrem ständischen Bewusstsein (»kein Koch darf schlecht über einen anderen reden«) täglich dafür, dass jeder Missstand unter die Küchenfliesen gekehrt wird.

Ich war zu neugierig gewesen, das war mein Fehler. Monatelang hatte ich regelmäßig Profimärkte besucht, die sonst nur von Köchen und Einkäufern frequentiert werden. Ich wusste, was die Profis kauften, wo sie es erwarben und wer ihnen all das verkaufte. Sie würden staunen, was für ein reichhaltiges Angebot es jenseits von Fleisch und Fisch, Obst und Gemüse auf Profimärkten gibt. Ein paar Köche würden Kritik einstecken müssen, Telefonklingeln hin oder her. Die Herren der Herde hatten ein fieses, unappetitliches Süppchen zusammengerührt. Ich hatte es noch warm vorgefunden und wollte es in ein paar Tagen einem größeren Publikum servieren. Das schmeckte gewissen Köchen nicht. Einer der ganz großen Herdmeister hatte es sogar geschafft, über einen befreundeten Journalisten ein gefälschtes Interview mit mir in der spanischen Tageszeitung *Vanguardia* zu lancieren. Aus einer simplen Plauderei über Kaffee wurde eine Liebeserklärung an einen Top-Koch. Es war ebenso beunruhigend wie schmeichelhaft. Allein die Aussicht auf einen Blick hinter die Kulissen verschreckte das gastronomische Establishment so sehr, dass mir im Ausland das Wort im Hals verdreht wurde. Köche können so etwas bewirken, denn Köche sind heute mächtig. Zehn Jahre kulinarischer Boom auf allen Fernsehkanälen, auf Kunstausstellungen und zahllosen Food-Festivals hatten nicht nur eine »Kochindustrie« mit multiplen Vermarktungsmöglichkeiten geschaffen, sondern deren Protagonisten zu Übermenschen stylisiert: Der Koch ist Rockstar, Künstler, Magier und Philosoph zugleich und neuerdings zudem Experte für so gut wie alles. Bald wird uns ein Mitglied dieses Berufsstandes Finanzkrisen, Innenpolitik und bewaffnete Konflikte über einer Vorspeise erklären. Solche Spitzen- und Fernsehköche sind mächtiger, als wir gemeinhin denken. Weil das Publikum sie liebt. Weil ihr Gesicht Auflage und Einschaltquoten verspricht. Und weil sich in ihren Lokalen die Crème de la Crème der Wirtschaft trifft, darunter einige meiner Arbeitgeber. Einer meiner französischen Kollegen ist einmal 14 Tage frei gestellt worden, weil er einen weltbekannten Spitzenkoch kritisiert hatte; die Weißmütze und der Verleger hatten das nach drei Gläsern Armagnac, zwei Flaschen Wein, alles natürlich untermalt von einem ebenso leckeren wie kostenlosen Menü, unter sich beschlossen. Das kommt vor, auf dem kleinen Dienstweg geht wirklich vieles.

»Spitzenköche« sind vielleicht die einzigen Menschen, die ihre Kritiker unter Applaus der Presse als »Fotzen und Essigpisser« beschimpfen können – der Franzose Thierry Marx hat das am 12. Mai 2010 im Interview mit *Lyon Capitale* tatsächlich getan. Köche dürfen Patente anderer Menschen plündern, um sich dann als Erfinder aufzuspielen und noch mehr Steuergelder einzustecken, die in der Politik spielend zehn Karrieren durch Dienstwagen-Skandale beendet hätten. Der Politiker wird dafür abgewatscht, der Koch gelobt. Denn Menschen lieben Köche und Liebe hat nichts mit Vernunft zu tun und macht ohnehin blind. Ich gehörte ja früher selbst dazu, habe blind geliebt und brav meine Tellerchen leer gegessen.

Das war vorbei, und weil ich so manches wusste, was Köche ihren Gästen gerne verschweigen, klingelte jetzt mal wieder das Telefon.

Die lange Ankunft
Was wohl am Essen Spaß macht?

Schnaufende Köche am pausenlos klingelnden Telefon, falsche Interviews, unappetitliche Süppchen … Wie war ich da hineingeraten? Und was hat das alles mit Restaurants zu tun?

Bücher über Restaurants und ihre Kritiker beginnen meist in feinen Lokalen mit edlen Leckereien, dann folgt irgendetwas über den Sinn des Lebens und den Sinn des Essens. Bücher über Telefonterror beginnen aktionsreicher: Ein fremder Mann in Schwarz könnte vor mir zusammenbrechen, während ich gerade Frühstücksbrötchen hole, würde mir mit letzter Kraft einen Koffer aufdrängen, voll mit geheimnisvollen Listen …

Nur: So war es nicht. Schon weil die Geschichte auf den kommenden Seiten auch meine Geschichte ist, will ich sie nicht aufhübschen. Zu Beginn meiner Reise wusste ich über den Sinn des Essens wahrscheinlich weniger als jeder Leser von heute. Damals war ich 20 Jahre alt und studierte an der Universität zu Köln ein populäres Fach, das nach Ansicht maßgeblicher Professoren direkt in die Arbeitslosigkeit führte. »Wenn Sie die Chance haben, im Leben einen anderen Job zu ergreifen, dann zögern Sie nicht«, hatte ein Professor mir und 500 Kommilitonen gleich am ersten Tag des ersten Wintersemesters erklärt. Ganz abwegig war die Berufswahl unter dem Motto »Schreib doch mal was« nicht. Geschrieben hatte ich seit Jahren, vorzugsweise per Hand und für die Schublade. Es war vielleicht auch kein Zufall, dass ich später über das Essen schrieb. Wahrscheinlich hing es damit zusammen, dass ich mich jeden Morgen schlecht fühlte. Kotzschlecht. Entschuldigen Sie den Ausdruck, doch er entspricht der Wahrheit. »Wirklich speiübel« trifft es einfach nicht. Es zwickte und klemmte im Bauch, als hätte jemand in meinem Innersten eine Hummerzucht begonnen und ließ die stärksten Krustentiere täglich in Gladiatorenkämpfen gegeneinander antreten. Natürlich ging ich zum Arzt, mehrfach. Der schaute mich irgendwann bitterböse an, murmelte etwas von multiplen Magengeschwüren im Anfangsstadium und sagte: »Falls

Sie so weitermachen, junger Mann, ist in fünf Jahren Ihr Verfallsdatum erreicht.«

»So weitermachen?« Ich machte ja gar nichts. Ich rauchte nicht, ich trank nicht und schlug mir nicht die Nächte um die Ohren. Jeden Monat ging ich zur Apotheke um drei bis fünf Medikamente zu holen. Irgendwann schaute mich auch der Apotheker eindringlich an: »Junge, eigentlich kann ich mich nicht beschweren. Du bist ein guter Kunde.« Mein Apotheker durfte mich duzen, er hatte mich seit dem 13. Lebensjahr durch jedes Wehwehchen begleitet. »Was du hier bekommst, kann dir eine Zeit lang helfen. Es wird dir aber nicht dein Leben lang helfen.« Mein Blick schwankte von seinen Augen zu meinen Schnürsenkeln. Der Apotheker bemühte sich um einen väterlichen Gesichtsausdruck: »Sieh es doch einmal so. Stelle dir bewusst die Frage, was dir am Essen Spaß macht.« Dann packte er meine Medikamente in ein Tütchen und lächelte.

»Was mir am Essen Spaß macht?« Genauso gut hätte der Mann mich fragen können, was mir am Tanken Spaß macht. War es der vibrierende Tankstutzen oder der Anblick der Nadel in der Spritanzeige, wenn sie nach dem Tanken plötzlich nach rechts schnellte?

Trotzdem dachte ich jeden Tag, wenn die Hummer in meinem Inneren zwickten, an die Worte des Apothekers. Was, wenn der Mann Recht hatte?

Essen, das war Nahrungsaufnahme. Dazu sitzt man bei Tisch und unterhält sich. Natürlich, ich aß lieber gut als schlecht. Zu Hause achteten wir auf frische Zutaten, ich selbst kochte mich so durch und probierte gelegentlich etwas nach damaligen Maßstäben Exotisches, wie selbst gemachte Saucenfonds. Wenn in der ZDF-Sendung *Drehscheibe* die Fernsehköche Ulrich Klever und Max Inzinger etwas zubereiteten, saß die Familie vor dem Bildschirm und staunte. Damals gab es in meinem Weltbild vier Köche: Klever, Inzinger, Bocuse und einen gewissen Eckart Witzigmann. Den stellte der *Spiegel* 1979 als »Hamlet am Herd« vor, sein Parfait von Perigord-Gänseleber, die Wachtel mit Ragout aus Waldpilzen und die Medaillons vom Rehrücken mit Portwein-Sauce wurden gelobt. Ich wusste das noch so genau, weil der *Spiegel* damals fast nie über Köche und Gänseleber-Parfait schrieb. Es war eine absolute Ausnahme. Außerdem hatte ich das Wörtchen »Parfait« vergeblich in mehreren Lexika nachgeschlagen. Irgendwann erschienen dann Berichte über einen neuen französischen Restaurantführer, den nach seinen Gründern benannten *Gault Millau*. Die beiden hatten eine Kölner Institution massiv kritisiert, den »Goldenen Pflug«. Köln hatte sich darüber ein wenig geärgert. All das brachte mich einer Antwort auf die Frage, was mir am Essen Spaß machte, keinen Schritt näher. Was konnte am Essen auch Spaß machen? Mir selbst fiel zu der Frage höchstens »schmeckt gut« und »macht satt« ein.

Mit einem gewissen Sinn für Logik sagte ich mir, dass die vier Köche eine Antwort parat haben müssten. Mit all dem, was Klever und Inzinger in der *Drehscheibe* zeigten, konnte ich nicht wirklich sicher sein, dass diese beiden wussten, was es mit dem Parfait auf sich hatte. Sie schieden also aus. Bocuse und Witzigmann lebten weit entfernt. Eine Ausweichlösung musste her. Ich suchte sie in der Bibliothek. Wikipedia existierte noch nicht. Kölns renommierteste Buchhandlung hieß damals Gonski. Irgendwann stöberte ich so lange in den Regalen, bis ich den Weg zu den Restaurantführern fand. Interessiert durchforstete ich den drögen *Michelin* und den wesentlich amüsanteren *Gault Millau* und schaute dann noch an einem Bahnhofskiosk *Feinschmecker*, *essen & trinken* sowie *VIF Gourmet Journal* durch. Jedes der Magazine hatte seinen Starkritiker. Der erste hieß Wolfram Siebeck, die anderen beiden Gert von Paczensky und Klaus Besser. Alle drei mussten eminent wichtig sein, schließlich schmückte je ein Foto ihre Texte. Den Namen Siebeck kannte ich immerhin aus der Wochenzeitung *Die Zeit*, die im elterlichen Haushalt seit jeher traulich vereint mit dem *Stern*, dem *Spiegel* und dem *Kölner Stadt-Anzeiger* auf dem Wohnzimmertisch lag.

Bei Durchsicht der Literatur fand ich ein halbwegs in meiner Nähe, in Grevenbroich, gelegenes Lokal, das alle Autoren einhellig lobten. Es hieß (und heißt) »Zur Traube«, sein Besitzer trägt den Namen Dieter Kaufmann. Beides verfügt über einen soliden Klang.

Diesen Kaufmann würde ich fragen, was am Essen Spaß macht. Ob ich danach gesund und glücklich leben würde, wusste ich nicht. Aber ich hatte es wenigstens versucht. Sicher, die Traube-Menüs waren ziemlich teuer, 98 DM, eine Stange Geld. Ich zögerte. Einmal fuhr ich an der »Traube« vorbei, blickte zuerst auf das blitzweiße Haus, dann auf die Speisekarte. Was wurde da eigentlich serviert? Dort stand … Parfait, das große Unbekannte, nicht von der Stopfleber, sondern vom Stör. Neugier mischte sich mit dem Hummerzwicken in meinen Eingeweiden. Ich reservierte für die kommende Woche. Nach einem Tisch am selben Abend fragte ich gar nicht erst. So ein feines, weißes, vornehmes Haus, das musste ständig ausgebucht sein, dachte ich mir. Und dann saß ich dort inmitten von fleißig arbeitenden Herren und Damen in Schwarz. Gerade erst hatte ich bestellt, schon kam ein Tellerchen mit einem grauen Viereck und schwarzen Kügelchen oben drauf. Das hatte ich doch nicht bestellt! »Als Amuse-Gueule servieren wir Ihnen …«, setzte die Dame in Schwarz an. Ich hatte nur eine vage Idee, was ein Amuse-Gueule sein könnte, hoffte aber, dass es sich nicht allzu schmerzhaft auf der Rechnung bemerkbar machen würde. »… unser Parfait vom Stör mit zweierlei Kaviar.«

Zögernd tauchte ich die Gabel ein, führte das Parfait zum Mund, zerdrückte die Kaviarperlen mit der Zunge am Gaumen. Beide wurden sofort von intensivem, harmonischen Geschmack nach Meer eingehüllt. Parfait, das wusste ich jetzt, war etwas Perfektes. Nach Variationen vom Wildlachs, Seeteufel und Hummer auf Pasta, Steinbutt im Gemüsesabayon und Rehrücken in Steinpilzsauce kam Dieter Kaufmann an den Tisch, in strahlend weißer Weste. Ich musste die Frage nach dem Spaß am Essen gar nicht mehr stellen. Die Antwort kannte ich bereits.

Der Entenwürger von Nantes
Geschichten aus den Lehr- und Wanderjahren

Der erste Löffel Parfait vom Stör mit zweierlei Kaviar in der »Traube« bildete einen dieser Klischeemomente: Wie der Blinde das erste Mal die Farbe sieht, so schmeckte ich das erste Mal, was Essen auch sein kann: Liebe auf den ersten Biss. Ein Löffel voller

Glück. Streicheleinheiten für die Seele. Ich war geschmacksblind gewesen, jetzt wollte ich mehr sehen, viel mehr, die ganze Welt des guten Essens.

Die erste Auswahl für weitere magische Esserlebnisse fand sich vor der eigenen Haustür. In und um Köln gab es für Genießer damals schon viel Gutes. Da konkurrierte der »Goldene Pflug« mit der »Goldenen Pfanne«, französisch »La Poêle d'Or« getauft. Und da war das »Chez Alex«, ein gediegenes Lokal in der Altstadt, in dem roter Samt vorherrschte. Dort sah es ein klein wenig so aus, als würde ein Bordell in New Orleans Napoleon als Gast erwarten, was ich von heute aus gesehen durchaus anerkennend meine. Unser Besuch fiel in einen ruhigen Abend. Meine damalige Lebensabschnittsgefährtin und ich waren die einzigen Gäste. Die Frau des Hauses verließ das Lokal, nachdem sie uns begrüßt hatte. Zumindest hatten wir sie den Rest des Abends nicht mehr gesehen. Ich versuchte, die Grabesstille mit einem Spruch zu überspielen: »Siehst du, Schatz, dieses Lokal habe ich ganz allein für dich gemietet.« Wir haben uns das teure Menü verkniffen, bestellten mit Lachsschaum und Kaviar gefüllte Seezungenfilets, übrigens eine Spur zu durchgegart. Kaum setzten wir die Gabel an, schallte es aus der Küche, deutlich hörbar in den Gastraum herein: »Eh, mach das noch mal und ich plätte dir die Fresse.« Diese Bemerkung richtete sich höchstwahrscheinlich weniger an uns als an irgendeinen Küchenjungen. Es war meine erste Begegnung mit dem rauen Umgangston in Profiküchen. Es sollte nicht die letzte bleiben.

Gemeinsam futterten wir uns so durch Köln und Düsseldorf, mal beim Italiener »Rino Casati«, mal in der »Tomate«. Irgendwann stöberte ich wieder durch die Regale bei Gonski, siehe da, in der Kochbuchabteilung fand gerade eine Signierstunde statt. Restaurantkritiker Gerd von Paczensky hatte ein Champagner-Buch geschrieben. Der Ansturm der Kölner blieb überschaubar. Ich kannte Paczensky als Leser von *essen & trinken*. Eigentlich las ich ja lieber Siebeck. Der Mann mit den gütigen Augen und dem sorgsam gestutzten Vollbart erzählte Geschichten aus einem gelobten Land und einer glitzernden Stadt am Fluss. Meistens war Frankreich nebst Paris gemeint und beides lag nicht allzu weit von Köln entfernt. Siebecks Ausführungen waren schon deswegen faszinierend, weil jeder seiner Texte wie Champagner prickelte (und hoffentlich noch ganz lange prickeln wird). Nur einen anderen gab es, der ihm das Wasser reichen konnte, der aber schrieb in einer Fremdsprache. Christian Millau hieß der Mann, 1969 hatte er die *Gault Millau Guides* gegründet. Die Texte von Siebecks Kollegen in anderen Blättern prickelten im Vergleich zu ihm eher wie, sagen wir mal, Gerolsteiner Mineralwasser. Sie sprudelten dennoch weit spritziger als heute, wo ich viele Gastronomie-Beiträge so spannend finde wie feucht abgehangenes Knäckebrot. Siebeck war eben immer schon eine Klasse für sich. Er war der Papst. Paczensky war nicht gerade der Gegenpapst, mehr eine Art Kardinal und im direkten Gespräch weit witziger als in seinen Texten. Da stand er also bei Gonski, mit seinem Champagner-Buch in der Hand, erzählte Geschichten von Pommery und Taittinger, von Gosset und Veuve Cliquot. Und ich fragte ihn, wie man denn Restaurantkritiker würde. »Wer kritisiert, muss vergleichen können«, meinte Paczensky. »Wer vergleichen will, muss Referenzen haben. Die bekommen Sie hier nicht. Reisen Sie, wenn Sie Essen lernen wollen! Zum Essen muss man reisen! Der Rest findet sich.«

Also fing ich an zu reisen. Erste Station bildete das »Comme chez Soi« in Brüssel zu gut Deutsch »wie bei sich zu Haus«. Damals war es ein besseres Bistro in einem Arbeiterviertel. Drinnen wartete ein enger Saal – zwei Sitzreihen, schmale Tische. Serviert wurden Mousse von Ardenner Schinken, Seezungenfilet in Rieslingschaum mit grauen Krevetten und gebratene Lammnüsschen mit Gemüsen. Schon wegen Mousse und Rieslingschaum hatte sich die Fahrt gelohnt. Pierre Wynants, der Mann am Herd, stellte ein Töpfchen mit der Sauce an meinem Tisch ab. Ich löffelte es aus und träumte, dass ich künftig bei mir zu Haus so wie bei ihm »zu Haus« essen könnte.

Meine nächste Tour führte nach Paris. Joël Robuchon hieß der große Aufsteiger auf meinem Speiseplan. Er kochte im »Jamin«, dem ehemaligen Treff der Zuschauer von Pferderennen der Rennbahn von Longchamp. Der fahlgrüne Saal mit römischer Cäsarenbüste versprühte nicht gerade Fröhlichkeit. Essen, das war hier etwas Ernstes. Bei Robuchon saßen viele Einzelesser aus aller Welt. Menschen, die wie ich auf Pilgerfahrt waren. Mein Reisebudget reichte für Wildkaninchen mit Gemüsen in Gelee und Lammbraten auf Kräutern in der Salzkruste, serviert mit getrüffeltem Feldsalat. Letzterer war die eigentliche Attraktion, jedes Kraut, jeden Salat ließ *le chef* grammgenau abwiegen. In der Salzkruste, die der Ober natürlich vor dem Essen entfernte, hatte der Meister ein wenig Thymian versteckt. Dieser Robuchon war ein Besessener, getrieben von der Suche nach Perfektion. Später erzählte man mir in Paris schlimme Gerüchte über Jungköche, die es gewagt hatten, in Robuchons Diensten zu versagen. Einer hätte seinen berühmten, butterweichen Kartoffelbrei verdorben. Er musste ihn zur Strafe selbst aufessen. Nun stellt niemand Kartoffelbrei in Profiküchen in kleinen, tellergerechten Klecksen her. Es ging um einen Fünf-Kilo-Topf! Dann wieder hieß es, der Meister hätte unfähige Mitarbeiter mit Küchengeräten beworfen. Anekdoten, die mit Bewunderung in der Stimme weitergetragen wurden. Schüler und Angestellte beschwerten sich nicht. Die Wutausbrüche, sie waren der Preis der Perfektion. Oder nur ein Gerücht.

Weil deutsche Gourmet-Magazine permanent vom Schlemmen im Elsass schwärmten, war die nächste Exkursion in die Gegend zwischen Lembach und Colmar geplant. Inzwischen hatte ich mir einen Modus Operandi zugelegt: Mein Budget blieb knapp bemessen, also verglich ich zunächst die aktuelle Monatspresse mit den Restaurantführern. Allen Restaurantführern. Die herausgelesenen, allgemeinen Favoriten versuchte ich dann zu besuchen. Oft bestellte ich Gerichte, die von den Autoren detailliert beschrieben wurden – zum Vergleichen.

Damals hieß die elsässer Traumadresse »Auberge de l'Ill« und lag in Illhäusern. Generationen feiner Zungen hatten die Geschichte von Paul Haeberlin gehört: Der half als kleiner Junge seiner Tante Henriette beim Zubereiten der Matelote, des Matroseneintopfs. Später ging er bei Edouard Weber, dem ehemaligen Leibkoch des Zaren, in die Lehre. Sein Bruder Jean-Pierre gab die Arbeit in einem Architekturbüro auf, um die Gäste seines Bruders fachkundig zu beraten. Nun saß ich dort, am Ecktisch. Das Essen schien wohltuend normal, sozusagen wonnig-altmodisch: Bestellt hatte ich Froschschenkelmousseline, dann soufflierten Lachs und Tournedos mit Rindermark in Pinot Noir, danach pochierten Pfirsich. Die Klassiker. Sie trugen die Geschmacksnoten der guten, alten Zeit, wurden zwar etwas schnell und routiniert serviert, aber die gesamte Belegschaft wirkte dabei so freundlich, als hätten die Haeberlins nur auf mich gewartet. Ständige Lektüre von Restaurantführern bereitet zuweilen Probleme. Die Besten davon machen Appetit. Wo das Geld hernehmen? Sparen, Nachhilfestunden, Weihnachtsgeschenke von Großmutter und ... Autounfälle. Damals konnte man noch den Kostenvoranschlag für die Reparatur bei der Versicherung einreichen und bekam den vollen Betrag erstattet. Ich hämmerte meinen gebrauchten Karren, ohnehin im Auto-Seniorenalter, immer wieder selbst zusammen. In einem Jahr fuhren mir glücklicherweise vier verschiedene Wagen (einer davon war eigentlich kein Wagen, sondern ein Traktor) in den fahrbaren Untersatz. Nein, das war kein Versicherungsbetrug. Reihenweise rammten unbekannte Menschen, mit mir weder verwandt noch verschwägert, mein Automobil. Die Reparaturen, das Schmerzensgeld, da kam was zusammen. Und das wurde dann in gutes Essen angelegt.

Außerdem schlief ich in Hotels, die wohl selbst in der lokalen Kakerlakenpopulation einen fragwürdigen Ruf genossen. »Palais Bourbon« hieß meine entsprechende Adresse in Paris – heute ist es fast feudal renoviert. Das WC lag auf dem Gang, ab und zu bildeten sich lange Schlangen davor. Die Wände waren mit einem seltsamen, rostbraunen Belag tapeziert. Immerhin: Mein Zimmer hatte ein Waschbecken. Mit der Zeit lernten die Besitzer mich schätzen und teilten mir einen hübschen Raum im Dachgeschoß mit eigenem Bad, und sogar einer Badewanne, zu. Außerdem verfügte es über einen ausnehmend romantischen Blick über die Dächer der Stadt. Und dann die Märkte! Die sorgten für gute, günstige Reisekost, egal ob in Frankreich, Italien, Spanien oder der Schweiz. Ein Stopp im Supermarkt, um die Alltagskost zu betrachten, dann suchte ich einen besseren Wochen- oder Straßenmarkt. So einen wie in der Pariser Rue Poncelet: »Eine ganze Tüte Weintrauben für 15 Francs«. »Jeder Sack Artischocken 10 Francs.« Ein typischer Pariser Straßenmarkt an einem beliebigen Wochenende, ein genießerisches Gewusel mit teils großmäuligen, teils kennerischen Händlern, Horden von Besuchern und einem Warensortiment, das manch deutsche Delikatessen-Abteilung blass bis klinisch wirken lässt.

Trotz gelegentlicher Kostproben auf solchen Straßenmärkten gelang die Finanzierung meiner Touren letztendlich nur, weil die große Gastronomie damals noch nicht so snobistisch war. Nach heutiger Währung konnte man für 20 Euro höchst anständig essen, gut 70 Euro kostete ein Essen bei den besten Köchen. Die wird man heute schnell schon beim Italiener an der Ecke los.

Apropos Italiener. Dieses Land fehlte noch auf meiner kulinarischen Landkarte. Meine nächste Reise führte deshalb nach Mailand. Küchenstar Gualtiero Marchesi residierte im Untergeschoss eines anonymen Bürogebäudes. Das Lokal wirkte mühsam aufgehübscht – mit blitzweißen Vorhängen vor schmalen Kellerfenstern. Ich erfreute mich an kalten Spaghetti, Fleischsalat mit Norcia-Trüffeln, gratinierten Krebsschwänzen, Peperoni und Zucchini sowie Fenchelsuppe mit Seebarsch. Marchesi inszenierte sich als Intellektueller, das Haar in Pfeffer und Salztönen hatte er sorgsam nach hinten gekämmt. Gerade noch hatte er mir zugenickt, da kam schon der nächste Teller: Safranreis mit Blattgold.

»Muss ich das Gold mitessen?«

»Aber ja doch. Es ist pures Gold. 24 Karat.«

Ich verstand, dass es mit 18 Karat nicht essbar wäre, und würgte widerwillig ein paar Löffel in mich hinein. Gold essen war und ist für mich der Gipfel der Dekadenz. Es schmeckt nach nichts und klebt zwischen den Zähnen. Mit der Zunge wischte ich das Zahngold beiseite. Weder Lammcarré mit gefüllter Aubergine noch Apfelterrine mit Karamellsauce konnten mein Abendessen danach noch retten. So floh ich an die Côte d'Azur. Am nächsten Tag hob sich meine Laune. Ein Tisch wartete im »Chantecler« im Negresco, dem bekannten Hotel mit dem Kuppelturm an der Strandpromenade von Nizza, das auf fast jeder Postkarte prangt. Für die Architektur schien ein Vertreter des französischen Zuckerbäckerverbands verantwortlich zu zeichnen. Das alles war mir relativ egal, als der Steinbuttsalat kam. Einfach und doch genial, genau wie das saftige Seezungenfilet mit Ravioli, der Seewolf unter der bunten Gemüsekruste oder die soufflierte Apfeltarte. Hier kochte ein gewisser Jacques Maximin. Dieser Mann konnte kochen. Wie Napoleon posierte Maximin am Küchentisch, Arme an den Hüften. Er wusste, dass es bei ihm schmeckt. Maximin hat in den kommenden Jahrzehnten Schlagzeilen gemacht. Er ist ein exzellenter Koch, doch ein lausiger Geschäftsmann, versuchte sein Glück in einem umgebauten Theater, machte pleite, eröffnete ein weiteres Lokal mit einem Sponsor, kochte später am Herd seines Privathauses. Ich behalte ihn am liebsten so in Erinnerung, wie ich ihn damals im Negresco kennengelernt habe.

Nicht immer blieb mir das Glück auf Reisen treu: Auf halbem Weg nach Hause erlebte ich bei Georges Blanc in Vonnas, Frankreich, eine ganz besondere Spezialität. Es gab Froschschenkel. Ich habe keine Vorliebe für die Beine der Tümpelquäker, aber auch keine Abneigung. Geschmacklich sind sie oft so interessant wie die Kräuterbutter, die mit ihnen gereicht wird. Die Froschschenkel dieses Küchenkünstlers hingen freilich noch am ganzen Frosch. Auf dem Teller türmte sich ein Berg von kross gebratenen Froschleibern mit verschmorten Augen. Durch die kleinen Körper schimmerten winzige Skelette. Schon der Anblick war zu viel. Schnellen Schrittes floh ich ins WC und übergab zwischen marmornen Wänden die ersten zwei Gänge der Kloschüssel. Leichenblass kehrte ich an den Tisch zurück. »Mögen Sie unsere Froschschenkel nicht?«, fragte der Maître d'Hôtel hochnäsig. Er zog beide Augenbrauen hoch, als er den vollen Teller abräumte. Meine Schenkelverweigerung erschien dem Service als ultimativer Affront gegen das Haus, die letzten Gänge warf Monsieur kommentarlos auf den Tisch. Ich zahlte, ging und fuhr möglichst zügig in die Schweiz.

Der nächste Tisch war bei Girardet in Crissier bei Lausanne reserviert. Das Lokal lag im ehemaligen Rathaus. Ein schlichter Saal, roter Fußboden, weiße Vorhänge. Kein Prunk, kein Protz, nur gute Küche: Wildkaninchenwurst mit Pistazien, gebratene Lotte mit Senfkörnern, Jakobsmuscheln und Langustinos im Pimentsabayon, Kalbsbriesnüsschen geschmort mit Gewürznelken. So einfach und doch so schön. Die Reduzierung auf das Wesentliche, die subtile Eleganz, die schnörkellosen, geradlinigen Gerichte ... das schmeckte so, als hätte besagter Girardet alles verstanden, was es zum Thema Essen zu wissen gibt. Ruhig, unaufgeregt, erstklassig. Selbst die Desserts vom Wagen, sonst die Langweiler schlechthin, hatten Klasse: Schwarzwälder Kirsch und karamellisierte Birne. Langsam stolzierte Frédy Girardet auf meinen Tisch zu. »War es gut?«, fragte mich der schlanke, grauhaarige Koch. »Das war es!« Girardet lächelte: »Dann habe ich meine Arbeit getan.«

Fortan gab es für mich ein Feinschmecker-Leben »Vor-Girardet« und eines »Nach-Girardet«. Der Mann aus der Schweiz blieb einer der Maßstäbe für gutes Essen. Wirklich besser gegessen habe ich seither nirgends mehr. Nur anders.

Wenig später, im Jahr 1988, kam Paul Bocuse in die Domstadt Köln. Der französische Starkoch aus Lyon, der Chef mit der mannshohen Kochmütze und den verschränkten Armen. Neben mir saß er im grauen Anzug an einer Bar im Untergeschoss des Kaufhof zu Köln. Ich nahm meinen ganzen Mut zusammen und kombinierte ihn mit meinen Französischkenntnissen: »Was machen Sie denn hier, Herr Bocuse?«

Bocuse wirkte nicht erstaunt, erkannt zu werden, er schien es fast zu erwarten.

»Na, ich koche! Hier, im Kaufhof! Na ja, nicht ich. Aber es wird gekocht. Meine Spezialitäten! Komm doch mit.«

Paul Bocuse duzt gern, oft und eigentlich alle. Und wann kommt es schon einmal vor, dass Bocuse persönlich zum Essen einlädt? Das Untergeschoss des Kaufhof verfügte damals über einen Tresen, an dem mehr als anständige Gerichte serviert wurden. Bocuse setzte sich in die Mitte, die Übersetzerin nahm rechts von ihm Platz. Ich durfte mich zur Linken des Meisters niederlassen. Die Messe konnte beginnen. Prompt wurden drei Trüffelsüppchen unter der Blätterteighaube serviert.

»Ist jetzt eigentlich Trüffelzeit?«, fragte ich. Bocuse schaute mich an. »Klugscheißer« sagte sein Blick. »In Lyon ist auch nicht immer Trüffelzeit. Trotzdem gibt es bei mir stets die Suppe«, sagte sein Mund. Dennoch löffelte er die Suppe mit eher kritischer Miene. Wir bestellten danach den »Auflauf von frischem Krebsfleisch und Trüffelstreifen« zu 15 Mark. In Französisch klingt das schöner: »Gratin de queues d'écrevisses Fernand Point«, benannt nach Bocuses Lehrmeister. Richtig begeistert sah der Mann aus Lyon nicht aus. Dann fragte er mich nach meinem Namen, holte eine Speisekarte hervor und notierte mit schwarzem Filzstift »Für Jörg. Paul«. Das nicht erbetene Autogramm wirkte unfreiwillig komisch, ich versuchte, mir auf die Zunge zu beißen, aber manchmal ist mein Mundwerk schneller als mein Hirn: »Du, Paul«, platzte es aus mir heraus, »ich habe leider kein Foto von mir dabei. Darf ich es dir nachschicken?« Bocuse stutzte, lachte und nahm die Karte zurück. Noch einmal holte er den Filzstift hervor. »Für Jörg, in aller Freundschaft, Paul« stand jetzt unter dem Foto. Lange Jahre hing das Bild unter Glas in meiner eigenen Küche.

Gutes Essen ist manchmal wie eine Droge. Man will mehr und man will immer besseren Stoff. Ich persönlich wollte besonders Letzteres. Lange sparte ich für die nächste Tour. Es stand nicht gut um meine Finanzen. Autounfälle blieben aus. Die Feinschmeckerei ruhte dementsprechend ein bisschen. Nur einmal lud ein Freund mich ins »Schiffchen« nach Düsseldorf ein. Wir waren die jüngsten Gäste, bekamen den Katzentisch ganz hinten und ein Dutzend Gänge. Das kleine Hummer Gratin mit dicken Bohnen kam leicht angebrannt, für Cordon bleu von der Bresse-Ente in Sauternes-Coulis zerteilte die Küche ein unschuldiges Federtier in hauchfeine Scheiben. Viel Arbeit, ohne Zweifel, aber im Ganzen gebraten hätte die Ente besser geschmeckt. Später sollte ich im *Stern* lesen, dass der hiesige Chefkoch gern Glutamat einsetzte, einen Geschmacksverstärker, der mir böses Bauchgrimmen verursacht. Fazit: Kaiserswerth ist nicht Paris.

Eben dort, in Paris, hatte ich wieder den Bourbonenpalast reserviert. »Dachzimmer« sagte die Stimme an der Rezeption anerkennend. Ich hatte mich inzwischen »hochgeschlafen«. Reserviert hatte ich in einer »Institution«. Institutionen sind immer gefährlich. Ihr Ruf beruht auf verbrämtem Halbwissen. Die meisten Leute, die so eine Institution empfehlen, haben sie nicht selbst besucht. Sie haben aber von ihr gehört. Etwa dem »Maxim«: Die Operettenmelodie »Heut geh ich ins Maxim« klingt jedem älteren

Esser noch in den Ohren, als hätte Johannes Heesters ihm den Restauranttipp persönlich gegeben. Mein Weg führte am »Maxim« vorbei, knappe hundert Meter weiter, ins »Lucas Carton«. Am 10. November 1918 sollen Clemenceau, Joffre und Pershing hier beim Frühstück die Stunde des Waffenstillstands für den kommenden Tag festgelegt haben, komfortabel im puren Jugendstil-Interieur von Louis Majorelle sitzend. Inzwischen war das Haus für Weinmenüs berühmt: gegrillte Taube auf Karotten und Champignons mit Volnay Santenots du Milieu 1984 Comtes Lafon oder eine ausgeklügelte Zusammenstellung von Käse, Wein und Brot. Nur schaffte es der Service bei meinem Besuch nicht, die Weine gleichzeitig mit den Gerichten an den Tisch zu bringen. Kaum war ein Tellerchen aufgegessen, kam das Weinchen an den Tisch. Anfangs entschuldigte sich der Service noch dafür . Der Muscat de Rivesaltes Cazes 1986 kam mit der Rechnung. Vorgesehen hatte der Starkoch ihn für ein Himbeerkrokant mit Pistazien und Himbeermousse. Lucas Carton stand fortan für das bei Weitem teuerste Essen meiner Achtzigerjahre.

Meine Routen waren damals wie heute einfach gestrickt. Sie folgten im Wesentlichen den Warenströmen des beginnenden 20. Jahrhunderts, begannen an Meeresküsten oder Regionen, die für ihr Geflügel oder ihr Gemüse berühmt waren, und zogen sich dann weiter in die Metropolen.

Eine dieser Städte ist Lyon. Hier traf der Fisch des Mittelmeers auf Artgenossen aus dem Ärmelkanal, hier wurde das Geflügel der Bresse gehandelt. Nicht weit entfernt stand das Restaurant »Alain Chapel« in Mionnay. Das erschien mir, nach Auswertung aller Guides und Zeitungsausschnitte, weit interessanter als all die anderen berühmten Lokale der Umgebung, inklusive des Restaurants meines neuen Freundes Paul. Von außen wirkte das Haus fast bescheiden, innen wartete ein kleiner Garten, eine holzgetäfelte Bar. Der Speisesaal war weiß und schlicht. Chapels Küche liebte die leisen, harmonischen Töne: Ob Cappuccino von Champignons und Krebsen, ob Seeigel-Rührei, Barsch mariniert mit Äpfeln und Lauch oder Steak vom Kaninchen mit Sauce Béarnaise und knusprigen Kartoffeln … Hier gab es nichts Überflüssiges, keinen

Firlefanz, keine optischen Effekte. Nur erstklassiges Essen. Chapel wartete neben der Kasse, er wirkte müde, besorgt. Mehr nebenbei signierte er mir eine Speisekarte. »Sie sind nicht von hier, vielleicht kommen Sie morgen nicht nach Mionnay«, lächelte er. Chapel starb knapp ein Jahr nach meinem Besuch, im Juli 1990, im Alter von nur 53 Jahren. Hätte ich bei meinem Besuch gewusst, dass ich ihn nicht wiedersehe, ich hätte versucht, alles über seine Küche zu erfahren, hätte ihn im Gespräch an der Bar ausgefragt über seine Lehrzeit, seine Mutter, die schon dasselbe Restaurant bekochte, seine Lieferanten. So bleibt nur sein Buch. Es trägt den Titel *Küche ist viel mehr als nur Rezepte*.

Einen Tag später war es vorbei mit Nouvelle-Cuisine-Luxus: Die Matratzen der »Auberge de l'Esterel« in Juan-les-Pins an der Côte d'Azur waren durchgelegen, die Zimmer karg und weiß. Doch für die Gäste, die auf quietschenden Bettgestellen schliefen, kostete das Menü nur 70 Francs, etwa 11 Euro. Küchenchef Christian Plumail kurvte mit seinem blauen R4 Kombi selbst durch die Märkte der Region. »Lieber eine gute Sardine als ein mäßiger Hummer« hieß sein Motto. Plumail galt als Aufsteiger, für kleines Geld servierte er Seeteufel-Salat, gefüllte Kaninchenkeule mit Rosmarin oder ein Pot au feu von der Lammzunge. Es schmeckte nach mehr. Mir wurde zum ersten Mal richtig klar, wie dumm es ist, irgendwelchen *Michelin*-Sternen nachzureisen. Dieser Plumail, der kochte besser – und günstiger – als viele der wesentlich höher benoteten Köche. Seinen Speisesaal habe ich nur voll besetzt erlebt. Irgendwann ging der junge Aufsteiger in die USA, als er zurückkehrte, beschloss er, doch im Sternezirkus mitzumischen. Doch seine Küche verbesserte sich durch diese Entscheidung nicht; er kaufte halt prächtigeres Porzellan und dickere Tischdecken.

Wie gut es in der »Auberge de l'Esterel« wirklich schmeckte, merkte ich noch in derselben Woche in einem anderen Lokal. Es hieß ebenfalls »Auberge«, »La bonne Auberge«, und hatte damals zwei Sterne in besagtem *Michelin*. Hier, zwischen Geschäften für Kaminbedarf und kleinen Baumärkten, bewegte sich schon der Service lustlos und müde, nach dem Motto: Gäste sind Arbeit und die muss nun mal abgearbeitet werden. Ja, der Austernsalat roch merkwürdig. Eigentlich wollte ich nur kontrollieren, ob er genauso schlecht schmeckte, wie er »duftete«. Vielleicht war das schon zu viel. Suppe von Felsfischen, Lachs mit Sojabutter, Zitronensoufflé. Nichts Besonderes. Hier schob der Koch Minimaldienst nach französischen Gewerkschaftsvorgaben.

Zurück in Juan-les-Pins rumorte es gewaltig in meinem Magen. Die Nacht verbrachte ich zwischen Bett und Bad. Beim Blick in den Spiegel wirkte mein Gesicht graugrüner als ein Blumenkohlsalat. Die Rache des Austerngerichts? Mir ging es miserabel. Richtig miserabel. »Sie sollten ins Krankenhaus gehen«, erklärte mir der Apotheker, bei dem ich am nächsten Morgen Rat suchte. Das war leichter gesagt als getan. Ich hatte keine französische Krankenversicherung. So landete ich in der Notaufnahme eines Hospitals, das absolut jeden behandeln musste. Neben mir warteten Obdachlose in verschiedenen Stadien der Verzweiflung. Einige waren angetrunken, andere bluteten, wieder andere wirkten ernsthaft krank. Eine ältere Dame in Weiß schrie quer durch den Saal: »Du, du und Sie – mitkommen!« Diagnosekriterium war der bloße Augenschein. Ich wartete vier Stunden. Dann folgte eine Art »Hose runter, Mund auf, sagen Sie mal Ah«-Diagnose. Der junge Arzt stutzte bei meinem Anblick. »Sie sehen nicht obdachlos aus«, sagte er in fehlerlosem Englisch. »Ich bin auch nicht obdachlos. Ich habe nur keine französische Krankenversicherung.« Er nickte. »Das ist ein ernstes Problem.« Irgendwo am Eingang hing damals eine dieser typischen Gedenkplaketten. Napoleon hatte hier dieses oder jenes getan, ein Architekt des 19. Jahrhunderts an den Plänen des Krankenhauses gefeilt, ich weiß es nicht mehr, es ging mir zu mies. Mit so ziemlich letzter Kraft fragte ich den jungen Arzt, ob dieses Haus seit Napoleon und dem Architekten der Plakette schon einmal renoviert worden war. Dieses Mal war mein Mundwerk nicht schneller als mein Hirn gewesen. Es gibt im Ausland Momente, wo man an Berufsehre oder Nationalstolz appellieren muss. Appelliert man zeitgleich an beides, kann das Resultat verblüffend sein. »Nicht mehr renoviert?« Der Blick des Arztes erfror über seinem Stethoskop. »Kommen Sie mit.« Nahezu alle modernen Geräte eines blitzsauberen Nebentraktes wurden in den kommenden zwei Stunden an mir ausprobiert.

»Kein Krebs, keine Magengeschwüre. Sie sind fast gesund«, triumphierte der junge Mediziner »Ihre Beschwerden … kleine Vergiftung, wahrscheinlich Fisch.« Er überreichte mir ein Rezept für zwei Medikamente.

Inzwischen ging die Sonne unter, ich suchte eine spät geöffnete Apotheke auf und warf die Pillen ein. Da dämmerte es mir. »Keine Magengeschwüre«, hatte der Mann gesagt. Es ging mir besser. Erst jetzt fiel mir ein, dass ich über den Wechselbädern aus Sparen, Schlemmen, Lesen meine Beschwerden ebenso vergessen hatte wie meine alten Medikamente.

Eine Tatsache, die mein deutscher Arzt später mit den Worten »Na, dann wollen wir jetzt mal in Lourdes anrufen« kommentieren sollte. Das war mir egal, es ging mir besser, wesentlich besser. Lag es an der Feinschmeckerei? Daran, dass ich mit all dem neuen Wissen aus den Restaurants auch meine Ernährung zu Hause umgestellt hatte? Oder hatte ich ganz einfach das entdeckt, was am Essen Spaß macht? Eigentlich wollte ich es gar nicht wissen. Es ging mir gut, und bevor ich wieder beim Arzt vorbeischaute, wollte ich nach Monaco.

Dort, im Nobelhotel »Hôtel de Paris«, sollte es einen neuen Superkoch geben: Alain Ducasse. Sein Gesicht versteckte der Mann damals hinter einem Rübezahlbart. Das Lokal wirkte einschüchternd, ein bisschen so, als hätte Louis XIV. gerade im Spiegelsaal von Versailles für niemand anderen als mich eindecken lassen. Marmorpilaster, pompöse Deckengemälde, echte Antiquitäten. Gold und Blattgold, dieses Mal zum Glück auf dem Teller und nicht im Essen. Der Parkplatz mit seinen Jaguars und Ferraris hätte mich auf das Spektakel vorbereiten sollen. Ich blieb ein wenig eingeschüchtert. Nein, das ist untertrieben, Angst packte meinen Verdauungstrakt. Da saß ich, Student aus dem Kölner Umland, vor goldenen Platztellern. Vier Schichten Stoff, von Baumwolle bis Damast, bedeckten jeden Tisch. »Für den perfekten Faltenwurf«, erklärte mir der Service. Die Küche stand im Gegensatz zum großen Spektakel. Franco-italienische Landkost schraubte Ducasse in die höchsten Höhen der Haute Cuisine. Dafür brauchte der Mann vor allem eins: erstklassige Zutaten. Mein Magen rumorte noch ein wenig, ich entschied mich daher für das vegetarische Menü: knusprige Torte mit Frühlingsgemüsen, Bouillon von weißen Bohnen, Kräutercannelloni und Gratin von kleinen Artischocken mit Mark und Trüffeln. Ein Garten auf dem Teller. Das klingt heute vielleicht selbstverständlich, damals galt besonders in der Hotelküche die Devise: »Steinbutt und Gänseleber sind unser Gemüse.« Der junge Mann mit dem Rübezahlbart schien mit aller Kraft gegen den Superluxus anzukochen. Das gelang vortrefflich.

Gastronomische Guides pflegten zuweilen kurioses Lob auszusprechen. Schrieb da jemand, dieses Restaurant sei ein »Monument der Küche«, dann hieß das übersetzt so viel wie »hier hat es vor langer Zeit mal gut geschmeckt, heute wäre es besser, das Haus eher von außen zu bewundern«. Damals stand mir diese Erkenntnis noch bevor, sie traf mich wie ein Schlag ein paar Tage später im »La Tour d'Argent«. Eine Pariser Stadtlegende: König Heinrich III. soll hier das erste Mal eine Gabel benutzt, der damalige Hausherr Claude Terrail mal etwas mit Ava Gardner gehabt haben. Wenn das Licht ausgeht, geraten die Touristen ins Träumen. Dann wird das Restaurant mit dem Königsblick auf Notre-Dame allein durch die Festbeleuchtung der Kathedrale erhellt. Und erst die Weinkarte! Der größte Keller von Paris, *bien sûr*. Und die Entenspezialitäten! Die halbe Karte war voll davon, wer sie isst, heißt es, bekommt ein nummeriertes Zertifikat. Dazu gibt es detaillierte Aufzeichnungen:

> Ente 6 043: 1900 verspeist von Großherzog Wladimir, das Entenzertifikat verschwindet in den Wirren der Revolution.
> Ente 71 676: Landete 1924 im Magen von Millionär Pierpont Morgan, der auch Inhaber der *Titanic* war.
> Ente 147 883: Verzehrt vom Herzog von Windsor.
> Ente 112 151: 1929 von Franklin Roosevelt vertilgt.

Als Einzelgast hatte ich kein Recht auf Romantik. »Mittags ist noch was frei«, flötete die Rezeptionistin. »Dritte Reihe, hinterer Saal«. In den kommenden zwei Stunden erlebte ich, warum sich »La Tour« so gut auf »Tortur« reimt. Erst plumpste die fette Goldkette vom Handgelenk des Servierers direkt in einen silbern glänzenden Mineralwasserhumpen. Dann fischte er sie mit der Hand wieder heraus. Ein neues Wasser bekam ich deshalb nicht. Auf trist-trockene Canapés mit Lachs und Foie gras als Amuse-Bouche folgte ein aromenarmes Gelee von Taschenkrebsen und Krustentieren. Dann kam es, das mythische Federtier. »Wieso heißt die Ente bei Ihnen ›Blutente‹?«, fragte ich den Kellner. Der leierte einen Spruch herunter, den er bestimmt schon viele Tausend Mal aufgesagt hatte. »Nun, das Blut der Ente ist die Basis für die Sauce. Damit wir über das Blut verfügen, nehmen wir keine normalen Enten. Wir bestellen Enten aus Challans nahe Nantes. Die werden gewürgt und nicht geschlachtet!« Für einen Moment vibrierte seine Stimme vor Stolz. Warum wurde davon in Gourmetmagazinen nicht berichtet? »Der Entenwürger von Nantes«, das hatte doch was. Damals wusste ich noch nicht, warum keiner über so etwas schrieb. Heute weiß ich es: Die Gastronomie ist schön, sauber und moralisch und wird es immer bleiben – dieser Grundsatz ist die Lebenslüge der Gastronomiekritik. Damals wusste ich auch nicht, dass ich Jahre später Köche treffen sollte, die für ihre Gäste weit weniger Achtung haben als jeder Würger für seine Enten. Hätte man es mir vorhergesagt, ich hätte es nicht geglaubt. Meine Ente jedenfalls war umsonst gestorben. Mich erreichte zunächst die gänzlich grau gebratene Brust nebst souff lierten Kartoffeln. Die Keulen folgten mit einem banalen Salat, den nicht einmal ein nur halbwegs ambitionierter Hobbykoch seinen Gästen zugemutet hätte.

Ente 718 453, serviert, verzehrt und bezahlt: Das viel beschriebene »Entenzertifikat« entpuppte sich als Postkarte. Auf der Vorderseite ein blau gerahmtes Gemälde der Seine, hinten eine Vignette mit dem Antlitz des ursprünglichen Entenmeisters Frédéric neben dem Aufdruck *carte postale*. War das die Touristenversion oder hatte man diesen Schein tatsächlich Pierpont Morgan und Königin Elisabeth übergeben? Während das Millefeuille von Erdbeeren auf sich warten ließ, wurde mir zum zweiten Mal richtig klar, wie dumm es ist, *Michelin*-Sternen nachzureisen. »Tortour« hatte damals drei der begehrten Himmelskörper.

Inzwischen hatte ich mich in die Szene eingelesen und, nun ja, darin festgebissen. Aus Frankreich kommend machte ich in Belgien Halt, kam ich aus Italien, lag ein Stopp in der Schweiz nahe. Meistens schleppte ich Kochbücher, Guides und Fachmagazine aus Kiosken und Buchhandlungen mit, immer in der Hoffnung, die nächste Tour noch optimaler planen zu können. Da, ein Aufsteiger – das »Apicius« im belgischen Gent. Hummersalat »1001 Nacht« mit Blüten, Kräutern, Aromaten, dann gegrillte Rotbarben auf Kartoffelcrêpe an leicht säuerlicher Rotweinsauce, Lachsschnitzel im Lauchnest, gegart im Orangendampf, Wildentenbrust mit Steinpilzkompression, Löwenzahninfusion, Minzcreme mit Bitterschokolade, Geschmacksnote »After Eight«. 2 700 belgische Francs kostete das damals, etwa 66 Euro heutiger Währung. Küchenchef Willy Slawinski galt als seiner Zeit voraus. Soll heißen, der Saal war mehr als halb leer, die Küche dauerhaft beeindruckend. Mehr als die meisten anderen symbolisierte Slawinski für mich die Moderne in der Küche. Er wurde nur 44 Jahre alt und starb im Jahr 1992.

Dort, eine Institution: »Les Prés d'Eugénie« in Eugénie-les-Bains. Ein ehemaliger Landsitz der Kaiserin mit Thermalquelle, ein weißes Landhotel zwischen prächtigen Gärten. Ich wollte in Rente gehen. Sofort! Hier! Küchenchef Michel Guérard ist so etwas wie eine lebende Legende. Er war es, der damals die Nouvelle Cuisine erfunden hat. Leichtere Gerichte in der großen Küche. Der Mann wollte einfach selbst abnehmen, um seiner zukünftigen Frau ein wenig schlanker entgegentreten zu können. Das ist, in einem Satz zusammengefasst, die Entstehungsgeschichte der »Neuen Küche«. Weil Küchenchefs damals noch die eigenen Gerichte verkosteten, half nur dauerhaftes Abspecken der Rezepte. Guérard zeigte sich an diesem Tag neugierig. Ein Einzelgast. Aus dem Ausland? In Eugénie? Mitten auf dem Land? Der Service war so höflich, als hätte er nur auf mich gewartet, ich bestellte Tarte von Jakobsmuscheln, kalten Braten von Gänsestopfleber mit Linsensalat, ein Pasta-Kissen mit Morcheln und grünen Spargelspitzen, Hummer im Ofen geräuchert und Suprême von eingemachter und gebratener Jungente »nach Art des Mandarins«. Der Hummer hatte es in sich, er verfügte tatsächlich über hauchzartes Raucharoma. »Wie räuchert man einen Hummer?«, fragte ich Guérard. Der Meister blinzelte mir zu: »Gar nicht: Ich habe nur die Karkasse geräuchert und das Fleisch dann wieder hineingelegt. So nimmt es Rauchgeschmack an.« »Was ist die ›Art des Mandarins?‹« »Habe ich mir ausgedacht. Ist aber viel Arbeit. Die Ente wird im Dampf gegart und angebraten.« Der Mann musste mich für Nachwuchs aus der Branche halten. In der kommenden Stunde erhielt ich viele wertvolle Küchentipps.

Auch in Spanien existierte ein Lokal, in dem man gegessen haben musste: »Arzak« in San Sebastián. Ursprünglich ein Familienlokal für die Arbeiter aus der Umgebung. Hier hatte sich ein Mann nach oben gekocht, links und rechts hospitiert, großen Meistern in die Töpfe geschaut und dabei noch den eigenen Laden am Laufen gehalten. Ich kam um 12 Uhr, zu früh für Spanien. Hinter der Bar stand der Spüler, schaute mich verblüfft an und rief den Chef um Hilfe. Herr Arzak eilte mit strubbeligen Haaren die Treppe herunter, knöpfte sich die Jacke zu, ging in die Küche. Bevor die anderen Gäste auftauchten, tischte er mir eine Mousse vom Drachenkopf auf, gefüllte Teigtaschen, gebratene Gambas mit Pflaumen und süßem Paprika – quasi als Willkommensgruß. Auf meiner Rechnung landete das alles nicht. Die spanischen Gäste kamen, als ich die Gabel schon ins Ragout von der Ente im Crêpeteig mit Sauce von Himbeeren und Orangen sowie Pinienkernen tauchte. Zwanzig Jahre später beschimpfte dieser sympathische Mensch meine Ansichten vor der *Agence France Presse*. Mir hat es damals bei ihm geschmeckt.

Genau wie die Küchenchefs erwartete ich jedes Jahr mit Angstschweiß auf der Stirn den Erscheinungstag der diversen *Michelin*-Führer. Nicht wegen der Sternchen. Ich wusste, dass die Küchenchefs ihr Preisniveau an der neuen Bewertung ausrichteten. Ein Stern mehr und die Preise stiegen. Sie steigen heute noch. Ansonsten waren mir die Sterne schnuppe. Unbekannte Talente mussten her. Solche wie Gilles Epié. Der kochte im »Miravile«, einem winzigen Lokal am Seine-Ufer. Das Menü kostete 150 Francs, die Gäste standen Schlange, einige speisten im Stehen neben der Kasse, löffelten Muschelrisotto, fachsimpelten über Pampelmusensalat mit Champagnersauce, kosteten Pieds et Paquets vom Sisteron Lamm (das ist eine Roulade von Lammfüßen und -kutteln). Klingt höllisch, bot jedoch einen Vorgeschmack auf das Paradies. Muriel, die blonde Frau des Hauses, flirtete auffällig mit den Gästen. Später, in einem neuen, größeren Lokal, ließ der Koch sich scheiden, ging auf der Suche nach Ruhm in die USA, kam wieder zurück. Man braucht in der Küche halt nicht nur Talent, man braucht Geld, Glück, familiären Rückhalt und Beziehungen.

Neben den Talenten wollte ich unbedingt noch die alten Könner kennenlernen. Urgesteine der Gastronomie. Menschen wie Charles Barrier in Tours, der mit gegrillter Blutwurst, Lachsmus, Rillettes mit Röstbrot, Pot au feu von der Wildente mit weißen Rübchen, Ziegenkäse und geeister Vanillecreme mit Pflaumenparfit der guten Küche der Loire ein Denkmal setzte. Barrier war schon weit über 70, als ich das erste Mal seine Karte las. Sie wirkte wie eine »kulinarische Zeitreise«.

Außerdem entwickelte ich eine Vorliebe für verkannte Köche. Menschen, die nicht oder nicht mehr die Titelseiten schmücken, aber trotzdem erstklassig auftischen. Ursprünglich war das eine reine Sparmaßnahme. Blieb der Ruhm aus, waren die Rechnungen humaner kalkuliert. Claude Peyrot vom »Vivarois« hatte die Ruhmesphasen hinter sich gelassen. Seine warme Curryauster schockte vor Jahren die Gäste. Austern und Curry, darf man das? Man durfte, das Gericht galt als Klassiker. Escabeche von der Sardine, Entengalantine, Kaisergranat in Kräutersauce – nach jedem Gang tauchte Peyrot auf und fragte, ob mir alles recht wäre. Dieser Mann musste mich für einen Restauranttester gehalten haben.

Seit dem Enten-Massaker im »Tour d'Argent« hielt ich meine Erfahrungen in allen Details fest, schrieb kleine und größere Beiträge darüber, schickte sie an Zeitungen und Magazine. Nur eine meiner Zuschriften wurde gelesen. Am Bahnhofskiosk von Lyon hatte ich den französischen *Guide Champérard* in feistem rotem Umschlag gekauft, der mit Restaurantbeurteilungen aus halb Europa aufwartete. Ich blätterte ihn durch, schüttelte den Kopf und kaufte ihn trotzdem. Dem Pariser Verleger schrieb ich, sein Guide sei wenig zuverlässig und außerhalb von Frankreichs Landesgrenzen miserabel recherchiert. Zwei Wochen später klingelte das Telefon. Ein *Bonjour* zum Auftakt, es war der Verleger »Marc de Champérard«. Dass er eigentlich René Daniel Pérard hieß und sich mit dem Adelspartikel »de« nur schmückte, erfuhr ich erst später. Es folgten eine Schimpfkanonade und die Frage: »Können Sie das etwa besser?« Mir stockte der Atem. Zum Überlegen blieb keine Zeit. »Wenn ich mir das Buch so anschaue, kann es nicht schwer sein, das besser zu machen.« »Dann treffen wir uns«, sagte die Stimme am anderen Ende der Leitung. »Kommen Sie nach Paris. In 14 Tagen.« Ich sagte zu – und wusste nicht, ob ich jubeln oder verzweifeln sollte. Denn manchmal ist es ja auch das Schlimmste, genau das zu bekommen, was man sich sehnlichst gewünscht hat.

Getestet und geprüft
Wie zum Teufel wird jemand Restaurantkritiker?

Ich wollte den Job. Ich wollte mittesten, wollte durch die Restaurants der Welt reisen, wollte schmecken, wollte Neues erleben. Im Restaurant essen und dafür bezahlt werden. Das klang für mich wie ein Stück Himmel, komplett in hellblau und mit Schäfchenwolken. Schlecht schienen die Menschen auf den Fotos der Feinschmecker-Magazine ja nicht zu leben.

Am Telefon hatte ich große Töne gespuckt. Jetzt wurde es ernst. War mein Französisch gut genug? Konnte ich in Frankreich ein ganzes Menü durchstehen? Allein von den Tischsitten her, meine ich. Während in Deutschland jedes Krustentier ausgelöst und jeder Fisch filetiert wird, ist das bei unseren westlichen Nachbarn lange nicht so. Hummer etwa servieren Köche gern noch in der Krustenschale, das Knacken derselben gilt als sinnliches Vergnügen.

Auf dem Weg nach Paris machte ich in Brüssel Station, am Quai aux Briques. Die Hälfte der Restaurants hier haben sich auf Hummer in allen Variationen spezialisiert. Was teuer und fein klingt, wird am Quai so selbstverständlich serviert wie bei uns die Bockwurst. Aufgetischt werden meist kleine Kaliber kanadischer Krustentiere, keine teureren (und schmackhafteren) »Europäer«.

Bevor ich das erste Mal in einem wirklich feinen Lokal einen der delikaten Krustenkriecher fachgerecht mit Hummerschere, -gedeck und -zange zerlegen wollte, übte ich einen ganzen Abend lang vergnügt mit gegrilltem und in Würzbrühe gegartem Krustenkriecher, verhüllt von einem Ganzkörperlätzchen gegen Spritzflecken und versorgt mit guten Tipps von der halben Servicebrigade.

Zwei Tage vor dem Termin kam ich in Paris an und bezog mein Zimmerchen im Palais Bourbon. An den Marktständen der Rue Cler und der Rue Poncelet testete ich mein Französisch, das sich inzwischen tatsächlich verbessert hatte. Sie glauben nicht, wie viel Französisch man in Restaurants lernen kann! Schimpfwörter wie *Putain* (im Allgemeinen für reparierbare Unfälle in der Küche genutzt), Fremdwörter wie *Gribiche* (eine Sauce), dazu endlose Höflichkeitsfloskeln. Auf dem Markt feilschte ich um Erdbeeren und Trockenwürste. Schon die Metzgereien, die es damals gab, waren sehenswert: Rinderkoteletts trugen ein kunstvoll gefaltetes Papierhäubchen auf jedem Knochen, es sah ein wenig so aus, als winkten knallrot gekleidete Cheerleader mit weißen Pompons herüber.

Zwei Tage später saß ich also einem fülligen Herrn mit grauen Haaren und dicker Zigarre gegenüber. Wo ich denn herkäme? Was ich bisher gemacht hätte? Welches mein Lieblingsrestaurant sei? Warum? Welcher Koch mich wirklich beeindruckt hätte? Ein Wortregen aus Fragen. Irgendwann stand der grauhaarige Herr auf und sagte, was Franzosen oft sagen. »*Très bien.* Ich habe heute Abend einen Tisch reserviert. Wir essen gemeinsam und reden über das, was wir essen. Vielleicht hat der Küchenchef auch ein paar Fehler eingebaut, *n'est-ce pas?*«

Das Lokal war dunkel, mühsam auf schick getrimmt und lag nicht weit vom noblen Hotel »Georges V.«. Ein japanischer Koch versuchte sich hier an einer klassisch französischen Karte. Mein erstes Testessen begann – mit der leichten Abwandlung, dass zwei Menschen, ein Koch und ein Verleger mich testeten. Nervös war ich nicht, zu verlieren hatte ich nicht viel. Mein potenzieller Arbeitgeber zeigte sich schon erstaunt, weil mir der Name des kleinen Restaurants vertraut war. Foie gras, Steinbutt und ein Millefeuille wurden uns vorgesetzt. Die Leber fiel eine Spur zu blutig aus und war schlecht entnervt, der Steinbutt eine Spur zu trocken, die Saucen, eine Portweinreduktion und eine Champagnersauce, jedoch formvollendet. Beim Warten auf das Dessert plauderten wir über Sinn, Unsinn und Bewertung kulinarischer Kreativität. »Kommen Sie vorbei, holen Sie Ihren Vertrag ab«, sagte der Grauhaarige zum Abschluss, klopfte mir auf die Schulter und zündete sich noch eine dicke Zigarre an. Eigentlich wollte ich morgen schon auf dem Heimweg sein. Der Verleger zog eine Augenbraue hoch. »Wir reservieren Ihnen ein Zimmer.«

So zog ich um, aus meinem Studentenhotel direkt in eine Hotelsuite im Westminster nahe der Place Vendôme, dort wo die großen Juweliere sitzen. Wenn jemand eine Rechnung ausstellte, sollte ich sie an den Verlag schicken lassen. Der Vertrag wartete auf einem Schreibtisch im Stil Ludwig XVI. Teilzeit, keine Kündigungsfrist, Minimalgehalt – so lauteten die Bedingungen. Jeder fängt mal klein an. Ich verbrachte eine schlaflose Nacht. Morgens um vier setzte ich meine Unterschrift auf das Papier. Gut 14 Tage später kam ich wieder nach Paris. Ein Freund des Verlegers lieh mir seine Drittwohnung, eine winzige Dachkammer mit einem Bett, einer Dusche und zwei Herdplatten unweit der Champs-Élysées. Der Schreibtisch im Büro war nicht im Stile eines Ludwigs. Eigentlich war es nicht mal meiner. Wir teilten ihn uns zu viert.

Da saß ich jetzt in einem Vorort von Paris, vor mir ein dicker Rechner. Der Cursor blinkte grün, mit F3 (oder war es F5?) sollte ich regelmäßig abspeichern. Gearbeitet wurde mit einem uralten Datenbanksystem. Nun, da musste ich jetzt durch. Wer testen will, der muss auch schreiben.

Viel schreiben. Angesichts der vielen Tausend Texte konnten wir Autoren etwa 15 Minuten pro Lokal in die Tasten hauen. In den Dossiers zu den Lokalen fand ich nur Hausprospekte und Speisekarten. Von morgens bis abends wurden dafür Fragebögen mit der Post versandt. Nicht vergessen: Das »Internet für alle«

wartete noch im Bereich der Science-Fiction, also konnte niemand auf Websites der Lokale nachschauen. Wir brauchten Fragebögen. Ging kein Fragebogen ein, hakten wir nach. Bessere Lokale erhielten längere Texte, sie wurden vom Chef höchstpersönlich nach einem Besuch erstellt. Eigentlich gibt es kaum eine bürokratischere Arbeit als Restaurantführer zu erstellen:

- Fragebogen versenden
- gegebenenfalls nachhaken oder mahnen
- Dossier mit Fotos und Speisekarte anlegen
- Text schreiben
- Fini. Das war es auch schon.

Ein Problem daran ist, dass auch Restaurants, die man nie von innen gesehen hat, beschrieben werden müssen. Dafür gibt es ein simples Strickmuster: In jeden Text muss der Name des Wirts eingebaut werden, dazu drei bis vier Gerichte, schließlich ein optisches Detail, »das wirkt, als wäre jemand da gewesen und hätte es tatsächlich gesehen«. Meist stammte das optische Detail aus dem Hausprospekt. Derart entstandene Texte klingen immer standardisiert: »Der freundliche Wirt (hier Name einsetzen) verwöhnt die feinsten Zungen von (hier Ort einsetzen) mit (hier vier Gerichte einsetzen). (Hier Name einsetzen) ist ein Könner, der bei den Allerbesten seines Fachs lernte. Das schmeckt man besonders beim (hier weiteres Gericht einsetzen/evtl. Kompliment machen). Das (hier Farbe einsetzen) Interieur mit (optisches Detail ergänzen) eignet sich bestens für (hier Anlass wählen). Schöne (Terrasse/Weinkarte/Aussicht).« Dann ab zum nächsten Text. Wie, da ist noch eine Zeile zu füllen? »Freundlicher Service« bietet sich an. Oder: »Parkplatz vor dem Haus«.

Es gibt ganz, ganz wenige Restaurantführer, die jedes Jahr alle beschriebenen Lokale testen lassen. Ein Blick auf die Umschlagseite beweist es: Wie viele Restaurants und Hotels werden im Guide gepriesen: Sind es 2 000? Oder 4 000? Oder gar 7 000? Oder noch mehr? Nehmen wir einmal an, ein gutes Essen kostet 100 Euro. Nicht selten kostet ein gutes Essen heute wesentlich mehr, besonders mit Wein und einem Kaffee zum Abschluss, aber es rechnet sich einfach leichter. Nehmen wir weiter an, eine Nacht in einem Mittelklassehotel kostet auch 100 Euro. Dazu kommen Honorare und Gehälter der Mitarbeiter sowie Fahrtkosten. Sie haben jetzt eine gewisse Idee, was ein Restaurantführer mit wirklich unabhängigen Tests kosten könnte. Jetzt nehmen Sie den Verkaufspreis des Guides und teilen ihn durch zwei. Die eine Hälfte gehört dem Buchhändler, von der anderen müssen Essen, Reisen, Übernachtung und Gehälter sowie der Buchdruck bezahlt werden. Niemand muss Wirtschaft studiert haben, um zu erkennen, dass die Finanzen von Guides grundsätzlich fragil sind. Je seriöser und unabhängiger der Guide, desto schlechter steht es um das Geld. Wirklich getestet wird ein Restaurant im Schnitt nur alle zwei bis fünf Jahre, je nach finanzieller Schwungmasse. Viele Guide-Chefs vertrauen gewissen Köchen so weit, dass sie fast nie getestet werden.

Die Fragebögen waren also lebenswichtig. Gingen keine Fragebögen ein, schlugen wir bei den Kollegen nach. Alle Konkurrenzprodukte standen im Buchregal hinter mir. Spätere Besuche bei etlichen Wettbewerbern in Frankreich, Deutschland und den USA zeigten mir, dass so gut wie jeder Verlag genauso arbeitet. Vor allen Dingen in Frankreich und Italien schreiben Guides auch dann noch im Kreis ab, wenn ein Lokal längst geschlossen ist. So bewertete der Restaurantführer *Gambero Rosso 2010* das Lokal »Antica Cascina Lenga«: hausgemachte Marmeladen, köstliches Brot, romantisches Ambiente, all das verdiente Lob. Das »Antica Cascina Lenga« bekam in der Ausgabe 2010 des Restaurantführers rund 77 Punkte, einen mehr als im Vorjahr. Schade nur, dass es bereits 2008 bis auf die Grundmauern abbrannte.

Wie sämtliche Mitarbeiter aller Guides dieser Welt mussten wir jedes Jahr Neuheiten und Sensationen generieren. Die Sensationen, das waren Köche, die sich auf einmal ungeheuer gesteigert hatten. Damit kommt man dort, wo das junge Herdtalent arbeitet, in Regionalzeitungen. Etwas kostenlose PR freut jeden Verleger. Wichtiger sind freilich die Neuheiten, denn Restaurantführer werden jährlich mit demselben Argument verkauft: »Jetzt mit 100 Adressen mehr.« Es können auch 200 oder 500 sein. Woher meine

Chefs die Sicherheit nahmen, dass wir bisher 100 gute Adressen übersehen hatten, verriet mir niemand. Jedenfalls müssen Jahr für Jahr neue Restaurants aufgetrieben werden. Dafür reist selten ein Tester kreuz und quer durch das Land, studiert Menükarten und testet links und rechts, das würde zu viel Geld kosten.

Wie kommt man dann rein in den Guide? Kurioserweise werden viele Aspiranten von Chefköchen empfohlen. Der etablierte Boss legt für seinen Mitarbeiter ein gutes Wort ein. Oder signalisiert zumindest, dass der ein eigenes Lokal eröffnet.

Etliche Köche bewerben sich von selbst um eine Aufnahme: Lebenslauf, Karte und Fotos liegen solchen Kandidaturen bei. Auch hier gilt: Es hilft sehr, einen bekannten Meister zu haben. Ohne großen Namen im Lebenslauf hat ein Lokal kaum Chancen wahrgenommen zu werden. Der große Name zahlt sich immer aus. Selbst dann, wenn ein Koch in einer bekannten Brigade sechs Monate Gemüse geputzt hat. Ein junger Koch aus einer bestens angesehenen Brigade verfügt stets über einen Vorsprung. Andere Vorschläge kommen von außerhalb, von spezialisierten Agenturen.

Pressesprecher gibt es in jedem Industriezweig. Wer sie beschäftigt, glaubt daran, dass er mehr und bessere Presseveröffentlichungen erreicht, wenn alle Informationen den Journalisten mundgerecht vorgekaut werden. Das kann stimmen, muss aber nicht. In jedem Magazin gilt ein Zitat aus dem Mund des Big Boss eines Unternehmens stets mehr als ein Wort des Pressesprechers. Doch manchmal muss man nehmen, was man kriegen kann. In Gastronomie und Hotellerie sprechen meist Damen zur Presse, außer bei Auftraggebern aus dem Bereich ganz hochprozentiger Getränke. PR-Frauen oder Presseattachées nennen sie sich und haben es trotz des schönen Titels nicht leicht. Wenn wir zum Hörer greifen, um die Dienste der PR-Frau in Anspruch zu nehmen, dann sind wir meistens in Eile. Die Deadline, also der Zeitpunkt zu dem die Informationen auf unseren Schreibtisch geschaufelt werden mussten, lag im Idealfall vorgestern. Die gute Pressefrau kann, sollte sie uns wirklich einmalige, exklusive Informationen beschaffen, hauchzart durchklingen lassen, dass sie uns dieses Mal einen Gefallen getan hat. Und dass wir beim nächsten Mal diesen

Gefallen vielleicht erwidern mögen. Wobei das Wort »Gefallen« natürlich nicht erwähnt werden darf, viel besser ist es zu betonen, wie schwierig es war, die Antwort auf die gestellte Anfrage zu finden. Die dumme PR-Person beginnt hingegen, in solchen Situationen hoch zu pokern: Wie viele Seiten können wir ihr für das Thema versprechen? Können es nicht mehr sein? Wie viele Fotos würden abgedruckt? Können es nicht mehr sein? Könnte der Beitrag nicht früher kommen? »Dumm« ist diese PR-Person deshalb, weil sie sich nie mit dem Berufsalltag der Journalisten, denen sie doch zuarbeiten soll, befasst hat. Kein Redakteur und kein Autor können eine bestimmte Anzahl Seiten für ein Thema versprechen. Beiträge werden bearbeitet und meist gekürzt. Nicht aus Bosheit, sondern weil nun mal auch noch andere Themen ins Heft müssen und der Themen-Mix halbwegs unterhaltsam wirken soll. Auch hier gilt: Alle von Pressesprechern gepriesenen Restaurants haben bessere Chancen auf einen Platz in einem Guide oder Magazin, wenn der Küchenchef bei bekannten Adressen gelernt hat.

Der kleine Verlag in der Pariser Vorstadt verlegte nicht nur einen Führer, sondern eine Reihe von Publikationen, die es erlaubten, generierten Content nochmals zu verwerten. Die hießen zum Beispiel *Die schönsten Adressen für's Wochenende*. Eines meiner ersten Testerwochenenden durfte ich im »Schwarzen Hahn« in Deidesheim verbringen. Auf Küchenchef Manfred Schwarz waren wir verfallen, weil er François Mitterrand und Helmut Kohl regelmäßig mit Saumagen bekochte. Alle Welt ekelte sich damals vor der Idee, einen mit Kartoffeln und Gewürzen gefüllten Schweinemagen zu essen. Ich streckte die Gabel aus, der erste Biss überzeugte mich prompt. Kohls weltberühmter Saumagen wirkte rustikal, doch bestens abgeschmeckt, die bäuerliche Note hatte Schwarz dem Gericht gar nicht erst austreiben wollen. Der Kanzler hatte seine Gäste nicht gepiesackt, sondern ihnen heimische Spezialitäten vorgesetzt. In Frankreich oder Italien wäre das selbstverständlich, in Deutschland wurde darüber gern und ausgiebig gelacht.

Zurück im kleinen Verlagshaus fiel mir recht schnell auf, dass die einzigen Testberichte in den Dossiers eher spärlich gesät waren. Dabei ging der Chef täglich essen, seine Frau mehrmals in der

Woche. »Mach dir keine Gedanken, Junge«, sagte er. »Ich kenne 200 Menschen, die von Berufs wegen dauernd essen müssen. Die geben bei mir ihre Bewertungen ab. Worüber klagst du überhaupt: Du kommst doch raus. Du isst in jeder Menge Lokale.« Ich nickte. Wie die Vielesser ausgewählt wurden, verriet er mir nicht. Waren es Freunde, Feinschmecker, waren sie eher zufällig von der Straße abgegriffen worden? Keine Ahnung. Essen muss jeder, deshalb kann jeder essen? Nun, jeder geht zur Wahlurne, wenn er denn volljährig ist. Fast jeder hat einen Führerschein. Doch ist jeder Wahlberechtigte ein Politikredakteur? Wird jeder Inhaber eines Führerscheins zum Autotester? Ach, mach dir keine Gedanken, Junge!

Wenn ich in einem Lokal saß, rief mein Boss gern den Wirt an. Er habe jetzt, genau in diesem Moment, einen Tester im Lokal sitzen. Präsenz auf dem Terrain zeigen, das war wichtig. Solche Anrufe waren gefolgt von einem schier endlosen, abschließenden Gespräch des Küchenchefs mit mir. In den meisten Fällen betonte der Herr am Herd, was für harte Kerle alle Köche doch seien. Wie sie gemeinsam durch das Inferno der Lehre gingen, wie sie vom Meister gebrochen und durch den Fleischwolf gedreht werden würden, wie ihr Charakter schließlich im Höllenfeuer der Herde geschmiedet werde und sie anschließend direkt auf der Straße zu den Sternen landeten. *Highway to Heaven!* Das gelte natürlich nur für die besten Köche, diejenigen, die 26 Stunden am Tag arbeiteten. Nach der Einschüchterungsrede folgten die ersten wirklichen Fragen. Nur ganz gewissenhafte Köche wollten wissen, ob es bei ihnen schmeckte. Fast alle hätten jedoch gern gewusst, wie ihre Nachbarn kochten. Köche arbeiten viel, kommen selten raus und essen dann nicht auswärts bei Konkurrenten. Und falls doch, dann nicht unter realistischen Rahmenbedingungen, man kennt sich schließlich. Mein Boss hatte mich gewarnt: Niemals sollte ich einem Koch ehrlich sagen, wie es bei seinem Nachbarn schmeckte. »Der kommt an Sie nicht ran …« Stillos. Obendrein würde der Herr der Herde gleich seinen Nachbarn anrufen, um das Testerurteil zu verkünden. Schon deshalb redete ich um das Thema herum. In all den Gesprächen fragten Spitzenköche ganz Europas oft dasselbe: Wie kriege ich einen ersten, zweiten, dritten Stern vom *Michelin*? Die

Antwort ist ganz einfach. Gut kochen allein reicht nicht. Sterne kosten Geld. Geld für ein anspruchsvolles Ambiente. Geld für einen guten Weinkeller. Geld für gut ausgebildetes Personal. Es gibt inzwischen durchaus seriöse Schätzungen, dass jeder Stern bis zu einer Million Euro an Investitionen verschlingt. Schon deshalb antwortete ich auf solche Fragen immer mit einer Gegenfrage: Möchten Sie von Ihrer Küche gut leben oder wollen Sie die nächsten 30 Jahre Schulden abtragen? Sämtliche jungen Köche aus allen Ländern antworteten, bevor ich den Satz vollendet hatte: »Ich will Sterne!« Vielleicht hat das etwas mit Tradition zu tun: Schon die Lehrmeister der heutigen Köche wollten ihre Sterne. Genau wie die Lehrmeister der Lehrmeister.

Eines erstaunte mich damals besonders: Keiner der Köche wunderte sich über mein Alter. Ich war 25 Jahre alt und kannte aus Deutschland nur Tester in der zweiten Lebenshälfte. Die jedoch hatten es geschafft. Was ich nicht wusste: Das kritisierende Fußvolk beginnt meistens mit Anfang oder Mitte zwanzig. Tester altern erst bei Tisch. Ruth Reichl, die gefürchtete Kritikerin der *New York Times* und spätere Chefredakteurin des Magazins *Gourmet* brachte schon mit 24 Jahren die ersten Zeilen zum Thema Essen zu Papier.

Armin Diel, heute Besitzer des Weinguts »Schlossgut Diel«, bekam bereits mit 29 Jahren einen wegweisenden Rechtsstreit angehängt. Der Wirt des Restaurants »Westfälischer Friede 1648« las bei Diel über seine Küche: Der Räucherlachs zu 18,50 DM sei »faserig trocken, völlig versalzen und braun oxidiert«. Dazu gab es Kalbsmedaillon mit »nicht überschmeckbaren Alterston«, und verkohltes Chateaubriand zu immerhin 82,50 DM. Diel verbrachte die Lebensjahre 29 bis 39 auf dem Weg zum Bundesgerichtshof nach Karlsruhe. Oder Gault und Millau, die scharfzüngigen Franzosen: Die waren bereits mit Anfang/Mitte dreißig für eine Serie von Guides verantwortlich, die damals noch *Guide Julliard* hieß.

Zu jung schien ich also nicht, die Sache mit der Testerei lief ganz passabel, auch wenn der Mangel an eingesandten Fragebögen die Qualität der Texte drückte. Irgendwann stellte sich die obligatorische Frage, ob ich von der ganzen Esserei denn leben könnte.

Ja und nein, hieß die Antwort. Man konnte davon leben, schon weil damals in Deutschland wesentlich mehr Reisemagazine als heute am Kiosk lagen, die auch gern über Restaurants berichteten. Die Branche kannte sogar Großverdiener, vielleicht ein oder zwei pro Land. Ich jedenfalls dachte, mein Potential würde ausreichen um zum »Mittelverdiener« aufzusteigen und begab mich nach Paris, für mich damals die Hauptstadt des guten Essens: Wir in Deutschland haben Käsetoast. Die Franzosen haben Croque-Monsieur. Croque-Monsieur ist Käsetoast, klingt aber besser. Liegt auf dem Käsetoast ein Spiegelei, heißt der Toast Croque-Madame. Hier trafen zwei Lebensauffassungen aufeinander. Ich wollte fortan lieber Croque-Monsieur als Käsetoast sein. Das Wortgeklingel das Gastronomie hatte plötzlich zugeschlagen.

Doch zuerst wurde eine Wohnung gebraucht. Irgendetwas Kleines, nach Möglichkeit mit richtiger Küche und anständigem Bad, beides ist auf dem hart umkämpften Pariser Wohnungsmarkt bis heute nicht leicht zu finden. Irgendwann klappte es. Die Wohnung war schnell bezogen, ein eigener Computer aufgestellt, Typ AT 286 mit 20 MB Festplatte, der Telefonanschluss sollte in den nächsten Tagen kommen.

Und trotzdem: Nur vom Essen leben? Wohl nicht. In einem plötzlichen Anfall von Realismus entschied ich mich für ein Dasein als freier Journalist mit dem breiten Themenspektrum, das der Aufenthalt im Ausland mit sich bringt. Über die Jahre habe ich Modeproduktionen überwacht, Flugzeugabstürze und moderne Künstler beschrieben, bekannte Universitäten und einflussreiche Wirtschaftsführer porträtiert. Zwei, drei Jahre lang verfasste ich auch nebenbei PR-Texte, jedoch nie für Personen und Unternehmen aus meinem journalistischen Umfeld. Waren Miete und Telefonkosten einmal gesichert, wurden Restaurants getestet, Winzer, Märkte und kulinarische Handwerker besucht. Erst wenige, dann mehr. Viel mehr. Ich war jetzt Tester, einer von vielen, deren Namen in Acht-Punkt-Schrift unter einen Beitrag gesetzt wird.

Essen auf der Überholspur
Wie Menüs, Restaurants und Köche bewertet werden

Vergessen wir den grimassierenden Louis de Funès, der in *Brust oder Keule* als Restaurantkritiker Charles Duchemin Weine treffsicher an Farbe und Depot erkennt. Jeder kann testen, sobald er ein wenig Erfahrung in Sachen Essen gesammelt hat. Essen lernt man durch Essen. Und natürlich durchs Schmecken. Einfach durch bewusstes Vergleichen. Diese Vergleichsmaßstäbe bekommt man nur durch Reisen zu verschiedensten Köchen, nach Möglichkeit über Landesgrenzen hinweg. Paczensky hatte mir das so erklärt. Es gilt für die große Küche und für Regionalküchen erst recht. Wie will man eine regionale Küche beschreiben oder gar bewerten, wenn man die Region nie zu Gesicht bekommen hat? Das Reisen auf der Suche nach Geschmackserlebnissen dauert Jahre, Jahrzehnte. Je mehr Erfahrung ein Tester hat, desto wertvoller ist er.

Einige Jahre Pariser Know-how schien auch für deutsche Kunden interessant, zumindest hatte ich einige Magazine als Kunden gewonnen. Das erleichterte den Abschied vom Pariser Verleger. Das geadelte Pseudonym sowie die angeblichen Tests, die ich nie zu Gesicht bekam, hatten mein Misstrauen geweckt. Wurde dort gepfuscht?

Vergleichen konnte ich inzwischen nicht nur geografisch, sondern auch zeitlich. Dies ist besonders interessant, denn hier und da trifft man auf Menschen, die ihrer Zeit wirklich voraus sind. Die Küchengeschichte belohnt sie selten. Wer Erfolg haben will, sollte zur richtigen Zeit mit dem richtigen Talent am richtigen Ort sein. Wer hingegen zu früh kommt, den bestraft das Küchenleben ganz besonders grausam. Außerdem: Ist ein Koch erst einmal »vom Markt« verschwunden, weil er in Rente geht, Pleite macht oder den Beruf wechselt, dann stirbt seine Küche. Sicher wird er ein oder mehrere Kochbücher hinterlassen. Sie sagen absolut nichts über den tatsächlichen Geschmack der Gerichte aus, denn in aller Regel weiß niemand, woher die Zutaten stammen. Es fängt mit den

Milchprodukten an: Nehmen wir 50 Gramm Butter – welcher Fettgehalt, von welchem Hersteller, wie wurde sie fabriziert? Bis vor gar nicht langer Zeit schmeckte Butter quer durch Europa deutlich unterschiedlich, heute gibt es immerhin noch einen Hersteller, der sich signifikant vom Rest abhebt. Je nach Rezept kann alles wichtig sein: die Dicke der Scheiben von Lauch und Kartoffeln ebenso wie die Regelmäßigkeit des Schnitts.

Schließlich beeinflusst auch die »Hardware« der Küche den Geschmack: Welchen Herd nutzt der Koch? Gas, Elektrizität, Kohle, Induktion? Wie werden die Zutaten gelagert? Ein Bett aus zerstoßenem Eis kann empfindlichen Fisch leicht »verbrennen«, das wirkt sich auch auf den Geschmack aus. Wie viele Menschen arbeiten mit dem Koch? Wie gut ist seine Brigade ausgebildet? Ein Koch, auch der größte und bekannteste, ist nie allein für Glanz, Glorie und Wohlgeschmack einer Küche verantwortlich. Allein existiert er nicht. Auch der größte Könner wird die Irrtümer einer schlampig arbeitenden Brigade nie korrigieren können. Küche – das ist der Chefkoch, seine Mannschaft, seine Lieferanten, seine Ware und seine »Hardware«.

Wer nie bei einem Koch gegessen hat, kann deshalb auch mit einer riesigen Kochbuchsammlung nicht wissen, wie es wirklich bei ihm schmeckte. Geben Sie einmal ein normales Rezept an zwölf verschiedene Menschen, wachen Sie darüber, dass das kochende Dutzend sich strikt an die Vorgaben hält. Gewöhnlich stehen ein paar Stunden später zwölf schmeckbar unterschiedliche Gerichte auf dem Tisch. Sicher, heute arbeitet jedes Restaurant mit Präzisionsherden, die gradgenau geregelt werden können. All das macht das Leben leichter, ist aber nur trügerische Sicherheit: Naturprodukte schmecken eben nicht permanent gleich. Bei Zuchttieren liegt das schon am Futter. Ein Ochse, der in den letzten Wochen seines Lebens Heu zu fressen bekam, schmeckt anders als ein Tier, das auf saftigen Weiden grasen durfte. Von anderen Zuchtpraktiken gar nicht zu reden.

Letztlich stellt sich der gute Koch all diese Fragen nie. Er kann kochen, er weiß, wie es geht. Er kann aus einer Handvoll Zutaten etwas nie zuvor Geschmecktes machen. Er kennt sein Handwerk.

Der Schweizer Horst Petermann hat das in der *Weltwoche* anhand des Zwiebelschneidens erklärt: »Erst mal muss sie richtig geschält und bei der Knospe gerade abgeschnitten werden. Dann mit einem scharfen Messer zweimal quer schneiden und anschließend gerade, fein runterschneiden. Dabei sollte man darauf achten, möglichst nicht nachzuhacken, sonst wird die Zwiebel bitter. Es kommt beim Kochen auf Kleinigkeiten an: eine Julienne muss so lang sein wie der Abstand zwischen den Mundwinkeln. Die Würfel für Pommes rissolées müssen gleich groß sein. Wer das nicht von Anfang an beherrscht, wird es später nicht mehr richtig lernen.«

Es kommt beim Kochen auf Kleinigkeiten an, deshalb kann der Mann am Herd die Güte seiner Zutaten beurteilen. Mit dem guten Kritiker ist es ähnlich. Kein Chefredakteur verlangt von seinen Testern, das Lorbeerblatt im Ragout herauszuschmecken und vielleicht noch aufzuzählen, zu welcher Jahreszeit es in welcher Region gewachsen ist. Kein Tester weiß, ob besagtes Lorbeerblatt am Südhang, am Nordhang oder am Bahndamm wuchs. Er muss es auch nicht wissen, denn für jedes Gericht zählt der Gesamteindruck. Der ist erheblich mehr als die Summe der Zutaten. Ein Tester schmeckt, wann ein Gericht stimmig ist, wann gute Zutaten verwendet wurden. Er spürt, ob der Koch auf der Höhe seiner Form ist oder noch über Wachstumspotenzial verfügt. Muss man ein Essen regelrecht sezieren, um den Lesern erklären zu können, warum gerade dieses Gericht jetzt ungeahnte Geschmacksfreuden bereitet, dann ist das ein ganz schlechtes Zeichen. Das wirkt ein wenig, als müsse man sich selbst überzeugen.

Der verstorbene französische Kritiker Henri Gault hat 1986 versucht, der Bewertung von Restaurants ein wissenschaftlich verbrämtes Korsett zu verpassen. Das Resultat bildete ein achtseitiger Fragebogen zum Lokal, der auch Blumenschmuck, Beleuchtung, musikalische Animation, Gästetyp (»Eleganz und Fröhlichkeit«) sowie »Proportion der ausländischen Kunden« am Gästeaufkommen berücksichtigte. Dazu kamen zwei Seiten Fragebogen für jedes Gericht: Präsentation, Temperatur, Großzügigkeit (sprich: servierte Menge), Qualität der Zutaten, Konzeption, Garstufe, Realisation und »genereller Wohlgeschmack« wurden separat auf einer Skala von 1 bis 100 bewertet und mit verschiedenen Koeffizienten multipliziert, um dann zu einer Gesamtnote addiert zu werden. Wie, bitteschön, bewerten wir denn »Eleganz und Fröhlichkeit« der Mitesser an den Nebentischen? Ist der Koch schuld, wenn am Nebentisch jemand trübe guckt? Oder handelt es sich um den Gästetyp »armes, alleinstehendes Ehepaar«? Sie wissen schon, Leute, die sich nichts mehr zu sagen haben, einander jedoch verbunden bleiben, um die kostspielige Scheidung zu vermeiden. Und was mache ich mit der Musikuntermalung? In den frühen Neunzigerjahren traktierten Restaurants meine Ohren mit Pop goes Classic-CDs. Einmal musste ich mir den Ententanz anhören, zum Glück nicht beim Geflügel. Auch beliebt: Cineastische Leichenschändung in Form immer neuer Instrumentalversionen von Moon River. Richtige Klassik wurde natürlich auch gespielt, sie signalisierte: Hier wird es ernst, hier steht der Tempel des Lucullus. Musik im Restaurant ist meist eine Quelle potenzieller Peinlichkeiten, die Geräuschkulisse klirrender Gläser, klappernden Bestecks und plaudernder Gäste ist mir persönlich lieber.

All das gehört zum Generalproblem der Restaurantkritik: Die Welt des Sports teilt sich in Sieger und Verlierer, jeder Zuschauer kennt sie, die Journalisten dürfen dann nach Gründen für Erfolg oder Niederlage suchen. In Literatur oder Musik lesen oder hören Tausende von Menschen ein absolut identisches Stück. Im Restaurant aber kann der Fisch morgen schon saftiger ausfallen, vielleicht streut der Koch morgen weniger Thymian in die Sauce, eventuell geht der erstklassige Züchter von Salzwiesenlämmern in Rente. Vielleicht sind, um bei Gaults Fragebogen zu bleiben, die Gäste am nächsten Tag fröhlicher. Einfach weil draußen schöneres Wetter herrscht. Schon schmeckt alles ein wenig anders. Beim Kochen gibt es keine Sieger und Besiegten, der Leser kann dem Tester höchstens vertrauen, eine Tendenz oder ein Talent erkannt zu haben.

Wer Restaurants testet, sollte zunächst einmal eine Speisekarte lesen können. Jetzt nicht lachen! Man braucht Monate oder Jahre, um eine Karte richtig zu lesen. Gehen Sie nie in ein Lokal, dessen Karte Ihnen nicht gefällt! Das gedruckte Menü ist die Visitenkarte eines Lokals. Vergessen Sie alle Restaurants, vor denen sich ein älteres Kartenexemplar vergilbt wölbt, womöglich noch dekoriert durch ein paar tote Fliegen. Die Sorgfalt, die dieser Karte gilt, wird sich in der Küche spiegeln. Problematisch sind auch endlose Karten mit Dutzenden von Gerichten. Kein Koch, auch keiner der weltbesten, kann 60, 80 oder 100 Gerichte anbieten. Was der Mann einkaufen müsste? Oder vielmehr: Was der Mann wegwerfen müsste? Fische, Gemüse, Fleisch und Geflügel sind ja nicht endlos haltbar. Nun gibt es seltene Fälle, in denen die Karte ausnehmend reich bestückt ist, die Speisekarte aber im Wesentlichen auf fünf oder sechs Grundprodukten beruht, die auf verschiedenste Art und Weise durchdekliniert werden. Das kann in Ordnung gehen. Ob die Karte handgeschrieben oder auf dem Computer getippt ist, ob sie Rechtschreibfehler aufweist oder nicht, das ist zweitrangig. Den Koch bezahlen wir fürs Kochen, nicht fürs Schreiben. Die Preisspalte sollte stimmen. Fehlt sie, hat jemand etwas zu verbergen.

Bedenklich stimmt auch jede Art von Speisekartenpoesie: »Huhn Prinz Krokoff« macht sich auf keiner Karte gut. Der Titel »Prinz« verspricht unbedarften Essern Edles, was mit dem unschuldigen Huhn jedoch wirklich geschieht, erfährt der geneigte Leser der Speisekarte nicht. Solche Namen sind Freibriefe, unschuldige Zutaten nach Belieben zu misshandeln. Die verschiedenen klassischen Zubereitungsarten wie »Lammkoteletts Champvallon« (mit Kartoffeln im Ofen gebacken, »erfunden« von Madame de Champvallon, um Ludwig XIV. zu verführen) sollte man ausnehmen. Diese Bezeichnungen sind keine Fantasie, sie entstammen alten Rezepten und können, zeitgemäß verschlankt, ausgesprochen gut schmecken. Ein eher schlechtes Zeichen bilden Trilogien oder Dialoge von Edelfischen, auch »Triologie« und »Triologien« musste ich auf Karten lesen. Ist der Fisch nicht spezifisch ausgezeichnet, kann uns der Wirt hier Reste andrehen. »Edelfisch« ist immer der, der gerade weg muss. Das gilt analog natürlich für alle anderen Tier- und Pflanzenarten. Besonders gut aufgehoben sind »edle« Wortgebilde in nicht näher detaillierten »Überraschungsmenüs«. Vorsicht ist auch bei auf nobel getrimmten Wortschöpfungen geboten: Carpaccio von Hartwurst zum Beispiel. Also Wurstscheiben. Aber Wurstscheiben klingen nicht teuer genug.

Leider verleihen heute mehr und mehr junge Köche ihren Gerichten wieder Fantasienamen wie »Das absolute Schwarz«, »Letzte Ausfahrt Brooklyn«, »Der harte Winter von 1941« oder »The Soup«. Für mich stehen sie auf einer Stufe mit »Huhn Prinz Krokoff« oder »Wurstcarpaccio«. »Das absolute Schwarz« entpuppte sich als Spaghetti mit einem Schnitzelchen Kalbsbries und Spänen von schwarzen Oliven, daneben lümmelte sich ein Blutwurstraviolo auf einem Tellerchen. Angesichts des Preises von 65 Euro sah ich da nicht schwarz, sondern rot.

Zur Speisekartenlektüre gehört viel Bauchgefühl: Liest sich die Karte »stimmig«, hat sie eine einheitliche Linie? Passt sie zur Jahreszeit? Sowie – das ist ganz wichtig – Lassen sich die Gerichte der Karte mit vertretbarem Aufwand zu diesem Preis realisieren? Ein gutes Zeichen sind Innereien auf der Karte – selbst dann, wenn Sie die nicht mögen. Sie sind selten tiefgekühlt, der Koch traut sich offenbar zu, auch die weniger populären Stücke seinen Gästen schmackhaft zu machen.

Nun wird kaum ein Lokal durchs Kartenstudium entdeckt. Wer als Tester dem Leser Neues bieten möchte, braucht ein Netzwerk von Gern- und Oftessern aus dem Freundes- und Bekanntenkreis. Mein Netzwerk teile ich nicht mit den Kollegen. Die interessantesten Restaurantentdeckungen kommen tatsächlich oft aus dem Kreis der Freunde, die geschäftlich gezwungen sind, drei oder vier Mal pro Woche essen zu gehen.

Was bewerten Tester beim Besuch im Restaurant letztendlich? Nun, zuerst einmal das Essen. Dabei gibt es einen objektiven und einen subjektiven Teil. Objektiv schmeckbar ist mit etwas Übung die Güte und Frische der Produkte. Im Idealfall sammelt sich da im Laufe der Jahre ein wenig Wissen im Testerhirn an. Rindfleisch? Welches Rind, welche Rasse, welches Stück, von welchem Lieferanten, wie alt war es bei der Schlachtung, womit wurde es ernährt, konnte das Fleisch »reifen« oder wurde es jung verkauft? Ein Aubrac-Rind, das auf den Wiesen der Auvergne graste, schmeckt nicht wie Charolais oder wie Wagyu.

Steinbutt? Kommt der aus der Farm oder wurde er wild gefangen? Welches Gewicht hatte der ganze Fisch? Das ist wichtig, denn Babyfische verfügen nur über Minimalgeschmack. Seebarsch? Wurde er geangelt oder ist er ins Netz gegangen? Geangelte Fische schmecken oft besser als der Fang aus dem Netz: Wenn ein riesiger Trawler die Netze zügig einholt, dann platzen den Fischen die Schwimmblase, die Adern um die Augen platzen auf, in einem langen Todeskampf setzt der Körper Toxine frei, die das Aroma zerstören.

Schließlich gibt es ein paar Erbsenzähler-Tester, die Restaurants auch anhand nackter Zahlen beurteilen: Wie viele Sorten Brot werden angeboten? Wie viele Käsesorten stehen auf dem Käsewagen? Wie viele unterschiedliche Schokolädchen kommen zum Kaffee? Mir persönlich ist das egal: Fünf optimal gereifte Rohmilchkäse sind allemal besser als 20 aromenarme Exemplare. Was das Brot betrifft: Neutrale Sorten wie Baguette und die meisten Bauernbrote sind in Ordnung. Naschte ich mal vom Tomaten-Rosmarin-Ciabatta, blieb immer so viel Geschmack am Gaumen, dass der eine oder andere Steinbutt dagegen nicht mehr ankam.

Rein subjektiv ist hingegen ein Kriterium, dass alle Restauranttester der westlichen Welt in Ehren halten: die »Kreativität«. Ein Koch, der ein klassisches Rezept begnadet gut interpretiert, muss schon wirklich herausragend sein, um nicht als Vollidiot zu gelten. Ein Vollidiot, der einen Teller in poppigen Farben anrichtet und vielleicht mit einem Schäumchen dekoriert, das verdächtig an Spucke erinnert, darf sich auf sein kreatives Genie berufen.

Gerade Restauranttester, die Köche für Künstler halten, fungieren gern als kreative Einpeitscher. Das Schlimmste was Kritikern den Köchen zugefügt haben, ist für mich die Verpflichtung zur Dauerkreativität. Köche sind kreativ, wenn sie eine Neigung haben, mit den Zutaten zu spielen. Sie werden kreativ, weil sie selbst von permanenter Routine gelangweilt sind. Sie werden kreativ aus Zeitnot, aus Mangel an Zutaten oder an Geld. Ein Koch, der über knappe finanzielle Ressourcen verfügt, kann nicht mit Kaviar und Trüffeln protzen. Er muss sich etwas einfallen lassen, um mit Innereien und Sardinen zu locken. Nicht zuletzt werden

Köche kreativ, wenn sie es aus wirtschaftlichem Interesse für nötig halten, sich von ihren Nachbarn abzusetzen. Stammgäste, die oft wiederkommen, wollen neue Gerichte auf der Karte sehen. Eine Handvoll Speisen, die es nur in einem Lokal gibt, können den Umsatz beflügeln oder zumindest vor dem Absturz bewahren. Zumindest wenn sie vom Publikum – und nicht nur von Kritikern – akzeptiert werden. Die permanente Bewertung von Kreativität hat inzwischen zu einem wahren Wettlauf um die originellsten Gerichte geführt, Speisekarten gleichen wahren Kuriositätenkabinetten. Ganz nebenbei beschweren sich gestandene Köche, dass inzwischen schon Berufsschüler darauf bestehen, in der Restaurantküche ihr »kreatives Genie« auszuleben. Ganz ehrlich, ein Koch kann aus ganzem Herzen stolz sein, wenn er im Laufe eines Berufslebens ein oder zwei Gerichte geschaffen hat, die von anderen nachgekocht werden.

Kreativität können Köche vorspielen, etwa durch optische Gimmicks. Früher, da malten Herdmeister regelrecht mit ihren Saucen. Die naive Saucen-Malerei (Lieblingsmotiv: ein schwarzes Notenzeichen auf hellem Beurre Blanc-Grund) entstand als kulinarisches Äquivalent zum röhrenden Hirsch an der Wand. Inzwischen scheinen die jungen Küchenspezialisten Jackson Pollocks *Drippings* entdeckt zu haben – dabei »malte« der Künstler nicht mehr, sondern ließ die Farbe vom Pinsel tropfen. Jedenfalls sehen ihre Teller aus, als wären sie mit Saucen-Ejakulat überzogen. Das wirkt modern, auf den Geschmack hat es jedoch keinen Einfluss. Umgekehrt gibt es tolle Gerichte, die sehen aus, als hätte ein Hund etwas auf dem Teller hinterlassen. Etwa der »Hase königliche Art nach Rezept des Senator Couteaux«. Das ist ein stundenlang in Rotwein geschmorter Löffelträger, der schließlich mit eben diesem, dem Löffel, gegessen werden kann. Optisch gleicht das Gericht einem Haufen dunkelbrauner Fleischfitzel. Aber der Geschmack! Verwechselt wird Kreativität oft mit Verfeinerung, das gilt für Kritiker und Köche gleichermaßen: Wer ganz oben mitkochen will, muss seine guten Zutaten noch einmal verfeinern. Ein gebratenes Huhn, eine Taube vom Grill, Gambas von der Plancha – das reicht den meisten Restaurantführern nicht. Eine

Sauce, ein besonderes Kraut, eine ungewöhnliche Zusammenstellung, etwa ein wenig Fleisch, vielleicht ein gut gereifter Schinken zum Fisch, diese Arbeitsschritte dienen der Verfeinerung. Eigentlich braucht es dazu gar nicht so viel: eine winzige Gaumenüberraschung, schon ist der gewünschte Effekt erreicht. Das Konzept der Verfeinerung ist ein Relikt aus der Zeit, als jeder Mensch, ob zu Hause oder im Restaurant, noch halbwegs gelungene Tauben und Hühnchen braten konnte. Unerlässlich ist es nicht mehr: Clevere Köche haben gemerkt, dass Gäste heute weite Wege für ein fehlerlos zubereitetes Geflügel erster Qualität in Kauf nehmen, und schaffen daher auf ihren Karten Platz für vermeintlich simple Genüsse. Andere Herdmeister scheinen leider inzwischen der Ansicht zu sein, dass der Grad der Verfeinerung direkt von der Schwierigkeit des Rezeptes abhängt. Sie dekorieren die Teller mit wahren Mini-Menüs aus etlichen kleinen Elementen und winzigen Speisen. Oder sie üben sich im »Schaulaufen«, der momentan angesagten Disziplin der Spitzenköche. Dabei werden Gerichte unnötig verkompliziert, nur um zweimal am Tag zu zeigen, was für tolle Küchentechniken der Mann am Herd beherrscht. Das Resultat ist ein geschmackliches Durcheinander ohne Grenzen. Diese Köche wollen, dass Gäste ihre Arbeitsschritte auf dem Teller bewusst betrachten. Umgekehrt gibt es etliche Rezepte, denen man ihren enormen Aufwand nicht im Geringsten ansieht, wie eben der »Königliche Hase«. Vielleicht lassen sie sich in unserer optisch orientierten Zeit nicht mehr erstklassig vermarkten?

Wer Geschmack sagt, muss übrigens auch Geruch sagen. Die Nase schmeckt mit. »Fehlgerüche« sind wahre Appetitkiller. Teller, die nach Spülmittel riechen, muffige Gläser, kettenrauchende Tischnachbarn.

Manchmal, wenn die Redaktion es wünscht, werden auch andere Dinge bewertet. Etwa das Ambiente. Von krampfhaft modernem Design bis zur Sammlung von Porzellanhasen im Regal habe ich fast alles gesehen: Erlebniswelten wie früher das Lokal »Le Cirque« in New York, ein Entwurf des Designers Adam Tihany, klassischen Superluxus wie im »Louis XV« in Monaco, neue Schlichtheit wie bei Philippe Rochat in der Schweiz, in Crissier, vielleicht manchmal auch Berge an Kitsch. Auch hier gibt es wieder Erbsenzähler, die den Faltenschwung einer Decke kritisch betrachten. Was mich betrifft, esse ich letztendlich weder Decken noch Vorhänge. Ab und an habe ich zwischen den Sammlungen von Porzellanschweinen, -hasen oder -hunden der Dame des Hauses sogar göttlich gut gespeist. Wer sich für Essen interessiert, sieht über das Ambiente hinweg. Wer einen gelungenen Abend planen muss, sei es ein Date oder eine Besprechung mit dem Chef, darf über das Ambiente nicht hinwegsehen. Da sagt schließlich die Wahl des Ortes etwas über den Esser aus.

Natürlich betrachtet jeder Tester auch den Service. Eigentlich bin ich der Meinung, dass man den perfekten Service so gut wie nicht bemerkt. Leute, die freundlich sind und sogar die Zusammensetzung der Gerichte schildern können; Sprüche wie »Wir werden Sie verwöhnen« zur Begrüßung will ich schon lange nicht mehr hören. Verwöhnt die Gäste, aber redet nicht dauernd darüber. Es trägt auch nicht zum Essgenuss bei, wenn mich jemand beim Abräumen jedes Tellers zwei Mal fragt, ob es denn jetzt geschmeckt habe. Es stört einfach nur. Ganz schlimm: Fachkräfte, die erklären, wie Speisen gegessen werden sollen und in welcher Reihenfolge man die Gabel in welches Tellergebilde senkt. Übrigens: Schön ist es auch, wenn Damen und Herren vom Service sauber sind, wenn man ihr Kommen nicht gegen Wein und Schmorfleisch anriechen muss und Teller nicht mit dreckigen Fingernägeln abgestellt werden.

Es gibt ausgesprochen schnippische, launige Servicekräfte. Und es gibt kompetente, freundliche, herzliche, nette Menschen. Ein Restaurant ist eben doch ein Theater des Lebens: Einmal bot mir eine Serviererin in Saint-Tropez als spezielles Dessert honorarpflichtige Liebesdienste an. Etliche Male bröckelten Sommeliers den Kork in den Wein, als es die Spesenverordnung noch hergab, Wein zu trinken. Ein anderes Mal landete ein Topf Fischsuppe über meinem Gast. Keine Entschuldigung, kein Handtuch, nicht einmal frische Weingläser! Denn auch im Wein schwamm jetzt die Suppe. Wir zählten die Fettaugen in unseren Weingläsern, bis endlich die Rechnung kam.

Was mir jedoch ernsthaft auf die Nerven geht, sind Menschen, die einen Schritt hinter mir Stellung beziehen, jedes Wort mithören und beim kleinsten Ablegen der Gabel den Teller wegziehen wollen. Man trifft sie reichlich in luxuriösen Hotelketten, die seit Jahren nach dem »Dream-Team-Prinzip« des amerikanischen Basketballs arbeiten: Lasst uns für teures Geld einen Haufen gute Solisten einkaufen, Köche, Sommeliers, Maître d'Hôtels. Die »Dream-Teams« leisten oft gute Arbeit und könnten jederzeit einen Lehrfilm für Hotelfachschulen drehen. Allerdings sind ihre Lokale oft seltsam seelenlos.

Pflicht ist ein Blick in die Weinkarte, auch wenn es schließlich beim Wasser bleibt. Das heißt nicht, dass der Wirt eine Weinkarte im Gutenberg-Bibelformat braucht. Mit dem nötigen Geld kann jeder eine riesige Sammlung guter Gewächse aufbauen, was die Besitzer der angesprochenen »Dream-Teams« auch tun. Auf einer Weinversteigerung an der Mosel saß ich direkt neben dem Sommelier eines Grand Hotels. Der hörte die Gebote, blätterte hektisch in der Weinkarte und strich dann eine Null aus dem Preis einer Beerenauslese. Der Wein war zehn Mal zu teuer ausgeschrieben worden. »Schade, ein Tippfehler«, kommentierte der junge Weinexperte. Ein Restaurant ist ohnehin kein guter Ort, um wirklich große Weine zu trinken. Sie sind zu teuer und werden als Begleiter fantasievoller Gerichte nicht besser. Bei ganz großen Weinen sollte sich die Küche zurückhalten: Ein Fisch, gegrillt oder gedämpft, ein Brathuhn, ein gutes Stück Fleisch, das reicht vollkommen.

Wesentlich interessanter als kolossale Weinkarten sind für mich clevere Weinkarten mit Entdeckungen in allen Preisklassen. Die gute Weinkarte sollte sich nicht nur auf Bordeaux und Burgund beschränken, sie braucht halbe Flaschen, glasweise angebotene Weine und natürlich Gewächse aus der Region, in der sich das Restaurant befindet. Vollkommen verfehlt hat der Sommelier seine Aufgabe, wenn die ausgewählten Weine partout nicht mit den Gerichten harmonieren. Das passiert selten, aber es passiert.

Abschließend kommt es zu einer Gewissensfrage: Soll das Preis-Leistungs-Verhältnis mit bewertet werden?

Die weitaus meisten Kritiker antworten mit einem kategorischen Nein, schließlich halten sie ihre Leser für eine zahlungsfähige Elite. Nun habe ich im Laufe meines Berufslebens eine gewisse Anzahl von durchaus vermögenden Lesern kennengelernt, die mich am Telefon oder per Mail um weitere Tipps baten. »Aber nur solche Lokale, die Sie selbst besuchen.« Soll heißen: Restaurants mit anständigem Preis-Leistungs-Verhältnis. Im Laufe der Zeit ist mir jede preisliche Unverschämtheit begegnet, vom Tellerchen Räucherkartoffeln zu 42 Euro (Inhalt: eine Kartoffel, mittelgroß) bis zu Weinen, deren Einkaufspreis mit 12 multipliziert wurde. Die gröbsten davon betreffen Produkte, deren Preis der Gast nicht augenblicklich prüft. Schauen Sie ruhig einmal, was Wirte für eine Flasche Mineralwasser in Rechnung stellen. Prüfen Sie den Preis für eine Pfütze Espresso. Sie werden staunen. Vielleicht hat Ihnen der Sommelier auch zwei Gläschen Champagner angeboten. Solch ein Aperitif hat mich mehr als einmal 25 Euro oder mehr gekostet – pro Person, für handelsüblichen Schampus der Supermarktklasse, kein Jahrgangsgewächs. Fragte ich den versierten Weinkellner bei der Bestellung nach dem Preis, wand er sich in aller Regel, als wollte ich ihm ohne Narkose den Blinddarm entnehmen, um ihn als Millefeuille zu servieren. Für Schampus, Kaffee und Mineralwasser schon 50 Euro auf der Rechnung zu haben, war immer dann besonders ärgerlich, wenn ich mich für das »kleine Menü« in der Preislage zwischen 40 und 60 Euro entschieden hatte.

Nun vergeht zwischen einem Restauranttest, seiner Publikation und dem eventuellen Besuch eines Lesers Zeit, viel Zeit. Ein Test ist immer eine Momentaufnahme. Die Frage, ob ein Koch mittelfristig sein Niveau halten kann, ist deshalb erlaubt. Zuverlässig beantworten kann sie niemand, doch mit den Jahren gewinnt man ein wenig Instinkt: Mehr als einmal habe ich erlebt, wie talentierte Köche regelrecht vom Metier zermahlen wurden. Köche brauchen einen soliden Charakter. Die Lieferanten, die Brigade, die Gäste, die Kritiker – das »Biotop« des Koches ist nicht gerade ein Streichelzoo. Wer sich nach schnellen Erfolgen für den Größten hält, sich gar zum Genie proklamiert, riskiert rapiden Misserfolg. Denn wer seine Küche nicht mehr infrage stellt, hört ganz schnell auf, gut zu kochen.

All diese Eindrücke werden am Ende vollkommen subjektiv zu einem Gesamteindruck destilliert. Entscheidend dafür ist wieder der individuelle Vergleichsmaßstab: Wann und wo schmeckte es besser oder schlechter? Wie unterscheidet sich dieser Koch von seinen Kollegen? Schon bei der Definition eines »guten Restaurants« scheiden sich unter den Kritikern die Geister. Für mich bietet ein gutes Restaurant mindestens ein Gericht, für das ich jederzeit wieder in dieses Lokal gehen würde. Das kann auch eine gute Pizza oder ein guter Eintopf sein. Ich bin auf das Essen fixiert, andere Autoren achten stark auf das Ambiente (was im Grunde weit mehr Leser interessiert als das Essen an und für sich), wieder andere lassen sich von der Weinauswahl beeinflussen. Etwas mehr als die Hälfte der Food-Autoren begnügt sich damit, einen *Guide Michelin* aufzuschlagen und dessen Empfehlungen abzuklappern. Ich mache das schon deshalb nicht, weil ich in vielen besternten Restaurants bemerkenswert schlecht gegessen habe. Außerdem: Testesser reisen anderen Michelin-Testessern nach, kommentieren deren Urteile, deuteln an den Sternen herum, als gäbe es versteckte Botschaften zu entdecken. Das ist nicht nur peinlich, das ist auch zutiefst langweilig. In jedem Wirtschaftszweig versuchen Mitbewerber gewöhnlich, dem Marktführer ein paar Marktanteile abzunehmen, sei es mit besseren Produkten, besserem Preis oder besserer Werbung. Wenn Restaurantkritiker sich vorab dem Urteil der herrschenden Meinung unterwerfen, werden sie sowohl dem Leser als auch ihren Verlegern wenig Nutzen bieten. Wer allerdings dem Führer aller Führer allzu oft widerspricht, gerät bei vielen Redaktionen in Verdacht, sich nur selbst profilieren zu wollen. Aber, wie gesagt, sind all diese Urteile subjektiv und das ist letztendlich auch gut so. Weil subjektive Kritik jedoch in unseren politisch korrekten Zeiten ganz schlecht ankommt, ernennt mancher sich gern zur objektiven Instanz. Der *Michelin* macht das, indem er keine Angaben zu seinen Wertmaßstäben mitteilt. Es ist schwierig, Arbeitsmethoden zu kritisieren, die niemand kennt. *FAZ*-Kritiker Jürgen Dollase geht das Thema Objektivität anders an. Sein eigenes Blatt zitierte ihn im Januar 2007 mit folgenden Worten: »Ich bin der Meinung, wenn ich subjektiv etwas so oder so einschätze – dann ist das mit ziemlicher Sicherheit auch objektiv so. Darüber brauchen wir nicht zu diskutieren. Diese Selbstsicherheit muss aus Kenntnis heraus entstehen, sie darf nicht der Arroganz entspringen.« Subjektiv ist objektiv, darüber brauchen wir nicht zu diskutieren. So einfach ist es, ein Unfehlbarkeitsdogma aufzubauen. Ich darf Ihnen garantieren, dass jede Restaurantkritik subjektiv ist. Einfach weil jeder Kritiker nur auf seine eigenen und damit subjektiven Erfahrungen als Vergleichsmaßstab zurückgreifen kann.

Der kleine Esser Immersatt
Testessen ist ein Kampf gegen das Gewicht

Zwei Mal pro Tag treffen die Blicke von Gästen und Service auf jeden Testesser. Die Augen der Gäste senden eine klare Botschaft: »Schau mal, da drüben, dieser Typ. Der kann zwar hier in dem schicken Schuppen essen. Aber Freunde hat er keine. Er ist allein.« Die Augen der Servierer sprechen eine andere Sprache: »Wäre er begleitet gekommen, wir würden an seinem Tisch den doppelten Umsatz machen.« Oder, häufiger: »Um Himmels Willen. Der Typ ist allein. Er hat beim Bestellen genau nachgefragt, was hier auf die Teller kommt. Er speist allein und hat ein ganzes Menü bestellt. Das ist bestimmt einer von diesen Testern. Aber für wen arbeitet er? *Michelin*? *Gault Millau*? Einen dieser No-Name-Guides? Ich sag dem Chef Bescheid.« Das Schlimmste an den Touren sind jedoch nicht die Blicke, es ist die schiere Menge an Essen. Ein fünf bis 30-Gänge-Menü erwartete mich als Tester auf Reisen zwei Mal täglich. Man ist so satt, dass kein Minzblättchen mehr hineinpasst. Oberkante Unterlippe. Denn es muss mittags und abends gegessen werden. Ansonsten ufern die Kosten für Übernachtungen in diversen Hotels aus. Und das mögen Verleger nicht. Zwischen Mittag- und Abendessen muss der gute Tester dann 30 bis 300 Kilometer zurücklegen. Während der Testtouren verzichtete ich freiwillig auf jedes Frühstück, wusste ich doch, was für kolossale Nahrungs-wogen da wieder in meine Richtung rollen würden. Aber zwischen Mittag- und Abendessen werden sich doch ein paar Stunden abzweigen lassen? Vielleicht für einen Museumsbesuch, eine kleine Wanderung oder – obszönes Unwort im Repertoire eines jeden echten Vorkosters – ein wenig Sport? Falsch, meistens verkosten wir bei Winzern, oder es geht zu Metzgern, Bäckern, Konditoren.

Der reine Überfluss gefällt weder dem Tester, noch kann er sich positiv auf die Wirte auswirken. Es gehört viel Können dazu, einen müden Vorschmecker am achten Tag seiner Tour noch ins Staunen zu bringen. Außerdem besteht die ganz reale Gefahr, dass wir durch das Übermaß an Spitzenküche beginnen, vollkommen lebensferne Diskussionen in Sachen Kleinarbeit anzuzetteln. Bei Meier war der Mürbeteig dünner ausgerollt als bei Schulze, doch bei Schulze glitzerten die Möhren frischer als bei Müller, außerdem hatte Schulze den Rehrücken mit einem Quadratzentimeter Heidelbeerespuma verziert. Tauchen solche Betrachtungen auf dem Notizblock auf, ist es höchste Zeit zu McDonalds oder Burger King zu pilgern oder in einem Autobahnrestaurant zu speisen. Das »erdet« den Gaumen und spült den Tester wieder in die Welt der Normalesser.

Leider bleibt auf Testtouren keine Zeit für solche Unter-brechungen. Deshalb fühlt man sich spätestens am vierten Tag in die Achtzigerjahre-Komödie *Und täglich grüßt das Murmeltier* versetzt: Bill Murray erlebt als Meteorologe denselben Tag immer wieder, bis er schließlich einen perfekten Tag zustande bringt, die Frau verführt, den Dörflern hilft und überhaupt sein arrogantes Gehabe abgelegt hat. Der Tester erlebt den perfekten Tag fast nie, er hört tagaus, tagein saisonbedingt dieselben Tagesempfehlungen mit minimalen Varianten. Während meiner allerersten Testwoche waren das gebratene Foie gras und Rotbarben. Foie gras, Rotbar-ben, tagaus, tagein. Als mich am vierten Tag der Oberkellner mit den Worten »und dann haben wir noch etwas besonders Feines für Sie« begrüßte, erwiderte ich mechanisch: »Foie gras, gebraten, da-nach Rotbarben.« Von morgens bis abends ist der fleißige Tester also pappsatt – und das während sieben bis zehn Tagen. Aber kann man nicht auch zwei kleine Gänge von der Karte nehmen, einen Schluck Mineralwasser dazu trinken? Auf Mineralwasser bin ich schon seit Jahren. Was die Karte betrifft: Abseits Deutschlands sind Gerichte à la carte im Vergleich zu Menüs obszön teuer. In Frankreich, Belgien, der Schweiz, England werden für ein Fischgericht leicht 70 bis 140 Euro fällig. Das geht nicht, wegen der Spesenverordnung. Nur einen kleinen Salat bestellen geht auch nicht, man ist ja angehalten, eine Reise quer durch das Können des Kochs anzutreten. Und dazu gibt es das Menü. Zwei Mal täglich. Ein Beruf wie Restauranttester ändert das Leben. Man arbeitet, während andere feiern, sicher. Doch auch der Körper verändert sich. Glauben Sie mir, die Zeichner des ersten *Michelin*-Männchens hatten ihre Gründe, den Reifenkerl so knuffig-stattlich zu gestalten. Mit Anfang Zwanzig wog ich 47 Kilo bei einer Körpergröße von 1,72 Meter. Beim Kölner Bekleidungsspezialisten Weingarten empfahlen mir die freundlichen Verkäufer stets, meine Hosen aus dem Kinderregal zu kramen. Damit war es bald nach Eintritt ins aktive Testerleben vorbei: Irgendwann ging ich durch den Supermarkt, als ein Vierjähriger bei meinem Anblick freudig aufheulte: »Guck mal, Mutti, ein dicker Mann!« Da wusste ich, es war Zeit, einmal bewusst in den Spiegel zu schauen, vielleicht sogar auf eine Waage zu steigen.

Warum nicht den nächsten Spiegel nehmen, irgendwo gleich hier, im Supermarkt. Ich blickte auf einen blassen, fülligen Mann mit Ansatz zum Tripel-Kinn. Es gibt Menschen, die stopfen jedes Wochenende zwei Sahnetorten in sich hinein und bleiben dünn wie Strohhalme. Und es gibt Menschen, die schauen im Vorbeigehen einen Teller Pasta an und haben prompt ein Kilo mehr auf den Rippen. Ich gehörte immer zur zweiten Gruppe. Zu viele Kalorien? Nein, einfach zu viel Essen. Ich stieg auf die Waage und erschrak. Für einen Menschen meiner Körpergröße lag die Nadel zu dicht am dreistelligen Bereich. Was tun? Weniger essen? Bei einem Tester? Außerdem aß ich gern. Für mein Problem gab es keine konventionelle Lösung. Die unkonventionelle kam ein paar Jahre später von selbst. Eine Scheidung und die damit verbundenen Rechtsstreitigkeiten brachten mich zügig auf ein »Fast-schon-Normalgewicht«.

Sie meinen, es gäbe eine andere Lösung, als Tester schlank zu bleiben? Zum Beispiel nur Häppchen zu kosten und volle Teller zurück in die Küche zu schicken? Nun, wenn vom Teller nicht eine gewisse Mindestmenge Nahrung verschwindet, gibt es lästige Nachfragen. Der erste volle Teller, den ich in eine Küche zurückschickte, war mit Langustinos in Erdnusskruste belegt. Nicht etwa frische Erdnüsse, sondern die versalzenen Exemplare aus dem Knabber-Mix, jede Menge davon. Prompt kam ein wutentbrannter Koch herausgestürmt und belehrte mich, dass er mit dieser Kreation einen Preis der Vereinigung amerikanischer Erdnussfarmer gewonnen hätte. Ich sollte jetzt gefälligst essen. Ich erwiderte, ich sei kein amerikanischer Erdnussfarmer, lieber hätte ich Langustinos ohne Kruste. So gab ein Wort das andere, der Meister zog sich an den Herd zurück und ließ die Kruste von den Krustentieren herunterkratzen. Kalt und versalzen lümmelten sich die sonst so delikaten Tierchen auf meinem Teller. Auf solche Szenen konnte ich verzichten.

Jeder Kritiker kennt einen weiteren Grund, die Teller zumindest teilweise leer zu essen. Ein Einzelesser, der so gut wie nichts isst? Diskret ist das nicht, man könnte auch ein T-Shirt mit der Aufschrift »Tester« tragen. Ich teste gern anonym, schon aus ganz profanen Zeitgründen. Die meisten Köche fühlen sich zum Gespräch mit Testern genötigt, zum gemeinsamen Umtrunk, zum Plaudern. Das kostet die Zeit, die ich dringend für den Weg zum nächsten Lokal benötige.

Weiß der Koch, dass draußen ein Tester lauert, hobelt er gern schwarze Trüffeln, notfalls aus der Dose, über jedes Gericht. Die Schnitzelchen von der Stopfleber fallen doppelt so groß aus, der Sommelier spendiert ein Glas oder eine Flasche Wein. Besser wird die Küche dadurch nicht. Ich habe erstklassige Köche gekannt, die allein durch die Ankündigung, draußen säße ein Tester, so nervös wurden, dass sie selbst bei ihren Klassikern gnadenlos versagten. Sie wollten gerade dieses Gericht noch besser, noch beeindruckender machen – und schließlich war das Bessere der Feind des Guten.

Es gibt Gelegenheiten, da kennt einen der Koch ohnehin. Meistens, wenn man mit ihm für ein anderes Magazin ein Interview geführt hat. Da sitzt man, ganz allein und überhaupt nicht anonym. Natürlich will die Küche zur Höchstform auflaufen. Andererseits: Wenn der Koch schlecht eingekauft hat, wenn es zum Beispiel keinen frischen Fisch gibt, dann kann er die Situation nicht retten. Schon bekommt der Sommelier wieder Anweisung, ein Glas Wein zu spendieren.

Nun liebt das Publikum das Bild vom anonymen Tester als Rächer der Gäste. Startester, solche mit ihrem Foto in jedem Magazin, sind freilich selten anonym. Einige jedoch spielen den Lesern Anonymität vor: François Simon, der Kritiker des *Figaro*, verbirgt sein Gesicht in Fernsehsendungen hinter der Plastikmaske des Reporters »Tim« aus *Tim und Struppi*. Mir stellte ihn der ehemalige Direktor des Pariser Restaurant »Laurent« vor, der maskierte »Zorro« war im Haus wohl bekannt. Anonym ist dieser Mann nicht für die Köche, sondern für die Leser. Das ist sein Markenzeichen. Geschmackspäpsten helfen solche Markenzeichen, bei Lesern und Köchen wiedererkannt zu werden. Großkritiker Christian Millau ging mit seinen Hunden essen, Paul Bocuse kommentierte das mal mit dem Spruch, er hoffe, es hätte dem Hund geschmeckt. Großkritiker Dollase bittet die Köche, seinem Hündchen Sophie einen kleinen Text ins Poesiealbum zu schreiben. So wird man in Windeseile bekannt – wie ein bunter Hund.

Wichtige Tester werden regelmäßig von Köchen eingeladen. Es gibt Kritiker, die suchen diese Einladungen geradezu. Je nach Wichtigkeit des Mediums steht dann ein ganzes Regiment von Maître d'Hôtels um den Testertisch versammelt, saugt jedes Wort auf, um es in die Küche zu tragen. Das gilt natürlich nicht nur für Kommentare zum Essen, sondern auch und erst recht für Ehestreitigkeiten oder, noch besser, Knatsch mit dem Verleger.

»Zahlt man die Rechnung oder zahlt man sie nicht?« Das ist eine der Kardinalfragen der Restaurantkritik. Etliche Profi-Esser erklären, der Opern-, Kino- oder Literaturkritiker zahle ja auch nicht für Eintrittskarten oder Bücher. Nun wird die gesamte Oper aber nicht für den Opernkritiker gegeben, ein Döschen Kaviar, ein paar Langustinos, eine Tranche fangfrischer Steinbutt, ein Täubchen und eine gute Flasche Wein schlagen dem Wirt jedoch ordentlich aufs Portefeuille. Letztlich entscheidet jeder Kritiker die Frage nach eigenem Gutdünken, selbst die Kollegen, die permanent eingeladen sind, fällen von Zeit zu Zeit harte Urteile gegen die Einladenden.

Anders sieht es aus, wenn Autoren oder Tester sich auf luxuriöse Hotels in den exotischen Orten der Welt spezialisieren. Dann wird vielfach in Wonneworten geschwelgt, jeder Cocktail verwandelt sich in Götternektar, im Hotelrestaurant mutiert jede Schuhsohle zum zarten Rinderfilet in der Kräuterkruste. Eine wahre Orgie an Lobeshymnen darf der Hotelier erwarten, wenn er auch Lebenspartner und eventuelle Kinder einlädt.

Schließlich existiert eine winzige Riege von Restaurants, in die auch Tester nur durch Einladungen gelangen. Sie sind so begehrt und so ausgebucht, dass kein Journalist sie je kritisieren könnte – was natürlich um so mehr Autoren motiviert, genau dieses Lokal beschreiben zu wollen. Das New Yorker Lokal »Momofuku Ko« des jungen Kochs David Chang gehört dazu. Gerade mal zwölf Gäste finden hier Platz, Reservierungswillige müssen sich im Internet anmelden, gibt es mehr Gäste als Plätze, dann wird gelost. Herein kommen Tester mit gutem Kontakt zum Koch. Sollte ein höfliches Fax mit Bitte um einen Tisch ungelesen verschwinden, gibt es für die permanent ausgebuchten Lokale einen weiteren Trick. Der gewiefte Tester lässt seinen Reservierungswunsch durch einen Lieferanten vorbringen, nach Möglichkeit einen aus dem Bereich Weine und Spirituosen. Siehe da, prompt findet sich ein Tisch, der Wirt ist natürlich auf dem Laufenden, der Tester darf sich auf Empfang mit allem *pomp and circumstance* freuen. Auf die Spitze treibt das Einladungsprinzip das spanische Lokal »El Bulli« in Rosas. 8 000 Plätze stehen angeblich zwei Millionen Reservierungswünschen gegenüber. Der Kritiker bekommt einen Tisch, fühlt sich dadurch als Auserwählter. Eben war er noch als Redakteur in einer Hierarchie eingebunden. Jetzt zählt er zur Elite von 8 000 Essern – weltweit. Vielleicht macht es ihm Spaß, diesen neu erworbenen Status auch seiner Lebensgefährtin und seinen Freunden zu zeigen. »Embedded journalism« in Sachen Gastronomie. Ich kenne kein einziges Mitglied der internationalen Food-Presse, das länger als 14 Tage auf einen Bulli-Tisch gewartet hätte.

Arbeitsbiene, kulinarisch
Alltag eines Vorschmeckers aus der dritten Reihe

Die Welt der Restauranttester kennt wenige Stars wie Wolfram Siebeck, Frank Bruni oder Patricia Wells. Letztere reiste für die *International Herald Tribune* auf der Suche nach den weltbesten Köchen tatsächlich einmal um die Welt – der Herausgeber der Zeitung war damals ihr Ehemann. Abseits der Augen der Öffentlichkeit verspeisen jedoch viele unbekannte Arbeitsbienen ihr monatliches Pensum. Sie sind das kulinarische Äquivalent zum *grunt*. So nennt man im amerikanischen Militär den kleinen Fußsoldaten. Ich gehörte zu den Grunts. Meine Beiträge wurden nicht von überlebensgroßen Porträtfotos eingeleitet, meine Tipps konnten gut oder schlecht sein, es schien egal. Ich testete mich so durch, klapperte das Testprogramm des Guides ab, schlug »meinen« Redaktionen Porträts oder Interviews mit den damals angesagten Köchen vor. Einmal jedoch war ich ein wenig angeeckt. Mit einem Team des ZDF hatte ich »La Tour d'Argent« getestet, das sündhaft teure Lokal mit der griesgrauen Ente. Ein bewährter Kameramann hatte sein Arbeitsgerät in der Aktentasche versteckt, marschierte kurzerhand für einen Schwenk in die Küche. Dort sah es nicht wirklich gut aus. Im »Tour d'Argent« speisen bestimmt 100 Gäste pro Abend. So gut wie alle essen die Ente. Die Küche auf dem Videoband konnte unmöglich 50 Wasservögel auf einmal frisch zubereiten, wir blickten auf ein Defilee vorgekochter Ententeile.

Mit der Kassette im Gepäck meldete ich mich zum Interview beim *Guide Michelin* an. Bernard Naegellen, der damalige Direktor, empfing mich mit der üblichen Ansprache: Der Guide ist groß, mächtig und allwissend. »Wenn die Tester des Guides alles wissen«, setzte ich an, »warum dulden sie dann vorgekochte Geflügelteile im Drei-Sterne-Lokal?« Naegellen blieb ruhig und fragte nach dem Namen. Dann wiegelte er ab. »Das ist doch die große, französische Tradition.« Worte, die mir beide Augenbrauen in die Höhe trieben. »Seit wann ist vorgekochtes Essen in Frankreich Tradition?«, fragte ich und ging. Naegellens andere Gäste, meist Köche und Wirte, stehen nicht einfach so auf, um den Raum zu verlassen. Er eilte mir zum Aufzug nach. »Monsieur! Monsieur, ist der Film schon ausgestrahlt worden?« Das war er. Der Mann vom *Michelin* erblasste.

Naegellen und ich sollten uns noch ein paar Mal wiedersehen. Nicht immer waren wir einer Meinung. Rückblickend scheint er jedoch für mich der ehrlichste, offenste und zuverlässigste Direktor gewesen zu sein, den dieser Restaurantführer je hatte. Nach Naegellen ging es dort bergab.

Mit der versteckten Kamera auf der Spur der vorgekochten Enten, das blieb eine einmalige Angelegenheit. Dann hieß es zurücktreten, in die Armee der speisenden Arbeitsbienen. Wer mitmarschiert, träumt oft davon, in der Hierarchie ein klein bisschen nach oben zu rücken. Wie schön wäre es, treffsicher die großen Köche von morgen vorherzusagen! So etwas respektiert der Kollegenkreis. Viel Platz ist dafür nicht mehr: Jeder Restaurantführer schreibt, wertet zunächst alle bekannten Quellen aus. Lokalzeitungen, konkurrierende Führer, inzwischen auch Blogs. Zu entdecken gibt es da nicht mehr viel. Die Restaurantszene wird regelrecht geflöht.

Fast alle Tester erinnern sich deshalb gern an Geschichten aus der großen Zeit der Grande Cuisine, als hinter jeder Restauranttür noch echte Entdeckungen zu lauern schienen. Geschichten wie die von Michel Bras: Irgendwann 1978 verirrte sich ein Mitarbeiter des *Gault Millau* in das vermeintliche kulinarische Ödland der Auvergne, kämpfte sich fast drei Stunden von Clermont-Ferrand aus über schmalste Bergstraßen bis ins ländliche Laguiole vor und bezog in der einfachen Auberge »Lou Mazuc« Quartier. Ein hagerer Bursche mit viel zu großer Brille ging damals in der Küche des Dorflokals seiner Mutter zur Hand. Weil die Zeitungen aus dem fernen Paris so viel über die Nouvelle Cuisine und deren Helden von Troisgros bis Guérard schrieben, hatte auch er in seiner winzigen Küche ein wenig experimentiert, meist mit Kräutern und Pilzen, die er bei seinen Wanderungen durch die Region selbst gesammelt hatte. Der einsame Tester griff nach dem Menü sofort zum Telefon: Wenig später schaute Monsieur Millau höchstselbst vorbei – und war nach einer »Terrine vom Taschenkrebs en crème mit Kräutersalat« so zufrieden, dass auch Monsieur Gault eine Woche später zum Essen kam. Von da an hagelte es Auszeichnungen über dem jungen Michel Bras und der mütterlichen Auberge. Der *Gault-Millau*-Mitarbeiter, der den jungen Koch entdeckte, blieb für immer namenlos. Michel Bras galt fortan als Entdeckung seiner Chefs. Einmal Grunt, immer Grunt. Immerhin: Ich hatte das Glück, dem erfolgreichsten anonymen Tester nachreisen zu dürfen. Mit der Bahn bis Clermont-Ferrand, weiter mit dem Mietwagen über das Nest Saint-Flour. Ein Nadelöhr im Straßenverkehr, in Serpentinen ging es hoch auf einen Tafelberg. Ich nahm mir vor, hier irgendwann mal Urlaub zu machen. Noch ein paar Kilometer, dann traf ich in Laguiole ein. Zur Essenszeit fehlte ein Stündchen. In solchen Situationen versucht ein echter Tester permanent, sich anderswo für all das zu interessieren, was in der jeweiligen Region halbwegs genießbar erscheint. In der Auvergne sind das Würste und Käse.

Spitzenkoch Michel Bras kochte nicht mehr in einer »Auberge«, sondern residierte in einer Burg aus Glas und Granit inmitten einer gallischen Postkartenversion der schottischen Highlands, hoch oben, mit Blick auf das Umland. Für nicht weniger als 26 Millionen Francs hatten die Architekten Eric Raffy und Philippe Villeroux für ihn eine hypermoderne Bergfestung über der Route de l'Aubrac hinter Laguiole konstruiert. Damals schien das noch ein Vermögen, heute, wo wir jeden Tag mit Meldungen über Fantastilliarden an Staatsschulden für irgendwelche gierigen Pleite-Banker überschüttet werden, ist das nur noch Kleckerkram.

Bras ist ein nachdenklicher Mensch. »Ich wollte beweisen, dass man es auch in der Region zu etwas bringen kann. Das Leben hat mich vor die Wahl gestellt: Entweder ich blühe ganz in meinem

Beruf auf, lebe glücklich mit meiner Familie in meiner Region – oder ich mache Geschäfte. Ich habe mich für die erste Möglichkeit entschieden«, erklärte der Koch. »Außerdem ist die Region wunderbar – jeden Tag laufe und wandere ich hier durch die Wälder.« Dabei begegnete er schon recht früh dem Thema seiner Küche: den Kräutern. Um die 350 Sorten davon wandern nämlich pro Jahr durch die Bras'sche Küche und werden zu Gerichten wie dem »Gargouillou« bei dem nicht weniger als 18 Gemüse dafür sorgen, dass jeder Bissen anders schmeckt. Mit dem Laguiole, dem Hirtenmesser der Region, teilte ich Foie gras mit kandierten Orangenscheiben und Verjus, den Saft unreifer Trauben sowie Taube mit Amaranthe-Blättern, Pfifferlingen und Steinpilzen mit einem Jus aus ihren Innereien. Das Aligot, eine Mischung aus jungem Cantal-Käse und Kartoffelbrei, geriet dem Cuisinier aus der Auvergne so locker und leicht, dass sich alle anderen Versionen dagegen wie Wackersteine ausnehmen.

Bras liebte Präzision so sehr, dass er für Kräuter und Gemüse teils lateinische Namen nutzte. *Boletus edulis* (eine Steinpilzart) wurde mit Schinken im Dampf gegart, *Cantharellus tubaeformis* (ein Pfifferling) gab es zur Dorade. Jede der Köstlichkeiten wirkte so frisch und spontan, als wäre Monsieur Bras eben erst vom Kräuterpflücken heimgekehrt und hätte seine pflanzlichen Neuentdeckungen wild in einem Topf durcheinandergemischt. »Meine Küche ist gänzlich unbeeinflusst, die schulde ich niemandem. Darauf bin ich stolz«, sagte er.

Schon weil mein Beitrag ein Porträt und keine Restaurantkritik war, durfte ich ihm in der Küche über die Schulter schauen. Der Gargouillou mit dem jungen Gemüse erwies sich täglich als so beliebt, dass die Brigade ihn in Dutzenden Alu-Schälchen vorbereitete. Am Rechner konnte Bras kleinste Details seines Hauses abrufen: »Nur 3,5 Prozent deutsche Gäste im letzten Jahr«. So, wie der Koch da im fahlen Licht des Bildschirms saß, wirkte er mehr wie ein Pedant als wie ein unbekümmerter Aufkocher. Später gestand er mir, er selbst könne seinen Morgenlauf nur dann richtig genießen, wenn er sich ab und an im gefürchteten New-York-Marathon mit anderen Läufern messen darf.

Bras als erster Tester zu entdecken, wäre ein Vergnügen gewesen. Leider saß ich noch auf der Schulbank und kaute an meinen Bleistiften, als dieser Koch ein Unbekannter war. Und Jahrhunderttalente wachsen nicht jeden Tag nach. Außerdem bleibt die öffentlichkeitswirksame Entdeckung wie gesagt den Stars der Branche vorbehalten. Die *Grunts* haben den Generälen zuzuarbeiten. Auch denen nutzt die Entdeckung eines Kochs nur dann, wenn sie auf immer mit dessen Aufstieg verbunden bleiben. Dafür muss der Herdkünstler zuerst von allen Institutionen und Branchengrößen anerkannt werden. Guides müssen ihn verehren, andere Kritiker Lobeshymnen verfassen – die ultimative Krönung wäre natürlich, als Entdecker des Küchenmeisters von den Kollegen zitiert zu werden. Das kommt so gut wie nie vor. Ebenso findige wie unterwürfige Mitglieder der Kritikerzunft, die leicht auch als Lobbyisten einen Platz im Berufsleben gefunden hätten, geben sich damit zufrieden, wenn besagter Koch sie als ihren Entdecker oder Förderer bezeichnet. Erklärt der Küchenstar auf der Höhe seines Ruhms vor versammelter Presse, dieser oder jener Journalist hätte seine Karriere vorhergesagt, kann das maßgeblich zum Ruf eines Autors beitragen. Der Kritisierte lobt seinen Kritiker, schöner geht es nicht. Fortan fühlen sich beide einander verpflichtet.

Eine kleine Revolution erkannte ich 1992. Meine Pariser Freundin Catherine, eine der fleißigen Zuträgerinnen an guten Tipps, hatte ein neues Lokal entdeckt, von dem sie von morgens bis abends schwärmte: »›La Régalade‹ heißt es«, flötete sie unter dem schulterlangen blonden Haar hervor. »Und der Küchenchef hat im noblen Hôtel de Crillon gelernt! Und der Besuch kostet fast nichts!« Catherine übte den Beruf der PR-Agentin aus. Ich hatte sie so gut wie nie etwas Gutes über ein Unternehmen gleich welcher Art sagen hören, was nicht zu ihrem Kundenkreis zählte. Wenn Catherine ein Haus umsonst lobte, dann schien allein das ein guter Grund für einen Besuch zu sein.

Régalade musste ich erst im großen *Larousse*, einem Wörterbuch, nachschlagen. »Schmauserei«, »Leckerei« stand dort. Der Koch musste selbstbewusst sein. Zumal sein Haus absolut nichts hatte, was ein Restaurant erfolgreich macht: Es lag ziemlich verloren an einer Durchgangsstraße direkt hinter der Stadtautobahn. »Ist das nicht wunderbar«, meinte Catherine verzückt vor der Tür, neben der noch ein Blechschild des längst eingestellten Restaurantführers *Guide Kléber* prangte. Nach 45 Minuten Parkplatzsuche dachte ich nicht ganz so positiv. Auch wer eine Reservierung hatte, musste warten, bis irgendwo ein Tischchen frei wurde. Wieder 20 Minuten Wartezeit an der Bar, dann saßen Catherine und ich fast auf dem Schoß der Tischnachbarn. Die Karte bot drei Gänge für 26 Euro nach heutiger Währung. Wir wählten nach Heringsart marinierte Forelle, bestens gewürzten Kartoffelbrei mit Blutwurst und Grand Marnier Soufflé. Mit jedem Gang strahlte Catherine etwas mehr. Zugegeben, ich strahlte auch. Als der Koch an unseren Tisch trat, lächelte sie über das ganze Gesicht: »Und das ist Yves!« Yves war ein stämmig gebauter junger Mann mit rundlichem Gesicht und braunem Kurzhaarschnitt. Madame beschrieb den Gast aus dem fernen Deutschland, also mich, wortreich als wichtig für den Fortgang der Karriere von Köchen. Es tat gut, für zehn Minuten eine eigene PR-Agentin zu haben. Yves blieb zu Recht unbeeindruckt. »Die ganze Esserei ist viel zu teuer«, sagte er. »Bocuse hat mal erklärt, dass er jeden Tag ein Vermögen für Blumen ausgibt, die der Gast nur auf dem Weg ins WC sieht. Das möchte ich nicht. Ich koche hier genau so wie im Hôtel de Crillon, nur mit anderen Produkten.« Forelle statt Steinbutt, Blutwurst statt Gänseleber. Know-How der Haute Cuisine, serviert zu demokratischen Preisen. Das war neu.

Jedes Mal wenn eine Börsenblase platzte, wenn sich Spesenesser rar machten, wenn Unternehmen ihre Bewirtungsbudgets zusammenstrichen oder Touristen ausblieben, weil gerade ein Golfkrieg ausgebrochen war, schlug die Stunde von Yves. Dann drängten noch mehr Gäste in sein ohnehin ausgebuchtes Lokal. Etliche junge Wirte kopierten sein Erfolgskonzept, die besten hießen Stéphane Jégo und Thierry Breton, ihre Lokale trugen die Namen »L'Ami Jean« und »Chez Michel«. Gespart wurde am Mobiliar, am Tafelsilber, am Service – aber niemals am Essen. Inox statt Christofle, freundliche Wirte statt Starköche mit Diva-Allüren nebst oberlehrerhaften Sommeliers. Die ganze Bistrolandschaft entstand neu, doch die Internationale der Esser nahm es so beiläufig hin, als wäre ein zarter Regenschauer an der Place de la Concorde vorbeigezogen. Es blieb eine stille Revolution, die jedem schmeckte, aber im Ausland wenig Schlagzeilen machte.

Ich schrieb oft über die Bistro-Generation. Einfach deshalb, weil sie für mich der Inbegriff kulinarischer Alltagsfreuden ist. Es gibt eben Momente, da brauche ich keine gelierten Rechtecke aus Rosenöl und keine ätherischen Yuzu-Mousses aus dem Siphon, keine tournierten Gemüschen in Blütenform und kein Teller-Dekorum, das in den Abendhimmel wächst, kein Tafelsilber und kein Kristallglas und erst recht keinen Oberkellner, der schon beim Schritt über die Schwelle den Umfang meines Portemonnaies taxiert.

Der Topf der verlorenen Seelen
Von Krustentieren, ihren Lieferanten und ihren Köchen

»Fahr in die Bretagne. Carantec und Cancale. Interview mit einer Hummerzüchterin, danach Interview mit einem Spitzenkoch« stand auf meinem Speisezettel, Pardon Briefing. Das klingt lecker. »Züchter« klang gut. Ich liebe die Besuche bei Züchtern, Bauern, Metzgern, Käsemachern, bei Handwerkern eben. Etliche Küchenchefs wollen täglich mit Komplimenten überhäuft werden, wollen hören, dass ihr Kräuterbrot von der Schwimmkrabbe sie steil in den Olymp befördert, wo sie an Zeus' rechter Seite thronen. Komplimente müssen her: »Eine unsterbliche Kreation«, »Mozart auf dem Teller« (wahlweise Beethoven oder Vivaldi, notfalls auch Ravel, aber lieber nicht Wagner), oder eben »superkalifragilistischexbialigorisch« wie bei Mary Poppins. Der Handwerker hingegen freut sich über ein »schmeckt gut«. Er weiß, dass ihn niemand für den nächsten Küchennobelpreis nominiert. Den will er nämlich gar nicht.

Carantec ist ein typisch bretonisches Dorf an der Küste: Kleine, braun-graue Häuschen ducken sich vor dem strammen Meereswind. Direkt am Meer liegt SDAB, der Hummer- und Fischhandel der großen Küche. »Société de Distribution et d'Approvisionnement de Bretagne« lautet der volle Name, auf gut Deutsch also »Bretonische Versorgungs- und Verteilungsgesellschaft«. Das klingt nicht ganz so lecker. Kein Empfang, keine Begrüßung. Vorsichtig fragte ich mich zum Büro der Chefin durch. Annie Bizien war eine elegante Erscheinung mit langem, blondem Haar, klein, zierlich und so schlank, als hätte sie sich ihr Leben lang nur von den eigenen Meerestieren ernährt. Sie näherte sich langsam, aber hörbar einem Nervenzusammenbruch. Am Flughafen Nizza streikte wieder einmal die Air France. Keine Luftfracht! Die Krustentiere für das monegassische Hôtel de Paris fehlten. *Mon Dieu, une catastrophe!* Chefin Bizien hatte den Arbeitskampf in den Abendnachrichten verfolgt und vorsichtshalber noch um Mitternacht einen Lkw zu den Kunden an der Côte geschickt. Der lud gerade am Hôtel Negresco in Nizza aus und in Monaco wartete der Koch. »Hummer einem Taxifahrer geben«, befahl sie. »Prämie für den Fahrer, wenn er in 30 Minuten in Monaco ist.« Madame nahm einen dicken Schlüsselbund für Lager, Nebenlager und Seitenbüros: »Sollen wir?« Wir sollten. Unten stapelten sich die weißen Styroporkisten mit dem blauen SDAB-Klebeband zwischen den Hummerbecken. Krustentiere warteten in riesigen Badewannen. Den blauen europäischen Hummern hatte man die Scheren gefesselt. »Die würden sich zerfleischen«, erklärte Bizien. »Es sind Kannibalen. Letztens hat eines der Männchen das Gummiband um seine rechte Schere regelrecht gesprengt, raste auf ein Weibchen zu und schnitt es einfach in zwei Teile.« Galant ist das nicht. Kein Wunder, dass jeder Versuch, die Tiere in Gefangenschaft zu züchten, im wahrsten Sinne des Wortes unfruchtbar verlaufen war.

Die Langusten aus dem Nachbarbecken waren Annie Biziens Favoriten: »Langusten sind intelligenter als Hummer, sie haben ein Sozialleben. Sie versuchen aus dem Bassin herauszublicken, sonnen sich und beschützen den Nachwuchs. Ich selbst kann nicht einmal eine Languste in heißes Wasser tauchen, meine Mutter muss das für mich tun.« Annie Bizien machte eine Pause, schüttelte das blonde Haar. »Wissen Sie ...«, erklärte Madame. »Langusten haben eine Seele. Hummer haben keine.« »Woher wissen Sie das so genau?«, fragte ich zögernd. Um Langustenseelen hatte ich mir nie Gedanken gemacht. Auch die Theologie schwieg zum Thema. Annie Bizien griff beherzt ins Becken, holte erst eine Languste, dann einen blauen Hummer hervor, hielt mir beide 30 Zentimeter vor das Gesicht. » Schauen Sie den beiden in die Augen.« Die beiden Hummerstängel waren einfach nur schwarz und feucht. Pechschwarz wie eine sternenlose Nacht. Die Languste hingegen blickte mich an. Wäre das Krustentier ein Dackel, hätte ich ihrem Blick Neugierde mit Hang zur Depression attestiert. Still und leise nahm ich mir vor, meinen Langustenkonsum zu drosseln. »Lassen Sie uns lieber wieder über die Hummer reden.«

Die Fakten rollten nur so aus Madames Mund: »Sie werden mit Kisten nebst Köder gefangen, die Fischer am Meeresgrund auslegen. Trächtige Hummerweibchen bleiben bis zur Eiablage im Becken. Zwölf- bis fünfzehntausend Eier legt eine Hummerdame pro Jahr ab, etwa ein Prozent des Nachwuchs erlebt das Erwachsenenalter«, erklärte sie routiniert. »Doch neun Monate lang sind die bretonischen Hummer sehr rar. Im Winter verstecken sie sich unter Steinen. Selbst wenn eine Kiste mit Köder 30 Zentimeter weiter liegt, geht der Hummer nicht in die Falle. Erst von April bis September werden die Tiere aktiv. Die beste Fangzeit ist von Mai bis Juli.« Weil die Hummer im Winter ihren Panzer wechseln, sind die früh gefangenen Exemplare manchmal noch etwas ›leer‹, ihr ›Krustenkleid‹ ist ihnen zu diesem Zeitpunkt einfach noch zu groß. Und: Genau wie ich selbst nehmen Hummer jedes Jahr zu. »Wir haben hier schon 80- bis 100-jährige Exemplare aus dem Meer gefischt. In den ersten zehn Jahren gewinnen sie etwa 100 Gramm pro Jahr an Gewicht, dann verlangsamt sich der Prozess. Ein 1,5-Kilogramm-Hummer kann durchaus 25 Jahre alt sein. Die dicksten und ältesten sind nicht die Besten. Alles, was über 1,5 Kilo wiegt, riskiert, faserig oder hart zu sein und taugt oft nur für den Salat. Wirklich herausragend schmecken Hummer von etwa 800 Gramm bis 1,3 Kilo.«

Madame half mir die Scheren meines Hummers zu knacken, eines besonders widerspenstigen Exemplars. »Ein Männchen«, wie sie erklärte. Die Hummermänner haben einen eher runden Leib, eine ihrer Scheren ist besonders kräftig entwickelt. Weibliche Tiere verfügen über gleich große Scheren und einen nach unten breit auslaufenden Leib. »Außerdem schmecken sie besser, wie fast alle Tiere. Weiber schmecken besser als Kerle, im Ernst. Das ist bei Meerspinnen genauso wie beim Rind. Denn wer Rind bestellt, der erhält Kuh oder Ochse.«

Ich knackte dem Hummer die andere Schere, naschte am köstlichen Fleisch. Männchen oder nicht, der schmeckte einfach. »Wo müssen Sie denn jetzt hin?«, fragte Annie. »Roellinger in Cancale«, erwiderte ich kurz. »Roellinger in Cancale! Der ist nicht unter meinen Kunden. Können Sie den von mir grüßen? Halt, nein, ich hab was Besseres!« Zurück im Büro ließ Madame ein Männchen und ein Weibchen in eine Styroporkiste packen. Mit rotem Filzstift zeichnete sie ein riesiges Herz, beschriftete das Ganze mit »Bisous Annie« – »Küsschen Annie«.

Cancale liegt gut 200 Kilometer östlich von Carantec. Die Zeit verging langsam auf den bretonischen Landstraßen, Tempolimit 110. Irgendwann stand ich vor den Flügeltüren eines Herrenhauses. Malouinière nennt man so einen Bau hier, nach den Seefahrern von Saint Malo, die durch Gewürzhandel oder als Freibeuter reich geworden waren. Fröhlich klemmte ich mir die Hummerkiste unter den Arm, klopfte an die Holztür. Eine zierliche Dame öffnete, checkte die Reservierung, schaute etwas verblüfft auf meinen Styroporkarton. »Ein Geschenk für *le chef*«, meinte ich stolz. Die Frau am Empfang schaute mich mit Revolveraugen an: »Wer ist Annie?« »Annie handelt mit Hummern in Carantec.« »Wenn sie handelt, warum schickt sie dann Küsschen?«, fragte die Dame am Empfang. Und dann: »Übrigens, ich bin Jane Roellinger.« Die Frau des Kochs. Fettnäpfchenalarm. Nein, das war ein ganzer Fetteimer. Der Maître d'Hôtel übernahm, aus der Küche drang noch ein wenig Radau. Wahrscheinlich hatte jemand bemerkt, dass dort ein Männchen und ein trächtiges Weibchen vertraut gemeinsam in der Kiste lagen. Aber die Show musste weitergehen: Vor dem Menü kam eine

Riesenauster, im Jargon der Region »Pferdefuß« genannt, dazu wurden passenderweise Steakmesser serviert. Es folgten diverse Muscheltiere in einer Vinaigrette von Meereskräutern. Dann Hummerschwanz süßsauer, gefolgt vom gegrillten Kopfteil mit Malz und Zitrone. Wegen der Seelenfrage hatte ich mich gegen die Languste entschieden. Fleisch von der Meerspinne mit jungem Lauch wurde als duftige Bouillon serviert, Seeohren kamen mit Kohl und Petersilie, dann Seezungen in leicht gesalzener Butter gebraten ... so einfach, so gut. Danach auf dem Holzfeuer gegrillter Steinbutt mit milder Paprikaemulsion und Banyulsessig, schließlich ein paar kleine Lammfilets von den salzigen Wiesen des Mont-Saint-Michel mit Gewürzmischung »Große Karawane«. Große Klasse, Weltklasse, superkalifra ... hier waren die Superlative berechtigt. Außerdem verlief das Interview ungewöhnlich. Gespräche mit Küchenchefs sind oft etwas redundant. In der Regel beginnen sie mit »habe ich bei Witzigmann, Winkler und Wohlfahrt gelernt (je nach Land auch Robuchon, Ducasse, Bocuse oder Marchesi und Vissani)« und enden mit »dann habe ich mit meiner Frau das Lokal eröffnet«. Roellingers Geschichte klang mehr wie der Kubrick-Film *Clockwork Orange* und begann auch so. Mit einem jungen Mann, der abends durch Saint Malo schlenderte und drei finstere Typen kreuzte. Die drei packten den 24-jährigen Olivier, Chemiestudent kurz vor dem Abschluss, am Kragen, traktierten ihn zuerst mit Schlägen in Gesicht und Magen, bis er am Boden lag, und traten auf ihn ein, bis er sich nicht mehr rührte. Ohne Grund. Irgendein mitleidiger, pflichtbewusster Bürger alarmierte Polizei und Ambulanz, die Olivier halb tot ins nächste Krankenhaus einlieferte. Zwei Wochen lang versuchten die Ärzte, ihn aus dem Koma zurückzuholen. Ein barmherziger Samariter riet der Familie, »sie möge sich auf das Schlimmste vorbereiten«.

»Rückblickend besehen war es diese Situation, die mich dazu bewegte, die trockene Naturwissenschaft an den Nagel zu hängen und den sinnenfrohen Beruf des Kochs zu ergreifen, erklärte der auffallend schlanke Olivier Roellinger nüchtern. Er hielt Abstand zur eigenen Geschichte, trotzdem schien das Erzählen schmerzhaft: »Das Restaurant war das Haus meines Vaters, einem Mediziner. Damals, nach der Entdeckung des Penizillins, galten Ärzte noch als Wunderheiler – und so wuchs ich in einer reichen Familie auf. Das gute Leben, gutes Essen, große Weine, gehörte dazu. Dort auf dem Treppenabsatz habe ich als Kind immer die eminent wichtigen Gäste meines Vaters beobachtet. Heute schaue ich manchmal von hier aus unauffällig den Gästen beim Abschied zu.« »Was sagt Ihr Vater dazu?« »Mein Vater starb, als ich 13 war.«

Der Reichtum ging und die Familie musste über die Runden kommen. »Irgendwann fragte ich am Küchentisch meine Mitarbeiter, wer noch seinen Vater habe. Elf Leute saßen da, nur zwei verfügten noch über ihren Vater! Tragische Geschichten waren darunter. Einer der Jungen hatte seinen Vater auf See verloren. Es war der Mann, der mir beigebracht hatte, wie man Fisch richtig brät. Ich kannte ja nichts in der Küche, habe mit einem Herd angefangen. Er war tot, sein Sohn arbeitete in meiner Küche!« Roellinger erzählte von den Schiffen voller Gewürze, die früher in Saint Malo und Port Louis anlegten, und wie ihn die Lektüre alter Bücher zum Thema Seefahrt für seine Küche inspiriert hatte: Meerestiere mit subtiler Würze. Als ich das nächste Mal kam, da erzählte Familie Roellinger auch von mir: »Da ist wieder dieser Typ, der mit seinen Hummern kommt. Hast du was zum Essen mitgebracht?« Für die Roellingers blieb ich der Mann mit den Hummerküsschen. In mir hingegen hatte das Interview steigendes Interesse an Menschen mit gebrochenen Lebensläufen geweckt. Geschichten, die das Leben schrieb, waren mir fortan lieber als stromlinienförmige Karrieren, die von Gipfel zu Gipfel zogen.

Kochende Kritiker?
Warum Kritiker nicht professionell Menüs zubereiten können müssen

»Du schreibst über Restaurants? Dann laden wir dich nicht zum Essen ein. Du lädst uns zum Essen ein.« Fast 20 Jahre lang haben mich Freunde und Bekannte irgendwann mit diesen Worten gegrüßt. Wer sich für Essen und Trinken interessiert, gerät sofort unter den Generalverdacht, sich immer dann, wenn er etwas in den Mund stopft, zum Besserwisser aufzublähen. Aus Gründen, die ich nicht kenne, gelten Restaurantkritiker auch als verhinderte Meisterköche. Eine Handvoll Kollegen weltweit pflegen den Ruf geradezu und meinen schon einmal im kleinen Kreis, die Geschichte des Essens und Trinkens hätte neu geschrieben werden müssen, wären sie dieser Berufung gefolgt. Ganz ehrlich: Kein Kritiker kann wie ein Koch kochen. Viele können mit einem nahezu unbegrenzten Budget an Zeit und Geld ein hervorragendes Essen für drei bis elf Freunde auftischen. Nun ist es etwas vollkommen anderes, zusammen mit einer Brigade 40 oder gar 60 Gäste zu bewirten, die zu unterschiedlichen Zeiten eintreffen und verschiedene Gerichte bestellen. Als Privatmann könnte ich, entsprechendes Vermögen vorausgesetzt, meinen Seebarsch mit einer ganzen Dose Kaviar belegen. Als Küchenchef muss ich zuerst überlegen, ob sich das Gericht rechnet und ob es für den entsprechenden Preis verkäuflich ist. Außerdem würde es wohl kein Journalist länger als einen Monat in einer Küchenbrigade durchhalten, ein Restaurantkritiker schon gar nicht. Meines Wissens hat das bisher nur ein Autor geschafft.

Der amerikanische Journalist Bill Buford arbeitete länger als ein Jahr im New Yorker Restaurant »Babbo«. Buford arbeitete als Journalist für *The New Yorker* und das Literaturmagazin *Granta*. Sein erstes Buch *Among the Thugs* erforschte die Welt gewaltbereiter englischer Fußballfans. Als »Küchensklave« erlebte er es mehr als einmal, wie Kollegen die Frucht seiner Arbeit einfach dem Abfall übergaben, weil er zum Beispiel die Karotten zu dick geschnitten hatte. Er verbrannte sich mehrfach mit heißem Öl oder am offenen Feuer, wurde einmal von Inhaber Mario Battali gefeuert, weil er zwei Stücke Fleisch falsch gebraten hatte. Doch Buford biss sich durch und schrieb schließlich ein liebens- und lesenswertes Buch mit dem Titel *Heat*.

Ich arbeitete nie in einer Küchenbrigade, habe jedoch immerhin einen Tag im Service verbracht. Mittags saß ich mit meiner

Pariser Freundin Chantal im »Le Safran« nahe dem Palais Royal, bis es plötzlich in der Küche so rumpelte, als wären alle Töpfe gleichzeitig umgefallen. »Ich gehe! Für immer!«, rief die einzige Kellnerin des Hauses, schnappte sich ihre Handtasche und schlug donnernd die Tür hinter sich zu. Wieder rappelte es in der Küche. »Ich liebe diese Frau! Ich gehe auch!«, brüllte eine männliche Stimme. Kurz danach schepperte die Tür ein zweites Mal, zugezogen von einem Koch in fleckiger Uniform. Der blonden Wirtin standen Tränen in den Augen. Chantal griff sich mein Handy, damals ein backsteingroßes Ericsson mit ausklappbarer Antenne, und rief ihren Herrn Gemahl an. Der hatte als Koch bei den besten Adressen gelernt und gerade seinen Arbeitgeber verlassen. Nebenbei war er auch der Sohn des berühmten Claude Deligne aus dem noch berühmteren »Taillevent«. Nicht einmal zehn Minuten später parkte er seinen Motorroller vor dem Haus. Jetzt brauchten wir nur noch jemanden für den Service. Wider besseres Wissen volontierte ich. Einerseits war das »Safran« an diesem Tag eher spärlich besetzt, andererseits hatte sich an jedem Tisch ein besonders fieser Typ Gast niedergelassen, vielleicht, um mir einen realistischen Eindruck des Berufs zu vermitteln. Da saß ein Herr, der mich mit Fingerschnipsen springen lassen wollte. Neben ihm wartete eine Dame, die mich mit etlichen Fragen zu den Gerichten und ihren Zubereitungsarten nervte. Ein anderer Herr schickte mich für jede Kleinigkeit zwecks Beschwerde in die Küche: »Zu wenig Sauce! Zu kleine Portionen! Zu große Portionen! Zu spät serviert!« Als er endlich die Rechnung bestellte, forderte er einen ordentlichen Rabatt. Ich blieb hart und ließ ihn zahlen. Mein Lieblingstisch war mit drei Personen besetzt, zwei junge Herren, eine sehr junge Dame. Lang und ausführlich erklärten die beiden sehr jungen Herren, sie seien Talentscouts für den *Playboy* und könnten der jungen Frau zu einem internationalen Durchbruch verhelfen, natürlich nach einer massiven Bezeugung gegenseitiger Sympathie und Zuneigung.

Ich hatte Jahre zuvor ein paar Beiträge für den *Playboy* geschrieben, mein verantwortlicher Redakteur hätte mir für solches Verhalten die Zunge verknotet. Andererseits war ich ja kein Talentscout. Mit fünf Mark Trinkgeld in der Tasche schlich ich nach Hause.

Ich koche lieber, als dass ich serviere. Kochen macht mir Spaß, ich koche täglich, aber maximal für vier Personen. Am Kochen liebe ich das Einkaufen. Gibt es erstklassige Ware, brauche ich in der Küche keinen Firlefanz. Eine schöne Seezunge anbraten, dazu ein paar junge Kartöffelchen in Algenbutter von Bordier schwenken, das schmeckt ebenso gut wie in vielen Restaurants. Was sich in einer handelsüblichen Küche anstellen lässt, habe ich inzwischen ausprobiert: dämpfen, braten, schmoren, dünsten, frittieren, pochieren ... Manchmal koche ich Fonds ein, einmal war es ein Wachtelfond, nur aus wilden Wachteln, den ich auf knappe zwei Zentimeter im Wasserglas reduzierte. Wie ich danach daraus eine wirklich leckere Sauce machte, weiß ich nicht mehr genau. Würden es meine Honorare erlauben, hätte ich mir gern einen sündhaft teuren, gradgenauen Präzisionsofen gekauft. In meiner Küche stehen ein paar Sorten frischer Pfeffer, auf meinem Wochenmarkt gibt es Bauern, Züchter und Händler, denen ich vertrauen kann. Trotzdem: Im Hauptberuf mittags und abends auf höchstem Niveau kochen, die Brigade zusammenstauchen, wenn es nötig ist, die diversen Warenlieferungen kontrollieren, das könnte ich ohne zusätzliche Ausbildung nicht. Alle Köche sind sich darüber im Klaren. Sie erklären gern, Kritiker seien wie Eunuchen: Sie wissen, wie es geht, aber sie können es eben nicht. Meiner Meinung nach müssen sie es auch nicht »können«. Mir fällt auf Anhieb kein Musikkritiker ein, der Konzertsäle füllt. Es gibt einige Literaturkritiker, die sich zum Schreiben berufen fühlen. Die meisten haben weder das Äquivalent zu *Harry Potter* noch zu *Der Fänger im Roggen* zu Papier gebracht. Und die weitaus meisten Sportjournalisten könnten sicher nicht in der Bundesliga mitkicken. Für mich sitzt der gute Kritiker am Platz des Gastes. Er kann im besten Fall das Geschehen im Restaurant und das Gericht auf dem Teller anhand seiner Erfahrung anders einordnen, Vergleiche ziehen. Wer sich als Kritiker mit Hinblick auf sein eigenes Küchenwissen einfach nur fragt, wie er dieses Gericht gekocht hätte, gerät in eine Schieflage. »Hätte ich auch gekonnt« heißt dann übersetzt, dass der Koch so fantastisch nicht sein kann. Mit einem »hätte ich nicht geschafft« ist der Herdmeister schon auf dem halben Wege zum Genie. Das sagt der

Instinkt des kochenden Kritikers immer dann, wenn ganz viele Kleinteile auf einem Teller liegen, die im Grunde nur der Optik des Gerichts dienen. Um all diesen Aromenzauber zeitgleich auf den Tisch zu bringen, braucht man nämlich eine Küchenbrigade. Und die gibt es zu Hause nicht.

Der Koch, der fast drei Mal starb
Begegnungen mit Alain Ducasse

»Wie hieß das Lokal noch früher?«, fragte ein rundlicher Bon-vivant mit Seehundschnäuzer am Empfang. »Robuchon. Richtig. Der kocht doch jetzt im Fernsehen.« Erst seit Juli 1996 war der Küchenstar in Rente, schon im August verhielten sich die ersten Gäste, als hätte in dem Pariser Herrenhaus an der Avenue Ray-mond-Poincaré nie jemand anders als Alain Ducasse gekocht. Ich musterte die Spirituosen in der Bar: Der erstklassige Rum JM von Crassous de Medeuil, der sagenumwobene Lemorton-Calvados von 1926, da schaute der Meister höchstpersönlich auf eine kurze Stippvisite vorbei. »Versuchen Sie dies, das sind Bio-Gemüse-Chips aus Amerika«, erklärte mir Alain Ducasse und reichte eine Schale mit bunten Scheibchen herüber, nickte einigen Gästen kurz zu und verzog sich zurück in die Küche, als die ersten Speisekarten ausgeteilt wurden.

Ich hatte Alain Ducasse mehrfach interviewt. Wer über Restaurants schreibt, muss wie gesagt nicht nur testen können: Er führt Interviews, verkostet bei Produzenten, schreibt Reportagen und entwirft gelegentlich ein Kochrezept. Es ist schwierig, bei all diesen Aktivitäten immer anonym zu bleiben. Ducasse jedenfalls kannte mein Gesicht. Der Mann konnte sich noch daran erinnern, wie ich als Student in seinem monegassischen Lokal gehockt hatte. Er musste ein Elefantengedächtnis besitzen. Dafür, und für seinen unbezwingbaren Willen, bewunderte ich ihn ein wenig.

Letzteren hatte er schon in Eugénie-les-Bains gezeigt, damals,

1975: Vor der Tür des hochherrschaftlichen Kurhotels stand der schlaksige, 18-jährige Alain und erklärte, hier und nirgendwo anders wolle er kochen lernen. Michel Guérard, Hausherr, Chefkoch und Nouvelle-Cuisine-Erfinder zeigte sich nicht sonderlich interessiert. Sein junger Gesprächspartner hatte die Hotelfachschule von Bordeaux drei Monate vor dem Abschluss geschmissen und in dem, nennen wir es mal Mittelklasserestaurant, »Pavillon Landais« in Soustans gearbeitet. Aber der Mann ließ sich nicht abweisen, ging mitten in der Küche in den Sitzstreik. Guérard ließ sich erweichen. So begann in einem 200-Seelen-Dorf im französischen Südwesten der Aufstieg des Sohns eines Gänsezüchters zum Koch der Weltklasse. Von Guérard ging es zu Roger Vergé an die Côte d'Azur, dann zu Alain Chapel im Nordosten von Lyon. Der eher diskret veranlagte Altmeister wurde zum geistigen Ziehvater des Lehrlings.

Damals war Alain Ducasse fast schon einmal gestorben. Ein anderer Lehrling hatte ihm ein Messer in die Bauchgegend gestoßen und umgedreht, nur so zum Spaß und ein wenig durch Eifersucht motiviert: Der Neue wirkte besser als er. Ein paar Jahre später hätte es ihn wieder fast erwischt. Ein Motorradunfall. Mit 25 avancierte er, der leicht unbeholfen wirkende Bursche, mit dem Rasputin-Bart, auf den Posten des Chefkochs des Hotel Juana in Juan-les-Pins. Zwei Jahre später überlebte Ducasse als Einziger schwer verletzt den Absturz einer kleinen Chartermaschine in den französischen Alpen. Kollegen und Freunde verbrannten im Wrack. Ausgerechnet ein gebrochener Gurt rettete Ducasse das Leben: Er wurde aus der Maschine geschleudert, kämpfte im Schnee gegen den Tod. Dreizehn Operationen und ein Jahr Rehaklinik folgten. Die Kollegen aus der Branche begannen, den Jungkoch abzuschreiben. »Damals habe ich gemerkt, wie unwichtig die Probleme des Alltags sind«, hat er mir einmal gesagt.

Ehrgeiziger, strenger und mit einer erhöhten Dosis Selbstdisziplin stürzte er sich in die Arbeit: 1987, mit 31, dann der Durchbruch. Das weltbekannte Hôtel de Paris in Monaco ernannte den Bauernjungen zum neuen Küchenchef. »Im Kleingedruckten meines Vertrags stand eindeutig, dass ich innerhalb von vier Jahren drei Sterne im Michelin holen musste.« Alain Ducasse erfüllte sich den Lebenstraum anderer Köche in 33 Monaten, nebenbei lancierte er in ganz Frankreich die Mode mediterraner Küche. Bald gab es Olivenöl, Rotbarben und sonnengetrocknete Tomaten von Rouen bis Toulouse. Mehr konnte ein Koch nicht erreichen. Jetzt hatte er ein zweites Spitzenrestaurant eröffnet. Mitten in Paris. Zwei Brigaden, ein Küchenchef, zwei Top-Lokale, Hunderte Kilometer voneinander entfernt. Konnte das gut gehen? Kritiker aus aller Welt neckte der Aufsteiger: »Wenn ihr mein Essen beurteilen wollt, müsst ihr morgens in dem einen, abends in dem anderen Lokal essen.« Nun, warum eigentlich nicht? Machbar schien es, rein von den Flugzeiten her gesehen. Um 12.30 Uhr öffnete ich die Tür in der Pariser Avenue Raymond Poincaré, eine gute Viertelstunde später kam der erste Gang. Für das Pariser Lokal hatte der Meister vor versammelter Presse den Kampfruf »zurück zu den Wurzeln der Grande Nation« ausgegeben. »Wir werden ausschließlich Französisch kochen – nichts Exotisches, keine Spielereien mit Gewürzen, nur Klassiker aus der Heimat, realisiert mit den besten Viktualien.« Tatsächlich: Als der Servierwagen umging, dienstbare Geister links und rechts tranchierten oder filetierten und ich noch dazu eine Seezunge in Champagnersauce auf der Karte entdeckte, fühlte ich mich ein klein wenig in die große Zeit der Grande Cuisine zurückversetzt. Bei Gerichten wie Schweinskopf mit Salat und knusprigem Speck oder unter der Haut getrüffeltem Huhn mit Steinpilzen und Fritten setzte Monsieur auf den zeitgemäßen Trend zum Rustikalen: die besten Zutaten, scheinbar so einfach wie möglich zubereitet. Schließlich schmeckt kaum ein Gast, dass für den Schweinskopf mit Kartoffeln und Speck der Speck zunächst mit Wangen, Ohren, Zunge und anderen »Schweinereien« in einer Geflügelbouillon pochiert und zum Schluss mit einer Mischung aus Cornichons, Schalotten, Trüffeln und Essig abgeschmeckt wurde.

Ein letzter Espresso und dann auf zum Flugplatz. Um 17.55 Uhr sollte meine Maschine nach Nizza abheben. In Frankreich ist es zuweilen schwierig zu unterscheiden, ob die Crew eines Flugzeugs gerade streikt oder normalen Dienst schiebt. Bei meinem Flug sorgte ein Stromausfall für eine stattliche und fast das Dinner gefährdende Verspätung. Gute dreieinhalb Stunden später saß ich immer noch nicht bei Tisch. »Rechts abbiegen«, befahl ein mürrischer Polizist an der Straßenecke vor dem Hôtel de Paris. Über dem Himmel von Monaco knallten die Feuerwerkskörper, die Hälfte der Straßen blieb für diesen Abend gesperrt, der Platz vor dem Kasino erst recht – und rechts lauerten 45 Minuten Stau. Gut 90 Minuten davon lagen schon hinter mir. Da half kein Flehen und kein Hinweis auf die Reservierung im »Louis XV«, der Mann in Uniform blieb unerbittlich. Zumindest bis der Voiturier, der Wagenmeister des Lokals, eingriff. »In Monaco haben wir alle denselben Arbeitgeber: Prinz Rainier. Schon deshalb solltet ihr unsere Kunden nicht belästigen.« Der Polizist ließ mich ziehen. L'Hôtel de Paris, direkt vor dem Kasino. Da war er wieder, der Parkplatz mit seinen Jaguars und Ferraris. Die Herren auf der Terrasse trugen schwarze oder weiße Dinnerjacketts, die Damen Abendkleid. Was mich früher eingeschüchtert hatte, empfand ich jetzt als, sagen wir mal, »zivilisiert«. Während ich noch in der Speisekarte blätterte, wurden schon ein paar duftige Petits Farçis gereicht – kleine gefüllte Gemüse aus dem Ofen, mit ein paar frittierten Gemüsen und Kräutern serviert. Im »Louis XV« schien sich trotz verstärkter Paris-Präsenz von Meister Ducasse nichts verändert zu haben. Die franco-italienische Mittelmeerküche wirkte so pur, unkompliziert und natürlich wie eh und je: herrliche frische Gamberoni aus dem Golf von Genua »à la plancha«, serviert mit Portulak, Kräutern und ein wenig Gurke, dann zarter Seewolf mit Zitronenmarmelade nebst Kapern und Tomaten in Aceto balsamico mit Oliven. Beim Hauptgang verloren die Herren im Dinnerjacket nebst Damen im Abendkleid die Contenance, ließen die Gabeln fallen und stürmten auf die Terrasse, um die letzten Lichter des Feuerwerks zu verfolgen. Ich blieb meinem Lammcarré vom Grill mit Bohnenkraut nebst Gemüse im Lammjus treu – ein fast schon deftiges Gericht, wie man es gern in einer provenzalischen Auberge unter den Olivenbäumen genießen würde.

Das Spektakel wirkte ein wenig wie »Dr. Alain und Mister Ducasse«. Welcher Koch war vielseitiger? Mediterranes und Rustikales an der Côte, eine gelungene Mischung aus Klassik und

Moderne in der Hauptstadt. Beide Restaurants hatten die besten Lieferanten, in beiden wurde mit höchster Präzision gekocht – aber beide wirkten so unterschiedlich, dass unmöglich dieselbe Person am Herd stehen konnte.

Streng genommen war das sogar zutreffend: Beide Lokale verfügen über höchst begabte Chefköche, deren Namen für die weitaus meisten Gästen freilich Fremdworte sind. Denn alle großen Köche kochen nicht pausenlos selbst. Haben die Meister der Herde ein gewisses Erfolgsniveau erreicht, lassen sie kochen. Sie erscheinen in fleckenlosen weißen Lätzchen, jetten um die Welt für Kochfestivals, posieren für Werbekampagnen oder Fernsehsendungen. Sie werden zur Marke. Zum Kochen bleibt da keine Minute Zeit. Die Gäste werden von der gleichen Person bewirtet, die auch kocht, wenn der Meister gelegentlich im eigenen Lokal die Gäste begrüßt: Dem »Second«, der Nummer Zwei, dem Stellvertreter. Er kauft ein, er kocht, er hält die Qualität. Steckt also hinter unseren großen, bekannten Weißmützen eine Armee potenzieller Superköche? Nun, einige Seconds haben sich erfolgreich selbstständig gemacht. Wieder andere waren technisch hervorragend, brauchten im eigenen Lokal aber Jahre, um eine halbwegs schlüssige Karte aufsetzen zu können. Das Tandem »großer Koch« plus »Schattenmann« funktioniert vorzüglich, wenn der Erste eine präzise Vision der Küche in seinem Lokal hat und der Zweite über hohe technische Kenntnisse verfügt, seinen eigenen Ehrgeiz aber zurückstellen kann. Das ist eine Frage des Temperaments. Arbeitet jedoch ein Dosensuppenkasper mit hohem Bekanntheitsgrad mit einem ehrgeizigen Jungspund auf dem Weg nach ganz oben, dann ist das Scheitern programmiert und es gibt einen Verlierer: den Gast. Wechselt ein bekannter Spitzenkoch, verkündet die Presse seinen neuen Wirkungsort. Wechselt die Nummer Zwei, merkt unsereins das nur auf dem Teller. Dann aber ist es zu spät.

Der Name Alain Ducasse sollte eine globale Marke werden. Sein Pariser Ableger stand am Anfang einer Erfolgsgeschichte, wie die kulinarische Szene sie noch nie erlebt hatte. Auf die Spitzenlokale in Monaco und Paris folgte »Spoon«, ein Lokal mit Gerichten aus aller Welt. Ducasse ließ kochen: Auf Mauritius servierte sein

Team »im Bananenblatt gegarte Dorade mit Kalmaren, Kokosnuss und Zitrone«, in New York, gleich hinter dem Central Park, »Seezungen im Trüffeljus mit weißen Rübchen«. Er verfasste die Karten von Bistros wie den Pariser Lokalen »Aux Lyonnais« und »Benoît«, Auberges wie dem »Iparla« im Baskenland oder der »Abbaye de la Celle« und der »Auberge de Moustiers«, beide in der Provence, ebenso wie von einer Bäckerei mit ausgesuchten Sandwiches – Bauernbrot mit baskischem Schinken und Steinpilzmarmelade – für die Mittagspause. All diese Lokale habe ich besucht und mindestens einmal beschrieben. Zu kritisieren gab es nicht viel, zumindest nicht, was die Küche betraf.

»Mit dem entsprechenden *savoir faire* kann man jede Küche ausführen, ob mediterran, eine schicke Version unserer *cuisine de terroir* (Landküche), klassisch oder italienisch«, pflegte Ducasse stets zu sagen und bewies seine These mit jedem neuen Lokal. Ausdrücke wie »eine Messerspitze« oder »ein Teelöffel« sind aus der Profiküche des Alain Ducasse verbannt – es geht um Gramm und Zentiliter, um Präzision. Anders würde er nicht mehrere Spitzenrestaurants gleichzeitig leiten können. Ein schönes Beispiel in Sachen Präzision bildet sein Rezept für »knusprigen Bauernspeck«: Bei Ducasse wird die Schweinsbrust 21 Stunden bei exakt 61 Grad gegart, die Ohren 36 Stunden bei 85 Grad, die Schulter 24 Stunden bei 59 Grad, der Kopf 36 Stunden bei 68 Grad und die Zunge 24 Stunden bei derselben Temperatur – *sous vide*, also vakuumgegart. »Wenn man die optimalen Garstufen herausgefunden hat, kann jeder Koch das Rezept reproduzieren«, triumphierte der Meister.

Hinter den Kulissen der Guides und Feinschmeckermagazine diskutierten wir das »Modell Ducasse« dennoch heftig. *Ante Ducasse* galt in der Spitzenküche die Devise »ein Koch, ein Lokal«. Gourmets fuhren Hunderte von Kilometern, um eine bestimmte Küche zu kosten, die Herren an den jeweiligen Herden beteuerten permanent, dass ihre Küche nur hier, in ihrer Region, mit ihren Zutaten, gelingen könnte. Küchenromantik? Ein Spitzenkoch ist an seinem Herd auf Dauer unerlässlich? »Kochen«, sagte Ducasse, »ist Handwerk. Und Handwerk kann man lernen und planen.« Oder: »Gute Küche, das sind 95 Prozent Arbeit und vielleicht 5 Prozent

Genie.« Ersteres kann geplant, letzteres an fähige Mitarbeiter aus-
gelagert werden.

Ein Spitzenkoch braucht einen eigenen Stil? »Der Ort gibt den
Küchenstil vor. Paris ist nicht Monaco und Mauritius nicht Paris.
Ein Koch ist gut beraten, sich unabhängig von seinen eigenen Vor-
lieben darauf einzustellen.« Diese nüchternen Analysen zeichneten
Ducasse aus: Seine leichten, frischen provenzalischen Kreationen
fielen mit dem Aufschwung der Fitness-Bewegung in Frankreich
zusammen, seine Auberge-Gerichte in Moustiers (und später in La
Celle und im Lyonnais) waren eine Reaktion auf den Ruf nach mehr
terroir auf dem Teller, mehr »schmeckbare Heimat«. »Spoon« wiederum bildete 1998 die kulinarische Antwort auf die zunehmende
Globalisierung. Die Ideen für all das fand Ducasse auf Reisen: »Zu
jeder Reise in eines meiner Restaurants gehört ein Spaziergang auf
dem lokalen Markt, mit anschließender Verkostung: in Pfeffer ge-
rollter Käse aus dem Libanon, Walderdbeeren aus der Provence,
Sake warm oder eisgekühlt. Natürlich besuche ich ein Restaurant:
ein populäres Lokal, keines der Luxusklasse. Nach Marktspazier-
gang und Restaurantbesuch kenne ich alles, was ich dort wissen
muss – von der Güte der Zutaten über die Ernährungsvorlieben bis
zu Hygienestandards.« Ich habe dieses Vorgehen selbst adoptiert,
man lernt dabei wirklich viel.

Alain Ducasse hatte zwei Eigenschaften, die mir während meiner Besuche besonders sympathisch waren: Er ließ sich nicht von
piepsenden, blökenden Handys stören. Und er nutzte seine Lebens-
geschichte nicht zur Mythenbildung. Die Messerstecherei während
der Lehre, der Motorradunfall, das erzählten mir seine Köche. Über
seinen Flugzeugunfall redete er nur einmal mit mir: »Manchmal
frage ich mich, warum ich das alles mache. Die vielen Lokale, die
ganze Reiserei. Dann denke ich an meine Freunde und Kollegen, die
damals, 1987, gestorben sind. Da sage ich mir, dass ich das Leben
vieler Köche in mein eigenes packen muss.« Auf seine Art ist ihm
das gelungen. Ganz nebenbei hatte Ducasse das System des *Michelin* geknackt. Er konnte seine Sterne, und damit den sichtbaren
Erfolg, an jedem Ort der Erde beliebig replizieren. Auch das sollte
Schule machen.

Kalter Käse
Der Besuch im angeblich »besten Restaurant der Welt«

Im Sommer 1999 sollte mein Testplan einen Umweg erfahren, der letztendlich zu den eingangs erwähnten anonymen Anrufen führte. Freilich ahnte ich das nicht im Geringsten, als ich mich um fünf Uhr morgens im Hotel »Les Sources de Caudalie« bei Bordeaux aus dem Bett schleppte. Ich musste früh aufstehen, denn »El Bulli« stand am Mittag auf meinem Speiseplan. Das Lokal liegt in Rosas, Spanien, etwas mehr als 500 Kilometer von Bordeaux entfernt.

Seit 1997 wogte eine wahre Bulli-Mania durch die Kritikergemeinde. Damals hatte der Pariser Spitzenkoch Joël Robuchon den spanischen Kollegen überschwänglich gelobt: »Nachdem ich nicht mehr am Herd stehe, ist Ferran Adrià vom ›El Bulli‹ in Rosas der Weltbeste.« Der große Koch sprach einen Restauranttipp aus, alle Kritiker der Welt folgten ihm.

Seitdem rankten sich wahre Legenden um das »El Bulli«: Der Küchenchef sei ein Genie, der das Kochen revolutioniere, das Lokal sei nur sechs Monate im Jahr geöffnet, weil der Herr am Herd so viel Zeit zum Nachdenken brauche ... Außerdem sei das Lokal auf Jahre hinaus ausgebucht. Solche Angaben muss man nicht immer ernst nehmen, meistens ist es nur Eigenwerbung. Mir hatte ein Getränkegrossist zur Reservierung geholfen. Ich musste ihn nicht einmal fragen: »Haben Sie Lust, ins ›El Bulli‹ zu gehen?« Natürlich hatte ich. Wer will kein Genie kennenlernen?

Warum der Grossist ausgerechnet mich eingeladen hatte? Es gibt eine Art *gentlemen's agreement* zwischen guten Lieferanten und guten Kunden. Man redet nur in besten Tönen übereinander, besonders gegenüber der Journaille. Andererseits empfehlen wenige Lieferanten ein mieses Restaurant und wenige Wirte einen miesen Winzer. Eigentlich passiert das nie.

Auf jeden Fall war ich überglücklich, einen der begehrten Bulli-Tische ergattert zu haben. Die Vorfreude allein schien das frühe Aufstehen wert. Ein Autounfall bei Narbonne hätte meine

Pläne fast zunichtegemacht. Zwei Stunden Stehen! Ein Tankwagen hatte einen Brückenpfeiler gerammt, das sah nicht gut aus. Kurz überlegte ich, über ein nahes Feld von der Autobahn auszubrechen, letztendlich wartete ich brav in der Schlange. Zum Glück essen die Spanier recht spät. Rosas entpuppte sich als schlichter Badeort, an der Ortseinfahrt wurden damals riesige, lächelnde Gummi-Dinosaurier verkauft. In den Schlaglöchern der Serpentinen zum Lokal hätte man fast einen Smart versenken können. Ich erschien als letzter Gast.

Irgendwann saß ich auf der Terrasse. Vorn badeten Dick und Dünn, Alt und Jung, wie auf vielen spanischen Stränden. Ein Herr in Schwarz fragte mich, ob ich alles esse. »Alles außer Monosodiumglutamat«, sagte ich. Glutamat, auch MSG genannt, ist der Geschmacksverstärker, den jeder aus Fertigkost kennt. Ich vertrage das Zeug einfach nicht. Ein Vertreter der Glutamat-Lobby hatte mich deshalb ein paar Jahre zuvor scharf angefeindet: »Wenn Sie unser Produkt nicht vertragen, dann sind Sie an der Basis schon krank!«

Normalerweise lachen Köche, wenn ich »alles außer Monosodiumglutamat« verlange. »MSG! Aber doch nicht in meiner Küche!« Im »El Bulli« lachte niemand. »Wissen Sie, wir arbeiten viel mit Gelatinen«, erläuterte der Herr in Schwarz, »und die werden mit Glutamat geliefert.« Dort, wo ich bisher gewohnt hatte, führten die Geschäfte stets auch Gelatine ohne Geschmacksverstärker, aber ich wollte den schönen Augenblick auf der Terrasse nicht mit Grundsatzdiskussionen verderben.

Es ging zu Tisch, vor mir schwamm ein Rosenkopf in einer bauchigen Vase. Der Saal war in zurückhaltendem Paradores-Stil möbliert, Rauputz und urige Holzbalken inklusive. Der Kellner ging, 15 Gänge kamen: Polenta mit einem Berg von Parmesan, eiskaltem Parmesan, der wie Schneeflocken über dem Gericht lag, Basilikumgelee mit Milchschaum und Oliven, Felsmuscheln mit Pistou und Safran, warme Erbsensuppe aus dem Champagnerglas. Müschelchen, winzige Artischocken und Wachteleier, Entenzungen mit Litschis, Langustinos mit Algen, Waffeln mit – wieder – Parmesaneis, Tintenfischtaschen gefüllt mit Kokosnuss, die förmlich im

Mund explodierten, eine Art Foie gras-Pudding, der wie eine Crème Caramel wirkte, Erdbeereis mit Campari-Gelee und Streifen von Fisherman's Friend-Pastillen. Beim Brot mit Sommertrüffeln auf Filoteig hatte der Meister getrickst und zum Trüffelöl gegriffen, die »Spaghetti Carbonara« bestanden aus geliertem Trüffelöl.

»Trüffelöl« enthält keine Spur Trüffel, es ist ein Petroleumderivat, das eine Parodie echten Trüffelaromas am Gaumen hinterlässt. Kurz ging mir durch den Kopf, dass man auch für den Parmesanschnee keinen wirklich guten Käse brauchte, die Eiseskälte hatte jedes Aroma abgetötet. Außerdem gestehe ich, dass ich unfähig bin, gute Entenzungen von schlechten zu unterscheiden. Gelees lagen auf fast jedem Teller. Aber jedes Gericht sah aus, als würde gleich der Fotograf eines internationalen Magazins vorbeischauen. An den Nebentischen verstummten mit jedem neuen Gang die Gespräche, die Esser verneigten sich in Ehrfurcht. Witzig fand ich die Erbsensuppe im Champagnerglas. Unter den Erbsen lagerte eine kalte Minzsuppe, mit jedem Schluck landeten die beiden Aromen auf der Zunge. Warm und kalt, Minze und Erbse. Einige Gerichte waren herausragend, das Süppchen gehörte dazu. Andere blieben verwirrend.

Das Essen hier war »anders«, eine Art »Schockerküche«. Essen lernt man durchs Vergleichen. Über Jahre etabliert sich dann im Hirn des Feinschmeckers ein Wertmaßstab, der es erlaubt, gute Entenbrust von schlechter Entenbrust oder guten Steinbutt von schlechtem Steinbutt zu unterscheiden. Hier im »El Bulli« wurde jeder Esser aller Maßstäbe beraubt, setzte sich dem Aufbruch ins Unbekannte aus. Der erste Mittagsgast ging damals um 19 Uhr, gegen 19.30 kamen die ersten Abendgäste. Ich saß hinten mit dem Chefkoch im Saal. Angemeldet und damit bekannt war ich ohnehin, ein Interview bot sich an. Immerhin bekam ich so die Küche zu sehen. Kitsch suchte ich vergebens, vor mir erstreckte sich ein weißer, blitzsauberer Raum, wie ein Operationssaal. Vorn am Pass stand eine Stierkopfskulptur. Dann geleitete mich der Oberkellner zum hinteren Tisch. Sein Stimmfall entsprach mehr oder minder einem Löwenbändiger, der den Käfig öffnet, da fehlte nur noch der Trommelwirbel: »Und hier ist Ferran Adrià.«

Der Herdmeister, der eigentlich den bürgerlichen Namen Fernando trägt, war ein nicht sonderlich großer, etwas rundlicher Mann mit dunklen Locken und sprach in schnarrendem Spanisch: »Ich bin Autodidakt und dadurch keinem Meister verpflichtet.« Zuerst klang das ein wenig wie eine Entschuldigung: »Viele große Köche sehen in ihrem Lehrmeister fast eine Vaterfigur, haben dadurch Schwierigkeiten, Eigenes zu kreieren. Drei bis vier Spezialitäten bleiben im Gedächtnis, den Rest kann man vergessen. Wir hingegen kreieren hier jedes Jahr um die 60 neue Gerichte.« Das war selbstbewusst gebrüllt. Nicht jeder Koch sagt einem Journalisten, dass man die Konkurrenten bis auf drei, vier Gerichte vergessen kann. Während er über diese 60 Gerichte sprach, nutzte Adrià häufig die Worte Magie, Ironie und Humor. Magisch fand er seine Erbsensuppe, ironisch das Trüffelgelee, nur magische Hauptgerichte, die existierten für ihn nicht, die seien einfach zu groß. »Kreativ kochen heißt, eine Geschichte zu erzählen. Meine Menüs erlauben es mir sogar, eine lange Geschichte zu erzählen«, sagte er und kam dann auf seine Küchenphilosophie zu sprechen: der »Dekonstruktion«. »Ein dekonstruktives Gericht behält das Aroma seiner Zutaten, aber vertraute Elemente wie Präsentation oder Aggregatzustand werden entscheidend geändert«, erklärte er. »Ein gutes Beispiel ist die banale Melone mit Schinken. Die serviere ich als Melonensuppe mit Schinkenbrühe und Schinkenscheiben. Jeder Gast empfindet die Aromen als vertraut, keiner kennt das Gericht.« Über diese Dekonstruktion sind inzwischen ganze Bücher geschrieben worden, bestimmt sitzt irgendwo schon jemand an einer Doktorarbeit. Der selbstbewusste Koch legte noch einmal nach: »In Barcelona habe ich ein Atelier zum Auftanken und systematischen Kreieren. In Rosas liegt die Produktion, im Atelier die Forschung. Anders macht man das bei Rolls-Royce oder Ferrari auch nicht.« Starke Worte. Rolls-Royce, Ferrari, Ferran. Es folgten ein paar Zahlen und Fakten: Die 45 Plätze der »Produktionsstätte« seien permanent reserviert, 35 bis 40 Köche würden nach Adriàs Anweisungen in der Designerküche werkeln, regelmäßig gäbe es neue Consulting-Verträge für den Katalanen, auch aus Frankreich und den USA sollten schon Anfragen nach Rosas kommen. Dann machte ich mich auf den Heimweg. Während der vielen, vielen Kilometer auf der Autobahn hatte ich Zeit zum »Verdauen«: Natürlich war das Menü in Rosas witzig gewesen, ich fand es amüsant, dass ein Koch geeisten Parmesan servierte und Gelees zu Spaghettistreifen schnitt. Aber das beste Restaurant der Welt? Müssen die weltbesten Köche wirklich alles gelieren? Brauchen sie chemisches Trüffelöl? Das beste Essen meines Lebens war es bei Weitem nicht, dazu fehlte es mir an etwas Wesentlichem: an den guten Zutaten. Dieser Adrià gab sich jede erdenkliche Mühe, damit im Mund gleichzeitig warm und kalt, süß und sauer aufeinandertrafen, damit kleine Knusperflocken mit weichen Gelees kollidierten. Doch der Geschmack spielte hinter der wunderbaren Fassade nur eine Nebenrolle. Dennoch: Ich fand es schön, dass ein Koch in der spanischen Provinz bunt, verrückt und anders kochte. Diese Küche glich einem Sakko mit rot-grünem Tartan-Muster. Es ist lustig anzuschauen, ich musste es aber definitiv nicht besitzen. Schule machen würde die Geliererei bestimmt nicht, dazu schien diese Küche viel zu verrückt, zu abgedreht, dachte ich mir. Doch dieses Mal hatte ich buchstäblich die Rechnung ohne den Wirt gemacht.

Gutes aus deutschen Landen?
Warum das Ausland nie über hiesige Köche spricht

Stellen wir uns die internationale Welt des Essens als das Sonnensystem vor. Dann balgen sich Spanien und Frankreich derzeit um den Platz unseres Zentralgestirns. Japan und China wissen, dass sie zumindest in den Augen der hauseigenen Genießer ihre Position in der Sonnenmitte sicher haben. New York, Chicago, ganz Italien und London wollen sich nicht bis zur Merkur-Umlaufbahn abdrängen lassen. Die Schweiz, Belgien und das restliche Vereinigte Königreich stehen da, wo Venus und Erde sitzen. Die Niederlande, Dänemark und Schweden haben die Mars-Umlaufbahn verlassen und streben einen sonnennahen Kurs an. Deutschland aber ist ein Jupitermond.

Das soll keinesfalls gegen die hiesigen Köche sprechen. Das gutbürgerliche Küchenrepertoire schmeckt in Deutschland fast überall besser als das Essen in teuren Pariser Brasserien. Fast alle deutschen Köche von Rang sind, rein küchentechnisch gesehen, wirklich herausragend. Nicht alle können jeden Tag die Zutaten erwerben, die sie vielleicht gerne kaufen würden. Gutes Fleisch, gutes Gemüse, das lässt sich finden. Nur fehlt uns der Zugang zu Atlantik und Mittelmeer. Pascal Barbot, ein junger Koch aus Paris, bewirtet pro Tag nur 20 Gäste und bezieht seine Frischwaren von knapp 100 Lieferanten seines Vertrauens. »Frischeparadies« und »Bosfood« können diese Fülle nicht ersetzen.

Die Arbeitsauffassung deutscher Köche ähnelt älteren Aufzählungen deutscher Tugenden. Sie sind strebsam, sorgfältig und im Vergleich zu Frankreich, Spanien oder Italien eher diskret. Vor allen Dingen sind sie ungeheuer fleißig. Im Schlosshotel Lerbach hatte Spitzenkoch Dieter Müller schon vor Jahren ein Menü eingeführt, das ausschließlich aus Amuse-Bouches bestand, den kleinen, ziselierten Häppchen vor dem ersten Gang. Müller bestand darauf, sie nicht wie anderswo Amuse-Gueule zu nennen, schließlich heißt »gueule« im Französischen soviel wie »Schnauze« oder »Fresse«. Ich liebte diese appetitlich drapierten Leckereien. Der erste Gang variierte Gänseleber: gebrannte Crème und Praline von Gänseleber, Gänseleber-Terrine im Baumkuchenmantel auf Zimtzwetschgenconfit. Dann folgten Fische und Meeresfrüchte mit sautierten Jakobsmuscheln mit Sauce Poulet, Blumenkohlpüree und Imperialkaviar, Loup de mer mit Rillette von der Königskrabbe, Pimentofumet und Artischocken-Spinatflan ... Anschließend kamen Zwischengänge wie Cappuccino von Curry und Zitronengras mit Gambarettispieß, Maronensüppchen mit Albatrüffel und Sot l'y laisse von der Poularde oder Wachtelessenz mit pochiertem Wachtelei. Bevor neun oder zehn Desserts aufgetischt wurden, servierte Müller natürlich auch Fleischgerichte wie Rücken vom Müritzlamm mit Kräuterkruste auf Lammkutteln und mildem Knoblauchpüree und viele andere gute Sachen. Das klingt nach viel, schmeckte nach mehr und trotzdem fühlte ich mich nach den zahlreichen kleinen Gängen nicht wie eine Stopfgans im französischen Südwesten. »Auf die Idee zum Menü haben mich unsere Gäste gebracht«, erläuterte Müller. »Früher servierten wir nur drei Amuses und die wurden hochgelobt. Als dann ein Kritiker meinte, bei mir würde man selbst nur mit Amuse-Bouches glücklich, habe ich mich auf die Suche nach passenden Rezepten und kleinem Geschirr gemacht.« Andere Köche hatten sich bereits an dem Thema versucht: Ganze fünf Amuse-Gueules ließ der Pariser Koch Pierre Gagnaire reichen. Auch der Belgier Roger Souvereyns servierte einst einen ganzen Teller der Kleinigkeiten. Müller aber schlug sie alle: »Ich möchte eine kulinarische Weltreise bieten: Mediterranes, Bodenständiges, Exotisches.« Es verstand sich von selbst, dass die Kleinigkeiten genau wie jedes große Feinschmeckermenü strikt der Saison angepasst wurden: »Zur Trüffelsaison kommt eine Wachtelsuppe mit Trüffelstücken unter der Blätterteighaube – fast ein bisschen wie die weltbekannte Soupe V.G.E. von Paul Bocuse, nur im Mini-Format«. Drei Mal so viel Zeit und Arbeit wie eine herkömmliche Speisenfolge kostete das Amuse-Menü die Herren in der Küche. Kein Wunder: Es spielt keine Rolle, wie groß oder klein die Portion ist, die Arbeit ist immer dieselbe; ob man nun ein neues Gericht konzipiert, den Butt brät oder das Ganze auf den Tellern anrichtet. Schon deshalb wurden die Amuses nur mittags und nicht etwa abends bei vollem Haus serviert. »Damit bieten wir ein Menü, das uns so schnell keiner in Europa nachmacht«, erklärte Müller selbstbewusst. »Wenn die Kollegen sehen, wie viel Zeit unser Menü kostet, werden sie sich sorgsam überlegen, uns nachzuahmen«. Er sollte recht behalten. Niemand hat Müller nachgeahmt. Vielleicht hat es niemand versucht, weil außerhalb der deutschen Landesgrenzen nirgends bekannt war, dass dieses wirklich hervorragende und immens viel Arbeit verursachende Menü überhaupt irgendwo existierte.

Die deutschen Köche sind so seriös und bodenständig, dass sie im internationalen Vergleich fast übersehen werden. Sie polemisieren nicht, sie polarisieren nicht, sie werden, gemessen an ihrer Leistung, kaum wahrgenommen. Französische Köche hingegen setzen sich gern in Szene, streiten gelegentlich und pflegen für jeden sichtbar deutliche Freund- und Feindschaften mit diversen Kritikern. Spanische Köche sind fast alle etwas großmäulig und zutiefst davon überzeugt, die Zukunft des Essens liege auf der Iberischen Halbinsel. Dänen, Schweden, Briten und Niederländer übernahmen mit immensem Erfolg diese Kommunikationsstrategie. Einer der Ecksteine der spanischen Küche, der jedem Ausländer irgendwann unter die Nase gerieben wird, ist ein Artikel in der *New York Times*: »La nueva nouvelle Cuisine« von Arthur Lubow aus dem Jahr 2003. Lubow spendete reichhaltig Lob für die Ästhetik der Gerichte. Es war internationale Anerkennung, die spanische Küche hatte den Sprung über den großen Teich geschafft. Wer mit Köchen im Norden Spaniens spricht, bekommt ganz schnell das Gefühl, es müsse in San Sebastián oder Barcelona einen Schrein mit Lubows Beitrag geben, der Horden von Pilgern anlockt.

Nur ganz wenige Insider wissen, dass die Köche Deutschlands 2007 in der *New York Times* vergleichbare Anerkennung ernteten. Autor des Artikels war William Grimes, der im Gegensatz zu Lubow früher als Restaurantkritiker der Zeitung arbeitete. Kaum jemand redete darüber. Auch weil die Köche selbst, ganz im Gegensatz zu ihren spanischen Kollegen, nicht über das Lob aus dem fernen Amerika sprachen. Inzwischen klagen bekannte Herdmeister wie Joachim Wissler vom Vendôme in Bensberg in Interviews über die mangelnde internationale Aufmerksamkeit für die deutsche Spitzenküche. Nur, woher soll sie denn kommen, die Aufmerksamkeit? Von einer kleinen Schar schreibender Claqueure, die im Ausland niemand kennt oder die, wenn überhaupt, als patriotische Besserwisser wahrgenommen werden? Wo sind sie, die Küchen-Konzepte aus deutschen Landen, die international Schule machen könnten? Und wer trägt sie, charismatisch und eloquent, außer Landes? Schon ein Marie-Antoine Carême (1784-1833) kochte in Paris, London, Wien, Aachen und St. Petersburg. Auguste Escoffier (1846-1935), einer der Väter der klassischen Küche, exerzierte sein Können in Großbritannien, Deutschland, der Schweiz und Monaco. Auch die Nouvelle Cuisine wurde erst dann weltbekannt, als Köche sie in den 1970er Jahren in alle Welt trugen und Bocuse & Co auf regelrechten Tourneen Aufmerksamkeit für die »neue

Küche« generierten. Gerade letzterer war nie der beste Koch seiner Generation. Er war jedoch der beste Kommunikator.

Deutschlands Köche gleichen allzu oft einem kleinen Verein von Klassenstrebern: Sie schnappen im nahen Ausland einen Trend auf, etwa die mediterrane Küche, asiatische Einflüsse oder verfeinerte, rustikale Spezialitäten. Dann gehen sie an die Arbeit und zeigen durchaus effektiv, dass sie die entsprechenden Gerichte optisch anspruchsvoller oder technisch raffinierter realisieren können. Die Grundideen, die gab es stets schon anderswo. Selbst an der regionalen Identität hapert es in der Heimat: Ein Stück Baumkuchen wird hier und da serviert, vielleicht Birnen, Bohnen und Speck, dann aber möglichst als Gelees zusammengelegt. Nur in der optischen Überstilisierung des Essens ist Deutschland seit Jahren führend. Bei Tisch konfrontierten mich Gemüseschnitzer und Saucenmaler mit ihren Kunstwerken. Außerdem scheinen sie vor den *Michelin*-Männchen noch strammer zu stehen als ihre französischen Kollegen. Falls das überhaupt möglich ist.

Mir fällt auf Anhieb kein deutscher Koch ein, dessen Schaffen Feinschmecker außerhalb der Landesgrenzen lobend würdigen. Die international bekanntesten Köche des deutschen Sprachraums sind Österreicher: Eckart Witzigmann gehört zu den ganz wenigen Ausländern, die zur prestigeträchtigen Kochbuchreihe des französischen Verlages Robert Laffont ein Werk beisteuern durften. Wolfgang Puck hat sich in den USA ein wahres Restaurant-Imperium erkocht, freilich weniger mit Tafelspitz und Kalbsbeuscherl, als vielmehr mit der Neuinterpretation eines Gerichts, das Amerikaner als ein Stück Heimat empfinden: Die Rede ist von Pizza, die Puck auch mit Lachs oder Kaviar belegt. Das ist clever, denn Amerikaner, egal ob arm oder reich, lieben Pizza. Puck hat einfach gezeigt, dass er sie anders zubereiten kann.

In Deutschland geht die Risikofreude abseits international etablierter Trends gegen null, meistens. Dabei müssen führende Köche zumindest zu Anfang oft Kritik einstecken. Als der junge Alain Ducasse bäuerliche Gerichte aus Frankreichs Süden und Italien modernisierte, mahnte Paul Bocuse, dies sei »gute, aber keine große Küche«.

Ich habe in Deutschland oft sehr gut gegessen und definitiv weniger spontane, kollektive Schwächeanfälle ganzer Küchenbrigaden erlebt als in Frankreich oder Spanien. Von wenigen Ausnahmen abgesehen versorgten mich deutsche Köche aber regelmäßig mit Déjà-vu-Effekten, die rein küchentechnisch gesehen herausragend geraten waren. Warum können Deutschlands Köche nicht so erfolgreich wie ihre Kollegen aus Dänemark, Schweden und Finnland sein, die international mit der Botschaft Furore machen, sie verwenden allein nordische Produkte? Sind deutsche Zutaten und Rezepte geschichtlich vorbelastet? Liegt es an den Gästen, die mit den Begriffen »fein« und »gut« in erster Linie Frankreich und Italien verbinden? Es fehlt bei uns ein wenig an kulinarischer Normalität, an der Lust am Genuss, die nicht am Portemonnaie zu messen ist. Gehen Franzosen oder Italiener essen, genießen sie wie selbstverständlich französische respektive italienische Küche. Die wird vom Bistro- oder Osteria-Niveau bis hin zu einer Hochküchenversion durchdekliniert. Ab und zu verspüren die italienischen und französischen Feinschmecker Lust auf Exotisches, dann geht es in arabische, japanische oder chinesische Lokale. Bei uns wächst die gute, regional inspirierte Küche nur selten bis in die Höhen der Haute Cuisine. Wir verfügen über Biergärten, Brauhäuser und gutbürgerliche Lokale, von denen es viele zu jeder Tages- und Nachtzeit spielend mit Pariser Brasserien wie »Lipp« oder »Le Train bleu« aufnehmen können. Da hört es schon auf mit der deutschen Küche. »Plumpsküche« nannten Kritiker sie; es ist *à la mode* sich über »Hausmannskost« lustig zu machen. Nur: Auch die traditionelle Küche der Auvergne ist eine »Plumpsküche« voller Hausmannskost, voller Käse-Kartoffelbrei, gefülltem Kohl und Trockenwürsten. Der französische Südwesten produziert zwar weltbekannte Bordeaux-Weine, aber raue Mengen »Plumpsküche« mit »Grenier médocain«, einer Kuttelwurst ähnlich dem »Andouillette«, oder »Sanguette«, einem Fladen aus Hühnerblut mit etwas fein geschnittener Petersilie. Wer will denn so etwas essen?

Nun, in den angesprochenen Regionen so gut wie jeder. Es ist schwierig, eine kulinarische Kultur aufzubauen, wenn die Genießer ihrer eigenen Alltagskost misstrauen. Überall ließen Spitzenköche sich durch Tradition beeinflussen. Auch bei Michel Bras, der als einer der modernsten Herdmeister Frankreichs gilt, schlemmen die Gäste Käse-Kartoffelbrei. Bras ist sogar so stolz darauf, dass er manchmal Gästen, die eigentlich anderes bestellt hatten, eine Portion davon servieren lässt. Ein Franzose oder Italiener muss nicht in Deutschlands besten Lokalen gegessen haben. Er kennt ähnliche Gerichte bereits aus der Heimat. Der skeptische Blick auf die eigene Tradition bringt es außerdem mit sich, dass es um die kulinarischen Handwerker Deutschlands relativ still bleibt: Bei »Mondo Gelato« in Sasbachwalden schmeckt das Eis keinesfalls schlechter als bei »Berthillon« in Paris. Während Journalisten den Pariser Star-Patissier Pierre Hermé als Picasso der süßen Sachen vergöttern, dürfen seine Kollegen diesseits des Rheins, etwa ein Bernd Siefert, kaum auf internationale Anerkennung außerhalb von Fachkreisen hoffen.

In Deutschland sind nicht die größten Meister der Herde, sondern diverse Fernsehköche die Könige der Szene. Da wird gelafert, gewienert und geleckert, bis keine Herdplatte trocken bleibt. Nun verfügt Johann Lafer über den unverkennbaren Vorteil, dass er kochen kann. Weil solides Handwerk allein aber manchmal nicht reicht, braucht er einen Sidekick, den Herrn Horst Lichter mit dem sympathischen Schnauzer (Bart, nicht Hund). Und selbst das Fernsehen setzt uns nur Sendungen vor, die Zuschauer im Ausland mit Erfolg vorkauten und vorverdauten, nur mit einem Gesicht aus der Heimat. *Rach, der Restauranttester?* Gibt es schon, in Großbritannien und den USA, mit Koch Gordon Ramsay in der Rolle des Restaurantretters. *Ramsay's Kitchen Nightmares* – Küchenalbträume, lautet der treffende Titel. Tim Mälzer? Er ist die deutsche Version von Jamie Oliver. Jedes Land hat inzwischen seinen Jamie. In Frankreich heißt er Cyril Lignac, irgendwann habe ich auf der Frankfurter Buchmesse mal dem Jamie von Singapur die Hand gedrückt.

Nur die Briten haben mit Jamie Oliver das Original. Kocht der Original-Jamie zum Beispiel in Schulkantinen, werden auch Lignac und Mälzer an den Herd hinter der Schulbank geschickt. Rachs Restaurantschule auf RTL? Die heißt im Original *Jamie's Kit-*

chen. Ausgestrahlt wurde sie 2002, das deutsche Fernsehen wärmte dieses Konzept acht Jahre später auf. Solche Fernsehsendungen sind symptomatisch für Deutschlands Küchenlandschaft: Lasst uns lieber nichts Eigenes probieren, das wäre riskant. Nimm ein Erfolgsrezept aus dem Ausland, adaptiere es, wähle einen lokalen Sympathieträger als Protagonisten. Nicht nur Fernsehsender arbeiten nach diesem Muster, es beschreibt trefflich das Konzept zahlreicher Spitzenrestaurants.

Einer meiner Freunde kannte die Casting-Akten von Fernsehkoch Tim Mälzer. Er schwört jeden Eid, dass die Hälfte der Entscheidungsträger damals bei Ansicht von Mälzers Aufzeichnung der Meinung waren, sie sollten jetzt sofort einen Krankenwagen rufen. Ob für sich selbst oder den jungen Koch ist nicht bekannt. Die andere Hälfte war begeistert und fand Mälzer schlicht und einfach genial. Natürlich versuchten die »Pro-Mälzers« sofort, die »Anti-Mälzers« zu überzeugen. Nachgegeben haben sie letztlich, weil sie als Medienprofis wussten, dass der kommende »Küchenbulle« da eine perfekte Show abgezogen hatte. Man mochte Mälzer – oder auch nicht. Hauptsache, die Betroffenen redeten im Büro vor der Kaffeemaschine über ihn. So castet man einen Gewinner, der heute auf diversen Veranstaltungen angeblich 15 000 Euro Tagesgage für das Köcheln eines einfachen Süppchens verlangen kann. Diese Summe wurde mir zumindest von eifersüchtigen Küchenkollegen zugetragen, die zwar mit Sternen, Punkten oder Hauben gesegnet sind, aber nicht einen Promillegrad seiner Popularität erreicht haben. Ich weiß nicht, ob die Information unter diesen Umständen zuverlässig ist. Eines weiß ich aber genau: Mein Informant hätte dieses Geld gern selbst eingestrichen. Gegenüber dem prominenten Kollegen, der sich bei mir über sein Salär beschwert, hat Mälzer nämlich einen entscheidenden Vorteil: Er ist sich nicht zu schade, auch Spaghetti mit Tomatensauce oder Hackbraten vorzukochen. Das macht ihn massentauglich, bei Mälzer gibt es nicht nur Sabayon, sondern auch geröstetes Bauernbrot mit Steinpilzen und Rührei.

Solche Köche sind ideale Zielscheiben für Kritiker. Nur: Fernsehen ist Unterhaltung. Genau wie Sean Connery und Roger

Moore nie behaupteten, als Geheimagenten im Zwei-Jahres-Rhythmus die Welt zu retten, hat kein Mälzer und kein Jamie je für sich den Titel des weltbesten Kochs in Anspruch genommen. Andere Fernsehköche fühlen sich erkennbar zu Höherem berufen. Kritik trifft sie oft zu recht. Gecastet wird schließlich nicht nach Küchenkönnen, es geht um Witz, Schlagkraft, Charisma oder gutes Aussehen. In einem Wort: Fernsehtauglichkeit.

Ich weiß nicht, ob ich mich über den Überfluss an Kochsendungen freuen kann. Einerseits halten sie das Interesse am Essen und an Ernährung wach, das ist gut. Doch genau wie niemand bei *Indiana Jones* die Grundlagen der Archäologie begreifen kann, werden Menschen vor dem Fernseher nie wirklich kochen lernen können. Bestenfalls trainieren sie die Fähigkeit, ein Rezept zu reproduzieren. Kochen fängt beim Einkauf an. Doch was soll ich denn kaufen, wenn mich die ersten Sterneköche schon bei Lidl locken? Kochen bedeutet auch Haushalten: Wer nach dem Staunen über Lafers Künste losrennt und wild Zutaten einkauft, kann für ein Gericht leicht so viel berappen wie für ein Menü im Restaurant. Ältere Köche haben noch gelernt, Fische, Rinder, Schweine, Lämmer im Ganzen zu verwerten. Aus den Abfällen kochten sie Fonds; auch für Zunge, Ohren, Schnauze, Innereien griffen sie auf eine Vielzahl schmackhafter Rezepte zurück.

Ich habe das selbst während eines Schweineschlachttages gesehen. Mit präzisen Griffen zerlegte der Metzger Schenkel, Innereien und Schweinskopf. »Fast wie ein Chirurg« staunte einer der Schaulustigen, während in der Küche die Pfannen angewärmt wurden. Als Erstes wanderten die Kutteln in den Topf, dann wurden ein paar Schinkenstücke kross gebraten. Den ganzen Tag lang schmausten wir, nicht nur Koteletts und Filet, sondern auch Suppen und gefülltes Schweinsohr. Diverse Würste wurden ebenfalls fabriziert, die Reste schließlich eingelegt. Romantik aus Großvaters Tagen? Fragen Sie einen Bauern, der noch selbst schlachtet, was ihn die Ernährung seiner Familie kostet. Sie werden staunen. Das Leben ist günstig, wenn unsere Tellertiere komplett verwurstet werden. Manchmal beschleicht mich der Verdacht, wir zahlen abgepackte Filetstücke vom Rind und Lachs nur, damit uns der Anblick eines toten Lebewesens erspart bleibt. Das gilt besonders in Deutschland, denn im Mittelmeerraum scheut sich kaum ein Metzger, die Kalbszunge in der Auslage einzurollen oder den Schweinskopf mit einem Strauß Petersilie in Griffweite der Kunden abzustellen. Das Geflügel hat noch Krallen und verfügt – oh Horror – über einen Kopf. Ausgenommen wird es vor dem Kunden. All das sind wichtige Qualitätszeichen: Käfighühner haben nun einmal keine Krallen und Geflügel, das täglich nur Brei zu sich nimmt, entwickelt keinen großen, kräftigen Magen.

All das verrät das Fernsehen kaum. Stattdessen verniedlichen TV-Köche das Essen nach Kräften: »Nehmen Sie eine schöne, reife Avocado ...« Na klar, hätte uns das niemand erklärt, würden wir schrumpelige, verrottete Avocado nehmen. »Nehmen Sie einen leckeren, kleinen Salat.« Haben wir uns bisher etwa von großen, schlaffen, schrumpeligen Salaten ernährt? Weißmützen in Kochsendungen erzählen Geschichten von glücklichen Hühnern und fröhlichen Kühen, die ausgelassen auf Wiesen spielen, so wie das Rindvieh auf dem Butterpapier.

Ein deutscher Koch – und Fernsehkoch – weiß noch, wie das mit dem Einkaufen und mehrfach Verwerten geht. Er heißt Vincent Klink, sein Lokal »Wielandshöhe« liegt bei Stuttgart. Der Mann isst nicht nur selber gut, was man ihm ansieht, er schreibt auch besonders lecker. Vor allen Dingen kann er kochen: mediterran, französisch, italienisch oder, was ich besonders schätze, mit rustikalem Zungenschlag. Klink braucht nicht zu sinnieren, ob »gebackene Kuttelwurst mit Sauce Remoulade« oder »Rinderkutteln und Kalbskopf römische Art« ins Spitzenrestaurant gehören (natürlich gehören sie dort hin, zumal sie in der »Wielandshöhe« nicht zum Preis eines Sieben-Kilo-Steinbutts serviert werden), ob Schinkenpastete vom Hermannsdorfer Schwein mit Birnensalat, Bodensee-Aal vom Fischer Riebel in Champagner-Salbeisud oder Kalbsniere in Senf-Schalottensauce mit Bohnenragout und Kartoffelpüree neue Dimensionen an »Textur« eröffnen.

Wenn Klink »bio« einkauft, dann trommelt er nicht quer durch das Land um journalistische Aufmerksamkeit und drückt nicht zusammen mit den Bauern auf die Tränendrüse. Außerdem verrät er schon auf seiner Website, welche Biosiegel zuverlässig sind: »Demeter, Bioland und Naturland« – das deckt sich mit meinen Erfahrungen. Die Anforderungen an Bionahrung wurden von höchster Stelle derart gesenkt, dass Biokost mit eher beliebigen Siegeln in jedem besseren Supermarkt erhältlich ist. Bio-Fisch etwa kann nur aus Zuchten stammen, nicht aus freier Natur. Bei Vincent Klink schmeckt es einfach, er kann kochen und braucht in seiner Brigade nicht zwei Mann abzustellen, um optische Effekte aus lebensmittelnahen Stoffen zu drechseln. Klink betreibt ein Restaurant, dessen lokales Äquivalent in allen Ländern Westeuropas erfolgreich wäre. Bei ihm schmecken die Zutaten nach dem, was sie sind. Nichts anderes war über Jahrzehnte die Definition der guten Küche.

Arriba España
Die neue »Küchenmacht« lässt es mächtig brutzeln

Der Concierge am Empfang blickte mir verständnislos in die Augen. Ob es wohl schwer sei, den richtigen Weg zum Restaurant »Berasategui« zu finden, hatte ich ihn gefragt, während ich beim Blick auf den Stadtplan verzweifelte. »Señor, die Adresse ist kein Geheimnis. Jeder hier kennt Martín Berasategui«, sagte er mir. »Wirklich jeder«. Er fuchtelte mit dem Kugelschreiber und zog Linien, Kreise und Quadrate auf einem Stadtplan: Autobahn, raus bei Tolosa, links halten, durch ein kleines Wohngebiet ...« Bevor der Mann seine Schilderung beenden konnte, fuhr schon das Taxi vor. Dem Fahrer nuschelte ich schüchtern den Namen entgegen und – tatsächlich, es wirkte – schon rauschte der Mann wortlos mit 90 Sachen am Meer vorbei. Irgendwann kamen wir in ein Wohngebiet mit einer herrschaftlichen Villa vor grünen Hügeln. »Berasategui«, meinte mein Chauffeur in hörbarer Bewunderung, als hätten ihm Dutzende von Klienten die Wohlgeschmäcker beschrieben, die hinter dieser Tür lauern sollten.

Den Grund, warum Berasategui wirklich jeder kannte, schmeckte ich schon beim Amuse-Gueule: Da kommen Salat von auf Holzkohlen gegrillten Paprikaschoten mit Anchovis, baskischer Käse, wie beim Croque-Monsieur auf Toast und Schinken geschmolzen, Selleriesorbet und Linsensuppe, schließlich sogar ein wahres Meisterstück, das ideenärmere Köche für immer und ewig auf ihrer Karte lassen würden: Millefeuille mit Räucheraal, Äpfeln und Zwiebeln. Fetter Fisch mit fetter Foie, das klingt nach einem Ausflug an die Grenzen des guten Geschmacks. Bei Berasategui verlangte ich fast Nachschlag. Tatsächlich gleicht die richtige Portion Äpfel und Zwiebel das Fett aus. Guindillas, kleine Paprikaschoten von eher sanftem Geschmack, serviert er auf Bauchlappen vom Thunfisch mit Kartoffeljus. Careta, Schweinswangen, werden geschmort mit Linsen aufgetischt. Jedes Gericht enthält eine Prise Tradition und ein paar große Löffel voller kulinarischer Moderne.

Für mich schien damals klar: Irgendwann wird man Martín Berasategui nicht nur in seiner Heimat kennen, bald werden Limousinen mit Pariser oder deutschem Nummernschild in seinem Wohngebiet halten. Weil kundige Esser stets auch neugierig sind, kann das kleine San Sebastián dann zum bekannten Treffpunkt für Feinschmecker avancieren. In Spanien speiste man immer besser. Deshalb reiste auch ich zu Tests immer häufiger dorthin. Ende der Neunzigerjahre kostete ein Menü mit Cava, Wein, Dessertwein und Digestif dort etwa so viel wie ein Mittagmahl mit stillem Wasser in den Metropolen der Haute Cuisine.

San Sebastián ist mit Mühe, geduldigem Nachzählen und Einbeziehung der wesentlichen Vororte etwa so groß wie Rostock oder Oberhausen. Nur das, gemessen an der Einwohnerzahl, der Großraum der Baskenstadt etwa viermal so viel ausgezeichnete Restaurants wie Paris und Umgebung bietet. Siebenmal mehr als die City von London. Etwa elfmal mehr als Wien. Damals stand noch die Markthalle Mercado San Martín – und sie war noch nicht zu Tode renoviert: Lomo, Schinken, Chorizo, Freilandhühner mit Krallen und Kopf. Fisch gab es oben, Thuna, Venusmuscheln, Stockfisch, Kokotxas, die Bäckchen vom Fisch, Txangurros, Taschenkrebse, schimmerten frisch, die Auslagen waren prall gefüllt.

Dazu kamen die vielen Tapas-Bars mit Gaumenfreuden im Miniaturformat. Die findet man in der Altstadt im Norden, die mit ihrem Straßenlabyrinth und engen Gassen zunächst einmal nicht besser oder schlechter als andere Altstädte dieser Welt wirkt: Ein paar belegte Brote gibt es überall, aber im schlichten »Martínez« bog sich die Theke förmlich unter kleinen Happen aus Gambas, Schinken und Oliven. Ab 175 Pesetas durfte zugelangt werden und spätestens nach dem zweiten Bissen hatte man jedes Sushi-Tomate-Mozzarella-Carpaccio unserer Großstädte vergessen. Im winzigen Txepetxa lockten Fischhäppchen mit viel Thuna und Anchovis – günstiger als ein FischMac aus dem Burgergrill.

Das baskische Küchenwunder entsprang damals einer Mischung aus Lebensart, Freude am Kochen und Spaß an kleinen Experimenten. Mir imponierte das. Regelmäßig testete ich in Barcelona und Umgebung. Eines Tages hatte mir einer meiner Informanten einen Koch empfohlen. »Ein wahres Genie« sollte er sein. Genie. Wieder einmal. Es gab ja in der Küche nur noch Genies. Bei diesem Genie handelte es sich um einen kochenden Neurologen. Dr. Miguel Sánchez Romera war auch Arzt – Chefarzt in der neurologischen Abteilung des Hospitals von Granollers. Mit dem weißen Kragen über dem dunklen Rollkragenpulli wirkte er auf den ersten Blick wie ein Pastor.

Wie kam ein Arzt zum Kochen auf Profi-Niveau? Warum gefährdete er seine Karriere als Chefarzt, um drei Tage in der Woche ein eigenes Lokal zu betreiben? Ich begann mit meinem Interview, Sánchez nestelte an einem Umschlag. »In welchem Alter haben Sie zum Profi-Kochen gefunden?«, fragte ich. Sánchez brach in Tränen aus. Nicht gerade Tränenströme, aber deutlich sichtbare Tränen. Ich begann zu stottern: »Ist die Frage vielleicht zu privat?« Langsam ging Sánchez Romera hinüber zu einer Leuchtwand, zog einige Tomografien aus dem Umschlag und legte sie nebeneinander vor den hellen, fahlweißen Hintergrund. »Sie sehen ein menschliches Hirn«, dozierte er. »Hier, die weißen Flecken. Wissen Sie, was das ist?« Ich musste verneinen. »So sieht ein Fall von multipler Sklerose aus. Die Patientin ist ein junges Mädchen. Gerade 17 geworden. In einer Stunde sitzt sie dort auf ihrem

Stuhl. Ich weiß nicht, wie ich es ihr sagen soll.« Es war das erste Mal, dass ich einen Arzt wegen eines Patienten weinen sah.

»Eine Freundin der Familie?«

»Eine Patientin!«

»Wie wird die Krankheit ihr Leben beeinflussen?«

»Wir wissen es nicht. Heilbar ist die Krankheit nicht. Vielleicht können wir ihr das Leben erleichtern. Vielleicht hängt der Krankheitsverlauf teilweise von ihr ab: Raucht sie? Wie ernährt sie sich? Wir wissen ohnehin zu wenig.«

Miguel und ich verschoben das Interview und die Gedanken an gutes Essen. Gut 45 Minuten erzählte mir der Chefarzt von hoffnungslosen Krankheitsfällen wie sie der New Yorker Neuropsychologe Oliver Sacks in *Der Mann, der seine Frau mit einem Hut verwechselte* beschrieb. Der blinde Firmin hätte in ein Buch von Sacks gepasst: Wochenlang hatten Sánchez Romera und Kollegen ihn allen Tests unterzogen. Augen, Hirn und Sehnerven waren in Ordnung. Und doch: Die Welt des Mannes blieb schwarz. Ab und an hatte Miguel seinen Patienten in sein Restaurant eingeladen. Irgendwann schenkte dieser Romera die selbst getöpferte Skulptur eines Küchenmeisters, die dem Neurologen bis hin zu den dunkelblonden Haaren glich. »Aber wir Spanier sind doch nicht blond«, hatte Sánchez Romera gesagt. »Der Koch ist es«, antwortete Firmin. Noch Jahre später dachte der kochende Arzt an den Fall. Wollte Firmin vielleicht nicht sehen? Oder sah er nur, was er sehen wollte? Er wusste es nicht. Auch nach Jahrzehnten im Krankenhaus hatte Sánchez Romera sich kein dickes Fell zulegen können. Das Leid der Patienten ging ihm an die Nieren. Es gibt Menschen, die stumpfen in solchen Situationen ab, andere suchen nach Zerstreuung, beginnen für den New-York-Marathon zu trainieren oder Golf zu spielen. Dr. Miguel Sánchez Romera hingegen kochte. Für Gäste. Im eigenen Restaurant. »Neurologie, gute Küche, das ist alles irgendwo dasselbe«, erklärte er mir beim Mittagessen. »Das Hirn ist der Protagonist. Es geht um Gefühle, um Erinnerungen, um das Entstehen von Ideen. Wenn ich am Herd stehe, frage ich nicht, wie es schmeckt, sondern was es im Gehirn auslöst. Wie nehmen wir Geschmack wahr, was macht uns

en Freude, wieso ist jemand mit einer kalten Dose Ravioli
en, während andere erst bei gebratenen Ringeltauben mit
as mit der Zunge schnalzen? Welche Temperatur empfinden wir bei Fleisch oder Fisch als angenehm? Glauben Sie mir,
auch wenn viele Leute kochen können, weiß man über das Essen
noch viel zu wenig.« So hatte sich Dr. Sánchez Romera nach 14
Jahren als Neurologe schließlich selbst an den Herd gestellt. Über
Jahre hatte er sich einen gigantischen Steinbruch an Fakten zum
Thema Essen angelesen. Ob es um die Anzahl der Papillen be-
stimmter Tiefseefische ging oder um das Geschmacksempfinden
von Säuglingen, Sánchez Romera kannte seine Fakten. Für den
Neurologen ist es besser, Feinschmecker zu sein als der Völlerei
zu verfallen. Der Gourmet verfüge über mehr neuronale Verbindungen als andere Menschen. Doch um Gourmet zu werden, brauche
man ein gutes Gedächtnis. Wie schmeckte das Lamm auf meinem
Teller im Vergleich zu jedem anderen Lamm, das ich gekostet
hatte? »Echte Feinschmecker blättern ihre Gaumenerlebnisse im
olfaktorischen Gedächtnis wie in einem Fotoalbum durch, können sich an Hunderte von Mahlzeiten in den verschiedensten Lokalen erinnern. Darin ähneln sie ein wenig den Musikern, die
ebenfalls blitzschnell auf Dutzende oder Hunderte von Melodien
zurückgreifen. Das olfaktorische Gedächtnis ist tatsächlich schneller als andere Wahrnehmungen. Es verfügt über direkte Zugänge
zum Cortex und zum Stammhirn«, erklärte er.

Noch am selben Abend wollte der Neurologe den Beweis
antreten, dass er Freudenfunken in Hirn und Zunge entzünden
konnte. Im Dunkeln suchte ich den Weg zu seinem Lokal
»L'Esguard«, einem Weingut aus dem 16. Jahrhundert 36 Kilometer nördlich von Barcelona, in Sant Andreu de Llanaveres. Es gab
Gemüse-Couscous, genau 23 Gemüsesorten, grüne Spargelspitzen
blitzten zwischen beigen Grieskörnern. Eine feine Einstimmung,
es funkte schon. Dann kam ein ganz besonderes Spiegelei. Ein Ei
mit kaltem Kaviar, das Weiße gegart, das Gelbe fast roh, umzogen
von einer Zwiebelsauce. »Das Gericht füllt die Mundhöhle bestens
aus und stimuliert damit die Papillen«, dozierte Dr. Sánchez Romera. »So etwas gelingt mit honigartigen oder halb flüssigen Zuta-

ten am Besten.« Freude, Freude, Freude! Schließlich ein Hirschfilet mit einem kleinen Kuchen von Sobrasada (deftige Wurst aus Mallorca) und gleichmäßig runden Gewürzperlen. Wie machte er die?

»Die Perlen bestehen aus Micri«, Miguel Sánchez Romera grinste in sich hinein. Micri? Nie gehört. Romera strahlte mit stolzen Augen und holte ein überdimensionales Marmeladenglas unter der Marmortheke hervor. »Probieren Sie ruhig. Riecht nach nichts, schmeckt nach nichts, ist einmal verarbeitet farblos«. Tatsächlich: Micri entfaltet weniger Eigengeruch als die Luft der Küchenumgebung. Die Maniok-Wasser-Mischung verhilft Nahrungsmittel inklusive Saucen zu einer beliebigen Beschaffenheit. Wochenlang hatte Sánchez Romera daran getüftelt, wie schon zuvor am geschmacksintensiven und bestens verdaulichen Joghurt, den schließlich niemand haben wollte. »Die Produktion erschien uns zu teuer.« Oder am perfekten Reispapier, dessen Rezept er lieber für sich behielt. Micri dagegen ist patentiert, schmeckt nach nichts und macht harte Sorbets ebenso möglich wie samtige Gewürzperlen. Der Name war eine Abkürzung für »Miguel + Cristina«, seine Frau. Ich staunte pflichtbewusst und verließ das »L'Esguard« als glücklicher Esser. Der Feuerzauber des Neurologen hatte auch in meiner Hirnmasse die Neuronen entflammt.

Beim nächsten Besuch setzte Miguel mir ein perfektes Gericht vor: Sardinen auf Olivenpaste und Pimentjus. Ein Bissen Meer. Ja, wirklich, kleine, schimmernde Sardinenfilets winden sich wie Wellen auf dem Teller. Der Fisch war in einer Mischung aus japanischem Essig, Olivenöl, Zwiebeln und Pfeffer mariniert. Der Autodidakt hatte inzwischen seine Chefarzt-Laufbahn endgültig aufgegeben. Doch sein Lokal blieb leer. Nur wenige Gäste wollten sich an der intellektuellen Küche erfreuen. Miguel kocht heute in Caracas. Angeblich will er bald auch Restaurants in Yokohama und New York eröffnen. In Katalonien blieb ihm der Erfolg versagt. Die Gemeinde der Köche lehnte ihn kollektiv ab. Als Arzt war er nicht durch die Hölle der Kochlehre geschlichen. Seine Diskurse über die Wechselwirkungen zwischen Hirn und Küche kamen im Kollegenkreis ganz schlecht an – schließlich konnte niemand mitreden. Und: Er hatte Ideen, die von anderen, besser vernetzten Köchen nach Lust und Laune geplündert wurden. In den folgenden Jahren vermarkteten sich etliche Köche als »Erfinder«. »Erfunden« haben sie Rezepte, wie alle Generationen vor ihnen. Dr. Sánchez Romera ist ein Erfinder, er verfügt über ein eigenes Patent, doch eines hatte er nicht: Kommunikationstalent.

Vielleicht lag ein Teil seiner Unbeliebtheit im Kollegenkreis auch daran, dass Sánchez Romera die sich ausbreitende Molekularküche offen kritisierte. Seinen eigenen Stil hatte er aus Protest gegen die herrschende Praxis der spanischen Kreativen inzwischen »Construccionismo« getauft. Konstruktion statt Dekonstruktion, diese Devise verkündete er später. »Warmer Gazpacho, Käse-Eiscreme, das ist Totalverwirrung statt Freude«, erklärte er. Oder: »Jeder Koch kann ein Eis vom Schweinsfuß machen, das ist ein schneller Effekt. Der Esser kann nicht einmal sagen, ob es gut oder schlecht ist.« Oder: »Schäume und Düfte auf dem Teller? Sie haben keinerlei Einfluss auf den Geschmack selbst. Momentan reden die Köche zu viel über Konsistenz, aber zu wenig über Geschmack.« Oder: »Allzu viel ist ungesund. Lärm ist schlecht für die Ohren, dauerhafte intensive optische Reize schlecht für das Auge, werden unsere Nerven intensiv gereizt, nennen wir es Schmerz. Ich bin davon überzeugt, dass zu viel Geschmack ebenso schädlich ist.«

Das hörten die Kollegen nicht gern. Tatsächlich hörten sie es so ungern, dass sie Food-Journalisten wortreich vom Besuch beim kochenden Chefarzt abrieten. Es gibt Restauranttester, die sich einen Restauranttest ausreden lassen, wenn der Wirt großzügig ein paar Aperitifs spendiert und auch sonst als netter Kerl erscheint.

Einmal hatte ich Sánchez Romera gefragt, was das Besondere an seinem Micri ist. Hartes Eis, Gewürzbällchen, so etwas Ähnliches tischte halb Spanien auf. Es war das einzige Mal, das ich ihn richtig wütend erlebte: »Essen muss nach Essen schmecken. Und in mein Essen kommen nur Lebensmittel. Nicht dieses ganze andere Zeug.« Damals wusste ich noch nicht genau, was er damit meinte.

New York, New York
Mehr als Pizza, Dim Sum und Burger

»Noch ein paar Shrimps nach Tempura-Art?«, fragte mich ein Ober. »Oder lieber noch ein Glas Champagner um die Wartezeit zu verkürzen?« Das »Istana« war ein Restaurant/Bar im eindrucksvollen New York Palace an der Madison Avenue, der Treffpunkt unserer elfköpfigen Reisegruppe von Gourmets. Unter den Europäern, drei Briten und mir selbst, zeugten tiefschwarze Augenringe von beginnenden Jetlag-Schäden. Zu Hause war es jetzt drei Uhr morgens. Schüchtern-schläfrig zog die Vorstellungszeremonie an mir vorbei: Elisabeth aus Montreal, Robert aus Palm Beach, Andrew aus London … Weitere Fragen erübrigten sich: Nach New York waren wir alle des Essens wegen gekommen, schließlich bewarb das Fremdenverkehrsamt die Stadt als »best restaurant city in the world«. Gut gegessen wurde nicht nur in Frankreich und Spanien. Die Restaurantszene einer Stadt oder Region avancierte allmählich zu einem der gewichtigsten Argumente im Kampf um internationale Touristen. New York hatte das erkannt. Ein letzter Shrimp, dann bat unsere Reiseleiterin zum Aufbruch. Bloß nicht dem Jetlag nachgeben und die Augen schließen. Nächster Halt war die Umzugsfeier des Restaurants »Daniel«: Küchenchef und Namensgeber Daniel Boulud zelebrierte sein neues, größeres Lokal mit knallenden Champagnerkorken. Vor dem Haus servierte ein Herr im Smoking Hotdogs mit Dijon-Senf. Auf offener Straße.

Wie war ich hier nur hereingeraten? Freunde von Freunden hatten mir erzählt, dass New York jedes Jahr einen Wettbewerb unter Food-Autoren veranstaltete und die Sieger in die Stadt einlud. Wie gesagt, der Kampf um internationale Touristen. Tatsächlich wurde ich ausgewählt. Und schon kurz nach meiner Ankunft hatte ich eine große Liebe gefunden. New York! Die Lichter der Großstadt schienen mir zuzulächeln. Was wollte ich in Paris? Hier ließ es sich leben. Eines musste ich diesen Amerikanern lassen: Sie hatten Stil. Keine Einladungen von Küchenchefs, jede Rechnung eines Restaurants bezahlten die Organisatoren unserer Reise, manchmal sogar cash. Am zweiten Tag bog sich das Büffet im Soho Grand Hotel, einem Bau in spektakulärem Industriedesign, unter Muffins, Nussbrot, Obstsalat, Quark und Torten. Allmählich kehrte der Appetit zurück, die Augenringe verblassten und die Gesichter hellten sich auf: »Anständig frühstücken kann man in New York, sogar der Kaffee ist in den letzten Jahren besser geworden«, lautete die einhellige Meinung, während Andrew aus London grausige Dinge über aufgewärmte Croissants in Pariser Hotels erzählte. Noch ein letzter extrastarker Espresso bevor ein schwarzer Kleinbus uns zum Chelsea Market chauffierte: Begeistert fielen wir über das Traubenbrot bei »Amy's Bread« her, kosteten gut gealterten Parmesan und Trüffel bei einem Italo-Importeur, Lachsröllchen und Shrimps in der benachbarten Fischhandlung, Sandwiches beim lokalen Metzger und gönnten uns zum Abschluss ein paar kräftig-schokoladige Brownies.

Letzte Station bildete ein Dinner im Weinkeller des »Picholine« auf der Upper West Side. Standhaft widersetzten wir uns der Versuchung, die hervorragenden Flaschen aus Frankreich, Italien, Deutschland und Kalifornien rund um uns selbst zu entkorken, ließen uns von *Ham and Eggs*, aus knusprig gebratenem Thunfischbauch mit Wachteleiern und zartem Kalbsbries in Senf/Kapernemulsion mit in Olivenöl und Zitronensaft mariniertem Gemüse verwöhnen. Köstlich, köstlich, aber nur die *Prélude* für die beste Käsetafel von ganz Manhattan. Bei bestens gereiftem Camembert, Taleggio, Queso de los Beyos oder Mountain Shepard kommt ein Hauch von Prohibitionsstimmung auf: Amerika verbietet nämlich die Einfuhr geschmackvoller Rohmilchkäse und lässt nur pasteurisierte, geruchs- und geschmacksfreie *cheeses* ins Land. Woher Chef de Cuisine Terrance Brennan seine delikaten Käse hatte, wollten wir deshalb gar nicht genau wissen.

Es gab noch einen dritten Tag mit Besuch eines Ladens für Küchenbedarf, »Bridge Kitchenware«, sowie eine Dessertorgie in der »Payard Patisserie«: Kokosnuss und pochierte Ananas mit Piña-Colada-Sauce, Schoko-Soufflé mit Pistazieneis, Tarte Tatin von Äpfeln und Bananen ... meisterhaft und präzise. Dann einen vierten Tag mit Abstecher zum Fulton Fish Market und einen fünften mit Besuch auf dem Union Square Greenmarket, dem wohl schönsten Markt der Stadt. Mexikanische Minze, geräucherter Fisch, saftige Tomaten aus Bio-Anbau und Horden von anderen Köstlichkeiten türmten sich an den kleinen Ständen, ich griff ordentlich zu, denn um 19.40 Uhr ging mein Flieger. Zu Hause erfasste mich ein spontaner Traueranfall.

Ein paar Jahre zuvor, es muss so gegen 1995 gewesen sein, hatte sich das Internet bis auf meinen Schreibtisch fortgepflanzt. Meine erste E-Mail-Adresse bestand aus zehn Ziffern mit »@compuserve.com« am Schluss. Tippte ich dort *go cooks* ein, fiepte und blinkte ein Modem der Firma US-Robotics bis die Daten des »Cooks Online Forum« in meinen Bildschirm tröpfelten. Das *Go Wineforum* führte in den Bacchus-Bereich. Oft tauschten die Teilnehmer nur Rezepte aus, ich dagegen sichtete fortan systematisch die Restauranttipps für New York. Täglich. Ich war verliebt in die Stadt und dagegen gab es nur eine Therapie: Solch eine Liebe muss gelebt werden.

Einen knappen Monat später landete ich wieder am Hudson River und blickte in die tristen Augen eines Mitglieds der Eliteeinheit des örtlichen Zolls. Der schnüffelte sich mit schlaffen Ohren, wedelndem Schwanz und wachem Blick neugierig durch das Gepäck. Natürlich gehörte der kleine Zöllner zur »Beagle Brigade«. Stramme Lettern auf seiner grünen Uniform ließen keinen Zweifel an der Lebensaufgabe des vierpfotigen Beamten aufkommen: *protecting Americas agriculture.* So gut wie alles, was schmeckt, bleibt von der Einfuhr in die USA ausgeschlossen. Fleisch, Käse, Pflanzen, Obst und Gemüse. Von unten schauten mich die treubraunen Augen des schlappohrigen Protektionisten flehend an. »Hast du nicht was Leckeres für mich?«, schien er zu sagen. Nein, hatte ich nicht. Aber gäbe es keine Grenzkontrollen, hätte ich ihm eine gute Hartwurst mitgebracht.

Ich hatte zwischenzeitlich ein paar Aufträge zum Berufsessen in Manhattan eingesammelt. Zwar gilt Amerika bei uns als Hort gastronomischer Unkultur, aber diese New Yorker Restaurants, die hatten etwas: Hier wanderte die halbe Welt in den Kochtopf: Räucherlachs mit Wasabi-Sauce oder Krabbenrolle mit Jus von gelbem Pfeffer, Zitronengras und Minze. Blumenkohlsuppe mit Pfifferlingen und Foie gras, knuspriger Hummer in Tempura-ähnlichem Teig mit sonnengetrockneten Tomaten und Parmesan. *New American* las ich als Angabe einer Küchenrichtung in mehr und mehr Restaurantführern. »Neu und amerikanisch« hieß der kreative Mix der Küchen von Einwanderern aller Nationalitäten; Zutaten, Gartechniken, Kräutern und Gewürzen aus aller Welt. Das gefiel mir.

Mal ging es in Szene-Lokale wie das »Mercer's Kitchen«, wo sich die Herren in der offenen Küche diskret Befehle über Headphones zuwarfen, das Licht spärlich durch die »Glasmurmeln« in den Stahlplatten der Sidewalks auf die Kellertische fiel und sich auf dem Teller ein Carpaccio vom Sea Bass mit Zitrone, Minze und Koriander rekelte. Dann wieder führte mein Weg zum bereits erwähnten Daniel Boulud, dessen Top-Restaurant »Daniel« in den Räumen des ehemaligen Mayfair Hotels seine Pforten geöffnet hatte. Über Daniels Haupt strahlten damals mehr Sterne, Punkte und Auszeichnungen als über den gesamten Spitzenrestaurants eines kleineren Landes. Von den Amerikanern hatte der Mann aus Lyon das Spielerische übernommen; Melonensuppe mit Shrimps und Zitronengras oder Tomaten-Consommé mit Maine-Krabben? Virtuos spielte Daniel Boulud mit den diversesten Küchentrends, vereinte gekonnt Klassisches, Mediterranes und Asiatisches im Menü. Nach Vitello Tonnato vom Thunfisch mit Banyuls-Essig und einem Bissen Maine-Lobster mit Pfifferlingen und Maisbrei trat der Mann in Weiß seine Saalrunde an. Wir plauderten auf Französisch, Daniel fragte, ob ich seine Heimat Lyon kenne. Ich kannte Lyon, was mich in den nächsten Jahren zu einem recht beliebten Gast machte. Wann immer ich einen Fuß in eines seiner Lokale setzte, fragte Daniel nach Neuigkeiten aus Lyon.

Nirgendwo sonst auf der Welt, außer vielleicht noch in Las Vegas, erlebte ich so aufwendige, protzige, amüsante, spektakuläre Restaurants. Nirgendwo wurde so viel Zeit, Geld und Aufwand in Lokale gesteckt, von der Wahl der Location bis zum regelrechten Casting des Servicepersonals. Ein Menü in New York, das war alles andere als ernstes Aromenraten zwischen steif befrackten

Maîtres; zeremonielle Huldigungen an Lukullus waren ebenso fehl am Platz wie die Frage, ob ein Basilikum-Schaumsüppchen von links nach rechts oder umgekehrt gelöffelt werden musste.

Ein Menü in New York war Entertainment: Manchmal amüsant und oberflächlich wie ein Kino-Blockbuster à la *Independence Day*, zuweilen anspruchsvoll und durchaus mit Tiefgang wie die eine oder andere Vorstellung im Theatre District. Und gelegentlich fiel ein Menü in New York bombastisch und professionell wie eine gute Broadway-Show aus. »Le Cirque 2000«, das war so ein Zirkus, ein Spektakel aus Licht und Design, grellen Farben, illustren Gästen und dem nicht weniger bekannten Gastgeber Sirio Maccioni. Da drängten sich vier stilisierte Lady-Liberty-Fackeln in der kapellenartigen Bar, über dem Tresen tobten zwei gleißende Neon-Heiligenscheine, beige, türkis und grün kreischten in altehrwürdigen Sälen. Das Interieur von Designer Adam Tihany konnte man lieben, hassen, auf jeden Fall aber diskutieren. Gemessen an all den optischen Effekten wirkten die Menüs von Sottha Khunn, einem Kambodschaner, der in Frankreichs ersten Adressen lernte, auffallend ruhig, subtil und souverän: Soft Shell Crabs mit Bohnen und etwas Zitrone, Hummer mit Karotten und Zucchini oder Jakobsmuscheln mit Spargel waren echte Gaumenschmeichler, feinstens abgeschmeckt und von raffinierten Sößchen umzogen. Die Küche blieb der Gegenpol zum Ambiente, klassisch wie der Seebarsch in Kartoffelkruste mit Barolo-Sauce, ein wenig behäbig wie die Taube mit Foie gras – nur bei den Desserts zog der Patissier noch einmal alle Register, servierte gegrillte Banane mit »Clownshut« aus weißer Schokolade und eine ganz besonders knackige Crème brûlée. Jacques Torres hieß der Mann für die süßen Sachen. Ich kannte ihn aus dem Hotel Negresco in Nizza, später sollte er als Chocolatier in Brooklyn Karriere machen.

Ein paar Straßen weiter lag das »Veritas«. Natürlich stammte der Name von *in vino veritas*, im Wein liegt Wahrheit. Eigentlich war das Lokal mehr ein Weinkeller, in dem man zufälligerweise essen kann. So etwas wie »Veritas« gibt es nur einmal, nicht nur in New York, sondern weltweit. Andere Restaurants verfügen über beeindruckende Weinkarten, Mouton-Rothschild oder Château

Latour Sammlungen – und alle Bouteillen werden natürlich zu Prohibitionspreisen verkauft, ganz so als würde ein großer Bordeaux dem Sommelier mehr Arbeit bescheren als der Landwein aus dem Languedoc. Bei »Veritas« hingegen würde mancher gern für den heimischen Weinkeller hamstern, zumindest zu den damaligen Preisen: Krug Clos de Mesnil 85, 45er Mouton-Rothschild, Château Margaux 1900, 82er Pétrus ... All das wurde manchmal sogar glasweise serviert. Nun war »Veritas« tatsächlich kein Restaurant, zumindest keines im herkömmlichen Sinne. Die New Yorker Weinsammler Steve Verlin und Park B. Smith hatten eines Tages bemerkt, dass sie mindestens drei Leben brauchten, um die Schätze ihres Kellers stilvoll zu leeren und machten – fast eine philanthropische Geste – die über Jahre gesammelten Flaschen zum Grundstock eines Lokals.

Am Morgen nach dem ersten Besuch im Weinwunder fühlte ich mich, als könnte ich in den gesamten Big Apple beißen, als wäre gerade heute, gerade jetzt, absolut alles möglich. Es war das typische New-York-Gefühl, das in etlichen Romanen und Filmen über die Jahrzehnte festgehalten worden ist. Ein Gefühl, das eigentlich keinen Preis hat.

Das schreibt sich so leicht. Tatsächlich hatte das Leben in New York sehr wohl seinen Preis, der Wechselkurs Dollar gegen Mark schien damals nicht immer vorteilhaft und besonders das Bett für die Nacht riss breite Lücken ins Budget. Als Sparmaßnahme mietete ich eine Suite in einer Hotelruine südlich der Grand Central Station. Die unteren 20 Etagen waren im Totalumbau begriffen. Die oberen drei Etagen hingegen waren bereits fertig ausgestattet, mit Möbeln, Fernseher und allem, was dazugehört. Sie wurden ganz legal, gegen Rechnung, an Eingeweihte vermietet. Allerdings zum Sparpreis, weil wir Mieter permanent durch die Baustelle stapften. Meine New York Freunde liebten die Unterkunft: »Wie in einem alten *James Bond*«, hieß es regelmäßig. »Die Arbeiter unten sind nur Tarnung, oben liegt das luxuriöse Hauptquartier.« Mein Hauptquartier zur kulinarischen Erkundung der Stadt. Das Faszinierende an New York waren nicht nur Top-Lokale, Starköche und bombastische Weinkarten. Die Metropole verfügte über eine quicklebendige, gastronomische Alltagskultur. In den Vierteln, in denen der Dollar langsamer als anderswo rollte, blieb sie besonders ausgeprägt: Mehr als einmal erledigte ich meine Einkäufe auf dem Markt der Arthur Avenue mitten in der Bronx. Schon beim Namen denken wir gemeinhin an brennende Autos und lichterloh lodernde Mülltonnen, goldkettchenbehängte Zuhältertypen. In der Arthur Avenue glimmte in den Mülltonnen nicht einmal eine Zigarettenkippe, die Autos waren intakt, wenn auch manchmal betagt, und der Goldkettchen-Anteil lag unter dem einer deutschen Kleinstadt. Immerhin: Ein T-Shirt-Aufdruck klang halbwegs bedrohlich: *Don't mess with me – I'm from Arthur Avenue.* »Leg dich nicht mit mir an, ich komme von der Arthur Avenue«.

Damals erzählte jeder der Läden rund um die Avenue noch seine eigene, meist nostalgische Bronx-Geschichte, die uns zeigte, dass früher hier alles noch viel besser war. Auffallend oft spielte gutes Essen darin eine Hauptrolle. Mario, der Pizzabäcker, hätte fast mal bei »Dion & The Belmonts« mitgesungen. »Nicht, dass die Kids von heute noch wüssten, wer »Dion & The Belmonts« wären, selbst wenn gerade unser Song *A Teenager in Love* aus dem Lautsprecher dröhnte. Aber meine Pizza, die kennen sie noch heute!« Direkt nebenan, bei »Biancardi Meat«, ließen die Starköche Jean-Georges Vongerichten und Daniel Boulud kaufen. Ein properer Laden mit dem Charme einer bestens aufgeräumten Lagerhalle, gefüllt mit bestem Beef, Lamm und Kaninchen. Im Kiosk an der Straßenecke bot der Mann hinter dem Tresen noch die authentische *Egg Cream*, ein Getränk aus den Fünfzigerjahren mit dem Geschmack von Schokolimonade. Wer zum ersten Mal vorbeischaute, musste zwischen Theke und Magazinen den Stammgästen, die die drei Sitzplätze nicht aus den Augen ließen, schon einmal eine Grundfrage beantworten: Wie viele Eier gehören in eine *Egg Cream*? Antwort: Kein einziges, das Getränk wird aus kalter Milch, Schokosirup, Cream Soda und Seltzer angerührt. Irgendwann traf sich die kleine Welt des Little Italy stets in der schlichten Markthalle. Die Geschäfte liefen gut zwischen Mozzarella und Provolone, Keramik und Kitsch, Früchten und Würsten. Rechts hinten wartete »Mike's Deli«, ein italienisches Schlaraffenland, zusammengepresst auf zwölf Quadratmeter: Von oben baumelten Würste und Käse herab, in der Auslage tummelten sich eingelegte Oliven, Mortadella, Schinken. Mike selbst sah man selten, zum Ausgleich kannte David hinter der Theke mehr Geschichten als alle Nachbarn zusammen. »Hier unser Schinken. Der kommt vom kalabrischen Schwein. Unser original kalabrisches Schwein verbringt den ganzen Tag auf einem Hügel. Dadurch lastet sein ganzes Gewicht auf dem rechten Hinterbein. So entwickelt sich dieses Bein kräftiger und muskulöser als alle anderen. Ich kaufe nur Schinken aus solchen rechten Hinterbeinen! Deshalb gibt es in Italien keine mehr.« Die Käufer blickten den Signore bewundernd an. David musste solche Dinge wissen, stammte er doch selbst aus Kalabrien. Das heißt, eigentlich nicht er, aber einer seiner Vorväter, und wen interessierte das schon so genau. Spätestens auf dem Weg zur Kasse trumpfte David mit der nächsten Story auf: der Tag, an dem die First Lady in seinem Deli aß. Mit Küsschen links und Küsschen rechts hatte er Hillary Clinton begrüßt und ihr dann eine meterlange Salami in die Hand gedrückt. Ein Foto bewies es, kein Zweifel möglich.

Ja, die Delis, der typische New Yorker Imbiss. Rein aus Neugierde – und weil es bei uns keine echten Delis gab, habe ich mich einmal durch die Klassiker des Genres gefuttert. »Delicatessen« hießen ursprünglich nur die Läden der jüdischen Einwanderer, in denen man koschere Kost genießen konnte: Matzoh Ball Soup, gefillte Fisch, gehackte Leber und Pastrami, die keinesfalls aus den sehnenreichen Hinterläufen, sondern besser aus der Kalbs- oder Rinderbrust zubereitet werden darf. Koscher ist meist allenfalls noch die Pastrami, die – echte New Yorker werden es jederzeit schwören – in einem wirklich guten Deli von Hand geschnitten werden muss. Aber die echten Deli-Wirte werden rar, mit ihren Kunden palavern sie nur noch selten und von Hand schneidet auch kaum einer. Ich kannte sie fast alle, die Klassiker wie »Second Avenue Deli«, »Carnegie's« oder »Katz« sowieso. Während des Zweiten Weltkriegs warb Katz mit dem unsterblichen Slogan *Send a salami to your boy in the army*, auch heute stößt jeder Tourist mit feiner Regelmäßigkeit in der Mitte des Raums auf den Tisch, der mit Würde einen besonderen Schriftzug trägt: »Sie sitzen dort, wo Harry auf Sally traf.« Genau, im Film *When Harry met Sally* stöhnte Meg Ryan hier bei »Katz« dem Publikum vor, wie Frau einen Orgasmus fälscht. Je nach Gästen, individuellem Humor oder Zustand der eigenen Beziehung kann man sich für oder gegen den bekannten Tisch entscheiden, bei meinem letzten Besuch hatte sich ein reichlich lautloses und sich permanent in die Augen schauendes junges Paar dort niedergelassen.

Delis blieben wichtig, denn das Schicksal der Top-Lokale am Hudson River schien direkt mit den Börsenindizes verknüpft. Wer zu Zeiten eines Börsenbooms plante, sein neues Lokal aber zur Baisse eröffnete, blickte auf einen leeren Saal. Nicht umsonst schien *value for money* (frei übersetzt: Preis-Leistungs-Verhältnis) eine der meistgebrauchten Floskeln der Mega-Metropole zu sein.

Value for money oder »Protz und Pracht?« Diese Frage beantwortete jeden Mittwoch die Beilage der *New York Times*. Damals wurden die Kritiken von Ruth Reichl geschrieben, die später zur Chefredakteurin des bekannten Magazins *Gourmet* avancierte. Ruth Reichl, hieß es, testete stets anonym, verfügte über ein nahezu unbegrenztes Budget, fiel mit bis zu sechs Freunden in die Lokale ein und ließ jeden etwas anderes bestellen – nur um die ganze Karte kosten zu können. Reichl war eine Legende, die Wirte fürchteten und liebten sie. Denn hier, in New York, konnte einer ihrer Artikel eine Karriere vollenden oder einen Aufstieg verhindern. Es war eine Traumstadt für Restaurantkritiker. Nicht, weil sie gefürchtet wurden, sondern weil die Kollegen ihre Rubrik »Essen und Trinken« mit demselben Ernst behandelten wie den Wirtschaftsteil. Tester schrieben mal witzige, mal harte Kritiken, übten sich im verbalen Florettfechten oder in gezielten Hammerschlägen. Restaurantkritik war hart, subjektiv, aber so gerecht wie möglich und immer unterhaltsam.

Irgendwann ging es mit der Börse gerade aufwärts, da erfand Spitzenkoch Daniel Boulud – der Mann aus Lyon – den damals teuersten Hamburger der Welt. Rund 27 Dollar kostete das geschmorte Fleisch der »Short Ribs«, vermischt mit Trüffeln und/oder Foie gras, bedeckt von Parmesan-Brot und stilecht in einer Tüte mit Fritten oder Pommes Soufflées serviert. Um den Burger herum hatte der Koch ein Lokal namens »DB« gebaut. Dort warteten manche Gäste 45 Minuten, manchmal eine Stunde lang auf einen frei werdenden Tisch, bestens gestylt in Sakko und Abendkleid. Service und Esser brachen deswegen nicht in Hektik aus. Sie wussten, dass ein New Yorker Lokal umso begehrter ist, wenn jeder Gast denkt, dass seine Reservierung erst an dem Tag dem Service zu Ohren kommt, an dem der Cognac im Fass gefriert, der Wein sich in Wasser verwandelt oder die Hummer in der Küche freiwillig im kochenden Wasser baden. Weil nämlich genau dieses Lokal das gefragteste, beliebteste und damit ausgebuchteste der Hauptstadt des bekannten Universums, also Manhattans, ist. Der Burger wurde ein Erfolg, jedes Jahr bringen Restaurants inzwischen teurere und aufwendigere Versionen an den Gast.

Während meiner Reisen in die USA verschlug es mich gelegentlich in andere Bundesstaaten. Es musste schließlich abseits von New York auch Essbares gegeben. In Miami mochte ich »Vaca frita« (die »frittierte Kuh«) im kubanischen Viertel, nahezu alle anderen Lokale setzten mehr auf Ambiente denn auf Küche. Dort schmeckte fast alles scheußlich, je teurer, desto mieser. Schöne Menschen trafen sich in schönen Räumen, an wesentlich mehr erinnere ich mich nicht.

So hat sich nur Charleston als kulinarisches Highlight auf dem Land in meine Geschmacksnerven gebrannt. Gleich am ersten Tag saß ich in einer Holzhütte am Hafen, zwei »Shrimper«, also »Krevetten-Fischer«, hievten ein paar Kisten herein, schon wurden die frischen Krustentiere auf den heißen Grill geworfen. Leckerer Alltag, der Herz und Seele nährt.

Im »Charleston Grill« kochte ein Herr namens Bob Waggoner. Der war verrückt genug gewesen, um als Amerikaner in Frankreich sein eigenes Lokal zu eröffnen. Kochen hatte er ursprünglich nur gelernt, »weil an meiner Schule in diesem Kurs 32 Mädchen auf sechs Jungs kamen«. Inzwischen interpretierte er die Traditionen der Südstaaten neu. Soll heißen: Grüne Tomaten und Grits sind Pflicht auf seiner Karte. Grits, das ist geschrotetes

Maismehl, eine Art Südstaaten-Polenta. Auch begehrt: frische Shrimps und Meeresfrüchte, Krabben, Austern, Reis, der hier bisweilen als »Carolina Gold« verkauft wird, und natürlich »grits« – oder hatte ich die etwa schon erwähnt? In Charleston gibt es Grits morgens, mittags und abends. Schlipszwang kannte man bei Waggoner nicht, zum Abendessen erklang Live-Jazz, serviert wurden Hummer-Tempura mit Zitronen-Grits in Tomaten-Estragon-Butter, Crabcakes mit gerösteten Haselnüssen und Räucherlachs in Ingwer-Schalotten-Sauce ... Genau wie Europas große Köche konnte Waggoner auf lokale Tradition zurückgreifen: Regionalgerichte wie Chicken Country Captain (Huhn mit Curry in Tomatensauce), Benne Wafers (Sesamkekse), She-Crab Soup (Suppe aus weiblichen Krabben, die wohlschmeckender sind als männliche Krustentiere) oder die Huguenot Torte (Torte mit Pekannüssen und Äpfeln) sind im Urzustand zwar eher rustikal als raffiniert. Aber: Man kann etwas daraus machen. Schließlich entstanden sie ursprünglich als Mischung aus einfacher Sklavenküche und höherer Kochkunst für die vermögenden Plantagenbesitzer. Selbst in Renommiergütern wie der »Boone Hall Plantation«, dem hiesigen Äquivalent zu »Tara« in *Vom Winde verweht*, wurde von Sklaven gekocht. Begabte Köche waren begehrt, arbeiteten hart, aber brauchten sich um ihre Zukunft wenig Sorgen zu machen. Thomas Jefferson ließ seinen Küchenchef James Hemings gar von Pariser Cuisiniers ausbilden. In der Hafenstadt Charleston lernten die Plantagenköche schnell, exotische Gewürze aus Indien mit Zutaten ihrer afrikanischen Heimat und europäischen Einflüssen zu vermischen. Bei meinem Besuch bot die Stadt noch einen Nachgeschmack der alten Traditionsgerichte: »Jestine's Kitchen« im Zentrum von Charleston, gegründet von Jestine Matthews. Die Dame verstarb im Dezember 1997 im Alter von 112 Jahren, hatte die Plantagenküche aber noch als Kind auf der Rosebank Plantation erlebt. Ihre Rezepte wie Crab Cakes, Fried Green Tomatoes, Fleischklopse, Shrimps, gedämpft oder frittiert, serviert mit Gumbos oder Okras leben auf der Speisekarte fort.

Irgendwann ging mein amerikanisches Abenteuer dem Ende

zu. Das New Yorker Hotel, in dem ich günstig übernachtete, war fertiggestellt. Ein gewisser George Walker Bush gewann die Wahl zum US-Präsidenten. Mich erfasste das Bauchgefühl, dass es in den USA fortan nicht schöner werden konnte. Drei Monate, bevor die Twin Towers fielen, erschien ich das letzte Mal zum Testessen in New York.

Rückblickend gab es für mich keine schönere Zeit als Tester: mal in Paris, mal in New York, mal anderswo. »So gut wie ich essen kann, kann niemand kochen« – dieser Spruch bildete mein Lebensmotto. Ich weiß, das klingt arrogant, passte aber bestens zum Lebensgefühl dieser Metropole.

Letztlich nahm ich aus New York die Erkenntnis mit, dass es möglich ist, ernsthaft über Essen zu berichten: Kulinarische Kulturgeschichte, Warenkunde, Geld – darüber wurde in Amerika täglich geschrieben. Es waren preisgekrönte, präzise, nachdenkliche oder humorvolle Texte zum Thema Essen. Autoren waren streitbar. Und sie blieben dem Leser verpflichtet, nicht dem Koch.

Kleine Korruption unter Freunden
Werden Kritiker von Köchen bezahlt?

Wer sich Bücher über Restaurantkritiker zulegt, der möchte in der Regel nicht nur etwas über die Irrungen und Wirrungen der kulinarischen Welt lesen, sondern will wissen, ob da »irgendwo was geht«, ob die Köche vielleicht für ihre Bewertungen zahlen. Wer sie schreibt, muss sich mit dem Branchentabu befassen. Leicht ist das nicht, schon weil weder Korrumpierende noch Korrumpierbare Interesse an übertriebener Publicity haben. Im Idealfall halten Kritiker und Kritisierte eine respektvolle Distanz. Miteinander reden darf man jederzeit, alle Tester haben zwei, drei Informanten in der Szene. Aber der gemeinsame Urlaub, das gemeinsame Besuchen von Konferenzen, gemeinsame Fernsehsendungen, gemeinsame

Bücher, große Geschenke ... das alles könnte früher oder später zu Interessenskonflikten führen. Nun besteht das Berufsleben ja aber nicht nur aus Idealfällen:

Am 26. März 2008 traf illustres Publikum im Pariser Hôtel Plaza Athénée zusammen. Die Crème der nationalen und internationalen Weinpresse sollte die Gewächse von Bernard Magrez verkosten. Magrez besitzt ein prominentes Bordeaux-Schlösschen namens Pape Clément. Er sammelt Weingüter wie andere Leute Briefmarken: mehr als ein Dutzend im Bordelais, acht im Languedoc, neun im Rest der Welt, in Kalifornien, Spanien, Portugal, Marokko, Argentinien, Uruguay. Vielleicht sind es einige mehr, wenn dieses Buch erscheint. Natürlich wollte der Wein-Tycoon seine Gewächse vorzeigen, solche Events sind in der Welt des Essens gang und gäbe. Die Journalisten-Kollegen tranken reichlich und speisten hoffentlich gut, denn ein Menü im Plaza kostete zwischen 240 und 360 Euro. Am Ausgang bekamen sie die obligatorische Papiertüte erreicht. Darin liegt immer ein Pressedossier mit Fakten und Texten zum Einladenden, oft auch eine CD mit hochauflösenden Bildern. Manchmal ist ein kleines Geschenk dabei: Meersalz aus der Bretagne, eine Flasche Wein, ein paar Bonbons oder eine Duftkerze.

Magrez jedoch beließ es nicht bei Süßwaren und Kerzen. In jeder Tüte lag eine Cartier-Uhr im Wert von 1 650 Euro, komplett mit Echtheitszertifikat. Einige Weinkritiker sandten ihre Uhren an Magrez zurück, andere wollen den kostbaren Wecker für wohltätige Zwecke gespendet haben. Wieder andere behielten sie. Zwei, drei der beschenkten Weinkritiker gaben die Geschichte mit der Cartier-Uhr an Medien außerhalb der Fachpresse weiter. Schüchtern glimmerte (»aufflammen« kann man es wirklich nicht nennen) eine Diskussion über die Unabhängigkeit von Genussmedien. »Ich bin nicht so dumm zu glauben, dass ich Journalisten kaufen kann«, sagte Magrez darauf hin dem Fachmagazin *Decanter*. »Dieses Mittagessen sollte an 1 700 Jahrgänge meiner drei größten Weinberge erinnern, ich wollte mit den Uhren einen bleibenden Eindruck hinterlassen. Wenn ein paar der Journalisten es vorziehen, diese Uhr nicht zu behalten, ist das ihr gutes Recht.«

Sind Kritiker korrupt? Ehrlich gesagt wüsste ich das selbst gern. Mir hat man nur zwei Mal bares Geld geboten. Einmal, vor 20 Jahren, kam mit der Rechnung in einem Pariser Spitzenrestaurant ein Umschlag, gefüllt mit 2.000 Francs, etwas mehr als 600 Mark. Ich ließ ihn zurückgehen, der Oberkellner hüstelte, und gestand schamrot ein, dass der Wirt dem Kollegen einer großen Wochenzeitung immer diese Summe geben würde. Das zweite Mal wurden mir 3.000 Euro geboten, regelmäßig wiederkehrend, wenn ich von einem Bericht über die nicht so appetitlichen »Beigaben« in der Spitzenküche absehen würde. Auch dazu sagte ich Nein.

Hier und da schenkten wohlmeinende Bauern, Winzer und Erzeuger mir ein paar Flaschen Wein als Kostprobe, einmal ein Glas kandierte Früchte, etliche Male ein paar Warenproben: Bauernbrot, Konfitüren, Gewürze. Das ist normal und kein Bestechungsversuch, denn natürlich hofft der Hersteller, dass ich von seinem Produkt beeindruckt sein werde und es in diversen Magazinen empfehle. Diverse Wirte haben mich wiederholt eingeladen, das habe ich schon erwähnt. Drei Mal wurde ich für Aufträge engagiert, die auch als Freizeitspaß gewertet werden können: Kochen lernen in Thailand, zwei Hotels und vier Restaurants auf Mauritius besuchen, zwei Nächte im Luxushotel in Mexiko. Die Honorare für Mauritius und Mexiko glichen gerade eben so die Flugkosten aus. Die musste ich im Gegensatz zur Thailandreise selbst tragen.

Einmal, 1999, hat mir die Air France an Bord der Concorde zwei Menüs serviert. Trotzdem breche ich bei Nennung des Namens dieser Airline nicht in Freudentaumel aus.

Korruption beim Kritisieren ist rein wirtschaftlich gesehen wenig sinnvoll: Köche und Winzer sind bestens vernetzt, ist einer käuflich, weiß das bald die ganze Branche. Und die redet viel. Irgendwann landet die Kunde davon in Redaktionen. Mancher scheint das in Kauf zu nehmen: Bereits im Jahr 2000 enthüllte eine Reportage des SWR, wie Kritiker und Weinhändler Hand in Hand arbeiten. Weinautor August F. Winkler, genannt »Auwi«, hatte Österreichs größtem Weingut Lenz-Moser diverse Werbemöglichkeiten angeboten: »1. Einbau von Lenz-Moser Weinen in diversen Artikeln in Zeitungen und Zeitschriften 2. Lancierung von LM-

Weinen (Lenz-Moser) bei Moderationen wie Galas, Weinproben etc. 3. Durchführung von Weinvergleichsproben mit Gewächsen von LM und darauf folgender Berichterstattung in namhaften Medien«. Für 15 Weinprofile, das sind kurze Beschreibungen für die Eigenwerbung des Hauses Lenz-Moser, schlug Winkler »einen Pauschalpreis von DM 7 000« vor. Winkler verteidigte sein Angebot für den Weinhandel: »Es könnte sein, dass da eine missverständliche Interpretation möglich ist, was ich bedauern würde. Ich glaube, dass es besser gewesen wäre, wenn ich das sozusagen in der dritten Person gemacht hätte.«

Ein Einzelfall? Mir persönlich ist ein französischer Restaurantkritiker bekannt, der Weine unbekannter Winzer in die Drei-Sterne-Läden von halb Europa presst. Die Weinbauern kostet der illustre Repräsentant, der stets wie ein Grandseigneur auftritt, ganze 600 Euro pro Monat. Natürlich hat besagter Kritiker mehr als ein Weingut unter seinen Kunden, es sollen etwa 15 bis 20 sein. Umsatz machen die Winzer mit den Edelrestaurants kaum, es gilt als Ritterschlag innerhalb der Branche, die Karte eines Top-Lokals zu zieren. Schließlich vereinfacht es das Geschäft mit weniger angesehenen Lokalen ungemein. Weil ein gutes Essen durch eine gesellige Runde noch schöner erscheint, erwarten viele Restaurantkritiker ein Gratisessen nicht nur für sich selbst und ihre Herzdame, sondern auch für Freunde und Familie. Zahlen muss natürlich nicht der Verlag, sondern der Wirt, bis zu sieben Personen sitzen da manchmal testend am Tisch.

Nicht immer geht es ums Geld. Wie in jedem Beruf gibt es eine gewisse Anzahl von Gerüchten, die letztendlich niemand nachprüfen kann. Storys von einem bekannten Restaurantkritiker, der sich selbst seine Besuche bei Kolleginnen von Irma la Douce gelegentlich von großen Weinhandelshäusern bezahlen lässt. Oder, um im Thema zu bleiben, die Anekdote vom Weinhändler, der mit einem Porno-Starlett verheiratet ist, welches gelegentlich mit Weinautoren ins gemeinsame Wochenende aufbrechen soll. Oder die Geschichte von dem Berufsesser, der nachts um drei eine Pressedame aus dem Bett klingelte, weil sie ihn von einer lästigen Restaurantrechnung befreien sollte. Stimmt das alles?

Die echten Großverdiener des Metiers brauchen freilich weder Einladungen noch finanzstarke Verleger. Ihre Nebeneinkünfte sind ebenso legal wie lukrativ. Maurice Beaudoin, Kritiker des französischen *Figaro*-Magazins verkaufte an Köche und Hoteliers – exklusiv und nur im Abo – ein Blatt mit dem schönen Namen *Die Leidenschaften des Maurice Beaudoin*. Als ich das letzte Mal dieses Druckwerk in Händen hielt – vor etwa 14 Jahren – kosteten zwölf der 25 bis 30 Seiten dünnen Heftchen etwas weniger als 800 DM.

Köche schreiben inzwischen häufig Kochbücher mit Restaurantkritikern, nutzen sie hier und da als Ghostwriter. Dafür erhalten Autoren Honorar. Oder sie bringen aufwendige Biografien ihrer Helden am Herd zu Papier, um dann, wie der amerikanische Autor Colman Andrews, in Tageszeitungen gegen deren Kritiker zu wettern. Mit Recherchen und Zitaten nimmt man es dabei nicht so genau. Hauptsache, der Koch kommt gut weg. Andere verfassen Vorworte und lassen sich, am Textumfang gemessen, recht großzügig entlohnen. Eine »nette Geste«, denn braucht ein Koch für sein Buch das Lob eines Journalisten, kann er ihn ganz legal zitieren, der Autor darf ihm sogar ein ausgesprochen langes Zitat genehmigen. Wie neutral werden diese Kritiker später ihre Koautoren und die Objekte ihrer Hagiografien bewerten?

In Deutschland gibt es Publikationen, die wie Restaurantkritiken wirken, in Wahrheit jedoch mehr bezahlter Promotion für die Gastronomie gleichen. Wirte, die ihre Chancen steigern möchten, in den *à la carte*-Heften des Bielefelder Klocke-Verlags vorgestellt zu werden, können diesem eine Mindestmenge Jahresabos abkaufen. Dann dürfen sie ihre Texte sogar »gegenlesen«. Eine Praktik, die schon im Jahr 2000 in der ARD-Sendung *Testfall Köche* von Sigrid Faltin gezeigt wurde. Das Verlegerpaar Klocke betont schon im Vorwort jeder Ausgabe, dass es eher für die schönen Seiten des Lebens zuständig sei. »Wir führen keine Restauranttests durch und sind auch keine Restaurantkritiker«, heißt es gut sichtbar auf der Website des Unternehmens. Das muss der Leser wissen.

An der Spitze der Einkommenspyramide befindet sich der »Consultant-Kritiker«. Er ist nicht nur mit allen Köchen gut

Freund, sondern vermittelt auch Personal, Lieferanten und Kontakte. Für die Vermittlung hochklassiger Mitarbeiter zahlen Köche in Frankreich, Großbritannien und den USA 5 000 bis 20 000 Euro, gelegentlich fließt auch Bargeld. Der Consultant-Kritiker verdient daher besser als jeder Journalist und die meisten Chefredakteure. Lobende Kritik ist nur der Abschluss seiner Arbeit. Es ist ein wenig, als würde man einen Headhunter mit der Jagd nach Personal beauftragen und ihm anschließend ein internes Audit zur Messung der Leistungssteigerung überlassen. Verständlicherweise haben sowohl Köche als auch Journalisten und Verleger diese Nebenjobs mit einer Omertà belegt.

Niemand sanktioniert solche Formen der Vetternwirtschaft. Köche sehen ihre Kritiker oft als Lieferanten. Der Fischhändler bringt den frischen Fisch, das knackige Gemüse kommt vom Großhandel, die gute Presse kommt vom Journalisten. Deshalb sprechen sie freimütig Einladungen aus. Der Kritiker hingegen sieht die Köche nach einer Weile als Freunde, wird zum »Kumpel-Kritiker«, der abends mit dem Koch ein Glas trinkt und gegen etwas Honorar gern hilft, eine Pressemeldung aufzusetzen. Kumpel-Kritiker kennen alle Köche und sind mit allen gut Freund. Deshalb sind sie überall gern gesehen.

Beim 50. Geburtstag des italienischen Restaurantkritikers Andrea Petrini waren ein Haufen Köche aus halb Europa versammelt und ließen ihn hochleben. Fotos zeigen ihn lachend zwischen René Redzepi, Fulvio Pierangelini und anderen Spitzenköchen. Sogar Geschenke wurden überreicht. Petrini leitet neben seiner Tätigkeit als Tester die französische Jury für die Liste der »50 weltbesten Restaurants«, beworben unter dem Label »San Pellegrino«. Außerdem ist er Mitveranstalter des Kochfestivals Cook it raw. Dessen Stargast 2009 und 2010 hieß … René Redzepi. Möglich wurde diese Veranstaltung auch durch die Beteiligung des dänischen Wirtschaftsministeriums.

Alle Kumpel-Kritiker wissen: Freunde kritisiert man nicht. Besonders dann nicht, wenn man weiß, dass ihr Geschäft gerade schlecht läuft, dass sie in Scheidung leben, dass drei wichtige Mitarbeiter krank sind. Also eigentlich nie. Die Frage nach dem

Einfluss der verzweigten Freundschaften auf Bewertungen bleibt tabu. Jean-François Mesplède, ehemaliger Chefredakteur des *Michelin France*, war schon früher als freier Journalist ein Duzfreund von Bocuse und schrieb gemeinsam mit vielen Köchen diverse Bücher. So verdiente er jahrelang einen beträchtlichen Teil seines Lebensunterhalts. War er damit als oberster Geschmacksrichter des *Michelin* befangen? Diese Frage wurde in der kleinen kulinarischen Welt schlicht und einfach ausgeblendet.

Bilder sind nur Träume
Wie ein Fotograf Redaktionen, Leser und Köche manipulieren kann

Der größte Lügner unserer Zeit ist nicht der Text, sondern das Bild. Keine Frau kann auf der Straße so gut aussehen wie ihre Geschlechtsgenossin auf den Hochglanzbildern eines Modemagazins. Früher habe ich kurz für ein solches gearbeitet. Nicht weniger als vier Menschen verschönerten bei einer unserer Produktionen ein Model aus Prag je vier Stunden lang, das macht insgesamt 16 Stunden Arbeitsaufwand für ein Stündchen Fotoshooting.

Nun gibt es einen gewichtigen Unterschied zwischen der Inszenierung von Essen und Models. Statt vier Personen arbeiten meist nur drei an den Köstlichkeiten. Ein Koch und ein Stylist. Beide brauchen neben gutem Licht einen Fotografen. Ansonsten bewährt sich seit Jahren auch beim Essen und Trinken, was mit Models bestens funktioniert. Haben Sie schon einmal frustriert auf ein Gericht aus Ihrem Lieblingskochbuch gestarrt? Dort, auf den Hochglanzbildern, wirkt die kulinarische Kreation wie eine Skulptur von Chillida. Und der eigene Teller? Keine Angst, an Ihnen liegt es nicht. Es liegt an der extremen Schönheitskur, die der Hype um das Essen braucht. Heutzutage ist jeder Gemüsetopf gelifteter und geschminkter als eine Hollywood-Diva.

Wieso sieht der Hamburger, der sich in der Styroporbox rekelt, immer so schlaff und kraftlos aus? Auf dem Bild an der Theke wirkt er doch wie eine Frikadelle auf Steroiden, verbissen in heroischem Kampf mit knackfrischen, EPO-gedopten Blattsalaten, die sich gefährlich um seinen Rand kräuseln. Die Scheibe Cheddar sieht aus, als hätten die weltbesten Affineure ihr Wissen um Käsereifung einzig und allein für diesen Burger im Joint Venture verbunden. Schließlich das Brot, knackig und knusprig.

Wie macht der Food-Fotograf den Burger zum Kunstwerk? Bis vor ein paar Jahren war das noch recht schwierig: Die Patties, also die Hackfleischbrocken, wurden unter heißer Luft mit Soja glaciert, das Bildteam suchte sich unter Hunderten Brötchen, Salatblättern und Tomaten möglichst perfekt geformte aus, anschließend wurden auf strategisch wichtige Brötchenstellen Sesamsamen geklebt. Damit Fleischjus oder Sojalack nicht auf die Brothälften abfärbten, trennten Karton oder Plastik die einzelnen Bestandteile des Burgers. Und Klick.

Oder Cornflakes? Die saugen sich ja sofort mit Milch voll. Nicht aber mit weißen Kleistern und Klebstoffen, die für das Food-Foto zum Einsatz kommen. Vanilleeis wurde aus clever kalkuliertem Kartoffelpüree mit der richtigen Konsistenz modelliert. Und Klick. So lief es auch für Kochbücher und Gourmet-Magazine. Da wurden die Löcher im Schweizer Käse mit Chirurgeninstrumenten ausgestochen, Fisch bekam durch Glycerin einen frischen, saftigen Look, Haarspray ließ alternde Tortenstücke frisch aussehen. Und Hühnerkeulen wurde eine cellulitefreie Idealform verliehen: Unter die Haut injizierter Kartoffelbrei sorgte dafür, dass kundige Finger schlaffe Beinchen zu strammen Schenkeln modellieren konnten.

Heute ist das alles anders, denn heute gibt es Photoshop und die anderen Bildbearbeitungsprogramme. Frischer Fisch, kein Problem, der Glanz steigt in wenigen Minuten bis in die Kiemen. Sesamkörner werden einfach kopiert, Brötchen und Schenkel im Rechner geglättet. Noch nie schimmerten die Karotten so rot wie auf den elektronisch nachbearbeiteten Bildern. Rot kommt beim Leser immer gut an. Zumindest besser als blau. Sicher, es gibt heute fantastische Stylisten, die ohne all diesen Zauber auskommen und

Essen in seiner Urform darbieten. Frisch zubereitet und sichtbar warm – oder je nach Rezept sichtbar kalt. Dennoch ist jede Art von Manipulation auf Bildern spielend leicht: Models bekommen mit einem Mausklick mehr oder weniger Brust und bei kriegerischen Konflikten retuschiert die Bildagentur noch ein paar Rauchsäulen in eine zerbombte Stadt, »weil das Bild so dramatischer wirkt«.

Leider unterscheidet unser Hirn kaum zwischen dem Bild, das wir mit eigenen Augen vor uns gesehen haben, und dem Bild im Magazin, das wir ja irgendwie auch mit eigenen Augen sehen. Selbst kritische Leser, die jeden Text penibel auf Wahrheitsgehalt prüfen, werden bei clever komponierten Bildern schwach. Denn Bilder sind schön. Und wenn es um Essen und Trinken geht, müssen sie besonders glanzvoll sein. Denn die Gastronomie ist schön, das dürfen wir nie vergessen.

Es ist die Aufgabe der Food-Fotografen, die Bilder stets ein wenig prächtiger als in der Realität erscheinen zu lassen. Wir Autoren und Redakteure haben eigentlich wenig Kontakt zu ihnen. Normalerweise schreiben wir einen Text, der geht mit Kurzbriefing von der Bildredaktion zum Fotografen. Ab und an ärgern wir Tester uns, weil die ganze Bilderorgie dafür sorgt, dass es immer weniger aktuelle Restaurantkritiken gibt. In Monatsmagazinen zum Thema Essen finden auf den Bildern nur die Jahreszeiten Frühling und Sommer statt. Der Herbst mit fallenden Blättern existiert nicht. Schnee liegt ausschließlich in Skigebieten. Die Produktionszeiten eines solchen Hefts bringen es mit sich, dass all die schönen Sommerbilder schon im letzten Jahr produziert worden sind. Bis dahin muss der Autor seine Arbeit getan haben. Aufwendig finanzierte Restauranttipps sind bei Erscheinen des Magazins deshalb leicht fünf bis zwölf Monate alt. Das ist ein Quell permanenter Enttäuschung bei der Zusammenarbeit mit Bildredaktionen. Doch eigentlich bleibt die Arbeit mit Food-Fotografen meist recht angenehm. Jeder macht seine Arbeit, keiner kommt dem anderen in die Quere. Auch ich verstand mich gut mit den meisten Menschen, die große und kleine Köstlichkeiten in Szene setzten. Denn sie liebten Essen. Schwierig wurde es nur, wenn Food-Fotografen statt Essen Köche liebten. Köche haben Kontakte. Köche können Fotografen lukrative Aufträge zuschanzen. Erste Affinitäten entstehen, wenn sich Koch und Fotograf gleichermaßen für Künstler halten. Der Weg zu guten Geschäften steht dann offen.

Mindestens ein besonders geschäftstüchtiger Bildkünstler ist mir bei meiner Arbeit gleich mehrfach begegnet: Er war der Grund dafür, dass ich Mails mit dem Wunsch nach Interviews zuweilen mit einem besonderen Satz beenden musste: »Kein Mitglied des Teams hat im Rahmen dieser Produktion das Recht, Einladungen, Geldgeschenke oder Mitarbeit an Kochbüchern, Websites, Hausprospekten etc. einzufordern.«

Schon früher hatte sich dieser Fotograf gelegentlich als Autor ausgegeben. Er war ich, gewissermaßen. Dafür hatte er sich bei mir sogar im Voraus entschuldigt: »Weißt du, der Verlag zahlt so wenig Spesen. Da muss mich der Wirt einladen. Ist doch mies, den ganzen Tag Essen zu fotografieren und dann in ein mittelmäßiges Lokal zu gehen. Ich bin doch ein Genussmensch.«

Erscheint er unter eigenem Namen und als Fotograf, zieht er vor den Wirten immer dieselbe Show ab. Es beginnt mit einem harmlosen: »Sieht das lecker aus!« Dann folgte ein: »Darf ich da mal reingreifen, ich kann da gar nicht widerstehen.« Schon verschwindet ein Stück Hummerschwanz. Anschließend lädt der Wirt ihn ein. Viele Wirte sind anfällig für lautstark geäußerte Bewunderung, das weiß auch der Fotokünstler. Gang um Gang wird dann noch eins draufgelegt: Ein »Maestro, Sie sind ein Künstler« folgt auf »Chef, dieses Gericht ist ein Gemälde.« Inzwischen ist der Fotoexperte mit dem Küchenchef per du. Dann folgt die zweite Angriffswelle. Geschichten, Anekdoten. Wie er mit Michel Guérard, dem Erfinder der Nouvelle Cuisine, gemeinsam Kräuter zupfte, wie er mit Alain Ducasse Rotbarben fischte, mit Eckhart Witzigmann (»dem Ecki«) eine Flasche Rotwein leerte und mit Frédy Girardet zusammen Kalbsbries auf dem Markt auswählte. Ob die Geschichten stimmen, ist unerheblich. Wichtig ist, dass Namen fallen, die der Koch respektiert. Das zeigt: Hier kennt jemand die Branche, er frequentiert wichtige Leute, er hat Referenzen.

Beim Digestif folgt das Endspiel: Der Fotograf empfiehlt seine Dienste kumpelhaft, aber nachdrücklich für die nächste Kochbuchproduktion. Die auf Verlagskosten produzierten Bilder schenkt er dem Hausherrn als Arbeitsprobe. Alle Restaurants verlässt er gern mit dem schwungvollen Spruch: »Um den Text brauchst du dir keine Sorgen zu machen. Ich lege beim Autor ein gutes Wort für dich ein.« Gerüchteweise war mir das schon länger zugetragen worden, wohl auch, weil meine Texte die Versprechen des Künstlers nicht einlösten. Einmal beschwerte sich darüber ein recht bekannter Koch am Telefon: »Ich mag deinen Text nicht.« Der Herr am Herd duzte mich prompt. »Das trifft sich gut, ich mochte Ihr Essen nicht.« »Aber ich habe deinem Fotografen Arbeit gegeben!« »Sie geben ihm so viel Arbeit, wie Sie wollen, das ist Ihre Sache.« Der Koch wirkte hörbar verblüfft, stotterte, entschuldigte sich, merkte, dass er mit den Zehen schon im Fettnäpfchen badete. Auch ich kann in solchen Situationen kumpelhaft sein: »Mal unter uns, was ist denn los?« Der Weißmütze schienen die Tränen in die Augen zu steigen: »Ich ging fest davon aus, ihr macht halbe-halbe.« Wieder einmal Zahltag für den Künstler. Es ging um einen besonders gut dotierten Kochbuchauftrag. Offensichtlich hatte der Mann den Koch im Glauben gelassen, sein Honorar würde auch meine Berichterstattung, sagen wir mal, positiv beeinflussen. Ob er diesen Eindruck selbst erweckt hatte, wusste ich nicht. Aber es interessierte mich, ebenso wie die Frage, mit wie vielen Köchen er dieses Spiel schon gespielt hatte.

Die Branche ist klein, die Köche reden oft und ausgiebig miteinander. Da war jemand dabei, mir den Ruf zu verderben. Doch was sollte ich tun? Ihn bei der Bildredaktion anschwärzen, die ihn vergötterte? Den Chef bitten, ihn nicht mehr mit mir einzusetzen? Das würde Fragen geben und handfeste Beweise für meine Anschuldigungen hatte ich nicht. Ich könnte die betroffenen Köche um schriftliche Aussagen und eidesstattliche Versicherungen bitten. Als Gegenleistung hätte ich dann ein paar Jahre lobhudelnde Texte schreiben müssen. Nein, danke!

Mit Grummeln in Bauch und Hirn erschien ich ein paar Minuten zu spät bei einem gemeinsamen Briefing. Der Fotokünstler hasst Unpünktlichkeit ebenso wie schlecht gebügelte Hemden und zu jungen Wein. Zögernd öffnete er die Tür einen Spalt, drückte sein Kreuz durch. »Du bist spät«, näselte er. »Stau«, erwiderte ich. »Im Stau steht jeder. Dann fährt man früher los.« Nach der kleinen Morallektion öffnete er die Tür, ich blickte auf einen handgeschnitzten Ochsenkopf mit halboffenem Maul. »Mein neuer Schlachtertisch aus dem Burgund«, sagte mein Gesprächspartner. »Eine Antiquität!«

Der Fotokünstler kann sich seinen Schlachtertisch ebenso leisten wie seine Sammlung afrikanischer Kunst und seine Kollektion handgenähter Schuhe. »Setze ich alles von der Steuer ab. Ich muss doch Sets bauen.« Sets sind die Kulissen, die ein Fotograf braucht. Die »Zutaten« für Sets sind steuerlich abzugsfähig. Auch Flatscreens in Wohn- und Schlafzimmer sowie Küche, Stereoanlage und verchromte amerikanische Kühlschränke wurden natürlich für Sets gekauft. Ich beschloss, den Fotokünstler nie zu fragen, welches Gericht er in seiner Schuhsammlung fotografiert hatte.

Er schaute mich an. »Na, jetzt sag mir mal, was du auf dem Herzen hast. Was führt dich denn zu mir?« Das Briefing? Seine Augen blickten mich fragend an. »Wieso Briefing, das können wir doch einfach am Telefon machen. Oder schick mir eine Mail.« Ich lehnte mich zurück und nippte erstmals am angebotenen Glas Wein, einem Grange de Pères. »Wir müssen reden.« Der Künstler blickte verblüfft ins Glas. »Bitte in Zukunft keine Geschäfte mit den Köchen, die in gemeinsamen Geschichten auftauchen!« Mein Gesprächspartner grinste nur, erzählte, was für tolle Kerle das alles seien, ich möge mich nicht so anstellen, man würde ja keinen zwingen, gute Geschäfte zu machen, im Übrigen solle ich mir solche Fingerzeige sparen.

Wenn die »netten Kerle« wüssten, wie der Bilderfreund in ihrer Abwesenheit über sie redete, könnten sie vielleicht hinter die aufgesetzte Jovialität schauen. Mehr als einmal hatte ich mit dem Gedanken gespielt, bei seinen Diskursen das Diktiergerät mitlaufen zu lassen. Eine »dumme, arrogante Sau« war für ihn ein weltbekannter Starkoch. Dessen Verbrechen: Er hatte es eilig und den Fotokünstler nur mit einem Nicken begrüßt. Außerdem wagte er es, auf einem Bild eine Grimasse zu schneiden. »Ungehobelter Volksschüler, keine Lebensart, wirklich das Allerletzte«, kommentierte der Künstler. Der ungehobelte Allerletzte hatte ihm mehrere Kochbuchaufträge verschafft.

Mitleidig lächelte der Fotograf auf mich hinab: »Ist dir schon mal aufgefallen, dass viele Köche, die in Texten gut beschrieben wurden, nie im Bild vorkommen?« Es war mir aufgefallen. »Das ist ganz einfach: Ich präsentiere der Bildredaktion eine große Zahl hochwertiger Aufnahmen meiner Favoriten aus meinem Netzwerk. Leute, die mir auch Arbeit geben würden oder es schon getan haben. Den Rest fotografiere ich auch. Leider fallen die Bilder dann eher mittelmäßig aus. Und es gibt auch nur ganz wenige davon. Ich sage dann immer, der Koch habe nicht mitgespielt, nicht richtig posiert. So etwas passiert. Rate doch mal, wen die Bildredaktion dann wählt. Meine Freunde, nicht deine Favoriten aus den Tests. Die kommen dann ganz groß heraus, denn Bilder werden gesehen.« Das stimmte. Sein Grinsen reichte jetzt von Ohrläppchen zu Ohrläppchen: »Versuch erst gar nicht, daran was zu ändern. So läuft es halt. Vielleicht verdienen wir ja mal gemeinsam? Sieh es doch so: Die Redaktionen brauchen mich, denn ich bin der Beste.« Wahrscheinlich glaubte er das selbst. »Du kannst ohnehin nichts ändern. Du versuchst dich mit Intellekt und Kompetenz zu verkaufen. Blödsinn! Kompetent sind alle, sonst wären sie nicht in ihrem Job. Ich hingegen besteche mit Charme und Eloquenz. Die Kunden buchen mich, weil ich sie verführen und beeindrucken kann. Sie trinken meinen Wein! Sie schlafen auf meiner Couch!« All das war sicher zutreffend. Gegen ein Glas Grange de Pères und eine Couch in bester Citylage war ich machtlos.

Der größte Führer aller Zeiten
Oder: Glanz und Elend des *Guide Michelin*

In der gesamten kulinarischen Landschaft gilt nur einer als unkorrumpierbar und auch sonst über jeden Zweifel erhaben: der altehrwürdige *Guide Michelin*. Esser sehen in ihm ein Muster von

Seriosität. Doch wer im *Michelin* ein Vorbild für die Branche sieht, sollte sich den Vorfall mit Pascal Remy noch einmal genau anschauen. Pascal Remy ist ein Mann mit Erfahrung. Gut 200 Menüs bewertete er pro Jahr im Auftrag des *Guide Michelin*. Macht 3 200 Menüs in 16 Dienstjahren. Dann stieg er aus. Einfach so. Nur weil sein Arbeitgeber es ihm nicht erlauben wollte, eine Anekdotensammlung zu veröffentlichen. Pascal Remy ging mit einem Knall. Als erster *Michelin*-Inspektor brach er sein Schweigegelübde: »Ein Drittel der französischen Drei-Sterne-Restaurants sind ihre Auszeichnung nicht wert«, sagte er 2003 dem *Figaro*-Magazin. »In den Jahren 2002 und 2003 testeten gerade mal fünf Inspektoren die über 10 000 Hotels und Restaurants der französischen *Michelin*-Ausgabe. Einige Restaurants sind unantastbar.« Der Reifengigant Michelin habe die finanzielle Unterstützung weitgehend eingestellt, der Führer müsse Geld abwerfen. Tests würden oft erst durch Leserzuschriften ausgelöst. »Geht zu einem Lokal keine Post ein, tun wir nichts.« Der *Michelin* scheue Abwertungen, weil einige Top-Köche inzwischen eine größere Breitenwirkung in den Medien hätten als der *Guide* selbst. Einige Restaurants seien gegen Abwertungen gefeit, Entscheidungen über die Höchstnoten würden von der Direktion allein getroffen. »Die Inspektoren sind oft nur ein Alibi.«

Bei acht bis zehn Visiten am Tag testet niemand. »Wichtig ist es, einen Kontakt herzustellen, zu zeigen, dass wir uns für die Köche interessieren, und zu beweisen, dass wir auf dem Terrain präsent sind. Dies ist wichtig … um die Reputation aufrechtzuerhalten.«

Tagespresse, konkurrierende Guides und Monatsmagazine werden vom *Michelin*-Team ausgewertet. Kurioserweise verhindern gute Noten der Konkurrenz zuweilen den Aufstieg in die *Michelin*-Galaxie: »Wenn die Presse hartnäckig zu viel Gutes über ein Haus berichtet, produziert das den gegenteiligen Effekt und kann (uns) sogar stören. Strategisch gesehen ist es nicht immer gut, der Mehrheit zu folgen, dies könnte beweisen, dass wir der spezialisierten Presse hinterherhinken.« Seit der *Guide Michelin* über ein »Service-Marketing« verfügt, gewinnen Marketingaspekte bei der Notenvergabe »von Woche zu Woche an Gewicht«. Der Generaldirektor des Guides ist auch der Direktor des Service Marketing.

Ich hatte beim Aufschlagen des *Figaro*-Magazins mit Remys Geständnissen laut gelacht und den Geheimnisverrat in der *Financial Times Deutschland* geschildert. Schien seine Aussage glaubwürdig? Absolut. So anonym, wie sie vorgeben, sind die *Michelin*-Männchen nicht. Einmal durfte ich das selbst erleben: In einem Restaurant an der Loire begrüßte mich ein Oberkellner mit folgendem Satz: »Heute sitzt der *Michelin*-Tester neben Ihnen. Der ist immer etwas laut.« Zwei Stunden später prostete ein rundlicher Grauhaariger mit strammem Alkoholkonsum dem Koch zu: »Glückwunsch, du hast deinen zweiten Stern gerettet.« Vor Pascal Remy hätte mir das niemand geglaubt, die Reifentesterzunft hätte mir mit einer Suppenkelle Vorwürfe um die Ohren gehauen. Nichts als Neider wären wir Schreiberlinge.

Den Beitrag des *Figaro* konnte ich nicht wesentlich verbessern, aber ich telefonierte ein wenig in der Szene herum. »Der Test unseres Lokals lief genauso ab wie bei Remy beschrieben«, schilderte mir meine alte Freundin Chantal Dumazet, die mit ihrem Mann Bruno ein Pariser Bistro betreibt. Sie wissen schon, die Dame, die mit mir den Saaldienst im »Le Safran« geschoben hatte.

»Gegen 15 Uhr kam ein Herr im Trenchcoat herein, zückte eine Art Dienstmarke und bellte: ›Inspection Michelin!‹ Wie in einem schlechten Polizeifilm. Mein Mann hatte die Küche schon verlassen, der Inspektor schaute sich unser Lokal und die Speisekarte an, wir redeten über den *Michelin*-Fragebogen. Dann ging er. Gegessen hat er nicht.«

Natürlich musste ich bei *Michelin* selbst anrufen. Remy habe für die geplante Anekdotensammlung ein unverschämt hohes Honorar verlangt, daher habe man ihn entlassen, sagte mir Sprecherin Anne-Julie Boitreaud. »Genau 21 Inspektoren hätten in den Jahren 2002 und 2003 für den *Guide* getestet«. Der Weg zu dieser Aussage wirkte ein wenig wie Feilschen auf dem Basar. Frau Boitreaud fing mit 100 Leuten an, ich bat, die Lagerarbeiter abzuziehen, ebenso wie Drucker und Mitarbeiter, die *Guide*-Stapel in

Blister verpacken. Da waren es schon signifikant weniger. »Wie viele Mitarbeiter hat der *Guide* ohne Sekretariat und Verwalter der Datenbank?«, fragte ich. So steuerten wir langsam auf die 21 zu. Das waren mehr als von Remy behauptet, aber weit weniger als die Hundertschaft. »Remy irrt und differenziert nicht zwischen festen Inspektoren und Testern, die wir aus dem Ausland herangezogen haben«, insistierte Boitreaud. Im Schnitt würden die Sterne-Lokale alle 18 Monate, die Drei-Sterne-Restaurants mehrmals jährlich getestet.

Es klang alles andere als beeindruckend. Überzeugt war ich von den 21 *Michelin*-Männchen, die Heerscharen von Lokalen gleichzeitig testen sollten, absolut nicht.

Testesser Remy hatte die »Rote Bibel« gerupft. Es war, als hätte ein Kardinal bewiesen, dass Gott nicht existiert: Alle Gläubigen erschrecken kurz, zucken mit den Schultern und gestehen dann, es schon immer geahnt zu haben. Das juristische Nachspiel war kurz und schmerzlos: Pascal Remy bekam keine Entschädigung für seine Entlassung zugesprochen. Laut Arbeitsvertrag war er verpflichtet, keinerlei Unternehmensinformationen an Dritte weiterzugeben. Verklagt wurde er nicht, seine Aussagen nie bestritten. In drei ganzseitigen Anzeigen (u.a. *Le Figaro*, *Le Parisien*) wandte sich der *Guide Michelin* an die Leserschaft. Auch darin wurden die Fakten nicht bestritten. Vielmehr hieß es: »Den *Guide* auf die Sterne reduzieren zu wollen ist ein Irrtum … Man gibt uns gern den Status einer Institution, gleichzeitig jedoch wird Frankreich zum Gespött der Welt, betrachtet man den Eifer, mit dem einige ihre Symbole verbrennen …« Gegengezeichnet wurden diese Aussagen nicht von der Direktion, sondern vom blasig-knuffigen *Michelin*-Reifenmännchen »Bibendum«.

Nach dem Outing litt der gute Ruf: »Der König ist nackt«, titelte *Le Monde* und erinnerte daran, dass Firmenpatron Edouard Michelin schon 1999 gesagt habe, der *Guide* sei kein kostspieliges Hobby – ein Indiz für Sparmaßnahmen. Tageszeitungen rechneten vor, dass fünf Personen auch mit vollem Körpereinsatz jährlich nicht mehr als ein Zehntel der rezensierten Lokale testen könnten. Im Oktober 2005 berichtete die französische Zeitung *L'Humanité* von massivem Personalabbau im Sektor Reisebuchverlag. Ein Jahr nach dem Skandal um den abtrünnigen Testesser kam der *Michelin* wieder ins Gerede: Das belgische Lokal »Oostend Queen« hatte der Guide mit einem »Bip Gourmand«, dem Symbol für preiswerte, gute Küche ausgezeichnet. Leider öffnete das »Oostend Queen« seine Pforten erst lange nach Drucklegung.

Freunde fragten mich, ob es beim *Michelin Deutschland* genauso aussehen könnte. Nach meinen Erfahrungen in Frankreich war es höchst unwahrscheinlich, dass die deutsche Ausgabe über ein höheres Budget als der *Michelin France* verfügte. Ich kenne viele Gäste, die aus besternten Lokalen enttäuscht nach Hause gehen und dann tatsächlich meinen, dies läge an ihnen selbst: Sie hätten die Sterne nicht richtig gedeutet, die versteckten Qualitäten der Küche nicht erkannt. Mangels verbindlicher Aussagen interpretierten sie die Sterne mit Vermutungen, Launen und Appetit. Angenommen, ein Literaturführer würde Bücher mit ein, zwei und drei Federn bewerten, ohne seinen Lesern zu sagen, ob sie einen Liebes- oder Abenteuerroman, ein zeitkritisches Stück oder ein Sachbuch lesen. Die Informationsfülle dieses Literaturführers entspräche in etwa dem *Guide Michelin*. Daran ändern die drei dürren Zeilen nichts, die seit 1999 unter den Adressen stehen. Die Beschreibungen haben das Niveau eines Hausprospekts. Gewinnt oder verliert ein Haus einen Stern, ändert sich im Text kein Komma. Gehen Sie ins Theater, weil ein Rezensent der Aufführung kommentarlos die eminente Auszeichnung von drei Vorhängen verliehen hat? Möchten Sie nicht lieber wissen, ob gerade Molière, Shakespeare oder ein zeitgenössisches Stück eines jungen Talents auf dem Spielplan steht? Nun kostet ein Essen wesentlich mehr als ein gutes Buch oder die meisten Theaterkarten für Plätze mittlerer Kategorie. Doch was in Kunst oder Literatur als Verhalten von Kleingeistern, die aus Bequemlichkeit jede echte Auseinandersetzung mit der Materie scheuen, belacht würde, gilt unter Leuten, die sich als Gourmets bezeichnen, als höchst gesellschaftsfähig.

Tatsächlich sind Führer wie der rote *Michelin* bis heute ein Kind ihrer Gründungszeit geblieben: Damals, um 1900, sollte der Führer einfach nur die wenigen Reisenden mit Adressen versorgen. Ein Brevier der richtigen Reifenreparatur rundete das Werk ab – schließlich hatte der Automobilist der Jahrhundertwende allen Grund, sich mehr um den Zustand seiner Pneus als um das nächste Dinner zu sorgen.

Bis heute folgen die Guide-Nutzer gehorsam den Spuren ihrer Vorkoster und sind mit dem simplen, vorgegebenen Urteil »gut«, »besser«, »am Besten« durchaus zufrieden. Was braucht man eigene Papillen, wenn eine alteingesessene Instanz mundgerechte Wertungen vorgibt? Freunden und Nachbarn erzählt man später, dass das Menü nicht ganz billig, das Haus aber spitze war und über viele funkelnde Sterne verfügt. Solch hartnäckige Sterngucker ahnden Kritik an ihrer roten Bibel als Blasphemie. Wie schön, wenn sich eine ganze Welt aus Düften und Aromen auf ein paar Symbole reduzieren lässt. Der *Michelin* ist mächtig, einfach weil er schon existierte, als wir Feinschmecker noch einen Löffel Babybrei im Mund hatten. Auch wenn ich ihn nicht mochte, hatte ich die Zentrale in Paris mehrfach besucht. »Unsere Politik heißt Kontinuität«, erläuterte mir der ehemalige Direktor Bernard Naegellen. »In jedem Restaurant wird zeitweise besser und zeitweise schlechter gekocht. Wir vergeben Sterne jedoch nur an Restaurants, von denen wir annehmen, dass sie sie halten können. Bis zu einer Sanktion kann deshalb eine gewisse Zeit vergehen.«

Die meisten Köche zittern so sehr vor dem Zorn der roten Bibel, dass sie sich eine jährliche Pilgerfahrt in die Büros im Schatten des Parisers Invalidendoms auferlegen. In dem Empfangsraum mit dem schlichten Charme eines Klassenzimmers aus den Fünfzigerjahren, schmucklos mit einem Holztisch und zwei Stühlen ausgestattet, wird nicht etwa die letzte Mahlzeit des Inspektors durchgesprochen, Gerichte gelobt oder getadelt, stattdessen gibt es orakelhafte Auskünfte wie: »Versuchen Sie systematisch für den dritten Stern zu arbeiten.« Manchmal sind die Gespräche auch ergiebiger: Wenn der Patron eines alternden Kochkünstlers den Nachfolger vorstellt, wenn Hoteliers darüber verhandeln, ob man dem neuen Chef im Haus nicht doch die Himmelskörper des Vorgängers überlassen könnte, werden gelegentlich Kompromisse erzielt, zum Beispiel im Fall des Pariser »Taillevent«, das seine drei

Sterne nahtlos von Chefkoch zu Chefkoch übertragen konnte. Selbst Naegellen räumte ein: »Wenn der Besitzer des Hauses einem neuen Koch die entsprechenden finanziellen Mittel zur Verfügung stellt, lassen wir die Sterne oft stehen.«

Abgesehen davon hat auch im persönlichen Gespräch nichts Platz, was man nicht in drei Sternen und fünf Gabeln ausdrücken kann. Tabu sind allzu aufdringliche Nachfragen nach den Gründen von Lob oder Tadel. Der *Michelin* genießt und schweigt. Wer argumentiert, bietet Angriffsflächen: Wirte könnten sehen, dass kritisierte Gerichte schon vor Jahren von ihrer Karte verschwanden, und Gäste feststellen, dass ein von den Geschmackspäpsten wärmstens empfohlenes Kalbsfrikassee in Weißweinsauce nun wirklich nicht ihrem persönlichen Geschmack entspricht. Der *Michelin* verfügt auch deshalb über den Nimbus der Unfehlbarkeit, weil er seine Bewertungen nie begründet. Konsequentes Schweigen lässt Raum für Interpretationen – fürs Träumen, für den Glauben an die jahrzehntealte Institution. Wer nicht verrät, welche Gerichte er geliebt hat (und welche schwer im Magen lagen), vermeidet, dass der Leser die Ansichten der Kritiker mit dem eigenen Geschmack vergleicht. Dabei ist die offizielle Begründung für das Schweigen der Schlemmer banal: »Schon in den Dreißigerjahren haben unsere Vorgänger beschlossen, nie eine Note zu begründen. Wir dachten, so ein Urteil interessiert höchstens den Restaurateur, nicht den Touristen«, hatte mir Naegellen erzählt.

Als Pascal Remy sich im *Figaro* outete, war Monsieur le Directeur längst abgelöst. Der Brite Derek Brown stand jetzt dem Guide vor. Brown ging, doch der Imageverlust setzte sich fort. Eine wenig schmeichelhafte Studie kratzte jetzt am Mythos: Die drei Wirtschaftswissenschaftler Olivier Gergaud, Linett Montano Guzman und Vincenzo Verardi erklärten 2006, der *Michelin* sei »sehr beeinflussbar«. Sterne führen zu Preiserhöhungen von 25 Prozent, die reine Aufnahme in den Guide generiert einen Preisaufschlag von 8 Prozent. Laut Gergaud, Montano Guzman und Verardi beeinflussen luxuriöses Ambiente und sogar die Nachbarschaft die Werturteile des scheinbar unabhängigen Guides: »Ein wichtiger Nachteil dieses Systems ist, dass es die Tendenz hat, unabhängig vom Talent, die Köche mit den finanziellen Möglichkeiten zur Investition in eine luxuriöse Umgebung zu begünstigen. Wie von Akerlof (1970) am Beispiel der Gebrauchtwagenindustrie gezeigt, wird sich dies negativ auf die Qualität auswirken. Ein weiterer Nachteil ist, dass, sind die Sterne erstmal vergeben, die so erzeugte Inflation auf alle Restaurants in der Umgebung überspringt und die Verbraucher zwingt, in nicht besternten Restaurants eine Sterne-Prämie zu zahlen.« Im Klartext: Der *Michelin* ist ein preistreibender Luxusjunkie. Als Student hatte ich zumindest das geahnt. Im März 2010 enthüllte Jean-Claude Ribaut von *Le Monde*, dass der *Michelin Tokyo* von nicht mehr als zwei Inspektoren, jeweils mit Dolmetscher an der Seite, in ein paar Monaten zusammengestoppelt worden war. Die beiden Testesser in der Zwölf-Millionen-Metropole – das wäre eine potenzielle Fortsetzung für den Film *Lost in Translation* gewesen. Außerdem hatte Ribaut eine Fülle von Details zusammengetragen: Den Titel »Inspektor« gibt es demnach gar nicht. Die »qualifizierten Repräsentanten des *Guide Michelin* sind arbeitsrechtlich Mitarbeitern der Kautschukbranche gleichgestellt, verfügen über ein rotes Ausweiskärtchen und ein etwa 30-seitiges Heftchen mit Anweisungen. Früher war es Aufgabe der Inspektoren, die nicht Inspektoren hießen, vor Ort die lokalen Würdenträger zur Gastronomie zu befragen. Was meinten der Arzt, der Apotheker, der Buchhändler? Ihr freiwilliger Beitrag firmierte im firmeneigenen Heftchen unter dem Wort *collabos*. Mit dieser Kurzform für »Kollaborateur« wurden in Frankreich im Zweiten Weltkrieg Helfer der Nazis bezeichnet. Wenn der Dorfarzt mit den guten Tipps der *collabo* ist, was aber ist dann, hauseigener Sprachlogik zufolge, der Michelin-Tester?

Ein Koch tritt ab
Der Selbstmord des Bernard Loiseau

Anerkennung durch den *Michelin* ist schön, permanente Kritik verursacht Druck, Aufregung und Verschuldung. Je nach persönlichen Ambitionen und Temperament befindet sich der Koch zeitlebens im Examensstress. Das wohl tragischste Beispiel dafür ist Bernard Loiseau. Seine Spezialitäten wie Froschschenkel mit Knoblauchpüree, Zander in Rotweinsauce oder im Dampf gegarte Poularde Dumaine, serviert im Burgunder Provinzdorf Saulieu, wurden bald weltweit bewundert. Als er 1991 seine drei Sterne erhielt, investierte er Millionen in das Lokal »La Côte d'Or« im Burgund. Über Jahrzehnte verschönerte er »La Côte d'Or«: ein neuer Speisesaal, luxuriöse Zimmer, zuletzt ein Schwimmbad und ein kleines Spa. Fast nebenbei hatte Loiseau als erster Koch seine Restaurants (neben dem Top-Lokal in Saulieu besaß er auch drei Restaurants in Paris) an die Börse gebracht. Umfragen zufolge war er in Frankreich ebenso beliebt und bekannt wie Paul Bocuse. Doch seine Aktie stagnierte. Zu den bestehenden 4,5 Millionen Euro Schulden nahm er noch einmal fünf Millionen für weitere Verbesserungsarbeiten an Hotel und Restaurant auf. In der Ausgabe 2003 stufte ihn der *Gault Millau* von 19 auf 17 Punkte herunter. Nach einem Bericht der Tageszeitung *Le Figaro* sollte angeblich sein dritter Stern wackeln.

Am 24. Februar 2003 erschoss sich Loiseau mit einem Jagdgewehr im Alter von 52 Jahren. Er hinterließ eine Frau und drei Kinder. Für die Kollegen gab es zunächst keine Zweifel. Den jovialen Loiseau hatten Kritiker in den Tod gehetzt. Spitzenköche beschimpften erstmals öffentlich Guides und Journalisten. Am 26. Februar griff Küchenchef Jacques Pourcel aus dem »Jardin des Sens« in Montpellier zur Feder: »Sehr geehrte Kollegen, ein Freund hat uns verlassen! ... Der übermäßige Druck, den er in der letzten Zeit erlitten hat, hat ihn das Leben gekostet. Wir können nicht akzeptieren, dass Guides oder Journalisten begabte Menschen in solche Verzweiflung treiben, dass sie sich töten. Wir können sagen,

und sogar bestätigen, sie sind es, die Bernard Loiseau getötet haben... Natürlich wird man hypothetische finanzielle Probleme erwähnen, Depressionen, sicher werden die Journalisten einen Weg
finden, um vom wahren Grund für den Tod von Bernard abzulen-
ken! Bernard wird uns fehlen ... Adieu Künstler!« Natürlich ließen die Köche ihre Wut am Überbringer der schlechten Nachricht,
dem Journalisten Simon, statt am *Michelin*, aus.

Selbst Paul Bocuse stimmte in das Klagelied ein, sagte bei Loiseaus Beerdigung, die Abwertung von 19 auf 17 Punkte hätte den
toten Kollegen schwer getroffen. »*Gault Millau* nahm zwei Punkte,
dazu zwei, drei kritische Zeitungsartikel, das hat Bernard Loiseau
getötet«, diktierte der Herr der Herde. »Wir können so nicht die
ganze Zeit manipuliert werden, ich gebe dir einen Stern, ich nehme
einen Stern weg, ich gebe dir Punkte, ich nehme sie wieder weg.
Unser Berufsstand wird reagieren«

In der kleinen Kritiker-Gemeinde brachen Selbstzweifel aus.
Hatte man wirklich den freundlichen Loiseau getötet? »La Côte
d'Or« verlor den dritten Stern nicht. Dennoch kam Bocuses Botschaft an: Etliche Magazine und einige Kochkollegen reduzierten
den Freitod Loiseaus auf die Formel »Punkte weg, Koch tot«.
»*Chef suicide after critics' attack*«, schrieb etwa die BBC. Seine
Witwe Dominique hingegen glaubte an ein »Zusammenspiel un-
glücklicher Faktoren und massive Arbeitsüberlastung«: Ihr gemeinsames Lokal öffnete sieben Tage in der Woche, Urlaub blieb
ein Fremdwort. Außerdem soll Loiseau an einer manisch-depres-
siven Störung gelitten haben.

Ich hatte ihn gekannt. Vier Mal war ich bei ihm essen, zwei
Tests und zwei Interviews. Bei letzteren versicherte er mir vor dem
Menü eine halbe Stunde lang, dass er der Beste sei. Nach dem
Menü kam er jedes Mal auf mich zu: »Bitte sagen Sie mir, dass ich
der Beste bin.« Beim ersten Mal hielt ich das für einen Witz, später
wurde mir klar: Er brauchte den Zuspruch.

Rückblickend glaube ich, dass es Bocuse, Pourcel und Kollegen
nicht um die wahren Gründe für Loiseaus Ableben ging. Der
Rundbrief stellte den gestandenen Koch als Weichling dar, der sich
bei der ersten Schwierigkeit eine Kugel verpasste. Hielten es Profis

für denkbar und wahrscheinlich, dass ein erfolgreicher Unternehmer und glücklicher Familienvater sich wegen zwei Punkten und einer kleinen Rosette auf Bibelpapier das Leben nahm? Im Gegensatz zum deutschen *Gault Millau* lebte der französische Führer 2003 nur noch im Schatten einstiger Glorie. Von seinen Gründern verlassen wechselte der Guide fast jährlich den Besitzer und verlor mit jeder Transaktion an Ansehen und Auflage. Der Loiseau, den ich kannte, hätte über den Punktverlust gelacht. »Das packen wir noch einmal, wir sind doch die Besten«, hätte er vielleicht gesagt.

Bocuse, Pourcel und Kollegen ging es darum, die Restaurantkritik ruhig zu stellen und an die Leine zu legen: Gute Kritiken sind erwünscht, sie helfen dem Koch. Schlechte Kritiken, die darf es nicht geben. Dann werden Journalisten zu Killern. Die Strategie ging auf. Fortan wurde die Restaurantkritik teilweise kastriert, nicht nur in Frankreich, sondern quer durch Europa. Neue Grundsätze schlichen sich ein: Journalisten sollten über schlechte Erfahrungen lieber schweigen, auch und gerade wenn sie weltbekannte Lokale betrafen. Das Positive musste herausgestellt werden, Negatives konnte man getrost vergessen. Die gastronomische Landschaft mutierte vollends zum Regenbogenkuchenland, wo weiße Ponys fröhlich über Carpaccio und Piccata galoppierten. Harte Kritik, das war jetzt böse.

Gesetz gegen Genuss
Wie Europas Gütesiegel normale Industrieprodukte adeln

Sicher, die ersten Jahre in Spitzenrestaurants, da war alles schön, prachtvoll und wohlschmeckend, das Leben und die Welt erschienen in schillernden Regenbogenfarben. Aber ich bin von Natur aus neugierig. Zu neugierig, um die Geschehnissse hinter den Kulissen zu ignorieren. Manchmal verdirbt mir das nicht nur den Appetit, sondern beißt mir ins Gewissen. Sie erinnern sich vielleicht, zwischen Mittag- und Abendessen, manchmal auch davor, geht es zu Züchtern, Händlern, Käsereien. Deren Inhaber schlugen fette Risse in besagtes Regenbogenkuchenland, das permanent von den Köchen in irisierenden Farbtönen beschrieben wurde. Es ist leicht, in der Zeitung von irgendeiner Fangquotenkonferenz mit Expertendebatte zu lesen: Experte 1 mahnt pflichtbewusst den Schwund der Bestände von Kabeljau und rotem Thunfisch an und zeichnet eine traurige Exponentialkurve, Experte 2 widerspricht ihm und erläutert ein alternatives Messverfahren. Am Ende reichen sich alle die Hände, das Problem ist vertagt, die Debatte wird auf der nächsten Konferenz fortgesetzt.

Es ist nicht ganz so leicht, einem Fischer morgens um 5.30 Uhr dabei zuzuschauen, wie er seinen kargen Fang an Land zieht. »Bei uns an der Küste gibt es fast keinen Fisch mehr«, sagte der Mann zu mir. »Die kleinen Krustentiere, die werden es schaffen. Krevetten, Garnelen, die haben kurze Reproduktionszyklen. Aber der Fisch? Da draußen warten die ganz großen Trawler, die mit Schleppnetzen und Radar.« Quer durch Europa sei es immer schwieriger, Fisch zu fangen. Kein Fischer konnte mir vorrechnen, wie es um die Bestände stand. Das brauchten sie auch nicht, der Blick auf den Fang reichte aus. Beamte, Sachverständige und gutes Essen, das ist selten eine schmackhafte Mischung.

Der erste Besuch der Krawattenträger ließen den Lyoner Metzger noch kalt. Wieso bei ihm der Schinken auf Weinhefe lagere, hatten sie gefragt. Wieso die Terrinen in Buchenholzformen gebacken würden? »Weil das bei mir immer schon so war!« Ein paar Wochen später kamen die beiden Krawatten zurück. Freundlich aber bestimmt räumten sie dem Metzgermeister eine Frist für die Umstellung seiner Fertigungsmethoden ein. Eine sechsstellige Summe müsse er investieren. Der Betroffene kannte eine bessere Anlageform für seine Francs: Er ging in den Ruhestand und nahm seine Rezepte mit. Solche und ähnliche Geschichten hatte ich bei meinen Besuchen kulinarischer Handwerker immer wieder gehört. Neue Regelungen, neue Gesetze für Groß und Klein, für Umsatzriesen und Familienbetriebe.

Was nicht auf den Teller kommt, das kann niemand herausschmecken. Doch über gesetzliche Rahmenbedingungen, die letztendlich den Genuss verhindern, schreibt vielleicht das *Greenpeace*-Magazin, selten jedoch die Gourmetpresse. Christian Prosper, einer der besten Metzger von Paris und mein ehemaliger Nachbar, strich sich immer dann über den kahlen Schädel, wenn er an Besson dachte: »Wir Metzger haben unseren Beruf verloren, seit uns das Gesetz verbietet, selbst zu schlachten. Mein Vater betrieb in der Normandie eine Metzgerei. Kilometerlange Transporte, die unsere Schlachttiere jetzt stressen, existierten nicht. Der Bauer bekam neben seinem Entgelt auch ausgesuchte Fleischstücke für zu Haus, er wusste dann selbst, ob sein Tier schmeckte. Heute wissen wir nicht mehr, woher die Tiere kommen, wie sie ernährt wurden. Die Folgen sind bekannt.«

Christian konnte stundenlang von Vater und Großvater erzählen. Wie sie das Vieh 14 Tage vor dem Schlachten in die Nähe von Bächen und Flüssen treiben ließen, dort, wo das Gras besonders fett und saftig schimmerte. Wie sie Rinderkoteletts wochenlang abhingen, um sie zarter zu machen, bis sie außen schwarz waren. »Fäule? Edelfäule war das! Wie bei Süßweinen. Solche Stücke schnitten wir links und rechts ab.« Christian zog mit seinen Zeigefingern eine Linie von etwa 15 Zentimetern.

Und wie schließlich der Fiskus alles zunichtemachte: »Es stimmt. Wir Metzger haben viel schwarz gearbeitet. Noch zu Vaters Zeiten erhielten die Tiere dann Ohrmarken, damit ihr Fleisch ordnungsgemäß verbucht werden konnte. Doch viele Rinder und Schweine haben infolge kleiner Verletzungen ihre Ohrstecker verloren. Dann kamen die großen Schlachthöfe. Dort wurde streng kontrolliert. Erst waren es viele kleine, dann wenige große. Mit den großen Schlachthöfen kamen die Tiertransporte.«

Die meisten Handwerker, die ich auf meinen Touren traf, hatten längst resigniert: »Die da oben hören eh nur auf Lobbyisten der Großindustrie.« Brüssel blieb in den Köpfen der Menschen auch dann der Schuldige, wenn die Gesetze auf nationaler Ebene erlassen worden waren. Die Justitia des neuen Jahrtausends war nicht nur blind, man hatte ihr auch die Zunge herausgeschnitten.

Für Qualität existierten nur noch wenige Kriterien: Größe, Durchmesser und bei Bananen vielleicht noch der Krümmungsgrad. Abschreckende Beispiele gab es genug. Etwa die fünf Prozent »Fremdfett« in der Schokolade. Die Tafeln konnten auf einmal auch aus anderen Stoffen als Kakaobutter bestehen. Traditionellen Chocolatiers schmeckte das nicht. Angerichtet hatte die »Richtlinie 2000/36/EG des Europäischen Parlaments und des Rates vom 23. Juni 2000 über Kakao- und Schokoladeerzeugnisse für die menschliche Ernährung, die auch den Kakaobutterersatz definierte: »Die pflanzlichen Fette nach Artikel 1 sind einzeln oder als Mischungen Kakaobutteräquivalente und entsprechen folgenden Kriterien: a) Es sind nicht-laurinsäurehaltige pflanzliche Fette, die reich an symmetrischen, einfach ungesättigten Triglyceriden vom Typ POP, POSt und StOSt (1) sind; b) sie sind mit Kakaobutter in jedem Verhältnis mischbar und mit deren physikalischen Eigenschaften kompatibel (Schmelzpunkt und Kristallisierungstemperatur, Schmelzgeschwindigkeit, Notwendigkeit einer Temperierung); c) sie werden nur durch die Verfahren der Raffination und/oder Fraktionierung gewonnen; enzymatische Veränderung der Triglyceridstruktur ist ausgeschlossen.«

Brüsseler Texte sollte man immer im Originalton lesen, nur so klingen sie richtig im Ohr, nur so hören wir die Bürokraten mit Stempeln und Füllfederhaltern rasseln. Rein umgangssprachlich enthält Schokolade jetzt weniger Schokolade, stattdessen steckt in den Tafeln auch Illipe (Borneo-Talg), Palmöl *(Elaeis guineensis, Elaeis oleifera)*, Sal-Butter *(Shorea robusta)*, Shea *(Vitellaria paradoxa)*, Kokum gurgi *(Garcinia indica)* und Mangokern *(Mangifera indica)*. All diese Stoffe haben eines gemeinsam, und damit meine ich nicht die Abwesenheit von Laurinsäure oder die Triglyceridstruktur: Sie sind schlicht und einfach günstiger als beste Kakaobutter, erheblich günstiger.

Offiziell freilich machen Gurgi und Shea extravagantere Schokoformen möglich, die Schokolade wird haltbarer, sie läuft nicht mehr weiß an. Sparen am Rohmaterial ist ein angenehmer Nebeneffekt, den Big Playern im Süßigkeitensegment, die tonnenweise Schokozeugs verkaufen, hilft die Richtlinie finanziell. Handwerklich arbeitende Schokoprofis mögen sie nicht. Was kann schon besser schmecken als Schokolade aus Kakaobutter.

»Je weniger die Leute wissen, wie Würste und Gesetze gemacht werden, desto besser schlafen sie!« Das wusste schon Otto von Bismarck. Currywurst, Bratwurst, Nürnberger, wir Deutschen sind halt ein Volk von Wurstessern. Doch wer einmal die »Leitsätze für Fleisch und Fleischerzeugnisse« gelesen hat, entwickelt sich schon nach den Begriffsbestimmungen für Separatorenfleisch zum Vegetarier. Butter aus dem Holzfass – wie unhygienisch. Schokolade nicht ausschließlich mit reiner Kakaobutter, sondern durch Zusatz von Fremdfett zu erzeugen, ist zwar wenig appetitlich, aber erlaubt. Holzformen für Terrinen – die reine Volksvergiftung. Jeder kennt die sprichwörtlichen Regelungen zum Krümmungsgrad von Bananen und Gurken, zum Mindestdurchmesser von Äpfeln. Denn der Apfel definiert sich durch seinen Durchmesser. Er muss nicht nach Apfel schmecken. Im 19. Jahrhundert zählte der Botaniker André Leroy 527 Apfelsorten. Davon sind meist ganze zwölf auf unseren Märkten erhältlich, unter denen das Trio Golden, Gala, Granny dominiert. Justitia kennt nur Gewicht und Größe. Für Geschmack oder Reife gibt es kein Gesetz. Freilich hauen und stechen ganze Länderdelegationen auch während der Verhandlungen um den »Codex Alimentarius«, frei übersetzt den »Katalog des Essbaren der Welt«, um Knollengrößen und Farben. Vom 25. bis 29. September 2006 ging es zum Beispiel in Sachen Äpfel rund: Die USA plädierten für ein Beibehalten der Klassifikation nach Farben, Thailand und Indien empfahlen diverse Anforderungen an das Apfelstengelchen, das nur wenige Leute mitessen werden.

Standard für Lebensmittel in Europa sind inzwischen Richtlinien für amerikanische Astronautennahrung. Seit dem 1. Januar 2006 dürfen in der EU nur noch Lebensmittel, die die HACCP-Richtlinien erfüllen, gehandelt und eingeführt werden. HACCP steht für Hazard Analysis and Critical Control Point, frei übersetzt »Gefahrenanalyse kritischer Kontrollpunkte«. Die EG-Verordnung 852/2004 schreibt die Anwendung des HACCP-

Konzepts in allen Unternehmen, die mit der Produktion, der Verarbeitung und dem Vertrieb von Lebensmitteln beschäftigt sind, verpflichtend vor. Was aber ist das HACCP-Konzept? »In der Gefahrenanalyse kritischer Kontrollpunkte müssen:

- alle im Verantwortungsbereich eines Unternehmens vorhandenen Gefahren für die Sicherheit der Lebensmittel analysiert werden
- die für die Überwachung der Lebensmittel kritischen Punkte ermittelt werden
- Eingreifgrenzen für die kritischen Lenkungspunkte festgelegt werden
- Verfahren zur fortlaufenden Überwachung der Lebensmittelsicherheit eingeführt werden
- Korrekturmaßnahmen für den Fall von Abweichungen festgelegt werden
- Prüfungen stattfinden, ob das System zur Sicherstellung der Lebensmittelsicherheit geeignet ist
- alle Maßnahmen dokumentiert werden«

Das HACCP-Konzept, entwickelt von der amerikanischen Pillsbury Company, hat sich unter extremen Bedingungen bewährt. Die Company erhielt 1959 von der NASA den Auftrag, sichere Astronautennahrung herzustellen. Diese wurde nach HACCP-Richtlinien fabriziert. Austronautensicher, da kann doch eigentlich mit unserer Ernährung nichts mehr schiefgehen, oder? Woher kommen aber dann die ganzen Gammelfleisch-Skandale? Woher kommt das Acrylamid in Kartoffelchips? Woher stammt der Dioxin-Mozzarella? Was macht das Melamin im Milchpulver, das aus China kam? 2008 musste Nestlé seine Milch »Dairy Farm« in Hongkong vom Markt nehmen. Hongkong hatte Grenzwerte für Melamin eingeführt: 1 Milligramm pro Liter für Säuglingsnahrung und stillende Mütter, 2,5 Milligramm pro Liter für alle anderen Produkte. In Europa und der Schweiz lag der Grenzwert bei 30 Milligramm pro Kilo Lebensmittel. Strengere Grenzwerte in Hongkong als im Ideal-Europa. Wüssten wir nicht, dass wir in der besten aller Ernährungswelten leben, hätte uns das zu denken geben müssen.

Selbst in Frankreich, dem Land der Feinschmeckerei, bestimmt die Industrie den Speiseplan: Supermärkte bieten neun Sorten Surimi (eine künstlich aromatisierte, in Form gepresste Fischpampe), aber keine frischen Meerestiere. Wer nach Frankreich kommt, sollte sie gesehen haben, die Auchan-Märkte, die Géant Casinos. Da gibt es gummiartige, abgepackte Käsestücke für zwei Euro, selbst in ausgesprochenen Käseregionen wie der Brie ist in vielen Märkten kein handwerklich korrekter Käse zu finden. Industrieware, so weit das Auge reicht. Oft findet man ein Restaurant namens »Flunch« in den Hangars der Mega-Märkte. Das Essen schmeckt wie »Flunch« klingt.

Nun dreht sich in diesem Buch fast alles um die Gastronomie, um das Restaurant, nicht um den Supermarkt. Unsere großen Köche versichern uns auch täglich, dass es bei ihnen nur feinste Viktualien gäbe und zitieren seit Kurzem auf den Karten auch europäische Gütesiegel. Rindfleisch oder Geflügel tragen jetzt Zusätze wie »g.g.A.« oder »I.G.P«. Denn Brüssel möchte inzwischen die kulinarische Tradition schützen. So wurden mit der »garantiert traditionellen Spezialität«, der »geschützten Ursprungsbezeichnung« und der »geschützten geografischen Angabe« schon vor Jahren an das französische AOC-System angelehnte Gütesiegel für Nahrungsmittel eingeführt. Medaillen im permanenten Wettbewerb der Viktualien, die eine Orientierung für Feinschmecker bieten könnten.

Doch was ist »garantiert traditionell«? Ich zitiere den Behördenjargon: »Die garantiert traditionelle Spezialität (g.t.S.) bezieht sich nicht auf einen geografischen Ursprung, sondern hebt die traditionelle Zusammensetzung des Produkts oder ein traditionelles Herstellungs- und/oder Verarbeitungsverfahren hervor. Die geschützte Ursprungsbezeichnung (g.U.) besagt, dass Erzeugung, Verarbeitung und Herstellung eines Erzeugnisses in einem bestimmten geografischen Gebiet nach einem anerkannten und festgelegten Verfahren erfolgen müssen. Bei der geschützten geografischen Angabe (g.g.A.) besteht eine Verbindung zwischen mindestens einer der Produktionsstufen, der Erzeugung, Verarbeitung oder Herstellung und dem Herkunftsgebiet oder es kann sich um ein Erzeugnis mit besonderem Renommee daraus handeln.« Es handelt sich hierbei wohlgemerkt um Auszeichnungen für besondere Lebensmittel, nicht um Standardnormen für die Food-Industrie. Backen wir gemeinsam eine garantiert traditionelle Pizza Napoletana, nach dem Rezept guter Brüsseler Bürokraten. Das beginnt natürlich mit einer Definition: »Die ›Pizza Napoletana‹ STG ist eine kreisförmige Backware mit variablem Durchmesser von höchstens 35 Zentimenter mit erhabenem Teigrand (*cornicione*) und mit Belag bedecktem Inneren. Das Innere ist 0,4 Zentimeter dick, wobei eine Toleranz von ± 10 Prozent zulässig ist, der Teigrand ist 1-2 Zentimeter dick. Die Pizza ist insgesamt weich und elastisch und lässt sich leicht wie ein Buch zusammenklappen.« Dann präzisieren Eurokraten das Mehl:

»Das Mehl hat folgende Merkmale:
- W: 220-380
- P/L: 0,50-0,70
- Absorption: 55-62
- Stabilität: 4-12
- Value index E10: max 60
- Falling number: 300-400
- Gluten trocken: 9,5-11 g %
- Proteine: 11-12,5 g %«

Selbstverständlich benötigt auch der Teig eine detailverliebte Würdigung:

»Der Teig hat folgende Merkmale, mit einer Toleranz von jeweils ± 10 %:
- Gärtemperatur: 5 °C
- endgültiger pH-Wert: 5,87
- titrierbare Gesamtsäure: 0,14
- Dichte: 0,79 g/cc (+ 34 %)«

Wir sind jetzt noch nicht beim Auftragen der Tomaten: »Die ›Pizza Napoletana‹ wird nach dem nachfolgend beschriebenen Verfahren gewürzt …

- man gibt mit einem Löffel in die Mitte der Teigscheibe 60-80 g geschälte, zerkleinerte Tomaten und/oder geschnittene kleine Frischtomaten,
- mit einer spiralförmigen Bewegung werden die Tomaten auf der ganzen Innenfläche verteilt,
- mit einer spiralförmigen Bewegung wird Salz auf die Tomatenoberfläche gegeben,
- 80-100 g in Streifen geschnittene Mozzarella di bufala campana DOP wird auf die Tomatenoberfläche gestreut,
- auf die Pizza gibt man einige Blätter frisches Basilikum,
- mit einer Ölflasche mit Ausgießer verteilt man in einer spiralförmigen Bewegung von der Mitte aus 4-5 g natives Olivenöl extra mit einer zulässigen Toleranz von + 20 %.«

Verwendet man statt Basilikum eine Prise Oregano braucht man 70 bis 100 Gramm Tomaten. Außerdem erlauben es die Vorschriften, auf geschnittene kleine Frischtomaten zu verzichten. Die Menge der Tomaten bleibt dann gleich. Meine beste Pizza wurde mir von Signore Ernesto Cacialli serviert. Der kam aus Napoli und wusste, wie man Pizza machte. Nie hat Ernesto den Rand gemessen, er bot weiche Pizzen und knusprige Pizzen. Er hatte nicht die geringste Ahnung, was »titrierbare Gesamtsäure« war. Wahrscheinlich hat er täglich gegen geltende Pizza-Gesetze verstoßen.

In aller Regel genießen Rezepte von Köchen und Pizzaiolos keinen Schutz. Die Normen sind auf Handwerk und Industrie zugeschnitten. Unsere traditionellen Würste und Schinken zum Beispiel, die würden doch Schutz und Gütesiegel verdienen, oder? So dachte ich, bevor ich mich durch das entsprechende Datenmaterial kämpfte. Zum Beispiel der Ardenner Schinken. Der kann durch ein g.g.A.-Siegel geschützt werden. Was ein Ardenner Schinken mit Europa-Gütesiegel ist, regelt das entsprechende *cahier des charges* (Pflichtenheft): »Der Schinken muss in der Provinz

Luxemburg oder in einem der Kantone von Beauraing, Gedinne, Rochefort, Dinant, Stavelot, Malmedy, Saint-Vith, Louveigné, Spa und Eupen sowie in den Gemeinden Ferrières, Vieuxville, Werbomont und Xhoris hergestellt worden sein (oder vorgeschnitten worden sein). Das Vorschneiden muss in der Europäischen Union erfolgt sein ...« Ardenner Schinken heißt also Ardenner Schinken, weil er im weitesten geografischen Sinne in den Ardennen geschnitten und gepökelt wurde. Eine Lagerung oder Reifung in den Ardennen ist fakultativ. Schweinefleisch aus dieser Region muss nicht verwendet werden.

Doch bei uns in Deutschland, da herrscht noch Ordnung, oder? Den letzten Schwarzwälder Schinken bekam ich bei meinem Frankfurter Freund Harald und seiner Lebensabschnittsgefährtin. »Harald, dieser teure Schwarzwälder Schinken, den du da letztens gekauft hast, der schmeckt wie jeder andere Schinken auch«, meinte Letztere. Harald brummte. Da wollte er der Familie was Gutes tun, verwöhnte sie mit traditionellen Spezialitäten inklusive Gütesiegel, und schon hagelte es verbal Prügel. Prüfend betrachtete Harald die letzte Schinkenscheibe, rieb sie zwischen den Fingern, steckte sie zögernd in den Mund. Siehe da: Wo Frau recht hatte, hatte sie recht. Dieser Schinken schmeckte wie jeder andere. Morgen, sagte sich Harald, morgen gehe ich bei dem Metzger vorbei. Dann kriegt der was zu hören.

Lieber Harald, den Weg solltest du dir sparen. Wahrscheinlich hat der Metzger den Schinken gar nicht selbst gemacht, sondern auf das Europasiegel vertraut. Schon beim Antrag auf das g.g.A.-Siegels haben sich die Beamten geschickt um eine wichtige Zutat des Schinkens herumgeschrieben. Die Rede ist vom Schweinefleisch. Das erwähnen die Verfasser eher knapp: »Die zur Herstellung von Schwarzwälder Schinken benötigten Hinterschinken werden Schweinen entnommen, die in Bezug auf Haltung, Fütterung und Typ (Fleischschwein) Gewähr für die gewünschte ›Spizenqualität‹ [ich zitiere hier nur, steht genau so, ohne ›t‹, im Antrag] in der Endstufe der Verarbeitung bieten.« Angaben zur Rasse, Haltung, vielleicht sogar Auslauf und Alter bei der Schlachtung, Präzises zur Fütterung, das sucht man vergebens. Schinken kommt vom »Fleischschwein«. Punkt. Es gibt dann noch eine »dreiwöchige Schinken-reifung«.

Oder betrachten wir das »Halberstädter Würstchen«. Ein »feines, längliches Brühwürstchen im zarten Naturdarm (Schafsaitling), welches ausschließlich als konserviertes Produkt angeboten wird.« Auch hier liefern die Beamten das Rezept zur »Zusammensetzung der Würstchen«:

- Schweinefleisch: ca. 45 %
- Rindfleisch: ca. 15 %
- Schweinespeck: ca. 15 %
- Naturdarm (Schafsaitling): ca. 1,5 %
- Trinkwasser: ca. 18 %
- Nitritpökelsalz: ca. 2 %
- Gewürze (insbesondere weißer Pfeffer und Muskatblüte): ca. 1,5 %
- Zusatzstoffe: ca. 2 %
- Fettgehaltsstufe: 20 % (± 5 %)
- Bindegewebseiweißfreies Fleischeiweiß: mindestens 7,5 %

Wenn ich als Metzger mein Würstchen ohne zwei Prozent Zusatz-stoffe herstellen will, habe ich dann trotzdem Anrecht auf das Europasiegel? Oder wird das Würstchen durch die Additive zum Halberstädter? Thüringer Rostbratwurst gelingt zum Beispiel auch ohne Zusatzstoffe. Zumindest sind sie nicht im »offiziellen« Rezept zur Erteilung eines g.g.A.-Siegels. Außerdem müssen »mindestens 51 Prozent der verwendeten Rohstoffe ... aus der Region Thürin-gen stammen«. Die »verwendeten Rohstoffe«, das sind »grob ent-fettetes Schweinefleisch, Schweinebacken ohne Schwarte, evtl. ent-sehntes Kalb- oder Rindfleisch für das Brät, nicht umgerötet; die Gewürzmischungen variieren je nach überlieferter Rezeptur oder regionaler Ausprägung; neben Salz und Pfeffer werden insbeson-dere Kümmel, Majoran und Knoblauch verwendet.« Im Klartext: Für eine Thüringer Rostbratwurst mit Gütesiegel darf fast die Hälfte des Fleisches von wo-auch-immer eingeführt werden.

Ja, die geografische Herkunft ist eine der zentralen Fragen

Brüsseler Tuns: Nehmen wir mal das Beispiel Stopfleber, Foie gras, ein besonders umstrittenes Produkt, das natürlich zuweilen mit europäischen Gütesiegeln ausgezeichnet wird. Ich gestehe, selbst Foie gras gegessen zu haben. Manchmal schmeckte sie mir. Außerdem bin ich mehrfach durch den französischen Südwesten gereist und habe dabei neben Restaurants diverse Erzeuger von Stopfleber besucht. Es gibt einige Bauern, die sich um das Wohlergehen ihrer Tiere sorgen. Und es gibt Mastbetriebe, die einem Höllenbild von Bosch ähneln. Der Marktführer in Sachen Foie gras heißt Euralis. Er besitzt die Stopflebermarken Montfort, Bizac, Pierre Champion und Rougié. Über deren Erzeugnisse heißt es im Katalog des deutschen Feinkosthandels Bosfood unter dem Stichwort »Entenstopfleber, entnervt, von Rougié, TK, 500 Gramm«: »Durch eine schonende aber gezielte Fütterung der Tiere, für die der Begriff Stopfen eigentlich falsch ist, erreichen diese Lebern eine gewisse Größe. Diese Größe darf jedoch nie ein bestimmtes Maß überschreiten. Der Maßstab ist dabei die Größe, welche sich die Tiere auch in der Natur anfressen. Jenseits dieser Größe wäre eine Leber auch kulinarisch unbrauchbar. Sie gilt als Delikatesse.« So weit, so gut.

Euralis handelt nicht nur mit Entenerzeugnissen, sondern auch mit Mais, Gemüsen, Saatgut und Weinbaubedarf. Der Umsatz des Unternehmens betrug 2008/2009 rund 1,29 Milliarden Euro, Stopflebern und Geflügelprodukte trugen mit 428 Millionen Euro zu diesem Ergebnis bei. Angesichts dieser Zahlen ist es recht unwahrscheinlich, dass die Stopfgänse in Euralis-Betrieben mit einem persönlichen Gute-Nacht-Küsschen des Züchters zu Bett geschickt werden. Einmal zerrte Euralis einen Veterinär, der schlechte Foie gras öffentlich bemängelte, vor Gericht. Mit Erfolg. Auch Tierärzte unterliegen der Schweigepflicht, egal, wie es in einem Betrieb aussieht. Prozessiert wurde auch gegen eine Journalistin, die über Praktiken im Hause Euralis berichtete. Ohne Erfolg. Ausgerechnet ein Lieferant leistete heftigen Widerstand gegen den Marktführer in Sachen Stopfgeflügel. Er heißt Philippe Lapaque und steht heute vor dem Ruin. Der Streit mit seinem Auftraggeber und die Prozesskosten haben ihn buchstäblich aufgefressen. Auch Lapaque erzählte, dass der Begriff »Stopfen« für Foie gras eigentlich falsch ist. Allerdings meinte er das ganz und gar nicht so wie der rheinische Feinkosthändler.

Dem Bauern aus dem französischen Südwesten wurden von Euralis Enten zum Stopfen geliefert, die an der »Derszy-Krankheit« litten. Das bedeutet, sie bleiben klein und sterben jung. Überleben sie, sind diese Enten nur schwer und mit extremer Quälerei auf Stopfentenformat zu füttern. Lapaque sagte, sie seien »fragil wie Glas«. Im Internet berichtete er am 26. November 2008 auch über die Zustände in der Schlachterei: Die toten Vögel werden aussortiert, die anderen mit dem Kopf nach unten aufgehängt, Luftbefeuchter nebeln sie ein, denn als nächstes wartet die Elektronarkose. Stromschläge betäuben die Enten bis zur Schlachtung.

Zum Image moderner Lebensmittelindustrieller passt diese Vermarktungsstrategie: Die Leber kranker Enten wird den Kunden laut Lapaque sogar als besondere Köstlichkeit angeboten. Als »Foie gras Montfort« mit europäischem g.g.A-Gütesiegel, der geprüften geografischen Angabe. Hersteller eines »Feinschmeckerproduktes« speisen die Kunden mit Teilen kranker Tiere ab. Bon appétit!

Schlimmer noch, nach den Bestimmungen für Gütesiegel ist all dies vielleicht sogar legal: Das Amtsblatt der Europäischen Gemeinschaften (1999/C 274/03) regelt die Herkunftsregion, bestimmt die Fütterung mit Mais und erklärt den Ursprungsnachweis: »Von der Brüterei bis zur Fertigstellung des Endproduktes besteht für den gesamten Produktionsprozeß ein System der Herkunftssicherung in Form registrierter Dokumente und der Bestandsbuchführung durch alle Marktbeteiligten (Brüterei, Halter, Mäster, Schlachthof, Zerlegebetrieb, Konservenhersteller und Lebensmittelhändler).«

Ein Mindestgewicht ist für Leber und Entenbrust vorgeschrieben, nicht aber für Jungtiere. »Geprüfte geografische Angaben« orientieren sich nun mal an der Geografie.

Bei Fragen wie Lagerungs- und Reifefristen will man in Brüssel ebenfalls nicht päpstlicher sein als der Papst, pardon: metzgerischer als der Metzger. Oder saurer als die Essigfabrikanten, wie das Beispiel Aceto Balsamico aus Modena zeigt. Jeder Importeur bewirbt den Essig als flüssiges Gold, jahrzehntelang gereift. Hier bietet die Anleitung zum Gütesiegel endlich einmal Klarheit: Aceto Balsamico di Modena wird aus teilvergorenem und/oder eingekochtem und/oder eingedicktem Traubenmost gewonnen, dem ein Anteil von mindestens 10 Prozent mindestens zehn Jahre altem Essig sowie von mindestens 10 Prozent reinem Weinessig zugefügt wird … In jedem Fall erfolgen Veressigung und Veredelung … über einen Zeitraum von mindestens 60 Tagen nach Zusammenstellung der zu verarbeitenden Rohstoffe.«

Also: Zehn Prozent alter Essig, 60 Tage lagern, schon gibt es ein Gütesiegel für den Aceto Balsamico di Modena. Was das Siegel nicht erklärt: Die weit besseren Qualitäten tragen den Namen »Aceto Balsamico Tradizionale di Modena«. Wohlgemerkt, hier handelt es sich nicht um Durchschnittsware aus dem Supermarkt, sondern um »Feinschmecker-Produkte« mit Qualitätsabzeichen! Im großen Europa der Nahrungsmittel verdient vieles Gütesiegel: der schottische Zuchtlachs (»Die Farbe des Fleisches muss mindestens die Intensität 26 auf der Roche-Skala erreichen«), genauso wie die »Kiwi de l'Adour«. Die wurden in meinem Geburtsjahr von einem gewissen Henri Pedelucq in Südwestfrankreich angesiedelt. Sieben Jahre später verkaufte Pedelucq die gesamte erste Kiwi-Ernte, rund 700 Kilo, nach Westdeutschland. Etwa 300 Gramm davon landeten prompt in meiner Familie. Zusammen mit Vater und Mutter fragte ich mich zuerst, wie man dieses behaarte, braune Ei aß und ob uns der grüne Inhalt wirklich schmeckte. Zumindest bei uns fiel die Reaktion auf die »Kiwi de l'Adour« verhalten aus. Dennoch, Kiwi aus Südwestfrankreich, das ist mittlerweile anscheinend Tradition, Tradition ist gut und braucht Gütesiegel.

Eine Ausnahme? Die italienische Latina-Kiwi tauchte noch später auf den Märkten auf und kann trotzdem mit g.g.A.-Siegel ausgezeichnet werden. Zu den Argumenten der Antragsteller zählte auch die Auswertung des Pressespiegels: »In der Tagespresse und der nationalen und internationalen Fachpresse (*Il Messaggero, Latina Oggi, Economia Pontina, L'Informatore Agrario, Terra e Vita, Italia Agricola, Lazio Agricolo, Rivista di Frutticoltura, Asiafruit Magazine*, um nur einige Titel zu nennen) fand die schrittweise Entwicklung des Kiwi-Anbaus in der Provinz Latina ihren Niederschlag; in zahlreichen Artikeln wurden unter anderem die optimalen boden-klimatischen Verhältnisse und die quantitativ und qualitativ äußerst wettbewerbsfähigen Anbaubetriebe beschrieben.«

Der Hinweis auf die lobende Presse ist bei solchen Anträgen auf europäische Gütesiegel kein Einzelfall. So wurden bei der »Veröffentlichung eines Eintragungsantrags nach Artikel 6 Absatz 2 der Verordnung (EG) Nr. 510/2006 des Rates zum Schutz von geografischen Angaben und Ursprungsbezeichnungen für Agrar-erzeugnisse und Lebensmittel« bezüglich Rindfleisch aus Bazas (Frankreich) der Anspruch auf ein Siegel durch ganze zwei Medienquellen untermauert:

> »- der Artikel im *Figaro* vom 16. Februar 2003 mit der Über-schrift: *Le boeuf gras fait son carnaval* (»Der Mastochse feiert Fastnacht«)
> - das Rezept »Kross gebratener Ochsenschwanz aus Bazas-Rindfleisch mit in der Pfanne gebratener Entenstopfleber aus den Landes«, das in der auf France 5 ausgestrahlten Sendung *Les escapades de Petitrenaud* vorgestellt wurde«

Ja, wenn der Mastochse im *Figaro* Fastnacht feiert und es sogar schon ein Rezept gibt, dann ist Brüsseler Handeln gefordert.

Natürlich ist der Grundgedanke der EU-Gütesiegel lobens-wert, natürlich gibt es Anträge, in denen sorgsam gedrechselte Wortgebilde die Feinheiten der Herstellung und die historischen Ursprünge traditioneller Spezialitäten beschreiben. Natürlich existieren Interessengruppen, die auch die besten Initiativen unterlaufen oder instrumentalisieren. Und natürlich gibt es in der Auswahl Kuriositäten: In Deutschland wurden Unmengen von Mineralquellen mit Gütesiegeln bedacht, von »Siegsdorfer Petrus-quelle« bis zu »Höllen-Sprudel«. Frankreichs Agrar-Barone lie-ßen sich Geflügel aus nicht weniger als 32 Regionen mit einem Gütesiegel versehen. Das verstehe, wer will.

Gelegentlich vermag die riesige Maschine Brüssel jedoch zu überraschen: Zum 1. Juli 2009 wurden zum Beispiel die spezi-fischen Vermarktungsnormen für 26 Arten Obst und Gemüse aufgehoben. Europäische Regelungen zu Größe und Form vieler Obst- und Gemüsesorten galten auf einmal nicht mehr. »Der 1. Juli steht für die Rückkehr der krummen Gurke und der knorrigen Karotte in unsere Regale«, sagte die für Landwirtschaft und ländliche Entwicklung zuständige Kommissarin Mariann Fischer Boel. »Etwas ernsthafter betrachtet ist dies ein konkretes Beispiel für unsere Bemühungen, unnötige Bürokratie abzubauen. Solche Dinge müssen nicht auf EU-Ebene geregelt werden. Es ist viel besser, dies den Marktbeteiligten zu überlassen. Die Veränderungen bedeuten auch, dass die Verbraucher aus einer möglichst breiten Produktpalette auswählen können. Es ist sinnlos, einwandfreie Erzeugnisse wegzuwerfen, nur weil sie die ›falsche‹ Form und Größe haben.« Ich habe mich sehr über das Comeback der krummen Gurke gefreut. Befreit wurden außerdem, in beliebiger Reihenfolge, alle Mitglieder der Familien der Aprikosen, Artischocken, Spargel, Auberginen, Avocados, Bohnen, Rosenkohl, Karotten, Blumenkohl, Kirschen, Zucchini, Zuchtpilze, Knoblauch, Haselnüsse in der Schale, Kopfkohl, Porree, Melonen, Zwiebeln, Erbsen, Pflaumen, Staudensellerie, Spinat, Walnüsse in der Schale, Wassermelonen sowie Chicorée.

Die Normen gelten allerdings weiterhin für zehn Obst- und Gemüsesorten, die 75 Prozent des EU-Handelswerts ausmachen: Äpfel, Zitrusfrüchte, Kiwis, Salate, Pfirsiche und Nektarinen, Erdbeeren, Gemüsepaprika, Tafeltrauben und Tomaten. Nachdem hier im Gemüsebereich effektiv Bürokratie abgebaut wurde, könnten die Bürokratiebausteinchen jetzt anderswo verwertet werden. Etwa beim Thema Aromen. Diese Labor-Erzeugnisse stecken nicht nur in Fertigfutter, sondern auch in zahllosen Erzeugnissen für Restaurants: »Natürliche Aromen« etwa kommen aus natürlichen Grundstoffen. So weit, so gut. Meist sind diese Grundstoffe spezielle Bakterien, Hefen oder Pilze, deren optimierte Aromen durch Destillation, Extraktion, enzymatische oder mikrobiologische Prozesse, Fermentieren oder chemische Lösungsmittel wie Cyclohexan, Ethylmethylketon und Diethylether gewonnen werden. Die chemischen Helfer werden in weiteren Arbeitsschritten wieder entfernt.

Die relativ neue EU-Verordnung 1334/2008 macht die Verwirrung für Verbraucher komplett: »Naturidentische Aromastoffe« und »künstliche Aromastoffe« sind jetzt zu »Aromastoffen« zusammengefasst. Merken Sie was? Die Wörtchen »künstlich« und »naturidentisch« sind weggefallen. Stattdessen haben wir jetzt »Aromavorstufen« wie zum Beispiel Kohlenhydrate, Oligopeptide und Aminosäuren, die Lebensmittel durch chemische Reaktionen, die während der Lebensmittelverarbeitung ablaufen, Aroma verleihen. Außerdem gibt es »sonstige Aromen«, eine Art Reste-Rampe von Stoffen, »die nicht unter die Begriffsbestimmungen der zuvor genannten Aromen fallen«. Wirbt ein Etikett hingegen mit »natürlichem Orangen-Pfirsich-Karotten-Aroma«, wird ein Ausgangsstoff angegeben und somit sollten mindestens 95 Prozent des Aromabestandteils aus dem genannten Stoff gewonnen sein. Natürliches Orangenaroma stammt also teilweise aus Orangen. Außerdem im Programm: »Natürliches Karottenaroma mit anderen natürlichen Aromen.« Hier wurden weniger als 95 Prozent des aus der Karotte gewonnenen Aromabestandteils verwendet. Ihr Aroma ist jedoch immer noch präsent und die anderen Stoffe entstammen ebenfalls natürlichen Quellen wie Bakterien, Hefen oder Pilzen. Alles klar? Nein? Macht nichts. Es ist stets ein schlechtes Zeichen, wenn Lebensmittel mit Aromen oder Geschmacksverstärkern gemischt werden. Wenn die vielbeschworenen »guten Zutaten« nach endloser Lagerung oder endlosen Arbeitsschritten an Geschmack verlieren, wenn minderwertige Lebensmittel oder gar Futtermittel, die Normalesser als Abfallstoffe empfinden (denken Sie daran, die Industrie wirft nichts weg – auch nicht Kröpfe und Vorderzehen), verwendet werden, dann helfen die Zauberkünstler des Food-Designs durch solche Stoffe nach. Geschmacksfülle wird vorgetäuscht. Geschmack ist eine Illusion. Es ist ein hübscher Erfolg präventiv arbeitender Lobbyisten, jetzt die naturidentischen und künstlichen Aromen durch einen Federstrich abzuschaffen. Schließlich war die Gesetzeslage schon vorher mehr als großzügig.

Doch was nicht gelobt werden kann, das gehört versteckt. Denn die Gastronomie ist schön.

Unbezahlbar
Kennt gutes Essen keinen Preis?

Gutes Essen kostet gutes Geld, weil gute Waren teuer sind. Jetzt,
wo das böse Wort gefallen ist, lassen Sie uns über Geld reden.
Schon deshalb, weil die Frage nach den Finanzen in Restaurantkritiken ein Tabu bleibt – erlaubt ist höchstens die Rede vom
»guten Preis-Leistungs-Verhältnis«. In den höheren Sphären der
Gastronomie werden gern Sprüche geklopft wie: »Über Geld redet
man nicht. Man hat es.« Das ist, mit Verlaub, ziemlicher Blödsinn.
Wenn ich nicht über Essen schrieb, interviewte ich hier und da
vermögende Menschen, die über Hunderte, manchmal Tausende
Mitarbeiter verfügten. Gründungsmitglieder internationaler An-
waltskanzleien waren darunter, Hoteliersfamilien, ein Mann, der
mit einer Sportartikelkette reich geworden war, ein Kosmetik-
unternehmer. All diese reichen Leute hatten eines gemeinsam: Sie
warfen das Geld nicht zum Fenster heraus und mochten es überhaupt nicht, für eine Leistung oder Ware mehr zu bezahlen als
unbedingt notwendig. Vielleicht ahnten sie instinktiv, dass sie mit
einer anderen Lebenseinstellung nicht lange reich bleiben würden?
Keiner hätte sein Geld ohne Rücksicht auf Verluste verspeist.
Tatsächlich waren manche meiner Interviewpartner im Restaurant
sparsamer als Ärzte, Anwälte oder hohe Beamte aus der Nachbarschaft. Überall auf der sozialen Skala scheint es also Menschen zu
geben, die auf das Preis-Leistungs-Verhältnis eines Restaurants
achten. Das sind beileibe nicht nur arme, unwissende Genuss-
verächter. Ein guter Freund kannte den Sterne-Zirkus so gut, dass
er jedes Soufflé ablehnte. Daran verdient der Wirt prozentual wohl
am meisten: ein wenig Butter zum Einfetten der Form, Eier, Zucker.
Fertig! Mit etwas Vanille kostet so ein Soufflé heute in Top-Lokalen
zwölf bis 28 Euro. Das generiert Margen, die mit Steinbutt, Trüffeln, Kaviar nicht zu erreichen sind.
Normalerweise stöhnen Feinschmecker bei solchen Sätzen auf
und belehren den Zweifler, dass Kreativität und Qualität keinen
Preis haben. Ich glaube fest daran, dass alles seinen Preis hat: Brot,

Fleisch, Autos, Texte, Bilder. Wenn der Preis fair ist, wenn Käufer und Verkäufer zufrieden auseinandergehen, dann ist das umso besser.

Mein erster Computer etwa kostete mich die stolze Summe von 2 500 DM. Ich hatte ihn vor 20 Jahren bei Vobis in Köln abgeholt. Die neue Wundermaschine verfügte über einen 80 286 Prozessor, eine Festplatte mit zwanzig (in Zahlen: 20) Megabyte Kapazität und einen faszinierenden weißen Knopf mit der Aufschrift »Turbo«. Damals ging das Gerücht um, man könne mit einem ordentlichen Kick auf den Turbo die Taktfrequenz des Prozessors von 8 Hertz auf prächtige 16 Hertz erhöhen. Zumindest sprang die Digitalanzeige auf der Vorderseite von acht auf 16, wenn man ihn drückte. Mein erstes Auto kostete mich rund 500 DM. Es war ein VW-Käfer, acht Jahre nach mir geboren, mit 110 000 Kilometern auf dem Zähler. Er lief und lief und lief ... auch wenn er ab und zu merkwürdige Geräusche produzierte. Meinen ersten DVD-Spieler erwarb ich schließlich für 490 DM. Stolz wählte ich zwischen den raren Silberlingen bei Saturn, die noch von Hunderten VHS-Tapes umrundet waren. Damals wusste ich schon, dass es in fünf Jahren leistungsfähigere Geräte geben würde. Der beste Tag, um Elektronik, Computer, Digitalkameras oder Autos zu kaufen, ist immer morgen. Denn es kommen immer neuere, bessere, günstigere Produkte auf den Markt, mit immer neueren, unerlässlicheren Features, deren absolute Notwendigkeit sich erschließt, sobald man sie nutzen kann.

In der Gastronomie ist es genau andersherum: Der beste Tag, um ein erstklassiges Restaurant zu besuchen, ist immer vor drei Monaten. Je bekannter das Lokal, desto wahrer ist das. Denn die Gastronomie ist rein zahlenmäßig eine wahre Brutstätte der Inflation. Abendessen in der »Grevenbroicher Traube« 1986: Störparfait, Wildlachs, Seeteufel, Steinbutt, Rehrücken, zwei Desserts: 96 DM. Das schien richtig viel Geld zu sein, zumindest für mich. Zum Vergleich: Ein Liter Diesel kostete etwa 90,9 Pfennig, Benzin 95,9 Pfennig, Bleifrei zwei Pfennig weniger. Der Liter Super, verbleit, lag mit 0,999 Pfennig hart an der beängstigenden 1-DM-Grenze. So ein Spitzenmenü entsprach also fast zwei Tankfüllungen. Es waren

Preise, die Restaurantkritiker damals den Lesern erst einmal schmackhaft machen mussten. Ein Opernbesuch würde, als einmaliger Kulturgenuss, auch Geld kosten, argumentierten sie. Ich weiß nicht mehr, was Opernplätze damals kosteten. Ich weiß jedoch, dass ich bei Robuchon à la carte für 425 Francs gegessen habe, ohne Kaffee und Wein. Das sind rund 129 DM und heute knapp 65 Euro. Mit etwas Glück gibt es bei demselben Koch dafür heute eine Vorspeise.

Ende der Achtzigerjahre erlitt ich im monegassischen »Louis XV« fast einen Tripel-Schock: Zuerst eine wahre Orgie an Stuck und Blattgold, dann der Einfluss der einfachen, bäuerlichen mediterranen Küche auf der Karte. Das schien damals revolutionär. Schließlich die Preise. Mehr als 150 DM für ein Menü! Und fast 150 DM für ein Gemüsemenü! Selbst schuld, wieso musste ich auch ins Steuerparadies Monaco fahren. Ein paar Köche schienen psychologische Preisbarrieren eher als Herausforderung zu begreifen. Wer kam als Erster über die 200-DM-Linie? Es war wie im Sport: Rekorde sind dazu da, gebrochen zu werden. Waren die Menschen wirklich bereit, x-beliebige Summen für ein Essen auf den Tisch zu blättern? Nichts, absolut nichts sagte mir, dass ich für solche Menüs einmal mehr als 200 Euro, gut 400 DM, bezahlen würde, dass ein schöner Abend zu zweit im Restaurant mit einem Glas Champagner, zwei Menüs, einer Flasche halbwegs genießbarem Wein und zwei Tässchen Espresso je nach Etablissement zwischen 1 000 und 1 800 DM kosten würde. In meiner jugendlichen Naivität dachte ich, der Menüpreis würde eines Tages den Punkt erreichen, wo die Restaurants sich leeren, weil die meisten Kunden den steigenden Preisen nicht mehr folgen wollen oder können. Nach diesem gesegneten Tag würden die Küchenchefs die Preise senken, um ein breiteres Publikum anzulocken. So zumindest hatte einer meiner Lehrer mir die Grundlagen der Marktwirtschaft erklärt. Noch ein paar Jahre, dachte ich, dann wird die Haute Cuisine den Weg der Haute Couture gehen. Ein maßgeschneidertes Angebot für wenige Superreiche, an dem sich eine vielfältige *Prêt-à-manger*-Szene orientiert. Vielleicht zehn Top-Restaurants in Frankreich werden bleiben, drei in Spanien, vier in Deutschland und

Italien, einige mehr in Tokio, Peking und New York. Viele davon werden von großen Hotelketten subventioniert werden. Clevere Köche schielen dann nicht mehr nach Ruhm, Schlagzeilen und *Michelin*-Sternen, sie werden ihre Gäste gut und bezahlbar bewirten. Sparen werden sie an Tafelsilber sowie an Saucenmalerei. Das wäre logisch und entspricht vielleicht deshalb nicht der Wirklichkeit. Es gibt heute weit mehr Spitzenköche als vor zehn Jahren.

Ich weiß, Kaviar ist unbezahlbar geworden, Fisch ist teuer und je nach Art vom Aussterben bedroht, mancher Gemüsehändler berechnet Prohibitionspreise und der Euro kam über uns. Und überhaupt, ginge es nach den Puristen, habe ich im Top-Restaurant ohnehin nichts zu suchen, wenn ich die Preisspalte studieren muss. Kreativität hat schließlich keinen Preis. Eine Standardausrede.

Innerhalb Westeuropas speist man in Frankreich am teuersten. Spanien blieb lange günstig, hat aber mit Riesenschritten aufgeholt. Deutsche Spitzenköche praktizieren im internationalen Vergleich eher moderate Menüpreise. Grenzübergreifend singen große Köche im Gespräch mit Journalisten dennoch immer wieder das Lied von der »Haute Cuisine, mit der kein Geld zu verdienen ist.« »Gerade mal 1,5 Prozent Rendite!« »Ich mach das nur aus Idealismus!«

Jedes Mal, wenn ich mit Köchen über Geld redete, fiel der Satz, dass man mit großer Küche selbiges nicht verdienen könnte. Gemault wurde über alternde Klientel, ausbleibende Spesenesser, betriebseigene Buchhalter, die nicht mehr so gern Restaurantrechnungen mit vierstelligen Beträgen sähen. Oft bildete die Feststellung, aufgrund all dieser Fakten zur Armut verdammt zu sein, das Schlusswort, bevor der Herdmeister in seinen Porsche stieg, den er sich wahrscheinlich auch aus purem Idealismus zugelegt hatte. Natürlich sind Spitzenköche trotz saftiger Menüpreise vor finanziellen Fehlschlägen nicht gefeit. Das erste Drei-Sterne-Restaurant, das Konkurs anmelden musste, war »Pierre Gagnaire« in Saint-Étienne westlich von Lyon. Vor der Gagnaire-Pleite im Jahr 1996 galten Lokale mit der Höchstnote des *Michelin* als befreit von finanziellen Schwierigkeiten. Auch wenn dem Koch wenig später ein spektakuläres Comeback in Paris gelang: Für die Branche war der Konkurs ein Schock, auf den bald der nächste folgte: Drei-Sterne-Chef Marc Veyrat schrammte Ende der Neunzigerjahre haarscharf an der Pleite vorbei. Marc Meneau, ausgezeichnet mit drei Sternen in Vézelay im Burgund, hat Schulden in Millionenhöhe, sein Haus stand Anfang 2007 unter Aufsicht eines Konkursverwalters. Alain Senderens, dessen Pariser Lokal »Lucas-Carton« eine Partnerschaft mit Vrancken-Champagner rettete, gab seine Sterne zurück und macht jetzt wieder gute Umsätze mit einem schlichteren Lokal.

Einige der Herdmeister verschuldeten sich extrem, um in zehn Jahren all das aufzubauen, was Gastronomen-Familien wie Haeberlin und Troisgros in drei Generationen errichtet hatten. Viele Köche verbrannten ihre Gewinne schlicht und einfach, indem sie sich überhöhte Gehälter auszahlten. Einige wählten ihre Gattinnen nach dem aus dem Fußball bekannten Spielerfrauen-Prinzip. Ich persönlich kenne einen Koch, der ein kleines Vermögen in die maßgeschneiderte, farblich auf die Vorhänge des Lokals abgestimmte Garderobe seiner Frau Gemahlin, einer Ex-Stewardess, investierte. Sein Restaurant machte vor Jahren pleite.

Wieder andere lagern die Gewinne in andere Gesellschaften aus, um mitleidheischend in der Presse wortreich betonen zu können, dass ihr tolles Lokal gerade einmal 40 000 bis 60 000 Euro Profit erwirtschafte. Einige jedoch gehen offener mit dem Thema Finanzen um: Heston Blumenthals »Fat Duck« in Bray on Thames etwa verzeichnete 2008 einen Gewinn von 732 278 Pfund. Ein Jahr später waren es »nur« noch 525 818 Pfund. Grund für den Rückgang war die Schließung des Lokals: 529 Gäste erkrankten nach ihrem Besuch. Die Versicherung sprang für den Umsatzausfall ein, spendierte noch einmal etwas mehr als 200 000 Pfund, das hievte Blumenthals Gewinn wieder auf Vorjahresniveau. Dazu kommen die Profite aus seinem Pub »Hind's Head«, im Jahr 2009 immerhin 136 196 Pfund. Insgesamt machte Wirt Blumenthal 2009 knapp eine Million Euro Gewinn. Nicht schlecht für ein Restaurant und einen Pub, oder?

Mich stört es überhaupt nicht, wenn arbeitende Menschen gutes Geld verdienen. Nur: Warum die Jammerei vor der Presse? Die ständigen Rechtfertigungsversuche der eigenen Menüpreise?

Die Köche- und Kritiker-Litanei aus den Achtzigerjahren liegt mir noch in den Ohren: Eine Opernkarte kostet auch Geld, genau wie Logenplätze im Fußballstadion. Die Eintrittskarte zu *Tosca* in der Berliner Staatsoper kostet, während ich diesen Satz schreibe, zwischen 12 und 100 Euro. *Schwanensee* in der Alten Oper in Frankfurt a.M. schlägt mit 32 bis 78 Euro auf die Geldbörse, die guten Plätze in Bayreuth sind etwas teurer als der Besuch eines erstklassigen Lokals. Allerdings öffnet das Restaurant meist fünf Tage pro Woche, während die Bayreuther Festspiele nur einmal im Jahr stattfinden. Und das Gute am Fußball ist ohnehin, dass jeder auch auf billigeren Plätzen Stadion-Atmosphäre schnuppern kann.

Kultur- und Kunstgenuss ist heute weit günstiger als die Visite im Top-Lokal. Der Besuch der besseren Restaurants ist, rein finanziell betrachtet, im Vergleich dazu ein kurzfristiges Investment mit höchst beschränkter Renditeerwartung. Ich würde ja gar nicht meckern, wenn ich für mehr Geld auch mehr Qualität herausschmecken könnte, doch echte Prämiumprodukte auf dem Teller suche ich mehr und mehr vergebens. Etwa 35 Prozent des Menüpreises gaben Köche einst für erstklassige Zutaten aus. Heute tendieren selbst große Chefs mehr zu 25 Prozent Wareneinsatz. In vielen Spitzenküchen arbeiten talentierte Nachwuchskräfte für Taschengeld, um einen prestigeträchtigen Namen auf ihren Lebenslauf zu setzen. Geld fließt für »sichtbaren Nutzen«. All die Serviceleute im Saal sieht der Gast. Den Unterschied zwischen einem Bresse-Huhn erster und zweiter Klasse schmeckt hingegen nur eine kleine Elite von Genießern, hier lässt sich diskret sparen.

Es stört eh niemanden, schließlich werden die Menüpreise von heute weder vom Euro noch vom Soufflé verursacht, sondern vom permanenten Starkult um die Köche. Süppchen löffeln beim Superstar! Die Qualität des Servierten kümmert nur wenige Esser. Spitzenlokale sind keine Orte für Essgenuss mehr, sie sind Messehallen der Selbstaufwertung und dienen der Demonstration des eigenen Sozialstatus – genau wie früher die maßgeschneiderte Haute-Couture-Création. Wer wird denn am Essen mäkeln, wenn vor dem Teller die eigene Bedeutung zelebriert wird?

Das Lokal ist eine Hype-Maschine für Besserverdienende. Tatsächlich ähnelt das System der Vermarktung von Popstars: Eine kleine Elite von Fans blättert das Geld für einen Konzertbesuch hin. Den Rest füttert man mit diversen Produkten ihres Idols: überteuerte T-Shirts, Poster, Biografien und manchmal sogar Bettwäsche. Alles, was der Markt hergibt. Im Kulinarischen sind das oft Fertiggerichte oder Industrieprodukte mit Köche-Konterfei – doch dazu später mehr. In ihrer Jammer-Litanei vergessen Spitzenköche oft, dass ihre Restaurants ihnen den Weg zu Fernsehshows, Werbe- und Kochbuchverträgen ebnen.

Das amerikanische *Forbes*-Magazin veröffentlichte 2008 eine Liste der vermögendsten Köche. Unter den Großverdienern finden sich der Österreicher Wolfgang Puck mit einem geschätzten Jahreseinkommen von 16 Millionen Dollar, der Franzose Alain Ducasse mit fünf Millionen Dollar und die Fernsehköchin Rachael Ray mit 18 Millionen Dollar Honorar pro Jahr. Das Privatvermögen des britischen Fernsehkochs Jamie Oliver schätzt die *Sunday Times* auf 40 Millionen Pfund. In Großbritannien verdient Küchenzar Gordon Ramsay mit seinen Fernsehshows *The F Word* und *Ramsay's Kitchen Nightmares*, dem Vorbild des deutschen Formats *Rach, der Restauranttester*, gut zwei Millionen Pfund jährlich. Für Fernsehshows aus den USA flossen laut seinem Partner, Manager und Schwiegervater Chris Hutcheson nochmals neun Millionen Dollar. Ramsay hat außerdem zwei Biografien und mehr als 20 Kochbücher schreiben lassen. Allein in Großbritannien wurden Ramsay-Bücher für 25 Millionen Pfund umgesetzt. Nicht eingerechnet sind die Lizenzgebühren für Ausgaben in 18 Sprachen. Daneben gibt es lukrative Werbeverträge für Töpfe, Pfannen, Porzellan und Gin: Das sind noch einmal rund drei Millionen Pfund Jahreseinnahmen.

Britische und amerikanische Medien beziffern Gordon Ramsays Privatvermögen auf etwa 50 Millionen Pfund. Nicht schlecht für einen Koch, der Anfang der Neunzigerjahre noch vollkommen unbekannt war. Trotz Finanzkrise expandierte Ramsay weltweit, eröffnete immer wieder neue Restaurants, die oft zielstrebig auf eine Pleite zusteuerten. Seine Filialen standen in Tokio, Dubai, Dublin, New York und Boca Raton, Florida, Prag,

Los Angeles, Amsterdam und Versailles. Allein der Ramsay-Ableger in Versailles bei Paris verlor 200 000 Euro pro Monat. Mit neun Millionen Pfund aus ihrem Privatvermögen retteten Hutcheson und Ramsay die Lokale. Ein Bankrott wäre für den Koch, der in seiner Fernsehshow *Ramsay's Kitchen Nightmares* anderen Wirten zeigt, wie sie ihr Lokal retten können, besonders fatal gewesen. Wie kommt ein Koch zu so viel Geld? Nun, man muss es nicht selbst besitzen, für die finanzielle Schwungmasse sorgt der berüchtigte Investmentfonds Blackstone. Der Großinvestor wird in der deutschen Presse allerorten als »Heuschrecke« bezeichnet, sei es in der *Süddeutschen Zeitung,* im *Spiegel,* im *Handelsblatt* oder in der *Financial Times Deutschland.* Blackstone ist unter anderem an der Telekom beteiligt, Gewerkschafter machen das Unternehmen für harte Sanierungsmaßnahmen verantwortlich. Diese Heuschrecke also ist das Erfolgsgeheimnis des beliebten Fernsehkochs Ramsay, was er in seiner Autobiografie *Gordon Ramsay's Playing With Fire* schildert: Blackstone bat ihn demnach 2001, das Restaurant im Londoner Nobelhotel Claridge's zu übernehmen. Der Investor bezahlte für den Umbau des Lokals und erhielt im Gegenzug dafür rund elf Prozent der Einnahmen in Form von Mieten. Dank Blackstones Geld konnte Ramsay Restaurants rund um die Welt eröffnen. Selbst während seiner finanziellen Schwierigkeiten zeigte Blackstone Verständnis, löste einige Verträge und zahlt Ramsay jetzt Honorare als Consultant. Andere Unternehmen im Blackstone-Portfolio konnten sich auf dieses Entgegenkommen nicht verlassen. Doch bei Spitzenköchen werden selbst Heuschrecken schwach.

Die Schein-Heiligen
Wie Spitzenköche Industrieprodukte preisen

Ja, große Küche generiert großes Geld. Besonders willig zahlen Hersteller, deren Produkte sonst nicht ohne Weiteres bei Herdprofis Einzug halten würden. Selig lächelt etwa Alfons Schuhbeck von der Dose. Heute gibt es »Champignon Creme-Suppe« von Escoffier-Duett. Im Fernsehen redet Schuhbeck gern von Gewürzen und tagesfrischen Zutaten. Ob er ein Etikett der Cremesuppe gesehen hat? Da ist viel Gutes drin. »Fond«: »Wasser, Speisesalz jodiert (Salz, Kaliumjodat), Zucker, Gewürze, Tomatenmark, Lauch, Hefeextrakt, Aroma«. »Komposition«: »Modifizierte Stärke, Champignonpulver sechs Prozent und -scheiben gefriergetrocknete vier Prozent, Sahnepulver, Vollmilchpulver, pflanzliches Fett, Hefeextrakt, Zucker, Aroma, Milchzucker, Speisesalz, Gewürze, Zwiebeln, Milcheiweiß, Dextrose, Trockenglukosesirup, Stabilisatoren (Diphosphate, Natriumorthophosphat), Schnittlauch, Säuerungsmittel Citronensäure«.

Das eigenwillige Suppenrezept und der lächelnde Spitzenkoch waren der Verbraucherorganisation »Foodwatch« 2010 sauer aufgestoßen. Die bemängelten die »Anlehnung an die Spitzengastronomie« und erklärten wahrheitsgemäß, dass sich »die Zutaten der vermeintlichen Qualitätssuppe wenig von der einer Standard-Tütensuppe« unterscheiden – »Zusatzstoffe und Aromen inklusive«. Im Klappentext des Schuhbeck-Werkes *Gesund genießen – raffiniert gewürzt. Meine leichte Wohlfühlküche* (Zabert Sandmann 2007) klang das Küchenkredo des Müncheners noch ganz anders: »Immer mehr Menschen erkennen hierzulande, wie wichtig die Ernährung für unser Wohlbefinden ist. Deshalb hat Alfons Schuhbeck diesmal bei der Auswahl der Rezepte ein besonderes Augenmerk auf die gesundheitsfördernde Wirkung der Zutaten gerichtet. Das Ergebnis ist eine leichte Wohlfühlküche, die mal die Sinne anregt, mal Nahrung fürs Gehirn bietet oder auch das Immunsystem stärkt. In seinen Tipps erklärt der Starkoch, welche wichtigen Inhaltsstoffe die Lebensmittel und Gewürze haben und wie sie positiv im Körper wirken.«

Laut *Foodwatch* »föhnt« Hersteller Escoffier »das Suppenpulver zum angeblichen Gourmet-Produkt auf, indem er es in eine Dose abfüllt und das Wasser zum Einrühren gleich mitliefert. Mithilfe des besternten Fernsehkochs Alfons Schuhbeck wird Verbrauchern also durchschnittliche Instantware zu völlig überhöhten Preisen als Premiumprodukt untergejubelt.« Nebenbei gefragt, wo ist denn jetzt die positive Wirkung der Inhaltsstoffe im Körper geblieben?

Foodwatch meinte: »Promi-Köche als Werbefiguren für Fertigprodukte sollen für Glaubwürdigkeit sorgen und Verbrauchern eine besondere Qualität suggerieren. Am Ende täuschen die Köche damit aber nicht nur die Verbraucher. Sie bringen auch ihren eigenen Berufsstand in Verruf.« Und Schuhbeck ist nicht allein: Fernsehkoch Martin Baudrexel *(Kochprofis)* wirbt für die Fertigsahne »Rama Cremefine zum Kochen« von Unilever. Die »Mischung von Milch, Wasser und Pflanzenfett«, erhältlich in Geschmacksrichtungen wie »Pilze mit weißem Balsamico«, »Tomate mit Ricotta« oder »3 Pfeffer mit Zitrone« enthält laut *Foodwatch* »Aroma aus dem Labor und zahlreiche Zusatzstoffe«. Inzwischen gibt es auch Cremefine »Curry und Ananas«, natürlich alles mit »vollem Geschmack, halb so viel Fett.« Ja, modernes Food-Design schafft es inzwischen, Curry und Balsamico in Sahneersatz zu verstecken. Baudrexel spricht auf seiner Website in der dritten Person über seine Lehrzeit: »Das große Angebot an frischem Fisch sowie Wild, Kräutern und Pilzen aus den Wäldern Kanadas prägten seinen Kochstil. Der große asiatische Bevölkerungsanteil in British Columbia ließen ihn zusätzlich einen tiefen Einblick in die asiatische Küche nehmen. Reisen nach Asien und in die Karibik gaben ihm weiterhin die Möglichkeit, verschiedene Arten des Kochens kennenzulernen.« Und die Unilever-Marke Rama rundete dieses schmackhafte Programm schließlich ab?

TV-Köchin Sarah Wiener bat 2010 in den Speisewagen der Deutschen Bahn zu Tisch: Die pumpte in eine »mit Kerbel-Pesto gefüllte Roulade vom Landschwein, dazu Honig-Petersilien-Karotten und Knöpfle« neben »Schweinefleisch [56 Prozent]« auch diverse gehärtete Fette, undefinierte Aromen, Hefeextrakt, Xanthan und vieles, vieles mehr. Die Zusatzstoffliste ist doppelt so lang wie Wieners Rezept. Im Interview mit der Website *www.ya-cool-bio.de* sagte sie noch, sie »kaufe am liebsten auf Bio-Märkten und in Bio-Läden oder direkt bei kleinen Produzenten ein, vor allem regionale und saisonale Produkte«. Auf die Frage, welches Lebensmittel und welches Getränk sie aus den Supermärkten dieser Welt verschwinden lassen würde, erklärte Wiener: »Ich würde Tütensuppen und Palatschinken aus der Tube verschwinden lassen, sowie alle zuckerhaltigen, industriell gefertigten Limonaden mit Zusatzstoffen.« Also: Additive in der Limo – nein. Zusatzstoffe im Landschwein – ja. Oder?

Die TV-Ikone erklärte, sie hätte erst durch *Foodwatch* erfahren, dass der Lieferant der Bahn ihr Rezept abgewandelt hatte. Oder hatte sie einfach vergessen, dass endgültige Rezept durchzusehen?

Vielleicht greifen wir doch lieber zu einem Produkt von Johann Lafer, Fernsehprominenz erster Güte? Er steht auf seiner Website www.johannlafer.de treu zu seinen Partnern: »Ein Name, ein Garant: Johann Lafer. Vertrauen verpflichtet: Nur geprüfte beste Produkte dürfen unter dem Namen Johann Lafer angeboten werden. Vertrauen Sie dem Namenspatron! … Johann Lafer empfiehlt Ihnen nur Dinge, von denen er selbst vollständig überzeugt und begeistert ist! … ›Nur was ich selbst mit Freude verwende und genieße, gebe ich mit Freude weiter!‹«

Lafer ist gelernter Patissier, also Fachmann für Desserts. Lassen wir uns also ausgesuchte Zutaten der »Edle Pralinen – Meister Selection ohne Alkohol«, dargeboten auf der Lafer Website vom 2.12.2010 zum Preis von 11,50 Euro, auf der Zunge zergehen:

»Orangen-Fruchtzubereitung (natürliche Aromastoffe, Zucker, Glukosesirup, Wasser, Glukose-Fructose-Sirup, Säuerungsmittel: Zitronensäure, Orangensaft-Konzentrat, modifizierte Stärke), Mocca-Zubereitung (natürliche Aromastoffe, pflanzliches Öl, pflanzliches Fett, z.T. gehärtet), Erdbeer-Fruchtzubereitung (natürliche Aromastoffe, Erdbeersaft-Konzentrat, Zucker, Glukosesirup, Erdbeeren, Säuerungsmittel: Zitronensäure, färbendes Lebensmittel, Stabilisator: Carboxymethylcellulose), Emulgator: Sojalecithin, Milcheiweiß, Laktose, Wasser, Sahnepulver, Stabilisator: Carrageen, Säuerungsmittel: Zitronensäure, natürliche Aromen (Vanille, Cappuccino, Erdbeer), Kaffee, Farbstoff: Zuckercouleur, Antioxidationsmittel: Schwefeldioxid.«

Gehärtete Fette, Labor-Aromen, Emulgatoren wie die umstrittenen Carrageene, Carboxymethylcellulose – der gelernte Patissier

Lafer liebt, womit sich Verbraucherschützer täglich beschäftigen. Noch 2008 redete Herr Lafer mit der *Süddeutschen Zeitung* über »die immer geringer werdende Wertschätzung natürlicher Produkte in deutschen Familien«: »Viele Leute haben überhaupt keinen Bezug mehr zu frischen Lebensmitteln.« Und: »Viele Kinder kennen den Geschmack von frischer Vollmilch und frischen Tomaten gar nicht, und deshalb schmecken ihnen frisch zubereitete Gerichte nicht so gut wie Fertigprodukte.« Puren Geschmack lernt man nur mit natürlichem Essen.

Vielleicht mit Lamm-, Wild-, oder Rinderfonds der Firma Menzi, etikettiert mit einem lächelnden Lafer? Beworben wird der Fonds auch mit den Worten »ohne Geschmacksverstärker«.

Hefeextrakt steckte, genau wie in Wieners Bahnrezept, auch in diesem Produkt. Das klingt »ohne Geschmacksverstärker«. Dennoch liegt die Funktion von Hefeextrakt darin, den Geschmacksverstärker Glutamat freizusetzen. Solch ein Extrakt enthält in der Regel Hefekulturen, die durch sogenannte Autolyse in warmer Flüssigkeit abgetötet werden. Entsprechende Patente, wie etwa von »Oriental Yeast« verraten, dass es dabei nicht bleibt: »Hefe-Extrakt ... ist bisher durch Autolyse, Zersetzungmit Enzym, chemische Zersetzung mit Säuren, Alkalien, Salzen usw. hergestellt worden und ist durch die jeweiligen Verfahren gekennzeichnet ... Zum Beschleunigen der Autolyse werden hauptsächlich organische Lösungsmittel wie Ethylacetat, Toluol usw. verwendet ...« Zur Optimierung des Extraktes schlägt das Patent »Zugabe von Chitosan zu Hefe« vor. Das »wird aus Schalen von Krustentieren wie Krabben, Garnelen, Krill usw., Insekten, Pilzen, Zellwänden oder dergleichen, in denen Chitosan als Komplexe mit Kalzium oder Protein vorhanden ist, erhalten.«

Im Falle von Lafers Fonds fand Hefeextrakt laut seiner eigenen Website im Juni 2010 noch Verwendung. In den Monaten darauf verschwand es von der Zutatenliste, im Dezember 2010 blieb in den Fonds nur noch »Sojawürze« übrig. Zwischenzeitlich hatten sowohl *Stern* auch als *Focus* kritisch über Industrieprodukte mit Konterfeis lächelnder Köche berichtet. Sojawürze, das klingt exotisch, fast nach *crossover*-Küche. Tatsächlich ist dieses durch Säurehydrolyse oder Fermentation hergestellte Produkt genau wie »gekörnte Brühe«, »Flüssigwürze«, »pflanzliche Würze« oder halt Hefeextrakt ein Träger von Geschmacksverstärkern wie Glutamat. Solche Würzmittel und Brühen können außerdem weitere Zusatzstoffe und Geschmacksverstärker enthalten. Muss der Geschmack »geprüfter, bester Produkte« von Starköchen also genau wie in Industrie-Erzeugnissen verstärkt werden?

Innerhalb der nahrungsverbreitenden Industrie werden dann auch Hefeextrakte unverblümt als Glutamat freisetzende Geschmacksverstärker beworben. »Clean Label« heißen solche Umbenennungen in der Food-Industrie. Bereits in den Neunzigerjahren hatten Fabrikanten entdeckt, dass es dem Verbraucher vor allzu vielen E-Nummern auf Etiketten graut. Damit sich die Produkte im Supermarkt bestens verkauften, sollten fortan keine oder wenige Zusatzstoffe auf den Packungen stehen. Das geht auf vielerlei Weise. Fabrikanten können das Rezept ändern. Sie können zum Beispiel Zusatzstoffe ersetzen. Dafür gibt es spezialisierte Anbieter von Clean-Label-Produkten, etwa für Farbstoffe. Einige wirken seriös, andere sind mehr auf das Umschiffen von Gesetzestexten spezialisiert, auf Umdeklarierungen, die aus Zusatzstoffen eben Zutaten machen.

Passend dazu gibt es »Label Cleaner«, »Clean-Label-Berater« und »Clean-Label-Seminare«. Dort wimmelt es von guten Tipps für Verbalkosmetik. Einer davon heißt: »Verwenden Sie keine E-Nummern, schreiben Sie Zusatzstoffe aus, erklären Sie gegebenenfalls, worum es sich handelt.« Clean Label ist zu einem riesigen Business geworden, das Adrian Short, Co-Eigentümer von Ulrick & Short in Großbritannien, einem Hersteller von Ingredienzien für »saubere Etiketten« gegenüber dem Branchendienst *foodmanufacture.co.uk* folgendermaßen beschrieb:

»Es bedeutet nicht unbedingt, keine E-Nummern [zu verwenden] zum Beispiel. Zyniker würde sagen, dass es mehr darum geht, was laut Marketing-Spezialisten großer Lebensmitteleinzelhändler diese Woche nicht auf Etiketten gehört. Es ist ein sich entwickelndes Konzept. Nehmen Sie Xanthan. Einige Händler sind dagegen, weil Verbraucher es nicht kennen und nicht im eigenen Küchenschrank haben. Oh. Und es beginnt auch mit einem X.«

Fragt sich, wer hier der Zyniker ist.

Statt des Geschmacksverstärkers Glutamat wandert dann besagtes »Hefeextrakt« ins Essen. Da steckt das Glutamat drin. Hefeextrakt ist gesetzlich jedoch kein Additiv, sondern eine Zutat. So entwickelt sich E 407 zu »Carrageen (Algenextrakt)«. Algenextrakt, das klingt vertrauenserweckend, da hört jeder Verbraucher die Blätter der Nori-Alge im Sushi-Restaurant rauschen. Es ist und bleibt jedoch ein Additiv, aus ungenießbaren Algen im Säurebad erzeugt. »Meine Cremesahne« von »Schwälbchen« nennt E 407 »Stabilisator (pflanzlich)«. Verkauft wird die Schlagsahne mit mindestens 36 Prozent Fett und Carrageen ebenfalls mit einem Lafer-Porträt. »Clean Label « vertreibt oft nur die bösen Wörter, belässt die Additive aber gern im Essen. Allzu oft ist das nur eine organisierte Lüge zulasten des Verbrauchers: Sauberes Etikett statt sauberem Essen – ein Konzept mit Zukunft.

Doch noch haben die »sauberen Etiketten« in einem ihrer Schlüsselmärkte ein kleines Problem: Der Begriff »natürlich« wird nicht durch europäisches Lebensmittelrecht definiert – das könnte ein Glücksfall sein, denn meine fiesesten Albträume reichen nicht, um auszumalen, was Nahrungsmittel-Lobbyisten als »natürlich« deklarieren könnten. Geäußert hat sich hingegen die britische Advertising Standards Authority (ASA), eine unabhängige, brancheninterne Selbstregulierungsinitiative, die Werbung, Verkaufsförderung und Direkt-Marketing in Großbritannien beaufsichtigt: Wer seine Produkte als natürlich bewerben will, braucht nicht nur Produkte natürlichen Ursprungs, sie müssen auch auf natürliche Weise hergestellt werden oder zumindest auf eine Weise, die der natürlichen nahesteht. Sonst wird der Verbraucher in die Irre geführt. »Die Folgen dieser Erklärung sind weitreichend«, meinte die deutsche Expertin Ulrike Thomas, Product Manager Food Ingredients bei Kampffmeyer Food Innovation in Hamburg, in einem Clean-Label-Seminar 2010. »Wenn ein Lebensmittelhersteller die Natürlichkeit seiner Produkte herausstreichen will, so muss er nicht nur natürliche Rohstoffe verwenden, sondern auch überprüfen, ob die Verbraucher die Verarbeitungsmethoden als natürlich ansehen.« Entsprechende Statistiken existieren: Backen ist im Verbraucherbewusstsein natürlich, die Zugabe von Enzymen, Konservierungsstoffen oder Bestrahlung sind es nicht. Weizenmehl, Reismehl oder Gelatine gelten als natürlich, im Gegensatz zu Carrageen (69,8 Prozent der Befragten empfanden es als »unnatürlich bis sehr unnatürlich«) oder chemisch modifizierter Stärke (hier waren es 79,9 Prozent). Food-Designer sehen all das als »vollkommen natürlich«. Und was könnte ihnen Besseres passieren als ein Haufen Spitzenköche, die öffentlich und vor jedem Mikrofon unterstreichen, wie natürlich und unerlässlich diese Substanzen doch sind.

Alexander Herrmann etwa rührt für »Knorr Bouillon Pur« von Unilever die Werbetrommel. Der kritisierte, unter anderem in der Zeitung *Die Welt*, dass Glutamat, Industrie und Farbstoffe den Geschmackssinn verderben. »Ohne Geschmacksverstärker« heißt es dann auf der Knorr-Website, dennoch wandert auch hier wieder Hefeextrakt, das Glutamat freisetzt, in die Bouillon. In der FAZ vom 14. November 2008 erklärte der eloquente Fernsehkoch noch anderes: »Vielmehr muss selbst zubereitetes Essen – ich meine wirklich kochen, nicht das Aufbacken einer Tiefkühlpizza – eine Mischung aus Lebenseinstellung und Statussymbol werden.« Tiefkühlpizza – nein, Hefeextrakt-Bouillon – ja? Dazu passt die Kurzbeschreibung von Herrmanns Buch *Küchen IQ: Basis* (Collection Rolf Heyne, 2010): »Der erste Schritt zur kulinarischen Intelligenz besteht darin, ein Gericht in seine einzelnen Bestandteile zu zerlegen und es zu analysieren. Welche Einzelheiten machen ein stimmiges Gericht aus? Wie hängen die Intensität der Zubereitung (von pochiert bis gegrillt) und die Intensität der Aromen (von mild bis kräftig) zusammen? Welche Auswirkungen hat das auf das fertige Gericht? Wie kann ich die Auswirkungen beeinflussen?« Glaubt man dem Etikett, enthält die Knorr'sche Hühnerbouillon mehr Hefeextrakt als Geflügel. Ganze 2 Prozent Hühnerfett und 0,2 Prozent Huhn bietet »die neue Generation von Bouillon« dem Kunden. Welche Auswirkungen hat das auf das fertige Produkt? Ist Sparen am Rohmaterial Geflügel Bestandteil einer »kulinarisch intelligenten«, konsequenten Analyse? Mit Huhn, Gemüse, Wasser, Salz und Pfeffer kann doch jeder Küchen-Anfänger eine schmackhafte Bouillon aus frischen Zutaten kochen.

Fernsehköchin Cornelia Poletto hingegen wirbt in einem Fernsehspot der Agentur Publicis für »Herta Natürlicher Genuss«. Auf idyllischen Wiesen und Weiden verwöhnt die Dame mit Herta ihre Lieben. Hätte sie doch mal Karl-Ludwig Schweisfurth gefragt, der Herta einst verkaufte, um in den Herrmannsdorfer Landwerkstätten »mit artgerechter Tierhaltung die Würde der Tiere zu respektieren« und nach alten Handwerksregeln zu arbeiten. In der Werbung für ihr Buch *Alles Poletto!*, erschienen bei Gräfe und Unzer, las sich das noch anders: »Wirklich gutes Essen kann nur aus wirklich guten Produkten entstehen!« Oder: »Ihr Geheimnis: hochwertige, frische Produkte. Und überraschend einfache, leckere Kompositionen, die Kochlaien wie Profis überzeugen.« Oder »Ein jedes Produkt will entsprechend behandelt werden. Kompromisslosigkeit steht bei Cornelia Poletto ganz oben: Was ist beim Einkaufen zu beachten, wie verarbeitet man die Produkte so, dass sie ihren vollen Geschmack entfalten? Die Antwort: mit Liebe zu den Produkten. Und mit Spaß am Kochen.« Drückt sich der »Spaß am Kochen« jetzt im Aufreißen der Herta-Packung aus?

Horst Lichter lächelte für »Maggi Moderner Kochen« von Nestlé, Ralf Zacherl tischt Industriewürste – Salami und Corned Beef von Zimbo – auf. »Sein ganzes Können und viel Herzblut« hat er laut Hersteller investiert. »Das hat er für DICH gemacht. Und für DEINE Freunde.« Wie gut zu wissen, dass er die Wurst nicht für Zimbos Kohle preist.

Die deutschen Köche haben zumindest in dieser Disziplin ihre französischen Kollegen übertroffen: Paul Bocuse warb für das Dosen-Cassoulet von William Saurin, Michel Guérard arbeitete für die Nestlé-Marke Findus. Pierre Gagnaire, ein legendärer Pariser Spitzenkoch, wirbt für Milchprodukte des Großkonzerns »Elle & Vire«. Das Unternehmen gehört zur Soparind Bongrain Gruppe, die Verbrauchern durch Industriekäse wie Caprice des

Dieux, Cœur de Lion, Tartare und Chaumes bekannt ist. Alle diese Köche priesen Fertigkost, während sie in Interviews von der puren Kraft reiner Zutaten schwärmten. Gegensätze ziehen sich eben an. Doch nirgendwo lächeln unter Verleugnung eigener Berufsgrundsätze mehr Spitzenköche in die Kameras als in Deutschland.

Angesichts immer deftigerer Verdienstmöglichkeiten wehren sich Köche vermehrt gegen jede Kritik. Wer will sich schon von Kritikern in die Suppe spucken lassen, wenn der Termin mit dem Private Equity Fonds ansteht? Fragt man nach der Werbung für Fertigprodukte, kommt statt eines Anrufs vom Koch schon mal ein Schreiben vom Medienanwalt. Diskutieren? Nein, danke.

Köche wissen um ihre Beliebtheit. Und natürlich wissen sie auch, dass kein Fernsehsender einen Fernsehkoch, den er selbst durch Einsatz von Geld, Material, Sendezeit, Autoren und Pressearbeit groß gemacht hat, nur deshalb fallen lassen wird, weil er ein paar sechsstellige Summen mit Werbung für minderwertige Industrieprodukte verdient. Keinerlei Konsequenzen fürchten auch Köche, in deren Restaurant es durch fernsehbedingte Abwesenheit permanent abwärts geht. Wer vor den Kameras steht und in den Medien gefeiert wird, gilt als kritikresistent. Und kommt sie dennoch, die Kritik, wird sie nach Kräften abgewehrt:

Stammt die kritische Rezension von einem Autor im letzten Lebensdrittel, dann ist der Schreiber ein alter Sack, der die Zeichen der Zeit falsch deutet. Stammt sie von einem jüngeren Kritiker, dann ist der nicht trocken hinter den Ohren und verfügt nicht über die notwendige Erfahrung. Das war die alte Kritikabwehr auf Stammtischniveau. Heute praktiziert man lieber halbwissenschaftliche Verbrämung. Beispiele gefällig?

Harmonie von Zutaten oder Wein und Speisen, das war gestern. Jetzt gibt es »Foodpairing«. Haben Sie von *culinology* gehört? Darin werden in Amerika Köche ausgebildet. Was ist denn bitte ein Kulinologe? Der Kollege vom Proktologen und vom Urologen vielleicht?

Kennen Sie etwa »Mixologisten«? So heißen Leute, die sich auf Mojito und Tequila Sunrise verstehen. Wir nannten sie früher Barkeeper. Ich gehe lieber in die Bar als ins Mixologie-Labor.

In Deutschland gibt es inzwischen eine Akademie für Kulinaristik. Die »Deutsche Akademie für Kulinaristik« übersetzt sich auf ihrer Website mit »German Academy for Culinary Studies«, also »Akademie für kulinarische Studien«. Wie aus den Studien das pompöse »-istik« wurde, weiß ich nun wirklich nicht. Eins jedoch ist mir bekannt: Mit solch akademisch eingefärbten Wortschöpfungen lässt sich prächtig einschüchtern. Berufen und Institutionen, die auf »-istik«, »-um« oder »-ologie« enden, schulden wir Respekt, das lernt man schon als Kind.

Mit dieser Extraportion Achtung lässt sich alles verkaufen, besonders wenn der Koch-Kulinologe regelmäßig den Fernsehzuschauer anlächelt. Denn es gibt noch ein anderes Umsatz-Rezept, als Köche mit Fertigfutter fotogen in Szene zu setzen: Draußen, in den Restaurants, wartet ein lukrativer Profi-Markt. Nimm einen bekannten Koch, stelle ihm das gesamte Arsenal der chemischen Industrie zur Verfügung und warte ein wenig, bis er sich auf dem Markt als »Avantgarde«-Koch durchgesetzt hat. So schafft man Trends und vermeidet Ärger mit allen Foodwatchern. Dieselben Autoren, die sich über Monosodiumglutamat in Fertiggerichten echauffieren, stehen förmlich stramm, wenn ein »Spitzenkoch« ihnen versichert, er hätte besagtes MSG zur Betonung des Umami-Effekts zugefügt. Das ist Avantgarde, das ist Kunst, das ist Spitzenküche. Der einfachste Schutz vor Kritik ist es, sich zum Avantgarde-Koch zu erklären. Noch besser ist die Berufsbezeichnung »kompromissloser Avantgarde-Koch«. Wer es tatsächlich wagt, einen solchen Avantgardisten zu kritisieren, der ist, quasi per definitionem, ein Reaktionär. Denn Avantgarde-Köche sehen sich als Künstler. Und wer Kunst nicht versteht, der ist halt doof. So einfach ist das – das sollte auch ich noch lernen.

Der Bauch Europas
Ein Händler von Europas größtem Markt redet Klartext

Wer liebt, geht das Risiko ein, enttäuscht zu werden. Liebe und Leidenschaft können erkalten. Vieles, was man liebt, kann sich verändern, manchmal bis zur Unkenntlichkeit. Meine Liebe zur gehobenen Gastronomie sollte in Kübeln von Lebensmittelzusatzstoffen ertrinken. Das freilich wusste ich noch nicht, als ich das erste Mal auf den Großmarkt Rungis kam.

Rungis ist für Europa das, was Émile Zola als »der Bauch von Paris« beschrieb. Nur liegt der Bauch nicht mehr in Paris, sondern direkt neben dem Flughafen Orly. Fleisch, Blumen und Geflügel werden seit dem 1. März 1969 auf diesem Großmarkt umgeschlagen. Großmarkt? Eher schon eine deutsche Kleinstadt: Mehr als 17 000 Menschen arbeiten hier auf 232 Hektar und setzen jährlich nicht weniger als 2,2 Millionen Tonnen Nahrungsmittel um. Das Leben beginnt um vier Uhr morgens und endet um zwölf Uhr mittags. Als Erstes eröffnet der Bereich mit den Meeresfrüchten im Süden des Markts, eine Stunde später herrscht überall Hochbetrieb. Lastwagen drängeln sich an den Verladerampen, Vorfahrt hat immer der Größere. Es ist ein Ballett der Lkws, das an tanzende Nilpferde in Disney-Filmen erinnert, nur weniger grazil.

Rungis ist der größte Markt der Welt, Waren aus ganz Europa und Marokko lernen ihn zumindest auf der Durchreise kennen. Was Feinschmecker in Frankfurts Kleinmarkthalle oder Münchens Viktualienmarkt kaufen, kann tags zuvor noch hier gewesen sein. Wer eintreten will, muss eine Mautbarriere passieren, acht Euro werden eingezogen, für Profis sind es weniger. Nicht-Profis dürfen nicht kaufen, tummeln sich jedoch in Scharen zwischen den Lagerhallen. Gut 18 000 Besucher betrachten Jahr für Jahr Berge an Fisch, Hallen voller abgezogener Rinderhälften, die, fein säuberlich auf Haken gehängt, an eine blutige Militärparade erinnern, oder Kammern voller Gas, in denen Obst und Gemüse manchmal fast endlos lagern.

Es gibt Gase, die biochemische Prozesse hemmen oder bremsen. Tütensalate liegen in solchen Gasen, damit sie länger frisch bleiben. Und was Salaten recht ist, ist Äpfeln und Tomaten billig.

Der Markt schien in etwa so romantisch wie ein Hochsicherheitstrakt in einem Science-Fiction-Film: »Alien 6 – Rückkehr in den Saal der Schweinehälften«. Aber die Menschen arbeiten hart, meist stecken bleiche Gesichter über den weißen Uniformen, tiefrote Blutflecken verblassen im Laufe des Vormittags zu rosa. Eine Sammlung von Charakterköpfen. Rungis ist manchmal schmutzig, oft laut, vielfach derb. Natürlich hatte ich Rungis als Journalist kennengelernt: Es gab ein Glas Sekt und einen langweiligen Vortrag zur Logistik von Frischwaren, untermalt von einer Powerpoint-Präsentation, die noch ein wenig langweiliger als andere Powerpoints war, was an sich schon eine Kunst ist.

Vielleicht hatte ich deshalb den Markt nie länger als unbedingt nötig besucht. Es ist eine Sache, als Journalist durch einen Markt geführt zu werden; dort tatsächlich einzukaufen, ist vollkommen anders. Hier geht es zurück zur Ware, die Glamourwelt der Gourmet-Paläste bleibt draußen. Schon deshalb wollte ich den Händlern einen Einkäufer aus dem fernen Deutschland vorspielen. Eine Freundin mimte die Übersetzerin. Wir hatten ihren Wagen genommen, ein schnittiges BMW Cabrio, das wirkte auf die Verkäufer protziger. Gleich der erste Laden bot Foie gras aus der Dose und getrocknete Steinpilze. Ich schwenkte den Plastikkanister mit den Pilzen. Etwa ein Fünftel des Inhalts waren Erde und Steine. »Sind die luftgetrocknet?«, ließ ich die vermeintliche Übersetzerin fragen. Die Verkäuferin schaute mich an, als wäre ich gerade vom Mars eingeflogen gekommen. »Die sind aus Pakistan, sie werden in einer Art Ofen getrocknet.« »Und die Morcheln?«

Die wiederum kamen aus China. Heute Abend würden Restaurants aus halb Europa sie als einheimische Produktion an ihre Gäste verkaufen. Der staatliche Verbraucherschutz Frankreichs, die DGCCRF, hatte deswegen eine Pilz-Razzia durchgeführt. Seit Tschernobyl kann man die Herkunft dieser Waldfrüchte an einer Art radioaktiven Signatur erkennen. Wer Pfifferlinge aus der Ukraine als europäische Ware ausgibt, lebt heute nicht mehr sicher.

»Haben Sie eine Preisliste?« Jetzt stand es fest: Ich konnte nicht vom Mars kommen, meine Heimat lag weiter entfernt. Die stämmige Verkäuferin seufzte. Welcher Artikel mich denn interessieren würde. »Na, die Steinpilze.« Ihr Kilopreis lag für mich bei etwa 90 Cent über dem eines gewöhnlichen Supermarkts. Nächster Laden, ähnliche Szene. Immerhin stapelten sich dort andere Waren, diesmal waren es drittklassige Weine, die der »Einkäufer« aus Deutschland überteuert angeboten bekam. »Beaujolais Nouveau« mit seinem charakteristischen Bananenaroma, verkauft mitten im Mai, das hat doch was. Dritter Laden, ähnliches Spiel. Pilze aus Pakistan und China, alle griffen beherzt zu. Kritische Anmerkungen wurden routiniert gekontert: »Hier auf Rungis gibt es alles. Das Beste und das Schlechteste. Was du findest, hängt allein von dir ab.« Auf die Frage, wo es das Beste gab, zuckten die Händler mit den Schultern. Neugierig studierte ich die Foie-Gras-Stapel in allen Preisklassen. Wer hier kaufte, brauchte Vorwissen. »Ganze Foie gras« (»entier«) kann aus zwei verschiedenen Lebern stammen. Ein »Bloc« besteht aus rekonstituierten Leberstücken. Beides ist legal. »Parfait von der Foie gras« enthält nur 75% Stopfleber. Medaillons, Pasteten, Galantinen und Mousses bestehen oft nur zur Hälfte aus Foie gras, dürfen jedoch den teuren Namen tragen. Und was ist der Rest? Nun, im Fall der Medaillons, Pasteten, Galantinen und Mousses zum Beispiel die sogenannte »Farce«. Das Gesetz definiert sie als »Produkt zubereitet aus einem oder mehreren der folgenden Bestandteile«: magerem oder fettem Schweine-, Kalb- oder Geflügelfleisch, Schweineleber, Hühnerleber, kleine Stücke, die bei der Entfernung von Adern und Venen abfallen, Fett, das beim Pochieren ausläuft, Milch, Milcheiweiß, Mehl, Stärke. Gänseleber mit französischem Aufdruck stammte aus Ungarn. Später lernte ich auch chinesische Foie gras kennen. Périgord stand auf dem Etikett. Angeblich ist die Marke als »Pehigord« registriert, der gut sichtbare Name einer französischen Region wäre also nur ein Druckfehler. Wie beruhigend.

Louis war der erste grundehrliche Großhändler, den ich auf Rungis traf. Ein hochgewachsener Mann mit hellbraunem Haar, weißem Kittel und Lachfältchen um die Augen: Bei ihm sind die Preise offen angeschlagen, er machte keinen Hehl daraus, dass nicht alle seine Waren erstklassig sein konnten: »Meine Kunden müssen die Wahl haben«, beteuerte er. »Deshalb gibt es bei mir drei Qualitäten: Oberklasse, Mittelklasse, Unterklasse, wie beim Automobil.« Jeden Monat trafen wir uns bei Rinderkoteletts im Marktrestaurant »Aux Provences«. Dessen Besitzer lernte und litt einst bei Küchengenie Jacques Maximin. Dort hatte er schnell verstanden, dass er die filigrane Feinarbeit der großen Gastronomie nicht so sehr mochte. Trotzdem schmeckten die Koteletts erstklassig, ebenso wie die Platten voll frischer Langustinos – der Laden brummte. Der Lehrling lebte heute besser als sein Meister. Vorn saßen die Lkw-Fahrer, die Lagerarbeiter tranken einen kleinen Schwarzen an der Bar, bestellten Sandwiches, Frankfurter Würstchen oder Eintöpfe. Hinten, in einem etwas feierlicheren Saal, speisten die Barone von Rungis. Großmetzger, Gemüsehändler, Feinkost-Spezialisten. Da gab es Seezunge Müllerin, Austernplatten oder Teller voller Krustentiere. Der Automobilpark vor dem Haus kann jederzeit mit den nobelsten Restaurants von Paris mithalten. Einer der wichtigsten Importeure von Bananen fährt manchmal mit dem Bentley vor. Auch Louis geht es gut. Er kennt die Szene und die Welt des Essens kennt ihn. Die Story vom Einkäufer hatte ich gleich beim ersten Treffen aufgegeben. Er wusste, dass ich Journalist war. Trotzdem versorgte er mich regelmäßig mit Neuigkeiten aus der Branche. Ab und an kaufte ich bei ihm ein, für den Hausgebrauch. Dann lud ich kiloweise Rindfleisch aus Aubrac in den Wagen, ganze Lachsseiten, vollfleischige Seezungen, ganzes, nicht ausgenommenes Geflügel. Zu Hause übte ich mich im Zerteilen und Filetieren, Rat holte ich mir bei den Arbeitern auf Rungis. Damit sich das lohnte, bündelte ich den Einkauf für den gesamten Freundeskreis.

Ich besuchte Louis oft, denn sein großer Gemischtwarenladen wirkte zwar steril, aber wohltuend normal. Hier handelte einer mit Nahrungsmitteln, nicht mit hohlen Worthülsen. Louis ist ein wandelndes Lexikon der Genussmittel, er sagt die Dinge, wie sie sind, und liefert den Großhandelspreis gleich mit. Die schöne Avocado aus dem Fernsehen: »Kauf die lieber zu fest als zu weich. Keine Angst, die reifen zu Hause nach. Hol dir lieber die Avocados in

Birnenform, die runden sind manchmal fader.« Pfirsiche: »Nimm die mittelgroßen oder kleinen, lass dich nicht von den enormen locken. Die sind geschmacksarm oder mehlig.« Jakobsmuscheln: »Die solltest du lebend, noch innerhalb der Schale, kaufen. Die Muschel muss stets geschlossen sein, hat sie sich geöffnet, sollte ein leichtes Klopfen genügen, und sie schließt sich prompt. So eine Muschel ist ein lebender Muskel. Aber Achtung beim Auslösen: Willst du 200 Gramm auf dem Teller haben, musst du mir etwa 1,4 Kilo abkaufen.«

Dann standen wir neben einem Regal voller Räucherlachs: »Achte nicht auf die Farbe, die meisten kommen aus der Zucht. Es ist schon ewig her, dass ich einen wild aufgewachsenen Räucherlachs gesehen habe. Die Farbe der Filets variiert je nach Futter.« Louis zeigte auf das Regal ganz unten: » Hier, die drei verschiedenen Packungen, die kommen alle vom selben Hersteller. Den Billigsten kannst du vergessen. Der mittlere Preis und der ganz teure Lachs unterscheiden sich nur in zwei Punkten. Der teure hat ein schöneres Paket und ist von Hand geschnitten. Der andere wurde von einer Maschine in Streifen zerteilt. In Geschmack und Qualität sind sie gleich.«

Endlich redete jemand Klartext. Jede Woche verlor ich auf Rungis einen Teil meiner Illusionen über die heile Welt der Küche. Da standen Regale voller »hausgemachter Terrinen« aus der Fabrik, jede sah tatsächlich anders aus, irgendwie handgemacht, dank kleiner Fehler. Genau wie bei den »hausgemachten Apfelkuchen«. Jeder davon trug kleine Brandspuren, immer an anderer Stelle. Irgendwo mussten Maschinen existieren, die systematisch Unregelmäßigkeiten in Nahrungsmittel einweben.

Ich schimpfte lautstark auf die Wirte, die uns all das als Schöpfung ihrer Küchenbrigade vorstellten. Louis winkte ab: »Besser gut gekauft als schlecht selbst gemacht.« Der Spruch galt auch für eine Reihe neuer Tiefkühldesserts aus Belgien. Mit etwas Früchtepüree und einer Physalis oder einer Scheibe Sternfrucht dekoriert würde man sie für liebevolle Handarbeit begabter Konditoren halten. Und: Sie schmeckten gut. Während Louis mich ein paar Löffel naschen ließ, holte der Einkäufer eines Zwei-Sterne-

Kochs drei Kartons. Meine schreibenden Kollegen rühmten dessen Haus wegen des »außergewöhnlich begabten Patissiers«. Bei Louis kostete sein Dessert nicht einmal zwei Euro. Im Restaurant, mit der Scheibe Frucht, werden ganz schnell 20 Euro fällig.

Man nennt solche Speisen »Convenience-Food«. »Convenience« ist Englisch für »Bequemlichkeit«. Köche verwenden Vorgekochtes in erster Linie zur Zeitersparnis. Faulheits-Food wäre deshalb auch ein guter Name. Louis verfügt über eine durchaus stattliche Auswahl davon und hielt sich dennoch für nicht konkurrenzfähig in diesem Bereich. Denn andere bieten wesentlich mehr: Einen schönen Überblick über Vorgekochtes für Profiköche präsentiert die Website der Nestlé Food Services. Da gibt es etwa filetierten und kurz gegrillten Fisch, 90 Prozent Seelachs »mit typischem Grillaroma und markanten Grillstreifen«. »Im Kombidämpfer: Fisch-Filets Barbecue Art tiefgekühlt auf Gastronomblech legen und bei 180 °C ca. 12-15 Minuten erhitzen. Tipp: mit Maggi Texicana Salsa Sauce servieren.« Aufwärmen, servieren, fertig. Wer bei Nestlé nicht fündig wird, der schmökert im Katalog des britischen Herstellers Brake oder Pomona Passion Froid, je nach Land. Immer wieder interessant anzuschauen ist das Angebot von Unilever Food Solutions, das in Deutschland als »von Köchen inspiriert« beworben wird. Bei Unilever wird nach einem Baukastensystem gekocht, die einzelnen Steinchen sucht der Koch sich aus dem Katalog zusammen. Da gibt es »Phase Butter Flavour«, die »flüssige Pflanzenfettzubereitung mit feinem Butteraroma zum Dünsten, Abschmelzen und Braten« oder »Professional Basis für Vinaigrette Himbeere mit Cassissaft«, Artikel-Nummer: 92888, Gebinde: 4 x 0,5 l PET-Flasche – die ist auch zu haben in den Varianten »Vinaigrette Zitrone mit feinen Zestenstreifen und Mandarinensaft« oder »Balsamico mit Aceto Balsamico aus Modena g.g.A. und feiner Erdbeernote«. Dazu vorgegarte Lasagne- und Pizza-Platten, Fonds, Pfeffer-Mix-Paste, tiefgekühlte Einzelportionen Soufflé, Suppeneinlagen und allerlei Saucen, Fette und Bouillons, vieles mit dem Gütesiegel »o.d.Z.« Das steht für »ohne deklarierungspflichtige Zusatzstoffe«. Statt Glutamat wird also wieder mal Hefeextrakt, das MSG freisetzt, ins Süppchen gekippt.

Auch Emulgatoren werden in der Gastronomie meist nicht deklariert. O.d.Z. heißt nicht »ohne Zusatzstoffe«.

Frei Haus liefert Unilever dazu Rezepte für »im Ingwersud pochiertes Schweinefilet, weißer Sojaschaum, asiatisches Gemüse und Chili-Kartoffelbällchen«. Klingt doch lecker, Herdmeister, die so etwas bieten, werden von der Kritik regelmäßig als »kreativ« besungen. Das Rezept verlangt nach »Knorr Professional Bouillon Rind 800.00 G«, »Knorr Primerba Ingwer 0.34 KG«, »Knorr Aromat für Grill- und Pfannengerichte o.d.Z./o.d.A. 0.50 KG«, »Phase Butter Flavour 0.90 KG«, »Knorr Professional Bouillon Huhn 0.80 KG«, »Rama Cremefine Kochcreme 1.00 KG«, »Knorr Sojasauce indonesische Art 1.00 l«, »Mondamin Roux Klassische Mehlschwitze «hell« 1.00 KG«, »Knorr Gemüsemischung Asia 2.50 KG«. Leider muss der Herdmeister irgendwo noch Schweinefilet, Limonensaft und Wasser auftreiben. Für 2010 propagiert Unilever eine »Aromaküche«, natürlich »o.d.Z.«. So etwas gibt es nur in Mensen und Großküchen, könnten Sie jetzt glauben, überall dort, wo Menschenmassen günstig beköstigt werden müssen. Aber in der gehobenen Gastronomie? Dort, wo unsere Idole in Weiß wirken? Nun, für die bietet Unilever Rezeptideen wie »Getrüffelte Pouletbrust an Trüffel-Jus und Spargelrisotto«. Oder »Gefüllte Wachtel mit Entenleber, schwarzen Nüssen und karamellisierten Äpfeln an Ratafia-Jus«, verfeinert mit Rama Cremefine, Phase Butter Flavour, Knorr Gemüsekrönung Butternote und Knorr Professional Geflügeljus. Gibt es das in Ihrer Kantine? Oder verbinden Sie diese Gerichte eher mit gehobener Gastronomie?

Sie sind immer noch nicht überzeugt? Gordon Ramsay, mit drei *Michelin*-Sternen ausgezeichnet, schrieb 2009 Schlagzeilen, weil er sein Bistro in Chelsea und drei seiner Londoner Pubs mit Vorgekochtem im Plastikbeutel beliefern ließ. Hersteller der Fertiggerichte ist das Unternehmen GR Logistics, das ebenfalls Ramsay gehört. Kochbeutel von GR Logistics sind nicht allzu teuer: Eine Portion »Hahn in Rotweinsauce« kostet, inklusive des Sößchens, kaum mehr als drei Euro. »Fishcakes« sind für knapp 2,23 Euro zu haben. Einmal aufgewärmt zahlen Gäste für das Gericht gern 11,55 Euro. Regelmäßig beteuert Ramsay im Fernsehen, wie wichtig frische Zutaten seien. Louis entlockte das damals auf Rungis ein Schmunzeln. Nicht weil Ramsay vorkochte, sondern weil er sich bei den Lieferungen erwischen ließ.

In der kommenden Woche sinnierten wir bei Rinderkoteletts über Schinken, wahlweise Bayonner oder Parma. Einmal hatte ich eine Schinken-Fabrik besucht: Vorn, in einem holzgetäfelten Raum, kostete ein gütig lächelnder Großvater Schinken für Schinken mit einer Art Piekser. Dahinter öffnete sich eine Tür in Edelstahl, nebenan wanderten in einer riesigen Halle abgepackte Schinkenbrocken in Plastik über ein Förderband. Louis zuckte mit den Achseln: »Viele Unternehmen haben inzwischen so eine ›Potemkinsche Fabrikation‹, schon für euch Journalisten«.

Rungis ist eine Kur in Sachen Realität. Woche für Woche bestätigt sich hier: »Was zu schön ist, um wahr zu sein, das ist oft nicht wahr.« Umgekehrt gibt es Wahres, das es nie in die Schlagzeilen schafft: Einmal lernte ich einen Schrank von einem Mann kennen, der frische Pfeffer in Asien auswählt und kiloweise importiert. Die Aromen seiner Pfeffer waren für mich ein absolutes Novum: scharfe, süße, seifige Pfeffer … und noch einige mehr. Eine Woche später stellte Louis mir einen Wurstindustriellen vor. In dessen Atelier arbeitete ein Handwerker, der alle Würste per Hand herstellte, für ausgesuchte Kunden. Rund 21 Kilo fertigte der Mann pro Tag, jedes Gramm schmeckte außergewöhnlich. Nein: Es schmeckte, wie Wurst schmecken muss. Warum kein Journalist darüber schreiben möchte, fragte mich der Großmetzger. Ich zuckte mit den Schultern. Sollte ich ihm raten, eine Wurststube mit Großvater in Tracht einzurichten?

»Du kommst immer zu spät«, meinte Louis. »Komm doch, wenn die Köche oder ihre Einkäufer vorbeischauen. Und zieh dich nicht so gut an.« Eine Woche darauf kam ich zu nachtschlafender Zeit in schmutziger Jeans. Am Fischstand betrachtete ich die Einkäufe eines Zwei-Sterne-Kochs: »Sieht nicht wirklich gut aus, war nichts anderes mehr da?« Der Koch, der mich in den Markthallen natürlich nicht als Journalist erkannte, prustete fast vor Lachen. »Von meinen Gästen kennen vielleicht fünf Prozent den Unterschied zwischen einer guten, dicken Seezunge und einem papierdünnen Fischchen. Für fünf Prozent kochen, das lohnt nicht.« Früher, da waren die Seezungen in den besten Restaurants fast fünf Zentimeter dick, heute sind es hier und da noch drei. Viele servieren ein magersüchtiges Grätenkostüm nebst Haut.

Am Geflügelstand erkannte ich den Einkäufer für eine prominente Pariser Adresse. Das Lokal ist für sein Bresse-Huhn berühmt: Geflügel für zwei Personen aus dem Topf, serviert mit zwei Stangen Spargel, zum Sonderpreis von 250 Euro. Erst als der Einkäufer weiterging, betrachtete ich das Geflügel, streichelte fast zärtlich eine gerupfte Bresse-Henne von Miéral, einem der besten Züchter. Rund 14,80 Euro sollte sie kosten. »Das ist also das legendäre 250-Euro-Huhn?«, fragte ich den Mann hinter dem Tresen. »Nein, das ist da drüben, drei Regale weiter. Ist verglichen mit dem da eher dritte Wahl, kostet aber nur sieben bis acht Euro.«

Früher, da hätte ein großer Koch seine Ehre verloren, wenn er seinen Gästen etwas anderes als das Allerbeste aufgetischt hätte. Es wäre ihm egal gewesen, ob der Gast die Qualität der Ware erkennt. Er hätte es für sich getan. Inzwischen war Shareholder-Value das Wort der Stunde. Auch Restaurants kennen Anteilseigner: Es ist der Koch, der gleichzeitig der Besitzer des Lokals ist. Die Einkäufer für die Herren der Herde schleppten kistenweise dritte, vierte, fünfte Wahl zu ihren Lastern. So weit sind wir also: »Spitzenrestaurants« bilden eine noble Fassade für die optische Veredelung handelsüblicher Supermarktprodukte.

Pfusch mit dem Fisch und Trüffel-Schweinerei?
Wie Restaurants ihre Zutaten verbal veredeln

Lauscht man unseren Köchen, ist das Leben im Restaurant eine reine Idylle. Da wird über Märkte flaniert, da werden frische Zutaten von besten Herstellern eingekauft. Und jedes Rezept dominiert eine Hauptzutat: viel Liebe, zum Detail, zum Produkt und zum Gast. Sitze ich im Restaurant, folgt schnell die Ernüchterung.

Nicht alles ist Lug und Trug, dennoch darf nach Geschmack gemogelt werden. Kein Kritiker kann dieses Mogeln erschmecken. Eine kräftige Sauce, schon ist der Geschmackssinn in die Irre geleitet. Es ist schon kurios, was sich inzwischen an Meerestieren auf den Speisekarten herumtreibt. Hätte ein Ober vor zehn Jahren »Pangasius« gesagt, wir hätten mit einem aufrichtig gemeinten »Gesundheit« geantwortet. Der Süßwasserfisch, heimisch in den Flüssen Mekong und Chao Phraya in Thailand, Vietnam, Laos und Kambodscha, ist jedoch besonders günstig. Gleiches gilt für den »Viktoriabarsch«. Der ist auch als Nilbarsch bekannt und für ein Öko-Desaster verantwortlich, festgehalten im Dokumentarfilm *Darwins Alptraum*: Einmal dort ausgesetzt, vermehrte sich der Barsch im Viktoriasee derart dramatisch, dass die lokalen Buntbarsch-Arten massenhaft ausstarben. Immerhin: Der Pangasius und der Viktoriabarsch sind meist als solche auf Speisekarten verzeichnet, darüber muss man sich als Gast heute schon freuen. Wer allerdings Seezunge *(Solea solea)* bestellt, erhält nicht immer das gewünschte Tellertier, das haben mir etliche Köche erzählt: Unseriöse Wirte setzen den Gästen stattdessen wesentlich günstigere Klieschen *(Limande limande)* oder Rotzungen (*Microstomus kitt*, ebenfalls *Limande* genannt) vor. Zuweilen wird auch die Rotzunge durch die Kliesche ersetzt. Der Bundesverband der Lebensmittelkontrolleure warnt ausdrücklich vor solchen Praktiken. Beim Händler ist es schon relativ schwer, die Fische von richtigen Seezungen zu unterscheiden: Rotzungen sind dunkelrot, mit braun, gelb und schwarz durchzogen, Klieschen verfügen über eine halbkreisförmig über der Brustflosse gebogene Seitenlinie. Aber die Herkunft der Filets auf dem Teller können selbst Feinschmecker nicht einwandfrei feststellen. Die Farbe ist fast gleich, die Konsistenz hängt von der Garzeit ab – und Geschmack ist bekanntlich subjektiv. Ebenfalls gern serviert: die »tropische Seezunge« *Cynoplossus senegalensis*, wie der Name schon sagt, aus dem Senegal stammend. Sie ist vier bis fünf Mal günstiger als echte Seezunge. Gelegentlich nehmen es Wirte mit der Herkunftsbezeichnung nicht so genau. Das weiß ich nicht vom Großhändler aus Rungis, sondern aus Schulungsdokumenten eines Zolllabors.

Bei Doraden drücken sich die Köche gern um die korrekte Bezeichnung: Die edelste Sorte heißt »Dorade Royale« (Goldbrasse), mit silberner Schuppenhaut und weißem, magerem, aromatischem Fleisch. Auch Meerbrassen, manchmal »Dorade Rose« genannt, werden unter dem prestigeträchtigen Namen angeboten. Sie sind eher goldfarben mit schwarzen Flecken und schmecken nicht ganz so fein. Die »Dorade Grise« (Streifenbrasse) ist billiger und kleiner als die anderen Sorten: Gräten, Kopf und sonstige Abfälle machen 50 Prozent des Gewichts aus. Für den Wirt ist es also rentabel, sie nicht zu filetieren, sondern als ganzen Fisch zu servieren, womöglich abgerechnet nach Gewicht.

Gern wird auch Zuchtlachs als wilder Fisch angeboten. Nur: Wildlachs erhält seine charakteristische Farbe durch den Verzehr kleiner Krustentiere. Zuchtlachs wird meist durch synthetisches Astaxanthin auf den richtigen Rotton getrimmt.

Mittelklasse-Gastronomen sehen im Hummer- oder Meeresfrüchtesalat eine sichere Einnahmequelle. Statt echter Krustenkriecher gibt es Ersatzstoffe wie Surimi. Das ist nichts anderes als Fischpampe aus Tieren, die sonst nicht auf Märkten feilgeboten werden. Etwa, weil sie zu hässlich sind oder zu wenig essbares Fleisch aufweisen. Schon auf See werden die Meerestiere zermahlen, chemisch »entaromatisiert«, eingefärbt und in Form gegossen. Surimi gibt es in Stäbchenform, kann aber fast jede Form und fast jedes Aroma annehmen. Beliebt bei Wirten sind die Geschmacksrichtungen Hummer, Garnele, Languste.

Und es geht noch schlimmer: Bei Stichproben in New Yorker Sushi-Restaurants und Fischhandlungen wurden Meerestiere unter falschem Namen verkauft: Tilapia mutierte zu »Weißer Thunfisch«, Rogen vom »fliegenden Fisch« stammte in Wahrheit vom Stint, vermeintlicher Red Snapper entpuppte sich auf dem Teller als alles Mögliche. Sieben von neun Snapper-Proben waren falsch. Zwei Schüler deckten den Fisch-Schwindel mittels DNA-Tests auf. Ob der Test bei Europas Sushi-Adressen wirklich besser ausfallen würden?

Die fischigen Geschäfte gehören zum Handwerk, sie existieren nicht nur bei Meeresfrüchten. Echter Safran, alias *Crocus sativus*?

Um Himmels Willen, der ist teuer. Kaufen wir lieber die Ersatz-
pflanze *Carthamus tinctorius*, auf Deutsch Färberdistel oder Fär-
bersaflor genannt. Die schmeckt nach nichts, färbt Speisen aber
auch gelb ein.

Oder Trüffel? »Getrüffelt« klingt doch auf jeder Karte gut.
Schließlich sind zwei Trüffelsorten wirklich wertvoll. Die weiße *Tuber magnatum*, auch bekannt als »Alba-Trüffel«, sowie die schwarze
Tuber melanosprum, bekannter als Périgord-Trüffel. Die *Tuber magnatum* kann statt aus Italien auch aus Kroatien oder Serbien stammen. Sie schmeckt deswegen nicht schlechter. Allerdings ist sie dort,
kennt man die richtigen Quellen, drei bis vier Mal günstiger zu erwerben. Den gröbsten Nepp erleben Einkäufer bei *Tuber melanosprum*, schließlich hat sie Doppelgänger. Minderwertige Sorten wie
der außen schwarze, aber innen weiße *Tuber aestivum* oder der
Sommertrüffel *Tuber uncinatum* wechseln auf chemischem Weg die
Farbe zu tiefschwarz, werden mit einem Spritzer Trüffelöl aromatisiert und zum *Truffe de Périgord* umetikettiert. Unglücklicherweise
schmecken Sommertrüffel streng genommen nach nichts. Trüffelöl
kommt auch beim Verkauf der China- oder Asia-Trüffel zum Einsatz. Die sieht aus wie eine Trüffel, fasst sich an wie eine Trüffel und
ist leider extrem geschmacksarm. Nur ein Biologe kann anhand der
Form der Sporen bestimmen, ob er eine China-Knolle oder einen
echten *Tuber melanosporum* unter dem Mikroskop hat. Um die
20 Euro das Kilo zahlen Köche für die Ware aus Fernost, echte Trüffel kosten leicht 800 bis 1 200 Euro. Etwa 15 Tonnen dieser billigen
China-Trüffel werden jährlich nach Frankreich importiert. Das entspricht gut der Hälfte der lokalen Produktion. Nur serviert kein
einziges Restaurant offiziell asiatische Trüffel. Die Billigware würzen Köche mit dem erwähnten chemischem Trüffelöl, um sie dann,
dekoriert mit einigen Scheiben echter Périgord-Trüffel, in Restaurants als vermeintlich edles Gericht zu verkaufen – natürlich auch
in Deutschland. Inzwischen haben Forscher die Präsenz dieser
Asia-Knolle im italienischen Piemont nachgewiesen. Ein Fund,
über den Händler nicht reden, schließlich ist der *Tuber indicum* ein
Feind anderer Trüffelsorten. *Tuber indicum* breitet sich aggressiv
auf Kosten der anderen Arten aus.

Ja, Trüffel sind rar und werden wohl noch rarer. Im Périgord gedeihen ohnehin fast keine Périgord-Trüffel mehr, die Ware kommt aus dem Tricastin, der nördlichen Provence oder aus Spanien. Dort, in Navaleno, steht »Arotz«. Der Welt größte Trüffelfarm mit 150 000 Eichenbäumen auf 600 Hektar, seit den Sechzigerjahren eine wichtige Quelle schwarzer Diamanten. Außerdem gibt es Trüffelsucher in Sarrión, Graus, Soria, Solsona, Viver, La Pobleta de Andilla, Metáuten, Lasierra und Campezo. Nahe Barcelona, in Castellterçol, sind die Conservas Coll eine beliebte Adresse für Trüffelkäufer. Solch spanische Ware ist keineswegs minderwertig, Experten aus französischen Betrieben sortieren sie fachkundig, bevor sie auf den Markt kommt.

Nur passt die spanische Farm nicht so schön zum Mythos des Périgord-Trüffels, der natürlich von verhutzelten Bäuerchen mit fetten Schweinen gesucht werden soll. Die Gastronomie – ich glaube, ich habe das schon einmal irgendwo erwähnt – lebt von Wortgeklingel, Mythen und Legenden. Wie schön, wenn auch die Justiz letzteres deckt und Sommer- oder Asiatrüffeln aufwertet:

2010 entschied ein französisches Gericht zu Gunsten des Ein-Sterne-Kochs und weltbekannten Patissiers Yves Thuries. Der hatte Speisen mit billigen Sommertrüffeln als »getrüffelt« angeboten. »Kein Gesetz regelt, welche Trüffelart zu nutzen ist«, sagte der Richter und sprach den Wirt frei. Jetzt darf offiziell mit billigsten China-Knollen getrüffelt werden.

Wer in der Oberliga der Gastronomie pfuscht, muss Kontrollen selten fürchten. Unter all den besternten, bepunkteten und bekochmützten Lokalen ist mir nur ein Fall von Behördenärger bekannt: Jean Bardet, Küchenchef aus Tours an der Loire, zwei Sterne im *Guide Michelin*, soll laut Kontrollbehörden seine Kunden bezüglich der Güte der Produkte getäuscht haben: Einen Landwein, eingekauft für 19 Francs, bot er als kontrollierte Herkunftsbezeichnung (AOC) für 190 Francs an, Spargel aus Bourgueil an der Loire kam in Wirklichkeit aus Spanien, Kalbfleisch von »Vater Pion« stammte nicht von diesem Züchter aus Argenton-sur-Creuse, 58 Prozent der »Bauernkäse« *(fromage fermier)* hatten nie einen Bauernhof gesehen, auch der »geangelte Barsch« ging wohl einfach irgendwo ins Netz. Zwar verurteilte ein Gericht den Wirt zu einer Geldbuße, sein Anwalt nutzte den Prozess jedoch, um die Schönheit der Weinkarte zu unterstreichen und zu betonen, dass »missliche Umstände, aber kein Täuschungswille« zu den fehlerhaften Bezeichnungen auf Speise- und Weinkarten geführt hätten.

Niemand in der Szene redet gern über den Fall Bardet, einfach, weil etliche Kollegen in vielen Ländern auch keine harte Kontrolle überstehen würden. Im Übrigen sei ja niemand vergiftet worden, was zweifelsohne zutreffend ist. Aber: Bardet ist rechtskräftig verurteilt worden, seine Akten zeigen deutlich, wie Köche die Karte verbal aufhübschen und dabei real Ersparnisse generieren. Der im Netz gefangene Barsch ist nun einmal günstiger als der geangelte. So etwas kommt fast nie heraus und wenn doch, dann ist es, wie hier, eine »einmalige Entgleisung«.

Oder nehmen wir die Macarons, französisches Kleingebäck aus zartem Mandelteig mit feiner Cremefüllung. Solch knusprige Kekse mit zarter Füllung sind weltweit ein Renner und seit etwa 2008 auch in Deutschland heiß begehrt. Vor mehr als einem Jahrhundert erfand ein Herr Desfontaines das Rezept für den Pariser Patissier Ladurée und deklinierte es mit Schoko, Vanille, Erdbeere und Kaffee-Aromen. Seit sich Designer und Küchenstars des Knusperkekses annahmen, rollt eine wahre Macaron-Welle: eckige Macarons namens Macarré, dazu neue Geschmacksrichtungen wie Rosenblätter, Grenadine, Orangenblüte oder gar weißer Trüffel bereichern das Sortiment. Die Kilopreise können leicht bis zu 80 Euro betragen. Für Bäcker existiert kaum ein rentableres Gebäck als Macarons: Zucker, geriebene Zitronenschale, Maisstärke, Eier, Zitronensaft, Butter, Mandelpuder, Puderzucker und ein Klecks Lebensmittelfarbe, fertig ist das Zitronenmacaron mit der Mega-Marge im Verkauf. Die allerbesten dieser Makrönchen, das liest man auffallend häufig, kommen heute noch von Ladurée. Aus diesem Haus stammt auch ein hübsches Buch, fahlgrün mit Goldgirlanden, das uns die traditionsreichen Rezepte erzählt: Zucker, Mandelpulver, alles wie gehabt. Wer jetzt neugierig dieses vermeintliche Luxusgebäck kauft, erhält ein standardisiertes, industrielles Produkt inklusive E 412, 415, 407, 220, 211, 422, 471,

520, Verdickungsmittel, Emulgatoren, Konservierungsmittel, Stabilisatoren sowie eine satte Portion Farbstoffe für den quietschbunten »Anstrich«. Hersteller des vermeintlichen Luxusprodukts ist die Holder-Gruppe, ein Großbäcker, der in seinen Ketten meist Teiglinge aus der Fabrik aufbackt. Letzterer hatte die Traditionsmarke Ladurée 1993 gekauft und mit allen Methoden modernen Marketings und zeitgenössischen Lebensmitteldesigns zum Erfolg geführt. Für mich klingt das ein wenig so, als würden die Kreationen unserer Edelschneider, unserer Lagerfelds und Gallianos, in China und Indien genäht. Moment! Einige bedeutende Marken lassen dort tatsächlich fertigen. Reden wir nicht darüber.

Meine Enttäuschung über solche Praktiken lud ich regelmäßig an Louis' Schreibtisch ab. »Bei mir gibt es alle Qualitäten«, erzählte er wieder. »Aber wenn ich nur beste Ware verkaufen würde, dann ginge mein Umsatz um 98 Prozent zurück.« Louis wurde ernst. »Oft schmeckt man den Unterschied wirklich nicht: Schau mal, das Gemüse, da schneiden die Köche die dunklen Stellen einfach heraus. Oder Tiefkühlkost. Wenn du gute Sachen tiefkühlst, taust du Gutes auf. Kühlst du hingegen Schlechtes ...«

In der kommenden Woche schwänzte ich den Rungis-Besuch. Eine Testreise stand an. Irgendwann stand ich wieder bei »Roellinger« in Cancale vor der Tür. Ich aß hervorragend, Kaisergranat servierte er mit einer Spur Malz, warme Austern mit Kohl und Ingwer und eine Spur gegrillter Leinsamen. Winzige Artischocken, eine Spur Oregano und ein kleiner Spritzer Rum hauchten Rotbarben nie gekannten Geschmack ein, der Steinbutt mit Mandeln, Mohn, Sesam und Pampelmusen war eine Aromensymphonie. Dann der Hummer, inspiriert von einem Rezept des 19. Jahrhunderts, mit Sherry und Kakao serviert – wobei es mir überlassen blieb, das Krustentier nach Geschmack mit der sanften Würze anzureichern. Irgendwann lief ich dem Hausherrn über den Weg. Der erkannte sofort »Monsieur Hummerküsschen«. Wir plauderten über seine Lieferanten, den wackeren Hummerfischer Philippe Couapel etwa, der inzwischen leider drei Mal weniger Krustentiere an Land zog als vor zehn Jahren. Seine drei Kollegen hatten inzwischen aufgegeben. Trotzdem lief er täglich mit seinem Fischerboot

'Pagaille« aus, um gut 300 Kisten in ein bis 20 Meter Tiefe auslegen. Manchmal bissen die Hummer eben doch an, gelockt durch
Stücke von Rossmakrele und Knurrhahn. »Meine Fische kommen
aus Cancale, von Ferrantin und Tachet. Eine halbe Stunde, nachdem
die beiden Fischer an Land sind, verkaufen sie schon Seezungen und
Steinbutt. Die Fische werden nie auf Eis gelegt!« Das Gemüse
stammte von Michael Robin, einem Biobauern. »Jede Zutat ist ein
Geschenk der Götter. Auch der beste Koch trägt nur wenig dazu
bei. Kochen ist Leben, Kochen ist den anderen ernähren. Eigentlich
ein Akt der Liebe und der Zuwendung«, sagte Roellinger. »Deshalb
kann es keine bösen Köche geben.« Und dann nach einer kurzen
Pause: »Gelegentlich trifft man dennoch böse Menschen mit weißen
Jacken. Köche sind das für mich allerdings nicht.«

Die französische Sprache gleicht nicht immer dem Deutschen.
Deutsch sprechen ist wie Golf spielen. Es geht im Alltag meist
darum, kurz, knapp und direkt einzulochen. Französisch ist ein
bisschen wie Billard: Man spielt über die Bande, versteckt eine
Botschaft in einer Botschaft. Franzosen nennen so etwas den
deuxième und *troisième dégré*, den zweiten und dritten Grad, eine
Art versteckte Aussage eines Satzes. Roellinger wollte mir etwas
mitteilen … und ich hatte eine gewisse Ahnung, in welche Richtung er ging. »Sind Sie sicher, dass diese Menschen Kochjacken
tragen?«, fragte ich. »Es sind eher Laborkittel«, konterte Roellinger. »Ich habe Chemie studiert. Inzwischen wimmelt es in der
Küche von Leuten, die sich für Chemiker halten. Zauberlehrlinge.
Wenn die sich durchsetzen, verkommt der ganze Berufsstand.
Solchen Leuten geht es nur ums Geld.« Für einen Moment ließ er
deuxième und *troisième dégré* fallen.

Mit den Laborkitteln konnte er nur die sogenannten »Molekularköche« meinen. Die rühmten sich des wissenschaftlichen Arbei-
tens, verwandelten jede Art von Flüssigkeit in »Kaviar« oder runde
Bällchen. Sie protzten mit Pilzen, die wirkten, als wären sie von
Bernstein umschlossen, mit Geleegemüse, das aussah, als stammte
es aus einem Bild von Miró. Olivenöl zogen sie mit der Bohrma-
schine zu hauchfeinem Draht, auch sonst schmeckten die Dinge
bei ihnen nie so, wie sie schienen.

In ihren Büchern sprachen diese Köche und ihre Vordenker meist über Temperaturkontrolle. Wirklich neu war die nicht. Präzisionsherde gab es seit Jahrzehnten. Der Amerikaner Harold McGee hatte das Thema mit Büchern wie *On Food and Cooking* (1984) populär gemacht. Etwa mit Betrachtungen zur Sauce Béarnaise: »Die macht sich fast von allein.« Eigelb sorgt bei Béarnaise oder Sauce Hollandaise für die richtige Konsistenz. Doch Achtung: Der Sauce darf es nicht zu heiß werden. Überschreitet man die magische Grenze von 71 bis 77 Grad, wird die Béarnaise auf einmal merklich dünner, Puddingfladen scheinen sich zwischen Butterfett zu bilden. McGee: »Man muss die Hitze kontrollieren, damit die Butter einheitlich schmilzt.« Hat man dann Béarnaise oder Hollandaise im Topf, keinesfalls weiter erhitzen, sondern auf 49 Grad heruntergehen. Molekularküche klang konkret und berechenbar. Das schien mir sympathisch. Die Geschmacksverwirrung fand ich, nun ja, verwirrend. Essen sah nicht mehr wie Essen aus. Das hätte mich misstrauisch machen sollen. Andererseits war ich durch permanente Saucenmalerei diesbezüglich leidgeprüft und abgehärtet.

Vierzehn Tage später saß ich wieder mit Louis beim Rinderkotelett, erzählte von bretonischen Austern und Couapels Hummern, drehte ein paar verbale Kapriolen, ohne den *deuxième* und *troisième degré* richtig in meine Sätze verschachteln zu können. Französisch gilt nicht umsonst als Sprache der Diplomatie: Mit ihr kann jeder drei Stunden unterhaltsam füllen, ohne etwas gesagt zu haben. Oder man kann in fünf Minuten alles sagen, was es zu einem Thema zu sagen gibt.

»Louis, was weißt du über die Molekularküche?«, fragte ich geradeheraus.

Louis lachte: »Ich weiß, dass die Geschäfte dieser Leute bestens laufen. Schau mal, dort drüben.« Geschäfte? Mit Temperaturkontrolle? »Dort drüben« lud ein fülliger Einkäufer gerade Dutzende schimmernde Aludosen in seinen Kleinlaster. »Was ist das?«, fragte ich knapp. Louis würdigte mich keines Blickes: »Na, Texturas natürlich. Da sind alle Köche ganz heiß drauf.« Den Namen »Texturas« kannte ich. In Deutschland wurden sie auch unter dem Namen »Ferran Adriàs Power Pulver« verkauft. Das Zeug machte

die gewöhnungsbedürftig schmeckenden Aspekte der Molekularküche erst möglich. Angeblich waren es rein pflanzliche Hilfsmittel
für die moderne Küche, entwickelt vom »weltbesten Koch« Ferran
Adrià aus Rosas in Spanien. »Was sind eigentlich Power Pulver?«
Louis zuckte mit den Schultern: »Geschicktes Marketing. Niemand
kann einfach so neue Nahrungsmittel auf den Markt bringen. Die
Zulassung für Neues dauert bestimmt zehn Jahre.«

Die gar nicht stillen Stars
Was bei der kulinarischen Elite so alles in die Töpfe wandert

Geschicktes Marketing hatte inzwischen beängstigende Ausmaße
angenommen, das hatte ich auf Reisen oft genug erlebt. Ganz
vorne weg waren immer die spanischen Köche, die ich einst ausgiebig bewundert hatte. Alle paar Tage fand irgendwo ein Küchen-
festival statt, das mit ausschweifend argumentierten Belehrungen
der Köche, Journalisten und sonstigen Zuschauer endete. Meist
waren solche Treffen Vorwand für kollektive Besäufnisse jenseits
von Redaktion und Familie. Klappern gehört zum Handwerk. Die
angesagten Köche klapperten mit dem Geräuschlevel eines Ge-
schwader startender Düsenfliegers.
    Es waren die Zeichen der Zeit. Den Aufstieg der neuen Gene-
ration hatte ich so nicht kommen sehen. Natürlich finden in der
Welt der Gastronomie Generationswechsel statt. Sie erfolgen sogar
immer schneller. Irgendetwas muss die Magazine füllen. Neue,
junge Köche, allesamt Jahrhunderttalente, das macht sich immer
gut. Nur hatte ich die bisherigen Generationswechsel mehr als
natürlichen Reifungsprozess erlebt, ähnlich wie beim Rohmilchkäse: Junge Herdmeister lernen bei Witzigmann, Wohlfahrt,
Guérard, Chapel, werden immer besser, arbeiten sich hoch, werden
Chefkoch, erfahren Anerkennung seitens der Kritik und der Kollegen.

Diese Generation Köche ist anders. Sie haben den Beruf des Kochs nicht mehr gewählt, um Menschen zu bewirten. »Ich werde Koch« klingt aus ihrem Mund wie »Ich werde Superstar«. Sie sind selbstbewusst. Mehr oder minder direkt geben sie ihren Lehrmeistern zu verstehen, dass deren Zeit abgelaufen sei. Die Jungköche von heute bohren sich Ringe in Ohr und Nase, lassen sich die Oberarme tätowieren, rasieren sich den Kopf oder trimmen ihren Ziegenbart. Sie verstehen sich in Szene zu setzen, im Fernsehen oder auf den Titelseiten. Mal herzen sie Fischer und Biobauern, hocken sich fürs Bild zusammen vor ein Rindvieh und stecken dann den Journalisten, sie würden es dem »Handwerker erlauben, seine Tradition weiterzuführen und sein Wissen weiterzugeben«. Selbstverständlich überlebe der Mann nur dank ihrer Großbestellungen. Besonders gut geht dieses Konzept auf, wenn der Herr am Herd einen alten und einen jungen Lieferanten vorstellen kann. Die alte und die neue Garde!

Jungköche von heute kleiden sich schwarz und schweben belehrend durch den Saal. Schließlich kochen sie nicht mehr. Sie »forschen«. Sie »arbeiten an neuen Konzepten« oder widmen sich den »Inspirationen des Food Designs«. Sie kaufen Wodka- und Reagenzgläser nebst Pipetten, um ihre Gerichte forschungsgerecht zu präsentieren. Ein Italiener namens Pier Bussetti hat sogar ein Maschinchen gekauft, um Wodka, Ingwerpulver und Tandoori-Gewürz in Pillen hineinzuzwängen. Dicke, längliche Exemplare, die mir als Kind immer fast im Hals stecken blieben.

Irgendwann stand ich auf der Londoner Buchmesse neben einem Fotoshooting. Der große Koch, irgendjemand aus Finnland, Island oder Dänemark, ließ zuerst Handzettel verteilen, es konnten ja Unkundige im Saal herumstehen, die nicht wussten, wer er war. Dann kam ER, schmiss sich vor der Kamera in Stellung, warf seine langen dunklen Haare von links nach rechts, versuchte sich am Hüftschwung, rieb sich wie eine rollige Katze an einer Gipswand und grunzte bei seiner Vorstellung wie ein Schwein am Schlachttag, nein, wie ein zweitklassiger Pornodarsteller bei der Wiederholung seines Texts. Zuerst dachte ich, es handele sich um eine Satire oder Parodie. Dann wurde mir schlagartig klar: Dieser

Mann meinte es ernst. Nach 15 bis 20 Minuten Blitzlichtgewitter hört auch stärkstes Grunzen auf, witzig zu sein.

Wann immer möglich, ließen die Youngsters schon damals in Pressekonferenzen durchblicken, dass sich die Gastronomie geändert habe. Jetzt sei ihre Zeit, jetzt würde alles anders. Ihre Vorbilder seien kein Wohlfahrt und kein Witzigmann, kein Ducasse und kein Bocuse. Ihr Vorbild war Ferran Adrià, der Spanier, der mit Vorliebe gelierte, Hasenohren rasierte und frittierte und Flüssiges in Kaviar verwandelte. Ihre Geheimwaffe hieß Texturas – »Ferran Adriàs Power Pulver«.

Sucro, Glice, Metil, die neuen Zaubermittel, steckten in schmucken Aluboxen, die auf Rungis und bei spezialisierten Versendern heißen Absatz fanden. Sie sollten einen »neuen Kontinent an Textur und Geschmack« eröffnen. Das Neue drückte sich schon bei der Reservierung oder Bestellung aus:

Stets freundliche Maîtres fragten auf einmal die Gäste, ob sie »gegen irgendetwas allergisch seien«. Einmal wurde mir in einem solchen Lokal erklärt, man würde hier sehr avantgardistisch kochen, es könnte sein, dass ich mich danach »komisch« fühle. Komisch schlecht oder komisch gut?, fragte ich. »Anders als sonst«, erwiderte der Wirt. Nach fünf Gängen harrte ich komisch lang auf dem stillen Örtchen aus. Auch das hatte mein Misstrauen geweckt.

Am Abend checkte ich die Websites der Power-Pulver-Importeure in Deutschland, Frankreich und den USA. Das Resultat schien, höflich ausgedrückt, ernüchternd. Die Köche hatten einen bereits entdeckten Kontinent gefunden, der sich fest in Händen der Lebensmittelindustrie befand. Ferran Adriàs »Power Pulver« waren die Lebensmittelzusatzstoffe E 322, E 331, E 400, E 406, E 407, E 415, E 418, E 461, E 473, E 475, E 509, E 578, E 327 sowie Maltodextrin. In der Bodybuilder-Szene ist das Zeug als Weight Gainer bekannt. Auch wer seinen Body nicht builden möchte, kann mit Weight Gainer ganz ordentlich Gewicht ansetzen. All die ungeliebten Zusatzstoffe, vor denen Verbraucherschützer seit Jahrzehnten warnen. Da waren sie, die Laborkittel, die Geschäfte der Molekularköche, die Spitzenkoch Roellinger angedeutet hatte.

Ich war enttäuscht, tief enttäuscht und in meiner Feinschmeckerseele verletzt: Natürlich muss es Nahrungsmittel für ein oder zwei Euro geben. Vielleicht müssen diese Nahrungsmittel manchmal Additive enthalten, um lange haltbar und damit günstig zu sein. Die Welt der großen Köche aber hatte ich stets als Gegenpol zur Industriekost gesehen. Ich verehrte und beschrieb diese Leute als Hüter des guten Essens. Jetzt brannten sie darauf, die Methoden der Food-Industrie in kleinem Maßstab im Restaurant anzuwenden. Ihre Flut an Zusätzen übertünchten sie mit einer Küchenphilosophie der »Dekonstruktion«. »Ein dekonstruktives Gericht behält das Aroma seiner Zutaten, aber vertraute Elemente wie Präsentation oder Textur werden entscheidend geändert«, erklärte Adrià jedem Journalisten. Nun ist »Dekonstruktion« ein Synonym für Zerteilung, Abbruch, Abbau, Auflösung, Zerfall und, was das Kulinarische betrifft, Zerstörung. Die neue Generation der Köche muss alles Essbare zertrümmern und zerschmettern, um es dann mit den Chemiebaukästen der Nahrungsmittelindustrie, all den Alginaten, Carrageenen, Methylzellulosen wieder zusammenzusetzen. Woher rührt diese Wut auf unschuldige Nahrungsmittel? Zum Teil wohl daher, weil andere, begabtere Köche die Latte ziemlich hoch gehängt haben, was Produktqualität und Küchentechnik betrifft. Welcher von den jungen Köchen kann denn ernsthaft und rein von der Technik her besser kochen als ein Frédy Girardet, ein Alain Ducasse im »Louis XV«, ein Joël Robuchon im »Jamin« oder in Deutschland ein Harald Wohlfahrt in der »Schwarzwaldstube«? Da muss anderes her. Wenn dieses »andere« ohne großes Kopfzerbrechen von der Chemieindustrie frei Haus geliefert werden kann, umso besser. Selbst das eigene Wissen fällt der Dekonstruktion zum Opfer. Junge Köche beherrschen inzwischen klassische Kochtechniken nicht mehr. Sie gelten als überflüssig, unmodern, belastend. Ältere Köchen haben noch gelernt, Hühner, Fasane und Enten zu rupfen. Das ist keine Schikane, Geflügel im »Urzustand« versorgt den Koch mit wichtigen »Daten« zu seiner Qualität: Schnabel, Krallen, Innereien sagen etwas über die Haltung des Tieres aus. Heute kommen Brust und Keulen gleich vakuumiert ins Haus. Weniger Arbeit, mehr Geld. Geflügelbrühe zu Geleespaghetti zu schneiden, das kostet noch weniger und benötigt noch weniger Know-how: E 418 hinzufügen, aufkochen, auf ebener Fläche (Backblech) erkalten lassen. Der Praktikant soll die Masse anschließend in Spaghettiform schneiden. Avantgarde-Köche geben jahrhunderte- oder jahrzehntealte Techniken zum Abschuss frei, um eigenes Unwissen zu kaschieren. Das Resultat ist eine Küche ohne Wurzeln und ohne Geschichte, global reproduzierbar dank Techniken der Lebensmittelindustrie.

Und der ganze intellektuelle Überbau, die viel zitierte Küchenphilosophie, sie war nichts anderes als eine Verklärung des Verachteten. Denn weshalb misstrauen wir der Lebensmittelindustrie? Nun, auch wegen der Vielfalt an Zusätzen aus der Chemiefabrik.

Am nächsten Tag schaute ich wieder bei Louis vorbei. Der war in Sachen Additive nicht zimperlich. »Die Industrie hat zuweilen Gründe für Zugaben aus der Fabrik«, sagte er dann. »Die Transportwege sind endlos, Händler bestehen auf langer Haltbarkeit.« Sein Bruder besaß früher eine Wurstfabrik, in der preisgünstig verwurstet wurde. Kurz, er kannte sich mit den Zusatzstoffen ein wenig aus. Die Rezepte, die der beste Koch der Welt seinen Additiven beilegte, ließen selbst ihm das Frühstück bis hinter das Gaumenzäpfchen hochsteigen: »60 Gramm Bohnen mit 20 Gramm aufgequollenem E 461! Das hätte sich mein Bruder in der Fabrik nie getraut! Und er hätte es nicht gedurft. Verbraucherschützer hätten ihm auf die Finger geklopft, bis sie blau angelaufen wären. Und überhaupt: die Dosis! Vermarktet wird der ganze Zauber als »natürliche« Additive. Bis in die späten 8oer Jahre waren diese Stoffe in der Literatur noch »industrielle Polysaccharide.« »Restaurants werden nur auf Hygiene getestet«, ergänzte ich. »Kein Beamter schaut sich solche Rezepte an.«

Tatsächlich: haben die Rezepte der Molekularküche mit dem, was man gemeinhin als Kochen bezeichnet, nichts mehr zu tun: Louis und ich lasen von »invertierter Sphärifikation der Schinkenkroketten« aus einem Liter Wasser, fünf Gramm »Algin«, 250 Gramm Krokettenbasis, sechs Gramm »Gluco« und 0,8 Gramm »Xantana«. So hatte ich mir nicht einmal die Rezeptur für ganz reale

Katzenkroketten vorgestellt. Oder »sphärische Mango-Ravio|
1.250 Milliliter Wasser, 1,3 Gramm »Citras«, 1,8 Gramm »Algi|
250 Gramm Mangopüree, fünf Gramm »Calcic«. Citras mit 250
Milliliter Wasser verrühren, Algin dazugeben und nochmals gut
verrühren. Kurz aufkochen, kalt werden lassen und mit dem kalten
Mangopüree vermengen. Calcic mit 1 000 Milliliter Wasser ver-
quirlen. Mit dem Dosierlöffel die Algin-Mango-Mischung in das
Calcic-Bad geben, nach zwei Minuten mit dem Sieblöffel heraus-
nehmen, abtropfen lassen und in kaltes Wasser geben. Na, das macht
doch spontan Appetit.

All das wurde anderen Herdmeistern im Beihelf der »Texturas
Adrià« ausdrücklich zum Nachkochen empfohlen. Dieser Katalane hat etwas auf die Teller gebracht, was wir uns in den Mund stecken können. Vielleicht verdient das sogar irgendwo Bewunderung. Von Kochen wollten Louis und ich angesichts der Rezepte
nicht reden. Gute Küche beruht auf guten Zutaten. Gute Zutaten
behalten ihren Eigenschmack. Diese Sätze bildeten früher die Definition der guten Küche. Für die neue Generation der Helden der
Herde sind das leere Phrasen. Wenn ich bisher ein Top-Restaurant
besuchte, freute ich mich auf beste Viktualien, mit handwerklichem
Können und zuweilen flotten Ideen zubereitet. Auf fangfrische
Seezungen von der Küste, aromatisches Lamm von Salzwiesen
oder zart schmelzende Schokolade. Ich wollte genießen und nicht
an das »E«-Register der Zusatzstoff-Datenbanken denken.

Louis las meine Gedanken, blätterte weiter in der Rezeptsamm-
lung des »größten Kochs der Welt«, schaute auf gelierte Makka-
roni: »Das Zeug sieht aus wie *Soylent Green*«, rief er. Ich kannte
Soylent Green, dem Film von Richard Fleischer: Im Jahr 2022 leidet
die Erde unter Überbevölkerung. Früchte, Gemüse, Fleisch – all
das gibt es nicht mehr oder nur noch zu Luxuspreisen. Ein Glas
Erdbeermarmelade kostet 150 Dollar. Gut die Hälfte der Welt bezieht ihre Nahrung von der Soylent Corporation. Der Name steht
im Englischen für *soy* (»Soja«) und *lentils* (»Linsen«). *Soylent Green*
ist offiziell »hochenergetisches Plankton«. Gehen die Vorräte an
grünen Wäffelchen zur Neige, kommt es gelegentlich zu Revolten.
Robert Thorn, ein New Yorker Cop, gespielt von Charlton Heston,

taucht durch einen Mordfall in die Welt der Soylent Corporation ein. Schließlich entdeckt er das Geheimnis des Soylent-Konzerns: Soylent Green ist kein Plankton, es sind menschliche Kadaver. Helfer des Soylent-Konzerns erschießen Thorn. Mit seinem letzten Atemzug fleht er seinen Vorgesetzten an, die Öffentlichkeit zu informieren: »Soylent Green is people!« Der Satz ist Bestandteil der Popkultur.

Louis grinste: »Alles genau wie im Film. Die Kadaver werden einfach nur umbenannt. ›Soylent Green‹ klingt besser als dein verstorbener Nachbar. Und Metil klingt besser als E 461. Zuckerester heißt jetzt Sucro. Klingt doch knuddelig. Der beste Koch der Welt hat handelsübliche Zusatzstoffe einfach umbenannt und bringt sie zu Prohibitionspreisen unter die Leute.« Dann sagte Louis bitterernst: »Der Gast will betrogen werden. Je größer die Lüge, desto größer der Applaus. Schau sie dir doch an, deine schreibenden Kollegen: Wenn sie könnten, würden sie den Molekularköchen, den Adriàs, Blumenthals und Marx' dieser Welt, noch die Unterseite der Schuhe lecken.« »Vielleicht wissen sie das mit den Additiven nicht?«, fragte ich zaghaft.

»Das wäre noch schlimmer«, urteilte Louis. »Restaurantkritiker sind fast alle eitle Egomanen. Wenn sie einen Koch gut finden wollen, finden sie ihn gut, komme, was wolle. Widerrufe gibt es in der Wissenschaft. Sie sind selten, aber es gibt sie. Kein Restaurantkritiker hat je eine Empfehlung widerrufen, solange im Lokal noch der Koch am Herd stand, den er einmal positiv beschrieben hat.«

An dieser Stelle möchte ich mit gutem Beispiel vorangehen und alle Leser um Entschuldigung bitten, jemals Köche wie Thierry Marx (jetzt »Mandarin Oriental«, Paris), Andoni Luis Aduriz (»Mugaritz«, San Sebastián) und Christian Conticini (ehemals »La Table d'Anvers«, Paris) empfohlen zu haben. Ich konnte nicht ahnen, was sie zukünftig aufkochen würden. Genauso wenig, wie ich 1999 ahnen konnte, dass ein Ferran Adrià mit der Zusatzstoff- und Aromenindustrie arbeiten würde. Unter Punkt 23 seines hauseigenen Küchenmanifests hatte dieser Koch seiner Zunft inzwischen ein neues Vorbild auserkoren: »Zusammenarbeit mit Experten aus unterschiedlichen Bereichen (gastronomische Kultur, Geschichte,

Industrie-Design etc.) ist für den Fortschritt in der Küche unverzichtbar. Insbesondere die Zusammenarbeit mit der Lebensmittelindustrie und der wissenschaftlichen Welt hat fundamentale Fortschritte gebracht. Die Bündelung dieses Wissens unter den Kochprofis hat zu dieser Entwicklung beigetragen.« Neu und innovativ ist das nicht: Bereits 1922 arbeitete Auguste Escoffier, der Vater der klassischen Küche, mit Maggi zusammen, schrieb Texte zum Maggi-Aroma, das er mit Anchovispüree, Essig und Chili mischte. Der Wissenstransfer lief damals noch in eine andere Richtung: Hier wollte ein großer Koch schmackhafte Alltags-Rezepte für schmalere Geldbeutel konzipieren. Heute jedoch grabschen die Avantgarde-Köche begierig nach den vermeintlichen Wundermitteln der Food-Industrie, um ihre Gäste damit zu bewirten. Diese kochende »Elite« will keine Alternative zum Food-Designer bieten, sie will den Profis aus der Lebensmittelindustrie hinterherhecheln.

Adrià pflegte Zusatzstoffe als seine »Zutaten« zu bezeichnen, was einer besonderen Logik entspringt: Wenn etwas ein Fünftel bis zwei Drittel eines Tellers bedeckt, muss es doch eine Zutat sein, oder? Auch die Veredelung des Additivs zur Zutat folgt einem Trend in der Food-Industrie: »Clean Label« heißt dieser, ich habe ihn bei den Söldner-Köchen schon kurz beschrieben.

Eigentlich müsste die Clean-Label-Industrie unsere Spitzenköche jetzt reich beschenken. Die Küchen-Avantgarde verbreitet gegenüber der Presse nämlich tagaus, tagein das fröhliche Märchen von den »natürlichen Zusatzstoffen«, die ganz normale Zutaten seien. Ganz natürlich seien sie, ihre Additive, gewonnen aus Algen, Früchten und Nüssen. Das Völkchen der Restaurantkritiker haben sie damit überzeugt. Wie heißt es bei Ferran Adrià: »Insbesondere die Zusammenarbeit mit der Lebensmittelindustrie und der wissenschaftlichen Welt hat fundamentale Fortschritte gebracht.« Die Nahrungsmittelindustrie hat ihnen Fortschritt in Sachen Kommunikation geschenkt: Man nehme ein Produkt aus der Chemiefabrik und erkläre es als »vollkommen natürlich«. Natur- und Indianervölker sowie asiatische Kulturen machen sich in diesem Zusammenhang immer gut. Etwa für Farbstoffe wie Cochenille. Das hätten schon die Azteken genutzt. Freilich wohl eher zum

Färben von Kleidung. Additive hingegen werden seit Jahrzehnten für die Bedürfnisse der Lebensmittelindustrie entwickelt. Oder, wie es der Journalist und Ernährungsspezialist Hans-Ullrich Grimm in einem seine Bücher ausdrückte: »Zusatzstoffe sind für Fabriken gemacht. Menschen brauchen sie nicht.«

Die Gründerväter der Molekularküche hingegen amüsieren sich, manchmal aus kommerziellem Interesse, manchmal aus purer Lust an der Rhetorik, Zweifel an unserem Verständnis der Natur zu säen. Fleisch zerteilen wir zu Koteletts, Fisch zu Filets. Aber Fischfilets schwimmen nicht im Meer. Ergo sind sie nicht natürlich, ergo wird alles irgendwie verarbeitet, schließlich und endlich ist es doch egal, ob etwas tagelang in Säure schwimmt oder mit dem Messer von der Gräte geschnitten wird. Oder?

Mit diesen Erkenntnissen fühlte ich mich auf einmal ziemlich allein: Der gesamte Kollegenkreis bewunderte die Molekularküche und ihre Protagonisten. Sie sind in allen Texten Magier, Philosophen, Wissenschaftler. Nur eines sind sie fast nie: Köche. Ferran Adrià, Nestor der Zusatzstoff-Panscher, verehrt die Szene wie ein Gott. Der Mann ist eine Legende. Auf der documenta 2007, einer weltberühmten Kunstmesse, war Adrià Ehrengast, als erster Künstler unter den Köchen. »Ein Restaurant wie das ›El Bulli‹ arbeitet so präzise wie ein Gehirnchirurg«, sagte documenta-Direktor Roger Buergel. Für den spanischen Spitzenkoch wollte eine Wiesbadener Kommunikationsagentur ein standesgemäßes Willkommen organisieren: »Ein Eis, das wie Erbsensuppe schmeckt? ... Gemeinsam mit Restaurantkritiker Jürgen Dollase hat die CPA! Communications- und Projektagentur GmbH, Wiesbaden, ein kulinarisches Konzept entwickelt, das Kochkunst erlebbar macht und von Kofler & Kompanie umgesetzt wird: Als Hommage an Ferran Adrià wird eine Food- und Beverage-Linie entwickelt, die auf der documenta 12 in Kassel erstmals gezeigt wird. CPA! unterstützt die Entwicklung der Produkte auf der Basis des Konzepts von Jürgen Dollase.« Der Kritiker würde seinen Koch bekochen.

Allein die Ankündigung, Adrià wäre Teilnehmer der documenta, generierte für sein Lokal »El Bulli« weltweit einen wahren

Ozean von lobenden Presseartikeln. Für die Unmengen an Papier muss ein mittelgroßer Wald abgeholzt worden sein. Nicht nur Food-Magazine, auch die Wochenpresse, die Kunstmagazine, alle schrieben über Adrià. Ein Koch als Künstler, wer und was steckte dahinter? Als das Rauschen im Blätterwald abflaute, stellte sich heraus, dass der große Koch doch nicht zur documenta in Kassel kommen würde. Vielleicht verfügte er über kein tragfähiges Konzept, um das Kochen mit Lebensmittelchemie auf der Bühne zu glorifizieren? Der vermeintliche Aktionskünstler war das, was in Amerika als *no show* bekannt ist. Seine größte Küchenkunst aller Zeiten fand schlicht und einfach nicht statt. Selbst die Hommage durch den Kritiker fiel aus. Stattdessen ließ der Herdmeister an jedem documenta-Tag einen Zweier-Tisch in seinem Lokal spendieren. Eine »künstlerische Performance«, die jeder, absolut jeder Koch des Planeten hätte erbringen können. Die Presse berichtete nicht oder kaum über diesen Rückzug, denn »Kunst darf ja alles«. In Erinnerung blieb, dass Ferran Adrià der erste Koch unter den Künstlern gewesen war. Eine Legende, wie gesagt.

Küchenchefs lieferten sich fortan wahre Rennen um die spektakulärste Kreation. Künstler wollte jeder sein. Adriàs Moden breiteten sich schneller aus als Grippe-Epidemien. Frankreichs Molekularkoch Thierry Marx erkannte das in einem Interview mit *L'Usine nouvelle*, eine bezeichnenderweise »neue Fabrik« genannte Zeitung, deutlich an: »Ich bin vom Modell der Innovation in der Lebensmittelindustrie inspiriert«, erklärte er. »Wenn wir (die Köche) nicht akzeptieren, zu sehen, was dort (in der Lebensmittelindustrie) getan wird, dann wird es ohne uns passieren.«

Lebensmittelindustrie? Das kann man noch besser machen. Klopfen wir, die Spitzenköche, doch einmal an die Tür der Chemieindustrie. Oder schauen wir einmal bei der Pharmaindustrie vorbei. Die produziert ja auch Essbares im weitesten Sinne. Im Falle des Herrn Marx zumindest generiert die Pharmaindustrie eine Reihe »seiner« Ideen: Sein Pariser »Labor« wird von der Stiftung des Harvard-Professors David Edwards unterstützt. Edwards ist der Gründer von AIR (Advanced Inhalation Research, heute Alkermes, Inc.) und Pulmatrix. Beide Unternehmen beschäftigen sich mit der Frage, wie man Medikamente inhalieren kann. Dank des »Whif«, einer Entwicklung besagten Pariser Labors und vermarktet mit tatkräftiger Hilfe des »Spitzenkochs« Marx, dürfen wir auch Schokolade atmen, ein Gramm im Inhalator kostet 1,80 Euro.

Die Mär von der Geburt des Whif durch den »Erfinder« Marx verbreitete ein Manga der japanischen Illustratorin Junko Murata. Als Autor zeichnete sich David Edwards von Pulmatrix verantwortlich. Marx ist jetzt ein Sympathieträger der Pharmaindustrie. Slogans wie »von einem bekannten Sternekoch konzipiert« machen sich besser als der Halbsatz »ein Nebenprodukt amerikanischer Pharmaforschung«. Food-Industrie. Chemieindustrie. Pharmaindustrie. Spitzenköche aus aller Welt verlangen nach deren Arsenal, einfach so, zum Spielen. Den Rest wird ihre Berufsethik schon besorgen. Nun, ihre Berufsethik verhinderte nicht, dass die additive Welle überhaupt ins Rollen kam.

Andererseits, warum sollen Köche über mehr Ethik als andere Berufsgruppen verfügen? Wir leben in einer Zeit, die für Profitmaximierung lebt. Warum sollen Spitzenköche ein anderes Berufsethos haben als zum Beispiel Investmentbanker? Junk Food und Junk Bonds, das passt doch zusammen wie Pfeffer und Salz, oder vielmehr wie »Belze« und »bub«.

Damals tröstete ich mich kurz mit dem Gedanken, dass die Chemie-Flut für eine Story taugte. Nicht wegen Adrià und seinen 8 000 Gästen, sondern wegen der Zusatzstoffe, die unter seinem Namen in schicken Aluboxen verkauft wurden. Die hatte ich in gut 75 Prozent der Profiküchen gesehen, die ich von Berufs wegen besuchen musste. Besorgniserregend war das, weil in der Welt der Gastronomie die großen Kreationen von einst immer die Alltagskost von morgen sind. Ob Crêpes Suzette oder Lachs in Sauerampfer – was einst die Speisekarten der Top-Lokale beherrschte, sickert langsam in die kulinarische Mittelklasse, wird anschließend von Rezeptbüchern für ambitionierte Hobbyköche aufgesogen und versumpft dann in den Niederungen des Fertigfutters. Den erwähnten Lachs der Brüder Troisgros, eine Berühmtheit der Sechzigerjahre, hatte ich zuletzt mit einem weinenden Auge auf der Speisekarte einer Autobahnraststätte nahe Lille entdeckt. Der weltweit erhältliche Eisdielen-Klassiker »Pfirsich-Melba« mit Sahne aus der Sprühdose war vor 100 Jahren ein großes Rezept von Escoffier, beste klassische Küche. In der Gastronomie sickern die Trends stets von oben nach unten. Der Texturas-Kram war auf dem Eilweg nach ganz unten. Experimentierkits für Hobbyköche gab es schon lange, für etwa 100 Euro das Stück.

Dann kam das Zögern. Früher hätten die Zusatzstoff-Orgien für eine tolle Story getaugt, Kritiker und Köche hätten gemeinsam gegen den Einzug industrieller Methoden in die Feinschmeckeridylle protestiert. Ja, früher. Heute war »Sterne-Essen« eine Industrie. Es ist nicht immer gut, sich mit ganzen Industriezweigen anzulegen.

Ein vorletzter Mohikaner
Wie Pseudo-Philosophen produktbewusste Köche ersetzen

Im Frühjahr 2007 führte mich ein Auftrag in das Heimatland der Texturas: »Porträt von Santi Santamaria, Spitzenkoch aus Sant Celoni nördlich von Barcelona« verriet der Speiseplan. Die Kontaktaufnahme erwies sich als schwierig: Santi antwortete nicht. Irgendwann klappte es doch noch. Als ich im »Can Fabes« ankam, wartete schon ein Tisch. Nur einer wartete nicht: Santi Santamaria. Er stand am Herd und ließ ausrichten, dass er nach dem Service anderes vorhabe. Durch einen Sehschlitz am Empfang blickte ich in gut 120 Quadratmeter Küche. Jeder stand an seinem Arbeitsplatz, räumlich getrennt von den anderen, jeder arbeitete konzentriert, Schwätzen oder Schreien war tabu. Santis Küche hat etwas Sakrales. Im Raum rechts davon standen drei gläserne Kühlschränke: Im ersten warteten zarte Lämmer, saftige Rinderkoteletts, Geflügel und Foie gras, im zweiten knackiges Gemüse, im dritten das Obst.

Mittendrin schaute ich in die teilweise offene Küche hinter orangefarben schimmernden Plexiglaswänden.

Das Abendmenü bildete einen der raren Momente, die auch übersättigte Berufsesser umhauen. Zuerst ein Zwiebelküchlein auf Blätterteig mit einer supersaftigen, leicht geräucherten Makrele. Raucharoma brachte eine rustikale Komponente in das Gericht, die perfekte Garung und der hauchzarte Teig zeigten die Präzision der Küche. Traditionelle Glasaale servierte Santi mit Knoblauch, Petersilie und chinesischen Fadennudeln. Und das Gemüse! Hier kostete ich die besten Erbsen meines Lebens, angerichtet mit Erbsenblüten auf festem Erbsenpüree, sozusagen Erbse hoch drei. Der grüne Spargel ergänzte wunderbar den Kaviar mit Muscheln, dann kamen ein riesiger Kaisergranat mit Gnocchi, Kabeljau auf seinen Innereien mit den letzten spanischen Trüffeln der Saison, eine Foie gras in Salzkruste – Freude, Freude, Freude! Ich ging mit dem Gefühl ins Bett, heute zum ersten Mal Erbsen gegessen zu haben.

Am nächsten Tag sah ich ihn am Frühstückstisch. Santi Santamaria, der Meisterkoch des »Can Fabes«, ist ein rundlicher Mensch mit Kurzhaarschnitt, Drei-Tage-Bart und eckiger Brille. Langsam studierte er die *Vanguardia*, blickte nicht einmal in meine Richtung. Ich ließ mir die spanischen Würste schmecken. Dann, pünktlich um neun, faltete Santi die Zeitung ordentlich zu einem kleinen Stapel, rückte die Brille in Positur, musterte mich von oben bis unten und fragte: »Was hältst du von diesen ganzen Zusatzstoffen in der Küche?« »Ich mag sie nicht. Gegen einige habe ich eine physische Reaktion. Allergie darf man es nicht nennen,« antwortete ich. »Momentan arbeite ich an einem Beitrag darüber.«

Santis Laune besserte sich augenblicklich. »Auch ich arbeite an etwas Ähnlichem. Ein kleines Buch. Nichts Großes.« Santi stand auf, verschwand in seinem Büro und kam zehn Minuten später mit einem Stapel Papiere zurück. »Das hier sind die Rechnungen von dieser Woche. Hier siehst du, was es kostet, ein richtiges Restaurant zu betreiben.« Ich schaute die ersten 20 Papiere durch. Allein Santis Fischbudget überstieg meinen Monatsverdienst. Ich fragte nach den Erbsen. »Die kommen vom Bauern nebenan. Das klingt jetzt banal, aber hier gibt es eine winzige Gegend, in der die Erbsen besser als anderswo gedeihen. Nur ein paar Hektar.« Wir gingen in die Küche: »Komm mit, schau dir mal diese Fische an.« Vor mir blitzen die silbernen Schuppen eines kiloschweren Denti. »Heute morgen sind die am Hafen von Blanès gehandelt worden. Sie kommen nie aufs Eis«, erklärte der joviale Katalane mit der bukolischen Figur und dem immerwährenden Bart. »Das würde sie verbrennen. Und alles wird direkt am Abend serviert.«

Santi ist ein Produktfetischist. Sein Fond wäre anderswo eine Suppe: Ein ganzes Brathuhn schwamm damals darin, und zwei Kilo schieres Kalbfleisch, dazu eine Überdosis gesundes Grünes.

Ein Koch, der noch weiß, dass gute Küche bei guten Zutaten beginnt, einer auf der Liste der aussterbenden Arten: Pacaud in Paris gehört dazu oder Roellinger in Cancale. Herdmeister, die dank eines persönlichen Netzwerks aus Freunden und Kontakten stets an die besten Zutaten kommen.

»Ich hatte den Vorteil, dass ich schon als Kind den guten Geschmack unserer katalanischen Zutaten auf der Zunge hatte. Wer Kochen verstehen will, muss die unterschiedlichen Garmethoden meistern. Wir haben Elektrizität, Gas und Feuer zur Verfügung. Einen Dampfofen, einen Mischofen, dazu Grillspieß, Plancha und Grill. Der Geschmack einer Pfanne ist etwas anderes als der Geschmack eines Holzfeuers.« Santi zeigte auf die Speisekarte, sein Zeigefinger glitt auf die Foie gras in Salzkruste. »Die kannst du nicht einfach in den Ofen schieben. Zuerst wird sie auf einem Grill angebraten, den wir mit indonesischer Biokohle, gepresst aus Kokosnusshaut, befeuern.«

Dann schaute er mich mit melancholischen Augen an: »Iss noch mal was. Hier. Oder im Nachbarort, in der Kneipe von Ostalric. Da gibt es tolle Pfännchen mit kleinen Tintenfischchen. Anderswo gibt es nur noch Astronautenfutter. Pastillen und Tabletten mit tollen Namen! Zusatzstoff-Küche! Geschmacksverstärker! Aromen aus der Fabrik. Das ist die Spitzenküche von heute.«

Da hatte er recht. Drei Tage später saß ich in der Schweiz vor »Kaviar von wildem Hering«. Mehr und mehr Spitzenrestaurants verzierten ihre Gerichte mit kugelrunden, glitzernden schwarzen Bällchen, die echtem Sevruga-Kaviar zum Verwechseln ähnlich sehen. Je nach Land heißt das Zeug Avruga, Arenkha oder Harenga. Der deutsche Importeur Ralf Bos rühmt es als »eine hervorragende Alternative zu echtem Kaviar vom Stör ... Er macht den Eindruck, als handele es sich tatsächlich um Rogen des Herings ... eine nahezu vollwertige Alternative zum Luxusprodukt«. Nun bringt Hering, egal wie wild, keine schwarzen Kügelchen als Eier hervor. Das wusste ich von Besuchen in Fischhandlungen. Louis hatte mir schließlich die Zusammensetzung der »vollwertigen Alternative zum Luxusprodukt« besorgt. »Avruga/Harenga besteht aus Wasser, 40 Prozent Räucherhering, Salz, Maisstärke, Zitronensaft, Tinte vom Tintenfisch, Zitronensäure und Xanthan«, erklärte mein Freund. »Ende 2002 hatte der staatliche Verbraucherschutz DGC-CRF das Produkt in Frankreich vom Markt verbannt.« Es hätte Probleme mit dem Produktnamen Avruga und der gesetzeskonformen Etikettierung von Zusatzstoffen gegeben. Diese seien aber inzwischen gelöst. Angewidert blickte ich fortan auf Speisekarten mit »Blinis mit Crème fraîche und Avruga-Kaviar«, »Tatar von der Rinderlende mit Avruga-Kaviar«, »Gurkenspaghettini mit Avruga-Kaviarcreme« oder »Praline vom Saibling mit Avruga-Kaviar«.

Bei diesem Zwei-Sterne-Koch in der Schweiz protestierte ich zum ersten Mal. Gerade hatte eine Dame im schwarzen Kostüm ein Süppchen mit Avruga serviert und pflichtgemäß erklärt, dass es sich um Bilder vom wilden Hering handelte, da platzte es aus mir heraus. »Kein Hering hat schwarze Eier, die aussehen wie Sevruga-Kaviar. Heringe haben weißliche Rogentaschen.« Prompt schoss der Küchenchef in den Saal, schmiss sich ob des renitenten Gastes in Positur. »Natürlich gibt es schwarzen Heringskaviar, ich habe ihn doch gekauft«, rief er in den Saal, eilte in die Küche, kam mit einem Döschen zurück. »Hier! Heringskaviar!« »Lesen Sie doch bitte einmal das Etikett vor«, sagte ich ruhig. Vor versammelter Gästeschar verlas der vielfach preisgekrönte Herdmeister die Worte »Wasser, geräucherter Hering, Salz, Maisstärke, Zitronensaft, Tintenfischtinte, Zitronensäure, Xanthan.« Mit jeder Silbe verlor seine Stimme an Elan. Ein älteres Ehepaar schaute ihn mit aufgerissenen Augen an. Sie wissen ja, wie man ein Etikett liest? Der prozentual häufigste Bestandteil eines Industrie-Rezepts steht am ersten Platz, der zweithäufigste am zweiten ... und so weiter. Hier war es Wasser vor Hering.

Dann wurde der Koch wieder laut: »Mein Lieferant, dieses Schwein! Ich werde dieser Sau die Ohren an die Eier nageln.« Das ältere Ehepaar schien ob dieser Aussichten beruhigt, sie begannen wieder, am Aperitif zu nippen.

Ich verdrehte die Augen Richtung Kronleuchter. Über 20 Jahre hatte ich die Gastronomie geliebt. Die Restaurants dieser Welt waren über zwei Jahrzehnte für mich ein Refugium vor den Unbilden der Welt gewesen. Es konnte regnen oder schneien, die Geschäfte als freier Journalist konnten gut oder schlecht laufen, ich konnte frisch verliebt sein oder unter Liebeskummer leiden, eines schien mir sicher: In »meinen« Restaurants konnte ich für ein, zwei oder drei Stunden den Alltag vergessen.

Heute muss ich aufpassen, mit welchem Nahrungsmittelimitat mich die Wirte neppen. Die Gastronomie der späten Achtziger-, frühen Neunzigerjahre war wie eine Grande Dame in einem Kleid der sagenumwobenen Kostümbildnerin Edith Head. Einem Einzelstück, natürlich, gezeichnet von der Frau, die Audrey Hepburn für *Roman Holiday* und *Sabrina* eingekleidet hatte. Verglichen damit präsentierte sich die Gastronomie der Nuller-Jahre als Frau mit Silikon in Brust, Hintern, Oberschenkeln und Lippen, grellem Make-up, gekleidet in einem fleckigen Galliano-Imitat. Eine, die keine Gelegenheit ausließ, ihre Umgebung lautstark darauf hinzuweisen, dass sie schöner, besser, vollkommener als ihre elegante Vorgängerin sei.

Die Gastronomie der Nuller-Jahre war ein Kunstprodukt, entwickelt von Food-Designern, Marketing- und Kommunikationsexperten. Louis hatte schon recht: »Der Gast will betrogen werden.« Wir, die Restaurantkritiker, die Food-Journalisten, waren zu Komplizen der Betrüger geworden. In der Presse führte der Siegeszug der Molekularküche zu einer bisher ebenso ungekannten wie ungeahnten Intellektualisierung des Essens. Köche übten sich in ideologischer Verklärung der eigenen Gerichte. »Ich wollte auf dem Teller das Ökosystem einer schottischen Grouse, eines Moorschneehuhns, nachbauen«, erklärte mir ein belgischer

Koch. Wie aber baut man ein Ökosystem auf dem Teller nach? Nun, das schottische Moorschneehuhn lebt auf Mooren und Heiden. Was findet man neben Mooren und Heiden mit etwas Glück? Wälder. Da haben wir es: Wälder ... Waldaromen ... Unterholz ... Pilze! Und was wächst auf Mooren und Heiden? Rauschbeeren! Die sehen so ähnlich aus wie Blaubeeren. Also rein damit. Nun muss das Huhn ja auch essen, bevor es gegessen wird. Hühner picken Körner. Körner ... Quinoa! Strahlend zeigte der junge Koch sein Moorhuhn mit Blaubeeren, Pilzen und Quinoa vor. Überall schäumte, blubberte und rauchte es. Fast wirkte es, als hätte er gerade das $E=mc^2$ der Küche entdeckt. Ich traute mich nicht, ihm zu sagen, dass sich die Grouse nicht von Quinoa, sondern meist von Kräutern, Samen, Nadeln und Knospen ernährt. Eine Grouse mit Pilzen und Beeren bildeten jetzt also das Ökosystem des Moorhuhns. Bitte wiederholen Sie die Übung mit dem Toast Hawaii.

Jungköche drehten plötzlich Filme mit Titeln wie *Wir sind die Revolution*. Man kann das als Ausdruck von Selbstbewusstsein sehen. Auf den Speisekarten wimmelte es von Gerichten mit Namen wie »Falsches Ei«, »unsichtbares Gericht« und »virtuelle Brombeeren«. Nur die Preisspalte blieb ganz und gar nicht im Virtuellen, sondern siedelte sich in der Rubrik »Unverschämtheiten 2.0« an. Gelehrt dozierende Geschmacksphilosophen breiteten sich im kleinen Kritikervolk aus wie Fußpilz im öffentlichen Hallenbad. Sie verfügten über ihre eigene Nomenklatur. Ihre Sprache glich einer alten *Star-Trek*-Folge, wenn Bordingenieur Scotty verkündet, man müsse jetzt den Protonenflux umkehren, um die Schutzschilde zu verstärken. »Ziel dieser nächsten Stufe der Emanzipation des Materials ist die durch die Dekonstruktion von Texturen und Temperaturen geläuterte (Neu-)Konstruktion kulinarischer Kreationen – nunmehr ergänzt durch ein befreites Spiel mit einer erweiterten Wahrnehmung. Die Dekonstruktion, die mit trockenem Eis oder Nudeln aus Gelee den Blick auf ein komplexeres Sensorium lenkt, wird nun ein erweiterndes Element des kulinarischen Konstruktivismus – den wir freilich so lange immer noch als ein Durchgangsstadium zu einem perfekten Strukturalismus begreifen müssen, wie eine weitere Ausweitung und Neubewertung des aromatischen Spektrums wünschbar bleibt.«

Das steht inzwischen tatsächlich in den Zeitungen. Da freut sich der Bildungsbürger und der Esser wundert sich. Worum geht es da? Letztens habe ich einen ähnlichen Textpassus in der Gebrauchsanleitung meiner koreanischen Digitalkamera gelesen. Nur wurden trockenes Eis nebst Geleenudeln durch Sensoren und Megapixel ersetzt. Ich weiß nicht, was der »perfekte Strukturalismus« ist, hege aber den Verdacht, dass er nicht wirklich gut schmeckt. Der Schlüssel zur intellektuellen Rechtfertigung solcher Gerichte bildete fortan das Wortbündel Textur, das inflationären Gebrauch fand.

Auch die Textur schmeckt nicht wirklich, kann aber den Geschmackseindruck beeinflussen. Sie gehört zu dem, was Fast-Food-Profis *mouthfeeling* nennen: Es ist das Gefühl in der Mundhöhle, wenn die Buns, die Burgerbrötchen, sich rund um einen übergaren Hackfleischklops im Mund sammeln und man wider Erwarten auf Cornichons, wässrigen Salat und geschmacksfreie Tomaten beißt. Textur klingt aber besser. So richtig intellektuell. »Das Konzept des virtuellen Sauerkrauts erinnert an die Dekonstruktion von Heidegger und Derrida, die sich aus dem Nichts zum Wissen über das Sein erhebt«, sagt ein französischer Kritiker. Derrida? Heidegger? Oder vielleicht Sartre? Der schrieb ein Buch mit dem Titel *Der Ekel*. Mutiert der Koch zum Philosoph, muss sich der Restaurantkritiker zum Überphilosoph aufplustern.

Sehr schön formulierte der baskische Koch Andoni Luis Aduriz sein Küchenkredo: »Ich serviere Dinge, die nicht gut sind, aber spannend«, vertraute er dem spanischen Wirtschaftsmagazin *L'Expansion* an. »Gut Kochen ist sehr einfach.« Doch wenn er »Dinge« serviert, die »nicht gut sind«, was sind sie dann? Spannende Dinge, das erklärte er im selben Interview, liefere ihm »Azti Tecnalia«. Die Stiftung bezeichnet sich als »neues Referenz-Zentrum der Food-Industrie« und betreibt unter anderem eine Zusatzstoff-Datenbank für Köche.

Mit der spanischen Zeitung in der Hand saß ich gerade wieder im »Provinces« auf Rungis, als mein französischer Kollege Laurent dazukam. Laurent war Mitgründer eines Restaurantführers, hatte seine Anteile jedoch verkauft und verlegte gastronomische Literatur. Manchmal textete er auch für die Händler auf dem Großmarkt. Kochen mit »nicht guten« Zutaten, das sei doch ein zukunftsträchtiges Konzept, sagte er. Ich warf ihm einen misstrauischen Blick über die Brille zu. »Andoni hat doch recht: Kochen mit guten Zutaten ist einfach. Andoni sucht eine Herausforderung.« »Der Typ versucht nur zu sparen«, erwiderte ich. »Kein Gast geht ins Restaurant, um ›nicht gute‹ Zutaten zu essen.«

Küchenphilosophie gegen Pragmatismus. Schlechte Zutaten sind nun einmal immer billiger als gute Zutaten. Was für meinen Kollegen als neues, spielerisches Konzept galt, deutete für mich darauf hin, dass jetzt in Spitzenküchen die Generation Gier den Schaumlöffel schwang.

Ja, mit den neuen Köchen kamen die neuen Kritiker. Die waren »anders«. Vor allen Dingen waren sie nicht mehr kritisch. Mit den Jungköchen hatten sie gemeinsam, dass sie bei jeder Gelegenheit herauskrakeelten, jetzt sei ihre Stunde gekommen. Ganz bestimmt. Sicher. Darauf könne man sich verlassen. Entsprechend schrieben sie nicht mehr für die Gäste, sondern für die Köche. Die Anerkennung eines Kochs, das ist heute mehr denn je die Anerkennung in Fachkreisen. Sollen die Leser doch sehen, wo sie bleiben. Anerkennung von Jungköchen lässt sich schnell erwerben, mit konstantem Lob geht das zügiger als mit skeptischen Betrachtungen.

Die neue Generation der Kritiker braucht eigentlich keine Leser mehr. Verleger suchen, Beiträge veröffentlichen, das ist doch umständlich und altmodisch. Zur Sicherheit unterhalten solche Kuschel-Kritiker ihren eigenen Blog mit überschwänglichen Lobeshymnen, falls der Tag kommt, an dem kein Chefredakteur diesen Sermon mehr drucken will. Ansonsten suchen sie ihr Geld systematisch an der Quelle: bei den Köchen und ihren Lieferanten, eben bei denen, mit denen man eigentlich als Kritiker oder seriöser Berichterstatter in Sachen Gastronomie nie Geschäfte machen sollte. Der schnellste Weg zum Geld ist inzwischen nämlich das Food-Festival, gemeinsam mit den Herren der Herde veranstaltet: Identita Golose, Cook it raw, Madrid Fusion, Lo Mejor de la Gastronomia oder OFF. Ein paar *Michelin*-Sterne auf der Bühne sorgen für Sponsoren-Gelder. Tokyo Taste, ein Treffen für Spitzenköche, wird unter anderem von Ajinomoto, dem weltgrößten Hersteller von Glutamat, gesponsert. Hier sitzt die Kohle. Abends gehen die Herren der Herde mit ihren Kuschel-Kritikern einen trinken oder ziehen ins Kasino. Da ein gut gehender Restaurationsbetrieb mehr Geld generiert als eine mäßig erfolgreiche Kolumne, spendieren die Köche gelegentlich die Chips. Alle sind gute Freunde. Man reicht sich die Hände, wäscht sie sich gegenseitig, hier und da hält jemand selbige auf. Auf den Fußball übertragen ist das so, als würden Schieds- und Linienrichter munter mitkicken und am Abend mit beiden Teams in die Bar gehen.

Damit die Köche geruhen, auf die Bühne zu treten, müssen die Kuschel-Kritiker stets beste Beziehungen zu ihnen unterhalten. Sonst werden schnell Honorare in fünfstelliger Höhe fällig. Pro Koch. Mit solch einem gelungenen Event kann ein vermeintlicher Restaurantkritiker leicht das Jahresgehalt eines ernsthaften Kollegen einfahren. Natürlich funktioniert das auch andersherum: Die italienische Festa a Vico wird von Küchenchef Gennaro Esposito veranstaltet, Hotels und Hersteller von Mineralwässern oder Kaffees öffnen ihre Börsen, damit auch der örtliche Direktor des *Michelin* bei Tisch sitzt. Auf die Spitze trieben das Kuschel-Kritiker-Prinzip die spanischen Autoren. Einer von ihnen, Pau Arenos, verfasste ein Manifest der »techno-emotionalen« Küche. Was aber ist »techno-emotional«? Nun, die Köche nutzen Technik und wollen, frei nach Arenos, Emotionen erzeugen. Das klappt auch. Bei mir erzeugten sie mit ihren Zusatzstoffen zum Beispiel Ekel. Im sechsten Gebot des techno-emotionalen Manifests bekamen die Köche dann einen ganz besonderen Titel: *El creador*. Zuvor waren sie schlicht *cocinero*, nun sind sie plötzlich »Schöpfer«. Das ist kein Wortspiel und kein Synonym für kreativer Koch, sondern steht genauso in der spanischen Ausgabe der Bibel, Genesis, Kapitel 14: «vom Höchsten Gott, / dem Schöpfer des Himmels und der Erde«, »Dios Altísimo, creador de los cielos y de la tierra«. Ein tieferer Kniefall ist kaum vorstellbar. Solche Gebotslisten haben nichts mit Journalismus zu tun. Sie sind PR.

Der Koch als *El Creador*, als »Schöpfer«. Macht das den Journalisten nicht zum Äquivalent von Moses, der mit den 10 Geboten vom Berg Sinai herabsteigt? »Ein Restaurant ist viel mehr als nur ein Geschäft«. »Der Schöpfer« am Herd ist viel mehr als »nur« ein Koch. Es ist möglich, dass der »Schöpfer« unverstanden bleibt. Die Wege des »Schöpfers« sind eben unergründlich. Wir Sterblichen können ihn falsch verstehen. Oder wir bringen einfach nicht die richtigen Voraussetzungen mit: »Der Akt des Essens erfordert besondere Disposition und Konzentration«, sagt das Techno-Emo-Manifest, Paragraph sieben.

Eine letzte Untergruppe der neuen Kritiker hätte ich fast vergessen: den Verführer – er ist hier nicht als Casanova gemeint, sondern im Sinne von *El Creador*, also der Bibel: Verführer, Versucher, Verderber, Mephistopheles … Sie wissen schon. Pro Land findet man nur ein bis zwei Exemplare dieser Gattung. Der Verführer weiß, dass die Anerkennung durch Leser über die Anerkennung durch Köche führen kann. Sie sind schließlich die Fachleute in Sachen guten Geschmacks. Wenn diese Berufsgruppe einen Kritiker mit Ehrfurcht betrachtet, dann muss er doch herausragend sein, oder? Es ist die klassische Milchmädchenrechnung unserer politisch korrekten Zeit. Kritisierende Kritiker wurden von Köchen nie übermäßig gemocht. Paul Bocuse etwa verachtete zeitweise Siebeck, der manche Verdienste des Küchenpapstes lobte, den Alltagsbetrieb seines Restaurants jedoch nicht gerade in Pastellfarben tauchte. Wer hingegen nicht kritisiert, sondern berät, analysiert, philosophiert, der darf hoffen, die Medienmacht der heutigen Köche für sich zu nutzen. Und wie bei jedem faustischen Pakt gibt es nicht umsonst einen clevereren Mephistopheles, der stets nur eine Kleinigkeit will. Eine Seele, von der niemand so recht weiß, ob es sie wirklich gibt, oder ein Stückchen davon, vielleicht. Im Gegenzug wird ein Herzenswunsch erfüllt: Wie wäre es denn, flüstert unser Verführer, wenn du kein einfacher Koch mehr wärst? Mit mir wirst du Wissenschaftler, Künstler, Philosoph. Du wirst als solcher promotet. In der Zeitung. In Magazinen. Im Fernsehen. Und im Gegenzug will ich, der Verführer, nur wenig: Rede im Kollegenkreis respektvoll über mich, entwickle Rezepte mit mir, hole meinen Rat ein – und sage das öffentlich. Das ist jetzt stark verkürzt, natürlich sagen unsere »Verführer« dies den Köchen nicht ins Gesicht. Sie bringen die Botschaft jedoch so deutlich zum Empfänger wie Don Vito Corleone im »Paten« das eine oder andere »unwiderstehliche Angebot« ausbreitet. Solche »Verführer« sind oft besonders laut dröhnende Machtmenschen, die mit der Sehnsucht der Köche nach sozialem Aufstieg meisterhaft spielen. Der Koch hingegen verschachert ein Stückchen Seele, wenn er tatsächlich Rezepte mit seinem Kritiker entwickelt. Denn eigene Kreationen sind es dann nicht mehr.

Ob Kuschler, Kumpel oder Verführer, Essen wird heute kaum noch kritisiert oder in irgendeiner Form kritisch hinterfragt. Es wird meist bejubelt und bestenfalls analysiert, seziert und kommentiert, als hätte *El Creador* eine weltverbessernde Botschaft unter jedem Schnitzel versteckt. Kritiker sollen nicht mehr kritisieren, sie sollen und wollen betrachten, beschreiben – und werben für die neue Ordnung in der Gastronomie. Die Restaurantkritik hatte jetzt das Niveau des Sportjournalismus der Nachkriegszeit erreicht: Wer sich alte Sportberichte anschaut, erfährt, dass eine von zwei Fußballmannschaften zwei zu eins gewann. Oder man lernt, dass 40 Radrennfahrer kräftig in die Pedale traten und einer von ihnen schneller als die anderen war. Ansonsten schien die Welt des Sports paradiesisch schön. Helden in Turnschuhen statt Helden unter Weißmützen.

Inzwischen gibt es in allen Ländern einen knallharten Sportjournalismus. Längst geht es nicht mehr nur um Ergebnisse. Die Themen sind Doping, Geld, Sponsoring, manchmal Sex sowie das auffallend frühe Ableben junger Top-Athleten und dessen mögliche Gründe.

Den Blick auf die Hintergründe ersparten sich die neuen Kritiker: Sie verkündeten jetzt permanent, sämtliche Zutaten seien gleichwertig und führten sich dabei auf, als hätten sie das Land von der Tyrannei des Hummers und des Steinbutts befreit. Auch ich esse lieber gute Makrelen als schlechten Steinbutt. Allerdings stört es mich, dass sich die Gleichwertigkeit der Zutaten vor allem in der Preisspalte ausdrückt. Bei Makrele zum Hummerpreis löst sich die wirtschaftliche Realität langsam auf, um von einem Strudel des Unheils zermahlen zu werden. Doch einer der Schlüssel zum Verständnis der Gastronomie sind die wirtschaftlichen Hintergründe der Küche ... die niemanden interessieren, denn, über Geld redet man ja nicht.

Es ist einfach für einen Kritiker, sich auf einen solchen Wandel einzustellen. Man muss nur immer wieder schreiben, wie toll alles schmeckt und die eigenen Worte mit ein wenig Pseudophilosophie würzen. Augen zu und durch! Zugegeben, ich habe es selbst etwas mehr als ein Jahr lang versucht. Damals heuerte ich beim französischen Restaurantführer *Omnivore* an. *Omnivore* gibt keine Noten. Jeder Text liest sich wie ein Küchenmanifest des jeweiligen Wirts. Die größte Mehrzahl der Köche ist allerdings weder willens noch in der Lage, ihr Küchenmanifest in den Block eines Journalisten zu diktieren, zumal es sich fast jährlich ändert. Also versuchten wir Autoren die Manifeste zusammenzuzimmern. Bei 20 bis 50 Köchen ist das nicht nur viel Arbeit, es ist eine falsche, aus Zeitnot und Mangel an finanziellen Ressourcen geborene Intellektualisierung des Essens. Ich verließ *Omnivore* bald.

Bei jedem Essen in einem Restaurant der Oberklasse fragte ich mich, warum wir Food-Journalisten in diesem Zirkus kochender Egomanen mitspielten. Das Essen in solchen Lokalen verkam zunehmend zur Tortur. Zuflucht boten mir Auberges, Bistros, Osterien und bessere Kneipen. Die dortigen Köche haben nichts dagegen, Handwerker zu sein. Essen konnte also noch Spaß machen. Es machte nur dort keinen Spaß mehr, wo es eigentlich die größtmögliche Freude bereiten sollte: bei den Avantgardisten und den Sterne-Stars.

Irgendwann saß ich im Norden der Provence in einem winzigen Lokal. Es hieß »L et Lui«, ein französisches Wortspiel für »sie und ihn «. Das gemeinsame Restaurant als Liebeserklärung. Sie heißt Cathy, er Cédric, Nachname Dénaux. Madame herrscht als Gärtnerin über 4 000 Quadratmeter Garten nebst Gewächshaus, Monsieur als Chef de Cuisine über 20 Quadratmeter Küche. Es war ein karges Eckhaus mit poppigen grün-orange gestrichenen Wänden. Ohne Tischdecken, ohne Tafelsilber, ohne Weinkarte. »Alle unsere Gerichte enthalten Gemüse und Blüten aus meinem Garten«, erklärte Cathy.

Cédric, der junge Koch, der mit Löwenmähne und Spitzbart jederzeit im Kino den D'Artagnan spielen könnte, sieht gesundes Grünes aus dem eigenen Garten nicht nur als »Beilage« oder Marketing-Gag wie in etlichen Top-Lokalen, wo Masochisten für einen Rübenteller 60 Euro zahlen. »Meine Frau hat mir gezeigt, dass Borretsch-Blüten nach Jod schmecken, dass Gemüse auf der Zunge wie Honig oder Pfeffer wirken kann.« Aus Spinat formt er ein buntes »Vegetal-Sandwich« mit Kürbis, Kapuzinerblüten und Spinatmilch. Aal und blaue Kartoffeln stampft er zu »falschem Aligot«, eine Variation des Käse-Kartoffelbreis der Auvergne, dazu gibt es eine Sauerampfervariante aus Neu-Guinea, Ziegenfrischkäse, geriebene Karotten, einen Hauch Apfel mit Salatspitzen. Zum Dessert servieren Cathy und Cédric Lebkuchen mit Schokolade, gewürzt mit einem konzentrierten Sirup von Brennnesseln und Herbsttrompeten. Klingt erstaunlich und schmeckte so erstaunlich gut, dass ich die Adresse von »L et Lui« noch beim Kaffee an gute Freunde durchsimste – aber nur an solche, von denen ich wusste, dass ihnen erstklassige Küche wichtiger als Kristallgläser ist. Eine Küche, die das Herz wärmt, so einfach ist das.

Küchenchef Cédric scherzte, meinte, dass er seinen letzten Posten auch deswegen verlassen hatte, um Cathy rumzukriegen. Die ließ sich von Tafelsilber allein nämlich nicht beeindrucken.

Es schien wie in alten Zeiten: Alles schmeckte, wie so oft war das Lokal nicht in irgendwelchen marktführenden Guides vertreten, das Menü hatte mich nicht arm gemacht. »L et Lui« entsprach dem Typ Restaurant, das ich früher als junger Teilzeit-Kritiker immer entdecken wollte.

Wenn es in solch kleinen Adressen wesentlich besser schmeckt als in großen, bekannten Restaurants, dann stimmt etwas nicht mit dem System. Früher war ich mit versteckter Kamera in ein über den grünen Klee gelobtes Lokal eingefallen. Da schrieb ich Porträts über verkannte Köche, vom Aussterben bedrohte Handwerker oder junge Talente auf dem Weg nach oben. Massentauglich war das nicht, aber es war ehrlich, subjektiv besehen grundehrlich.

Ich blickte kurz in den Spiegel meines Mietwagens. Das Tripel-Kinn schwand gemeinsam mit der Freude am Essen, der Bauch hielt sich für mein Alter inzwischen in halbwegs vertretbaren Grenzen. Es wurde Zeit, den ersten Gang einzuwerfen, 200 Kilometer weiter südlich wartete ein neues Menü auf mich. Stop. Ich war zum Teil des Systems geworden, über das ich mich früher nach Kräften lustig gemacht hatte. Einer, der sich von Auftrag zu Auftrag hangelte und brav seine Adresslisten »mit zwei bis drei neuen Restaurants pro Region« einreichte. Kritik wanderte nur noch maßvoll in meine Texte, die Gastronomie sollte ja im Grunde schön bleiben, jeder konnte nach seiner Fasson selig werden. Die Mode der Zusatzstoffe ekelte mich an und ich hoffte inständig, sie würde bald vorbeigehen. Aber darüber schreiben? Früher hätte ich diesen Köchen zumindest einen ehrlichen Text reingedrückt, vielleicht unter dem Motto »Kann nichts, wenn keine zwölf Eimer Lebensmittelchemie zur Verfügung stehen«. Heute saß ich im Auto und hoffte, dass sich die Lage in den Restaurants bessern würde.

Nennen Sie es kulinarische Midlife-Crisis: Einmal im Leben wollte ich etwas tun, was viele Kollegen schon lange nicht mehr getan hatten. Ich wollte dem Leser die Wahrheit sagen. Einfach würde das nicht. Die Kritiker waren keine kleinen Könige mehr. Sie waren zu Poeten geworden. Hofpoeten für *El Creador*, die kochenden Götter in Weiß.

Kleine Lügen unter Gentlemen
Recherchen in der verschworenen Gemeinschaft des Leckerlands

Die Wahrheit ist manchmal relativ. Für mich war die Wahrheit im Fall der Avantgarde-Küche zunächst einmal nur eine wichtige Information, die der Leser braucht, wenn er sich seine eigene Meinung bilden will. Das Wort »Zusatzstoffe« gehört in die Porträts, Kritiken und Berichte, schon damit der Leser weiß, woher die vermeintlichen Küchenwunder stammen. Würde ich das einfach schreiben, war meine Überlegung, könnte der nächste Redakteur mir den Begriff wieder streichen. Die in Stein gemeißelte Devise lautete: Die Gastronomie ist schön. Was aber, wenn die Gastronomie einmal nicht schön wäre? Was, wenn wir von vermeintlich genialen Köchen angelogen würden?

Ich brauchte Zeit, um mehr über diese Zusatzstoffküche zu recherchieren. Nun waren diese Starköchejungs die Idole der ganzen Branche. Einfach hingehen und erzählen, man wolle ihnen in die Töpfe gucken? Die Methoden der Herd-Elite vor Ort hinterfragen? Unvorstellbar. Einmal hatte ich versucht, mit einem Kollegen darüber zu reden. Die Antwort: »Aber die Leute haben doch Spaß daran, dann ist das schon in Ordnung.« Schon diskutierte eine halbe Redaktion zur Mittagspause auf dem Gang die spannende Frage, woher mir denn solch aufmüpfige Gedanken kämen. Ich brauchte ein Alibi für meine Recherchen. Ein möglichst unverdächtiges. Das wohl unverdächtigste Alibi auf Erden ist es, mehr Geld verdienen zu wollen. Gleichzeitig benötigte ich jemanden, der dies Alibi in die Ohren der richtigen Menschen flüsterte. »Wenn man ein Gerücht recht in Umlauf bringen will, so braucht man es nur einigen als Geheimnis und unter dem Siegel der Verschwiegenheit anzuvertrauen.« Diesen Satz hatte ich bei Wilhelm Weitling im *Evangelium des armen Sünders* gelesen. Ich brauchte einen geübten Lügner, um einen kleinen Schwindel in Umlauf zu bringen. Also meldete ich mich bei einem der schon ausführlich geschilderten Bildkünstler an, um mein Ablenkungsmanöver zu lancieren: Niemand sollte wissen, dass ich in den nächsten Monaten die unappetitlichen Seiten der Küche erkunden wollte, die Zusatzstoffe, die Korruption, die Hintergründe.

Wieder regnete es, wieder stand ich im Stau, wieder kam ich ein Viertelstündchen zu spät, wieder wirkte der ideale Verbreiter meines Alibis ausgesprochen sauer. Es folgte das übliche Loblied auf die Fotografie, dann fragte der Künstler gönnerhaft, was mir denn auf dem Herzen läge. Ich druckste ein wenig herum: »Die Verleger zahlen immer weniger, Spesen gibt es auch kaum mehr. Ich will etwas anderes machen.« Mir zuckte der Satz durch den Kopf: Je größer die Lüge, desto besser. »Ich will Lebensmittel verkaufen. Ich habe ein Trüffelfeld entdeckt. In Osteuropa!« Ich garnierte die Geschichte mit einer schönen Frau, teuren Knollen, enormem Marktpotenzial. Kumpelhaft bot mein Gesprächspartner an, er könne doch seine Küchenfreunde als Kunden gewinnen. Gegen Prozente, versteht sich.

»Sag mir einfach, wie viel du willst.«

Die Geschichte klang im Grunde glaubwürdig: Es gibt wie gesagt Trüffel in Osteuropa. *Tuber magnatum*, die edlen, weißen Trüffel, die oft auch Alba-Trüffel heißen. Statt aus Alba stammen sie häufig aus Kroatien oder Serbien. Ich ließ eine britische Limited namens »Universal Exports« im Handelsregister eintragen, bestellte ein Kilo weiße Trüffel zum Sonderpreis, verkaufte sie weiter an einen französischen Freund. Gewinn machte ich auch: 100 Euro. Mein Alibi rechnete wahrscheinlich fest mit seinen Prozenten und sprang ansonsten durch die Lande um meinen baldigen Ausstieg aus der Kritikerszene zu verkünden. Offiziell wartete ich schließlich auf die nächste Trüffel-Ernte. Firmen, auch ganz junge, erhalten regelmäßig unerbetene Angebote von anderen Firmen. So stapelten sich langsam aber sicher auf meinem Schreibtisch Dokumente, die Journalisten nicht durch Interviews gewinnen konnten. Manchmal half mir Louis, den Jargon der Großhändler in Mails zu treffen.

»Was ist eigentlich EXW?«, fragte ich ihn mit einem Kostenvoranschlag in der Hand. »Ex Works. Standort des Werks. Du musst deinen Kram selbst abholen, verladen, entladen, verzollen, Transportgebühren zahlen und versichern. Nur dann gilt der Preis.« Importeur, auch vermeintlicher Importeur, wird niemand an einem Tag. Manchmal sandten diverse Unternehmen unverlangt Angebote. Wer kann schon einer ganzen Ladung Triploide widerstehen, wenn das Angebot direkt auf dem Tisch liegt? Triploide sind vermehrungsunfähige Austern mit drei Chromosomensätzen. Wozu braucht man sie? Früher hieß es, man solle Austern nicht in Monaten ohne »r« essen. Dann nämlich laichen sie, werden mager und schmecken milchig. Laichende Austern waren damit ein Hindernis für jeden Händler, der ganzjährig im Geschäft bleiben möchte. Triploide sind ungeschlechtliche Lebewesen. Wie hieß es so schön in dem Angebot: »Die umgesetzten Kohlenhydrate, welche als Lipide bei der Eierbildung und als Proteine bei der Bildung des Spermas verbraucht werden, fördern bei triploiden Austern rein ihr Wachstum.« Dadurch »schmecken sie das ganze Jahr über perfekt.« Stolz sind die Anbieter darauf, dass ihre fortpflanzungsfreien Zwitter-Austern nicht durch genetische Manipulation, sondern durch eine gezielte Förderung der Erhöhung der Chromosomensätze entstehen. Seit gut zehn Jahren sind die Zwitter in Frankreich im Einsatz und werden natürlich auch nach Deutschland exportiert. Wer sagt es dem Verbraucher? Niemand, sonst könnte der womöglich die gezielt geförderten Chromosomensätze verschmähen oder, schlimmer noch, Fragen stellen, wie weit Lebensmittel manipuliert werden müssen. Auch Profis äußern inzwischen leise Zweifel. Hinter verschlossenen Türen machen sie die »Turbo-Zuchtmethoden der Zauberlehrlinge der Austernwirtschaft« für Massensterben verantwortlich, die immer wieder Küstengebiete heimsuchen. In Frankreich, Europas größtem Erzeugerland von Austern, starben 2009 je nach Anbaugebiet zwischen 80 und 100 Prozent der Jungaustern.

Universal Exports fragte fortan in Asien die Preise für die Zusatzstoffe der Molekularküche ab, holte Datenblätter ein. Ein Kilo kostet dort etwa einen Euro, nicht 60, 70 oder 80 wie bei den hiesigen Texturas Adriàs. Doch was war das alles überhaupt?

Nun, zum Beispiel E 461 *(Methylcellulose)*, ein Geliermittel aus Cellulose, das auch als Stabilisator, Überzugsmittel, Verdickungsmittel fungiert. Molekularköche lieben es, denn es geliert warme Zutaten. Wenn die Zutaten auskühlen, verliert E 461 die Gelierfähigkeit und verflüssigt sich. So werden aus dem Hauptbestandteil von Tapetenkleister flugs Olivenöl-Soba-Nudeln aus der Spritze oder »warme Eiscreme«, die vor dem Erkalten gegessen werden sollte. E 461 wird in den USA als Medikament gegen Verstopfung und Hämorrhoiden gehandelt, ist ein Gleitmittel, wird Mörtel zugesetzt und kommt für Spezialeffekte in Filmen zum Einsatz: ob Monsterschleim oder männliche Körperflüssigkeit in Filmen für Erwachsene ...

E 473 *(Zuckerester)*, ein Emulgator aus Fettsäuremethylestern, Fettsäurechloriden und Saccharose. Wirkt in größeren Mengen abführend und kann Flatulenz verursachen. Tageshöchstdosis für eine 80 Kilo schwere, gesunde Person laut EU-Empfehlung (der sogenannte Adi Wert für *acceptable daily intake*): 1,6 Gramm (20 Milligramm pro Kilo). Höchstdosis für Kaffee ein Gramm pro Liter, für Saucen zehn Gramm pro Kilo. Sechs Gramm stecken in Ferran Adriàs Rezept »Kirsch-Air« – für 520 Gramm, nicht für ein Kilo Nahrungsmittel.

E 475 *(Polyglycerinester)* entsteht aus Glycerin und Fettsäuren, dient als Emulgator und Schaumverhüter. Die Tageshöchstdosis für eine 80 Kilo schwere, gesunde Person ist laut EU-Empfehlung zwei Gramm. Die gesetzliche Höchstdosis für Eiprodukte beträgt ein Gramm pro Kilo, für Backwaren zehn Gramm pro Kilo. Sechs Gramm stecken im Adrià-Rezept »virtueller Schinken mit Olivenöl«.

E 509 *(Calciumchlorid)* dient als Festigungsmittel, Geschmacksverstärker, Stabilisator und wird in der Käseherstellung, bei Obstkonserven und Konfitüren eingesetzt. E 509 kann auch in Zement, dem Pulver im Feuerlöscher oder Klebstoff stecken.

Maltodextrin ist ein Kohlehydratgemisch, das Wort ist eine Ableitung von Maltose (Malzzucker) und Dextrose (Traubenzucker). Bodybuilder kennen die Substanz als Weight Gainer, der, wie der Name sagt, zur schnellen Gewichtszunahme dient. In einigen Laboranwendungen gilt Maltodextrin als Nährstoff für Bakterien.

Auch der Geschmacksverstärker Glutamat (E 621) ist reichlich in Profiküchen unterwegs. Er steht bei manchem Forscher in Verdacht, eine Rolle bei der Entstehung neurodegenerativer Erkrankungen wie Alzheimer oder Parkinson zu spielen. Andere verdächtigen ihn, Heißhunger auszulösen und damit letztendlich zu Fettleibigkeit zu führen. Den Süßstoff Aspartam bringen einige Studien mit Krebs und wiederum Alzheimer in Verbindung. Andere Wissenschaftler behaupten das Gegenteil, nachzulesen in zahlreichen Büchern und Websites wie food-detektiv.de. Was es freilich nicht gibt, sind ausführliche Studien zu den Wechselwirkungen der Zusatzstoffe in unserem Körper. Jedes Additiv wird betrachtet, als existiere es ganz allein.

Transglutaminase, ein Enzym, das die physikalischen Eigenschaften vieler in Lebensmitteln enthaltener Eiweiße verändert, kann Fleisch- oder Fischreste binden, wird gerühmt für »verbessertes Schnittverhalten und geringere Schnittverluste«. Es klebt Fleisch- und Fischreste zusammen, etwa zu Schinken oder zu scheinbar formvollendeten Jakobsmuscheln, und kann günstiges »PSE-Fleisch« (*pale, soft, exudative*, »blass, weich, wässrig«) verbessern. In der Molekularküche nutzen Herdmeister die Transglutaminase um zusammenzukleben, was nicht zusammengehört, zum Beispiel Hase und Miesmuscheln. Das Rezept für Shrimp-Spaghetti des New Yorker Kochs Wylie Dufresne beruht auf dieser Substanz. Die Industrie nutzt Transglutaminase für Hühner-Nuggets, Würste aus Fleischresten oder Surimi.

Und wo kam das aller her? Die Köche schworen schließlich jeden Eid darauf, all das Zeug sei »natürlich«. Xanthan etwa entstammte dem Labor von Allene Rosalind Jeanes (1906-1995) im US Department of Agriculture. Niemand hatte die Salatdressings, die dank Xanthan sämiger werden, vor den Sechzigerjahren verkostet. Selbstverständlich hat Xanthan einen ganz natürlichen Ursprung: das Bakterium *Xanthomonas campestris*, bekannt als Verursacher einiger Pflanzenkrankheiten.

Ein weiteres Beispiel: Carrageen aus Rotalgen, in der Avantgarde-Küche für seine Gelierkraft bekannt. Food-Magazine dekorieren die Gerichte gern mit ein paar frischen, grün glänzenden Meeresalgen. Aber Carrageen ist nicht die Alge, sondern ihr Derivat. Algensorten wie Knorpeltang, *Gigartina stellata, Gigartina radula, Eucheuma cottonii* oder *Eucheuma spinosum* werden zur Gewinnung dieser Substanz bis zu zwei Tage in alkalischer Lösung eingelegt. Das U.S.-Patent 3 907 770 von Uniroyal Limited (Montreal, Canada) 1975 empfiehlt dafür ein »Bad« in einer Mischung aus Wasser und Calciumhydroxid oder ein Gemisch aus Wasser und Salpeter- oder Schwefel- oder Salzsäure. Was da aus dem Säurebad kommt, ist keine Alge mehr.

Curdlan, in Europa erst seit 2007 zugelassen, wird aus Bakterien der Familie Alcaligenes wie etwa Alcaligenes faecalis var. myxogenes erzeugt. Faecalis heißt das Bakterium, weil Forscher es zuerst in Fäkalien nachweisen konnten.

Der Zuckerester, in der Avantgarde-Küche mit der Bezeichnung

Sucro belegt, entsteht im Verlauf einer mehrstufigen chemischen Reaktion aus Fettsäuremethylestern, Fettsäurechloriden und Saccharose. Dabei entsteht ein Gemisch, aus dem die erwünschten Zuckerester extrahiert und gereinigt werden. Die Fettsäuren entstammen tierischen Rohstoffen, oft werden jedoch Soja- oder andere pflanzliche Öle verwendet. Der Einsatz gentechnisch veränderter Organismen ist möglich.

Jetzt nicht einschlafen. Das müssen Sie wissen, wenn Sie heute in der Avantgarde mitkochen wollen!

Besonders aufschlussreich waren die Mitschriften aus dem Hexenkessel Ferran Adriàs. Sein *Wissenschaftliches Lexikon der Gastronomie* nenne ich im kleinen Kreis immer das Necronomicon der Gastronomie, es bietet gruselige Abendunterhaltung. Das Buch ist ein wahres Lexikon der Zusatzstoffe, angefangen beim Acesulfam (E 950), das »in der Chemie-Industrie aus Erdöl-Derivaten synthetisiert wird«. Unter dem Stichwort »Curdlan«, dem oben erwähnten Gelier- und Bindemittel, heißt es: »Es ... darf (in der EU) nicht als Zusatzstoff in der Industrie benutzt werden. In Japan oder den USA dagegen ist seine Verwendung erlaubt. Curdlan für den Gebrauch in der Küche kann man natürlich in Ländern kaufen, in denen es konsumiert wird.« Der Einsatz in der Gastronomie sei »im Versuchsstadium«.

Frei formuliert bedeutet das: »Der Stoff ist in der EU nicht zugelassen. Wer ihn trotzdem verwenden will, findet ihn in Japan und den USA.« In Küchenchef steckt das Wörtchen Chef, ein solcher muss nicht abwarten, bis die Behörden Additive freigeben. Zögern ist etwas für Kleingeister. Erst nach Erscheinen des Buches erhielt Curdlan eine Zulassung für den europäischen Markt. Eine weitere schöne Stilblüte der deutschen Ausgabe ist auch der Satz: »Bis heute werden Lebensmittelzusatzstoffe in erster Linie in der Lebensmittelindustrie verwendet, aufgrund ihres schlechten Rufs jedoch nur selten in der Küche.« Ja, die Gäste möchten das Zeug nicht schlucken, also sagen wir ihnen nicht, dass wir es benutzen.

Adriàs *Lexikon* folgend kann der Süßstoff Isomalt »ab 60 Gramm / Kilogramm abführende Wirkung haben«. Eine 70 Kilo schwere Person könnte demnach 4,2 Kilo Isomalt verspeisen, ohne an Durchfall zu leiden. Handbücher für Mediziner gehen von einer laxativen Dosis ab 20 Gramm aus. Einige Studien stellen eine abführende Wirkung erst bei 20 Gramm (Kinder) oder 30 bis 50 Gramm (Erwachsene) fest, auch wenn die Dosierungsempfehlung bei maximal 20 Gramm liegt. Oft wurden verschiedene Süßstoffe untereinander verglichen oder die Süßstoffe wurden mit Schokolade vermischt. Pur wurde der Stoff eher in Avantgarde-Küchen verabreicht. In jedem Fall liegt die Dosierungsempfehlung des *Wissenschaftlichen Lexikons der Gastronomie* je nach Körpergewicht ein paar Tausend Prozent abseits vom korrekten Wert.

Wer sich nach solchen Empfehlungen tatsächlich richtet, könnte seine Gäste krank kochen, selbst mit Stoffen, die allgemein als harmlos gelten.

Oft und gern in Avantgarde-Küchenkreisen verwendet wird E 407 *(Carrageen)* aus Rotalgensorten. Es steckt in Ketchup, Sahne, Puddingpulver, Eiscreme, Trockenmilch; auch in Shampoos, Zahnpasta, Schuhcremes, wird unverdaut wieder ausgeschieden, könnte die Aufnahme von Nährstoffen beeinträchtigen und entzündliche Darmerkrankungen negativ beeinflussen. E 407 steht im Verdacht, allergieähnliche Symptome auszulösen. Dennoch gilt es als »guter Zusatzstoff«, der auch in Biokost steckt. Eine Dame, die fast zehn Jahre Forschung in die Substanz investiert hatte, sieht das anders: Dr. Joanne K. Tobacman von der Universität Chicago und Illinois. Mit wenig Hoffnung auf Antwort verfasste ich eine Mail, erzählte ihr, dass sich Kochen mit Carageenen im fernen Europa gerade zur Mode entwickelte. Nicht einmal zehn Minuten später blinkte es in meinem Mail-Briefkasten. Die Koryphäe in Sachen Carrageene hatte mir ausführliche Erläuterungen geschickt: Degradierte (abgebaute) Carragene beeinflussten in Tierversuchen Zellen des Immunsystems oder führten zur Geschwürbildung. Der Wissenschaftliche Lebensmittelausschuss der Europäischen Kommission (SCF) empfiehlt daher, den Gehalt degradierter Carrageene in E 407 so gering wie möglich zu halten. Ebenfalls empfahl der SCF 2003 die Substanz E 407 nicht für Säuglingsanfangsnahrung zuzulassen. So weit die Sachlage. Dr. Tobacman verfügte über neue Fakten: »In unserer Arbeit mit menschlichen Darmzellen und -gewebe haben wir eine Konzentration von Carrageen von 1 Mikrogramm / Milliliter verwendet. Dies ist sehr gering. Wenn Sie davon ausgehen, dass die menschliche Aufnahme von Carrageen mindestens 100 Milligramm / Tag in einem Darminhalt von etwa 3 500 Milliliter beträgt, ist dies eine Konzentration von 100 Milligramm / 3 500 Milliliter oder etwa 30 Mikrogramm / Milliliter, also 30 Mal mehr als das, was wir in unseren Experimenten verwenden. Herstellung von degradierten Carrageen ... tritt durch Verdauung mit Magensäure, Darmbakterien, durch Hitze oder durch mechanische Bearbeitung auf. Die Unterscheidung zwischen einer Exposition degradierten gegenüber nicht degradiertem Carrageen ist nicht möglich ... Eine Erhöhung der Zufuhr von Carrageen, wahrscheinlich auf der Idee basierend, dass es (vom Körper) nicht absorbiert wird und daher keine Quelle von Kalorien ist, scheint mir eine sehr schlechte Idee.« Veröffentlicht hatte sie das kurz zuvor, im März 2008, zusammen mit ihren Kollegen Sumit Bhattacharyya, Alip Borthakur und Pradeep K. Dudeja.

Die in Adriàs Beispielrezepten empfohlenen Dosierungen von Carrageenen lagen zwischen 0,3 und 3 Gramm. Dr. Tobacman beobachtete die Geschwürbildung bei einem täglichen Konsum von 0,1 Gramm Carrageenen.

Der Mailaustausch und die Lektüre zu Additiven blieben auf kuriose Art durchaus faszinierend. Wie weit gehen Menschen, um die Natur auszutricksen? Wer verdient daran? Und wer ahnt schon, dass wir eben jenen Süßstoff Aspartam Donald Rumsfeld verdanken? Der arbeitete als Geschäftsführer bei Searle, saß vorher schon bei Ford und Nixon am Kabinetttisch. Searle hielt das Patent an Aspartam. Gut 18 Jahre blieb der Zusatzstoff von den Aufsichtsbehörden verboten. Das mit der Zulassung von Aspartam bekam Rummy schon hin, zuerst für *dry foods*, dann auch für Limonaden. Kurz danach wurde Searle an Monsanto verkauft. Angeblich hat Rummy 12 Millionen an dem Geschäft verdient. So ist das Testerleben heute. Eben noch verkostete ich Samtsüppchen und spanische Schinken, jetzt ärgerte ich mich darüber, was Rumsfeld auf unseren Tellern trieb.

Katzenfutter de luxe
Vom Ursprung einer Avantgarde-Spezialität

Im Februar 2008 saß ich gelangweilt im Auditorium eines Kongresszentrums im französischen Seebad Deauville. Rund um mich tobte eines dieser Food-Feste, von dem es inzwischen Dutzende gab. Es war das Omnivore-Food-Festival, genannt OFF. Häufig dienen solche Veranstaltungen der Selbstbeweihräucherung und PR der Köche. Manchmal sind die Herdmeister entwaffnend ehrlich, erzählen Presse und Kollegen, dass ein Gericht zum Preis von 40 bis 80 Euro gerade einmal zwei Euro *Food cost* verursacht. Das sind die Kosten, die beim Koch für ein Gericht anfallen. Nur zwei Euro *Food cost*, unglaublich! Da brandet der Applaus besonders hoch. Auch in Deauville applaudierte das Publikum bei jedem Rezept. Vorn kochten diverse Menschen und versuchten, gelegentlich einen gelehrig klingenden Satz auszusprechen. Die gesprochene Weisheit klang wie auswendig gelernt. Der Volksstamm der Molekularköche repetierte fortwährend, er hätte gerade etwas erfunden oder etwas Neues entdeckt. Im Auditorium zu sitzen, während eine Weißmütze auf der Bühne Zellulosenmix auf eine Spritze zieht, ist in etwa so aufregend wie einen Traktor im ersten Gang durch einen See voller Crème brûlée zu fahren. Einmal schien der Saal halb voll. Rechts ein schlanker, hochgewachsener Mann mit grauem Anzug, braunem Haar und schmalem Gesicht. Links saßen Mitglieder einer Berufsschule. Ein Koch namens René Redzepi erzählte, dass er und seine Freunde, allesamt europäische Chefköche, sich dieses Jahr die Aufgabe gestellt hätten, am Thema »Eselsschweiß« zu arbeiten. Wie interessant. Eselsschweiß. Eselwurst? Das wäre zu einfach. Redzepi erklärte, wie er den Moorhühnern seiner nordischen Heimat halb Verdautes aus dem Kropf pult und sorgsam vergären lässt, damit sich die Duftnote langsam dem Eselschweiß annähert. Ich fragte mich, an wie vielen Eseln der Mann dafür gerochen hatte. Langsam und akribisch schilderte der Koch aus Kopenhagen seine Rezeptidee zur Ausdünstung der Lasttiere.

Der Hochgewachsene zu meiner Rechten drehte sich um,

musterte kritisch mein Gesicht. Dann schüttelte er den Kopf: »Ist das nicht alles Dreck? Die Gastronomie ist am Ende. Übrigens: Ich heiße Victor. Ich komme aus Madrid. Und ich würde jetzt lieber einen Kaffee trinken, als diesen Eseleien zuzuhören.«

Victor ist acht Jahre jünger als ich und sprach mir aus Herz und Seele. Kein Wunder, hatten wir doch mehr oder minder denselben Werdegang. Mit dem signifikanten Unterschied, dass er aus einer wohlhabenden Familie stammte. Seine Freunde sollten mir später erklären, sein Vater habe ihn als Fünfzehnjährigen mit einem Batzen Geld vor dem Pariser Lokal »Jamin« ausgesetzt. »Iss was Gutes, Junge«, hatte er noch gesagt, bevor er für vier Stunden zu geschäftlichen Verhandlungen verschwand. Vor uns erkalteten langsam zwei Tassen Espresso. Fast jeder unserer Sätze begann mit »Weißt du noch, damals bei …« Dann folgte der Name: Girardet, Rochat, Müller, Wynants, Kaufmann, Maximin, Senderens, Passard. Da standen wir, ein 34-Jähriger und ein 42-Jähriger, und redeten wie zwei alte Männer: Früher war alles besser. Nur: Früher war wirklich alles besser. Köche wollten kochen, keine Zusatzstoffe zusammenrühren. Keiner kochte Eselsschweißaromen. Austern waren noch geschlechtliche Wesen. Kein Mensch zog seine Gerichte durch das Arsenal der Chemieindustrie, um die »Textur« zu verbessern. Victor und ich waren uns einig: Die Avantgarde-Köche von heute loteten gerade die Erbrechensgrenze aus. Der Spanier kannte auch die Schweinereien, die sich in den Guides abspielten. Die Kungelei, die Einflussnahme der Köche, der ständige Mangel an Geld.

Eine Frage brannte uns besonders auf der Zunge: Wie können Menschen, die mit 14 die Schule geschmissen hatten, auf einmal angeblich bahnbrechende wissenschaftliche Arbeit leisten und mit nie gekannten Forschungsergebnissen aufwarten? Nun, sie haben jetzt ein eigenes Labor. Doch selbst die meisten studierten Chemiker würden nach sechsmonatiger Klausur zwischen weißen Laborwänden nicht mit weltverändernden wissenschaftlichen Durchbrüchen aufwarten können. Mein neuer spanischer Freund und ich entwickelten zwei Hypothesen: Entweder sämtliche Chemiker und Food-Designer befanden sich seit Jahrzehnten in einem streng geheimen Bummelstreik, oder die Molekularköche, die so vieles erfunden haben wollten, logen uns schlicht an. Der zweiten Variante wollten wir vorrangig nachgehen. Wir verabredeten uns für den April oder Mai zum weiteren Informationsaustausch.

Zu meinen ganz schlechten Angewohnheiten gehört es, Zeitungsartikel zu sammeln. Lese ich etwas, von dem mir mein Bauchgefühl sagt, es könnte in Zukunft wichtig sein, schneide ich den Beitrag aus und lege ihn zur Seite. Ich weiß, das klingt entsetzlich altmodisch. Heute findet man doch alles im Internet. Online verfahre ich freilich genauso: Sehe ich etwas Interessantes, erstelle ich Screenshots oder PDFs. Websites können sich ändern, gelöscht werden oder einem Facelifting zum Opfer fallen. Dann ist die vermeintlich sichere Quelle für immer im Nirvana des Netzes verschwunden. Die Antwort auf Victors und meine Frage lag irgendwo im Archiv, das wusste ich. Vor einigen Jahren hatte ich in einer deutschen Lokalzeitung gelesen, dass ein Institut in Bremerhaven Rezepte für Molekularküchen-Restaurants wie das spanische »El Bulli« und das britische »Fat Duck« entwirft. Nach knapp einer Stunde Suchens in Papierbergen hielt ich den entsprechenden Artikel in den Händen.

Das Projekt hieß »INICON«. Die Abkürzung steht für »Introduction of Innovative Technologies in Modern Gastronomy for the Modernisation of Cooking«, also soviel wie »Einführung innovativer Technologien in die moderne Gastronomie zwecks Modernisierung des Kochens«. Hydrocolloide, Food Leathers, Räucherlachsaromen von Cosmos Aromatica (Slogan: »Bei Cosmos entwerfen wir Aromen und stellen sie her«) wurden zu Trendzutaten. Jetzt praktizieren selbst ernannte Avantgarde-Köche im Kleinen, was die Food-Industrie seit Jahrzehnten im Großen beherrscht und vergessen dabei manchmal, dass die unverdaulichen Hydrocolloide eben keine Mahlzeit sind. Hersteller von Aromen und Zusatzstoffen sponserten INICON mit 642 811,37 Euro. Selbstverständlich förderte auch die EU die Chemiespritze in den Kochtopf: 550 683,63 Euro Steuergelder hatte die Brüsselkratie verbraten. Es ist selten, dass unsere Eurobeamten Geld für Küche rausrücken: Im Sommer 2010 spendierte die Europäische Kommission 784 500 Euro für ein »Zentrum kulinarischer Künste« auf den Jungferninseln. INICON jedoch bedachte auch Partnerköche wie Ferran Adrià und Heston Blumenthal mit fünfstelligen Summen Steuergeldern. In wessen Taschen aber landeten die Industriegelder?

Die Brüsselkraten wollten dieses Wissen mir gegenüber nicht preisgeben. Auf der INICON-Website wimmelte es jedenfalls von Rezepten und Zubereitungsideen. Ideen, die den »weltbesten Koch« Ferran Adrià erst später weltberühmt machten. Rezepte, die angeblich auf seinen eigenen Erfindungen beruhten. Rezepte, die in Wirklichkeit vom Technologie-Transfer-Zentrum (ttz) in Bremerhaven küchenfertig gemacht worden waren. Das unterstützt laut Website »bei der Entwicklung und Optimierung von Produkten und Prozessen für Ihr Unternehmen, der Analyse Ihrer Inhaltsstoffe und Produkte genauso wie bei der Konzipierung und Durchführung von Forschungsprojekten auf regionaler und überregionaler Ebene: Wir bieten Ihnen professionelles Projektmanagement von der Beratung bis zur Konzeption, Koordination und Management von angewandten Forschungsprojekten einschließlich der Akquisition von regionalen, nationalen und europäischen Fördermitteln.«

Vom 1. Januar 2003 bis zum 31. Dezember 2005 entwickelten die Bremerhavener »eine Serie von innovativen Formeln und Rezepten (zum Beispiel Food Leathers, hieße Instantgelees, pikante Süßigkeiten etc.)« sowie »Entscheidungs- und Auswahlhilfen bezüglich Zutaten, Rohmaterialien und Techniken (zum Beispiel multiple Emulsionen) ...« INICON beschrieb unter anderem die Grundlagen für die später *Sphärifikation* genannte Küchentechnik, bei der Nahrungsmittel dank Alginat und Kalzium zu halbfesten »Bällchen« werden, erklärte, wie auf Basis von Fonds (etwa der Geschmacksrichtungen Paella, Wild oder Schinken) des Unternehmens Cosmos Aromática Zuckerwatte oder Gelees entstehen oder dass »Cosmofried flavours« der Geschmacksrichtungen Pizza, Anchovis, Barbecue oder Räucherlachs bei Niedrigtemperaturgarung um die 50 Grad eingesetzt werden können.

Der Griff zur Lebensmittelchemie war Alltag im Projekt INICON. So wurden im Themenbereich »Aromen« die Nutzungsmöglichkeiten von Monosodiumglutamat (MSG), Adenosinemonophosphat (AMP) und Inosinemonophosphat (IMP) dargestellt. Es ging um den Kühleffekt von Zuckeraustauschstoffen wie Erythritol, Xylitol oder Sorbitol, auch die Produkte von Cosmos Aromática wurden gewürdigt: Die Cosmofried-Grillaromen in Geschmacksrichtungen Olivenöl, Räucherlachs, Leberpastete, Barbecue, Grillhuhn oder Pizza zum Beispiel. Ob »falscher Kaviar«, sphärenförmige Häppchen, flüssige Oliven, warmes Hummergelee – die Archive von INICON sind eine wahre Fundgrube für alles, was sich derzeit bei »Molekularköchen« tut.

Das Thema »Textur« würdigten die Forscher ausgiebig mit dem Griff in den Zauberkasten der Chemiker: Gellan wurde zu warmem Krabben-Gelee oder Suppen mit visuellen Effekten wie »schwebenden Beeren«. Kappa Carrageene formten sich zu Gel-Bällchen, sogenannte Iota Carrageene zu »Schäumen und Gelees mit außergewöhnlichem Mundgefühl«. Man empfahl Xanthan zur Konsistenzkontrolle von Saucen und Zellulosen für schmelzende warme Desserts. Das meiste davon ist in Fachkreisen altbekannt. Die Food-Industrie bringt »Molekularküche« seit Jahren in die Supermärkte.

Offizielle Partner des INICON-Projektes waren die Restaurants »Grashoff« in Bremen, »Le Crocodile« in Straßburg (der ursprüngliche Partner »La Table d'Anvers« in Paris wechselte den Besitzer) sowie »The Fat Duck« in Bray on Thames und »El Bulli« in Rosas. Auch das französische Inra-Institut war unter den Partnern verzeichnet. Letzteres beschäftigte den französischen Chemiker Hervé This, den Vater des Begriffs »Molekularküche«. Dessen Beitrag bestand, das sollte ich später herausfinden, in einer Arbeit zum Thema Kartoffelsalat. Dafür erhielt besagtes Institut über 67 000 Euro Steuergelder. Nun, jeden Tag werden Millionen von Kartoffelsalaten verkauft, vielleicht lässt sich da tatsächlich etwas verbessern.

Mich interessierte eher die Förderung der Spitzenköche Adrià und Blumenthal. »Sechs Monate pro Jahr verbringe ich im eigenen Labor um zu erfinden«, versicherte Adrià der gesamten Weltpresse. INICON erwähnte er nie. Erfunden hatte er zum Beispiel die *Sphärifikation*, die Methode zur Herstellung runder, bunter Nahrungskugeln. Louis nannte sie *Soylent Green*. Im Jahr 2003 war dem Herrn am Herd dieser wissenschaftliche Durchbruch in Form einer Sphäre, geboren aus Alginat und Kalziumsalzen, gelungen. So zumindest beschrieb es der Meister selbst in seinem *Wissenschaftlichen Lexikon der Gastronomie*. Eine deutsche Ausgabe erschien im Hampp-Verlag. Schade nur, dass Kenichiro Okamura und Shunpei Ito schon am 22. Mai 1998 »essbare Perlkapseln« aus Calciumchlorid und Alginsäure zum Patent angemeldet hatten. Die Forscher erhielten die US-Patent-Nummer 5 942 266. Ein gewisser Robert W. Lencki hielt Patent 4 822 534 vom 18. April 1989 auf »essbare Mikrosphären«. Es beruht auf derselben chemischen Reaktion. Ebenso der »Kaviar-Ersatz« von Grigory Slonimsky vom 20. Februar 1973, Patent-Nummer 3 717 469. Der amerikanische Erfinder James P. Cox dachte in seinem Patent 4 362 748 schon an das richtige Aroma. Die Bällchen könnten aromatisiert werden, etwa mit Rosenöl, Fischextrakten oder Menthol. Allein durch das Aroma würden sie laut Kox zu »idealen Ködern beim Fischfang«. Andere Anwendungsgebiete der Sphärifikation waren »in der Herstellung von Katzen- und Hundefutter zu suchen«.

Hund, Katz und Fisch verschmähten artenübergreifend die Sphärifikation. Erst »Gourmets« verhalfen dem Stiefkind der Nahrungsmittelindustrie zum Durchbruch. Und der weltbeste Koch hielt es mit der Wahrheit eher nicht so genau, wenn es um seine Erfindungen ging.

Das wollte ich mir offiziell bestätigen lassen. Der Geschäftsführer des ttz, das mit der Umsetzung und Organisation betraut war, heißt Werner Mlodzianowski. Im direkten Gespräch blieb er stets freundlich und sachlich: »Bei INICON handelt es sich um ein mit öffentlichen Geldern gefördertes Projekt. Alle Forschungsergebnisse stehen deshalb der Öffentlichkeit zur Verfügung, nicht nur einzelnen Köchen. Anders würde es sich verhalten, hätte ein Partner oder Koch ein eigenes Patent eingebracht. Dies ist jedoch nicht der Fall«, sagte er. Und: »Die Techniken der sogenannten Molekulargastronomie sind in der Industrie seit Jahren und Jahrzehnten bekannt. Kein Koch hat hier irgendetwas erfunden.« Und: »Köche sind zum Erfinden nicht ausgestattet. Ein Labor ist eine

Millioneninvestition ... Ich kenne Adriàs ›Labor‹. Dort werden Rezepte probiert. Von Analytik bis zur Lagerung ist es zur Forschung nicht geeignet.«

Die Dosierungen in den Leitfäden von Köchen für Köche schienen ihm ein wenig Bauchgrimmen zu bereiten. »Wir haben Dosierungen im unteren einstelligen Gramm-Bereich empfohlen. Bei Methylcellulose zum Beispiel ein Gramm. Man will ja nur den Effekt ... Methylzellulose wirkt aufquellend und kann daher bei hoher Dosierung den Darm erweitern und die Entleerung auslösen, sprich Durchfallrisiko.« Mlodzianowskis Fazit: »Beratung ist nötig. Man kann den Köchen nicht Substanzen verkaufen und sie damit allein lassen. Profis und Amateure brauchen vernünftige Beratung.« Nun gingen Mlodzianowskis Ideen zur Molekularküche weit über das Gelieren von Brühe hinaus: »Der Trend zu Schäumen, Espumas, Sphärifikation hat den Höhepunkt überschritten«, meinte er. »Diese Küchenrichtung entwickelt sich zu physikalischen Anwendungen. Zum Beispiel zur Frage, wie man echte, natürliche Aromen stabilisieren kann ... Ein weiterer Forschungsbereich ist die Wechselwirkung von Aromen. Geschmacksforschung, Geruchsforschung, jeder Duft hat einen Antagonisten. Auch hier gibt es praktische Anwendungen: Die Bitterstoffe einer Möhre zum Beispiel verstecken sich in der Schale. Schält man die Möhre, vermeidet man die Bitterstoffe und betont die Süße.«

Im Restaurant jedoch ging es nie um Bitterstoffe in der Möhre. Die »Avantgardisten« waren auf der Suche nach immer neuen Schockeffekten. »Power-Pulver« suppten durch die Profiküchen, jeder konnte sie erwerben und sich zum Wissenschaftler erklären.

Es schien paradox: Echte Wissenschaftler mussten einen Schritt zurücktreten, damit Köche sich zu Wissenschaftlern ernennen konnten. Spitzenköche hatten nichts erfunden. Oder, um ganz präzise zu sein: Die Spitzenköche, die am lautesten von ihren Erfindungen tönten, hatten nichts erfunden. Ich persönlich kenne zwei Köche, die über Patente verfügen: den Amerikaner Homaro Cantu, der sich unter anderem seine Methode, Esspapier in einem Canon-Tintenstrahler zu bedrucken, schützen ließ, sowie Dr. Miguel Sánchez Romera mit seinem »Alleskönner« Micri.

Die Sphärifikation, Meilenstein molekularer Ernährung, war wohl doch nichts anderes als Zusatzstoffkügelchen, die jede Marketing-Abteilung der Erde abgelehnt hatte, inklusive für Hunde- und Katzenfutter. Unter uns: Ich kann die Hunde und Katzen in den Testgruppen verstehen, mir schmeckt dieses Geleezeugs auch nicht.

Ich griff zum Telefon und wählte Victors Nummer. »Keine Forschung bei den Köchen! Brüssel hat die Molekularrezepte bezahlt.« Stundenlang diskutierten wir über die Additiv-Orgien der Avantgarde, durchforsteten Rezepte im Internet bis unsere Mägen streikten.

Victor und ich machten uns keine Illusionen. Die Partner des INICON-Projekts waren Hersteller von Labor-Aromen und Zusatzstoffen, wie Cosmos Aromática (Eigenwerbung: »Bei Cosmos designen wir Aromen und stellen sie her«) oder Iberagar. Kurz: Dahinter stand dickes Geld.

Solche Organisationen kann man nicht »aufhalten«. Man kann aber zeigen, wie sie arbeiten. Ich sagte die nächsten Restauranttests ab. Es galt, Interviews zu führen, Daten auszutauschen, Fachleute zu befragen. Vermeintliche Routine. Erst zeigte ich die Texturas-Rezepte der Kölner Diätologin Natalie Quagliata von der Agentur S-Lust. Vor ein paar Jahre hatte ich sie im »Schlossrestaurant Dieter Müller« getroffen, sie bot gesunde Kochkurse an. Ihre Reaktion fiel eindeutig aus: »Zum Ersten haben Chemikalien und medizinisch wirksame Substanzen nichts in einem Lebensmittel zu suchen und zum Zweiten schon gar nicht in solchen hohen Dosierungen, die nachweislich gesundheitliche Schäden oder Risiken hervorrufen. Ich glaube, dass man hier die bekannte Aussage von Hippokrates eindeutig falsch verstanden hat (›Lasst Nahrung eure Medizin und Medizin eure Nahrung sein‹). Hier hat man doch eher den Eindruck gewonnen, dass Medizin (Medikamente) und Chemikalien unsere Nahrung ersetzt haben!«

Die Diätologin verwies mich an eine Ernährungsmedizinerin, Dr. Susanne Krebber aus Kleve. Auch ihre Stellungnahme war viel-

sagend: »Unter ernährungsmedizinischen Aspekten ist die molekulare Küche sehr kritisch zu sehen. Einige Rezepte wirken wie wahre
›Chemiecocktails‹. Zusatzstoffe, vorwiegend Emulgatoren, werden
in hohen Dosierungen zugegeben, um die optisch gewünschten
Effekte zu erzielen. Auch wenn es gesetzlich gesehen für viele der
verwendeten Zusatzstoffe keine Höchstgrenzen gibt, so können sie
doch in entsprechenden Dosierungen körperliche Symptome wie
Durchfälle und Unwohlsein hervorrufen. So haben beispielsweise E
473 (Zuckerester), E 461 (Methylcellulose) und E 953 (Isomalt) in
höheren Dosierungen abführende Wirkung. Aufgrund ihres ge-
ringeren Körpergewichts sind von diesen Nebenwirkungen vor
allem Frauen betroffen. Auch allergische Reaktionen können bei
entsprechend prädisponierten Personen gehäuft auftreten. Als
Beispiel sei hier das E 331 (Natriumcitrat) genannt, ein industriell
hergestelltes Citrat, das bei Schimmelpilzallergikern allergische
Symptome auslösen kann. Insgesamt gesehen bietet die molekulare
Küche uns im Verhältnis kaum Gerichte, die reich an Nähr- und
Vitalstoffen sind, sondern stattdessen reichlich chemische Zusatzstoffe enthalten. Manche Zusatzstoffe können sogar die Nährstoff-
aufnahme verringern. Angesichts der steigenden Zahl an Lebensmit-
telallergikern sollte eine solche Kost gemieden werden. Wenn die
molekulare Küche bereits als die ›Küche der Zukunft‹ diskutiert
wird, so sollten wir uns alle fragen, ob wir uns und unserer Gesundheit nicht eher etwas Gutes tun, wenn wir uns wieder auf eine natur-
belassene und vitalstoffreiche Kost konzentrieren und unserem Körper das geben, was er wirklich braucht. Gesundheit und Genuss
sollten das Ziel sein.«

Auch Köche hatte ich zur molekularen Entwicklung befragt.
Mails und Faxe an die Stars der Branche, wie Ferran Adrià und
Heston Blumenthal, blieben unbeantwortet. INICON? Europa-
gelder? Zusatzstoffe? Darüber redet der Avantgarde-Koch nicht.
Aber die Skeptiker der Branche meldeten sich zu Wort. »Wenn
Köche ihre Aufgabe nicht mehr darin sehen, das Beste der Natur
auf den Teller zu bringen, sondern stattdessen die Errungenschaf-
ten der letzten 40 Jahre Chemieindustrie auftischen, überschreiten
sie eine rote Linie«, erklärte Top-Koch Olivier Roellinger aus dem

bretonischen Cancale, der Mann, der im Erstberuf Chemie studiert hatte. »Fortschritt ist das nicht. Einfachstes Beispiel ist der flüssige Stickstoff. Er raucht zwar schön, verbrennt aber mit seiner Tiefsttemperatur die Zutaten.« Der Franzose Joël Robuchon, Berater des Fertigkost-Herstellers Fleury-Michon, hatte den molekularen Hokuspokus zuvor als »intellektuelle Masturbation« bezeichnet.

Pflicht war es jetzt, die Rezepte durchzusehen. Eines schien mir die Küchenphilosophie der Avantgarde bestens zu verdeutlichen. Es hieß Olivenöl-Spirale, enthält mehr als 50 Prozent Additive und wird – was sonst – in Molekularküchen-Kits ausdrücklich zum Nachkochen »für vier Personen« empfohlen:

100 Gramm E 953 (Isomalt),
25 Gramm Glukose,
1,5 Gramm E 473,
45 Gramm Olivenöl,
1,5 Gramm E 475

Macht 103 Gramm Zusatzstoffe für 45 Gramm Olivenöl und etwas Traubenzucker. Isomalt ist ein Zuckeraustauschstoff mit eigener Süßkraft und wirkt schon in Dosierungen von 20 Gramm abführend, so steht es wie gesagt in medizinischen Handbüchern. Im Handel müssen Produkte mit mehr als zehn Prozent Isomalt deshalb klar ausgezeichnet werden: »Kann bei übermäßigem Verzehr abführend wirken.« So steht es auf vielen Süßwaren oder Bonbons. In Restaurants verzichtet der Avantgarde-Koch auf diesen Hinweis.

Bei mehr als 50 Prozent Additiven in einem Gericht spart der Wirt außerdem massiv. Gemüse, Fisch und Fleisch sind teuer. Zusatzstoffe sind günstig. Zusätzlich nutzt die Molekularküche die Quellwirkung der Stoffe: In einem Beispielrezept für »Texturas Ferran Adrià« quellen drei Gramm unverdauliche Methylcellulose in 100 Gramm Wasser auf. Von dieser Mischung werden 20 Gramm mit 65 Gramm Bohnen gemixt. Die Zellulosemischung kostet den Koch fast nichts, bildet aber fast ein Viertel des Gerichts. Das spart gutes Geld

Nicht jeder macht daraus einen Hehl: »Aus einem Billig-Balsamico, der zwei Euro kostet, machen wir eine Balsamico-Creme, die besser schmeckt, als hätten wir einen 20 Jahre alten Balsamico verwendet«, sagte der deutsche Molekularküchen-Lehrer Dietmar Hölscher in der FAZ vom 19. März 2007. Jawoll! Weg mit dem zwanzigjährigen Balsamico, das ist dekadentes Zeug, das braucht kein Mensch. Die »Spitzengastronomie« will jetzt den zwei Euro Balsamico, das senkt den *Food cost.*

Aus den Fakten zur Molekularküche wuchs allmählich ein Beitrag und der landete in der Redaktion des *Stern* in Hamburg.

Der rote Teppich zum Schafott
Ein Koch wird vom eigenen Berufsstand mundtot gemacht

Kurz nach Abgabe meines Textes stellte Spitzenkoch Santi Santamaria im Mai 2008 sein angekündigtes Buch vor. Es hieß *Die nackte Küche* erwähnte ebenfalls das Projekt INICON und kritisierte die massive Nutzung von Nahrungsmittelchemie in der großen Küche. Ich war ein wenig enttäuscht – der Mann war mir schließlich zuvorgekommen – und gleichzeitig erleichtert. Die Öffentlichkeit schien unterrichtet, die Medien hatten den Fall aufgegriffen, jetzt würden die Wellen der Empörung hochschlagen.

Es könnte wie im Märchen von des Kaisers neuen Kleidern laufen. Die Küchenkaiser waren nackt, ihre Kreationen wurden von den ungeliebten Zusatzstoffen der Nahrungsmittelindustrie und noch so einigem mehr aus dem Labor bekleidet. Doch inzwischen hatten moderne Kommunikationsmethoden die Moral des Märchens ausgehöhlt. Innerhalb von Stunden trat der PR-Plan »Des Kaisers neue Kleider des 21. Jahrhunderts« in Kraft: Das »Kind« wird verbannt, und in der Öffentlichkeit erklärt man, es sei ohnehin nicht ganz klar im Kopf gewesen. Anschließend wird über befreundete Journalisten eine öffentliche Diskussion über Sinn und Zweck der Bekleidung entfacht: Kommen wir nicht alle nackt zur Welt? Ist die Nacktheit nicht die ultimative Form der Bekleidung? Hat der Kaiser gar eine neue Mode lanciert, ist er ein Avantgardist? Der spanische Ableger der Eurotoques sammelte auf einer Tagung Unterschriften gegen den Abtrünnigen Santi Santamaria. Die Zeitung *El Periódico* grub ein Dessertrezept aus, in dem er selbst Zusatzstoffe genutzt hatte, eine Kommunikationsagentur übersetzte die Seite in (gutes) Englisch und verschickte sie per Mail an Journalisten auf der ganzen Welt. Adriàs Schüler Sergi Arola betitelte Santamaria mal als Hooligan, mal als Taliban, mal als geisteskrank. Andere Kritiker betitelten ihn als »Salieri der Herde, der Mozart sein Talent neidete«. Mit anderen Worten: Santi Santamaria wurde vom eigenen Berufsstand regelrecht exekutiert. Der avantgardistische Kaiser Adrià hatte gesiegt.

Spätestens hier hätte ich merken sollen, wie sensibel das Thema Zusatzstoffe unter den Köchen ist. Während mein Beitrag in der *Stern*-Redaktion lag, geriet rund um die Welt nicht etwa der lockere Umgang mit Lebensmittelchemie in die Kritik. Jedes böse Wort galt dem Koch, der sich über deren exzessive Nutzung aufregte. »Das gehört zur Küche heute nun mal einfach dazu,« sagten Food-Journalisten und Restaurantkritiker länderübergreifend. Zusammen mit der Redaktion änderte ich meinen Artikel kurz vor Erscheinen. Die aktuellen Geschehnisse mussten aufgenommen werden. Santamaria erklärte mir am Telefon: »Die meisten Köche, die diese Substanzen anwenden, gehen weder mit der Situation noch mit ihren Zutaten ehrlich um: Sie sollten die Zusatzstoffe korrekt auf der Karte ausweisen. Das wäre ehrlich und fair gegenüber Mitbewerbern.«

Dieses Zitat bildete das Schlusswort des Beitrags. Der Artikel hieß »Dünnpfiff für fünf Personen« – eine Hommage an die Olivenöl-Spirale von Ferran Adrià mit laxativen Zutaten; er zeigte die Nutzung hoch dosierter Lebensmittelchemie in der großen Küche und erläuterte, wie dieser Küchenstil von der EU und der Chemieindustrie gesponsert worden war. Zwei Tage bevor die *Stern*-Ausgabe erschien, läutete mein Telefon durchgehend, 18 Stunden lang. Hob ich den Hörer ab, atmete jemand schwer und legte auf. Ging ich nicht heran, läutete das Telefon unablässig. Woher die Anrufer von meinen Recherchen wussten? Ich hatte etliche

Interviews geführt, die Szene der Köche ist klein. Schnell spricht es sich herum, wenn etwas Unerfreuliches ins Haus steht.

Irgendwann hatte ich genug. »Noch ein Anruf«, sagte ich dem anonymen Belästiger auf Englisch, »und das ganze Molekular-küchen-Dossier landet im Internet.« Von diesem Moment an herrschte himmlische Ruhe.

Die Kritik an der Zusatzstoffküche sorgte für Unruhe in der Szene. Schon deshalb, weil man mich nicht als Konkurrenten eines Kochs abkanzeln konnte. In Frankreich griffen *Le Monde* und *Libération* das Thema auf. Küchenchefs übersetzten den Beitrag ins Französische und Italienische. Einer bat mich sogar, seine Übersetzung zu autorisieren. Beschwerden gab es auch, jedoch nicht bei mir. Wer sich beschweren wollte, wandte sich – vergeblich – direkt an höhere Instanzen der Redaktion. Und noch etwas stellte sich bald heraus: Einige Leser meldeten sich, sie waren nach Molekularmenüs krank geworden oder hatten von Erkrankten gehört. Manche widmeten ihren Magen- und Darmgeschichten ganze Seiten. Der französische Weinsammler François Audouze berichtet in seinem Blog über die Krankheit seiner Frau nach einem Menü im »El Bulli«: »Als die Leute vom Hotel erfuhren, dass die Dame aus Zimmer 115 krank war, sagte man mir: Sie waren bei ›El Bulli‹, das erstaunt uns nicht, das kommt häufig genug vor … Die Krankheit meiner Frau setzte sich einen zweiten Tag fort, mein Erstaunen setzte sich fort, als die Masseurin des Hotels sagte: Es kommt oft vor, dass ich Gäste aus dem ›El Bulli‹ massiere, die sich die Nacht über erbrochen haben.«

Ich kannte Audouze, er ist ein erfolgreicher Geschäftsmann, finanziell unabhängig. Er verehrte die Köche inklusive Adrià mit quasi-religiöser Inbrunst und hatte keinen Grund zu lügen. Auch eine Dame namens Joy aus San Francisco, die sich im Internet nur »Restaurant-Hure« nennt, gibt in ihrem Blog eine ausführliche, aber in den Details wenig appetitliche Schilderung ihrer Leiden. Ihr Fazit: »Der Körper ist nicht dafür gebaut, so viel Chemie in einem einzigen Menü aufzunehmen.« Sechs Köche, eine Somme-lière und acht Journalisten berichteten mir von ähnlichen Symptomen, namentlich zitiert werden wollte keiner.

Weil es so schön war, durfte ich die Kritikpunkte wiederholen, in Mainz, beim Molekularküchen-Symposium *Die Reise des Xanthan* im Sendezentrum des ZDF. Da saßen sie, Spitzenköche wie Jörg Sackmann und Hans-Stephan Steinheuer, und lachten, weil jemand sie aufforderte, ihre Kunden über den Gebrauch von Zusatzstoffen aufzuklären. »Es ginge hier«, belehrte mich einer, »um hochgradige Verfeinerung von Lebensmitteln.« Das Klima schien angespannt, Spitzenkoch Joachim Wissler vom »Vendôme« erklärte, er würde dünne Forellenfilets mit dem Gewebekleber Transglutaminase zu dicken Filets zusammenpappen. Einer der Moderatoren achtete peinlich darauf, mich nach meinen paar Minuten Redezeit nicht mehr zu Wort kommen zu lassen. »Ganz natürlich sei das alles, wirklich natürlich.« Hans-Stephan Steinheuer schmierte währenddessen einen großen Methylzellulosebrocken auf unschuldige Kartoffeln.

Immer wieder beschworen die Köche die Story der natürlichen Zusatzstoffe. Algen seien das, oder Pflanzenextrakte. Es ist bei solchen Veranstaltungen nahezu unmöglich, irgendetwas richtigzustellen, wenn nebenbei ein besternter oder sonst wie ausgezeichneter Koch ein Süppchen anrührt. »Ich verwende keine Chemikalien«, erklärte der Baiersbronner Koch Jörg Sackmann empört der *Allgemeinen Hotel- und Gaststättenzeitung*, »nur Texturas.« Texturas sind nichts anderes als Zusatzstoffe, Lebensmittelchemie in Reinform. Ob Herr Sackmann weiß, was er verwendet?

Avantgarde-Köche, das sollte ich noch lernen, verfügen über ein erstaunliches Sendungsbewusstsein. Hält man sie nicht für die Allergrößten, werden sie dünnhäutig und agieren nach einem simplen Motto: Wer nicht jubelt, wird mundtot gemacht und diskreditiert. Während eines Events namens »Stravaganza Mediterranea« im italienischen Ravello ließ sich Alberto Adrià, Bruder des Kochs aus dem »El Bulli«, mit Teilen der spanischen Fraktion so vollllaufen, dass er am nächsten Tag nicht mehr diskutierfähig war. Einer der möglichen Gründe: An den Nebentischen saßen Santi Santamaria und ich. Besonders in Santamarias Richtung hagelte es unflätige Schimpfworte, deren kompletter Abdruck zur sofortigen Indizierung dieses Buches führen würde. Auch die Vorstellung des Adrià-Buches *Natura* fiel aus. Während der Stravaganza Mediterranea treffen Köche auf Künstler und Journalisten. Anders als OFF, Identita Golose oder Madrid Fusion arbeitet Eventveranstalter Enzo Caldarelli nicht gewinnorientiert und ausschließlich vor geladenen Gästen. Eigentlich soll hier diskutiert, gekocht und musiziert werden. Das Kochen kommt dabei den Köchen zu. Nicht jeder findet das akzeptabel: Einer der eingeladenen Herdmeister, der Niederländer Sergio Herman, lehnte es einmal tatsächlich ab, zum Löffel zu greifen, weil sein Koffer mit vorbereiteten Gerichten auf dem Flughafen Brüssel verloren gegangen war. Italienische Kollegen wollten ihm die Produzenten und Fischer der Amalfiküste vorstellen. Doch Herman sagte Nein zu den lokalen frischen Produkten. »Den Köchen von heute geht es nur noch ums Geschäft, nicht mehr ums Kochen oder um gute Zutaten. Der Status als Handwerker genügt ihnen nicht, sie möchten alle Künstler sein«, kommentierte Veranstalter Caldarelli vor allen Gästen und den versammelten Küchenchefs. »Gehobene Gastronomie ist zum Zirkus geworden, den sogenannten Spitzenköchen kommt dabei nur die Rolle der Clowns zu. Sie interessieren sich immer weniger für Kunden und immer mehr für Medienpräsenz.« Und: »Das gesamte System ist manipuliert: Wer in den Medien und den Restaurantführern groß herauskommt, den stellt niemand in Frage. Nie mehr.« Köche entwickeln sich zu Diven: »Möchtegern-Künstler vergessen das Handwerk!«, empörte sich Caldarelli. »Die wahre Gastronomie ist am Ende.«

Ich besuchte 2008 nur ganz wenige Restaurants. Das »Louis XV« in Monaco war darunter, erstklassig wie immer. Ein paar Tage später pilgerte ich zu einem jungen Koch von der Amalfiküste, Rocco Iannone. Kollegen in Ravello hatten ihn empfohlen. Ich kam vier Stunden zu früh, begleitete Rocco zu seinem Fischhändler. Mit seinem alten Ford Mondeo fuhren wir 150 Kilometer über Landstraßen, plauderten über den Verfall der Gastronomie, schauten später Goldbrassen und Sardinen in die Augen. Am Abend servierte er herrliche Bruschetta mit Anchovis, Burrata von der

Rotbarbe und ein himmlisches Pilzsüppchen mit Meeresfrüchten. Küche, die von frischen, guten Zutaten lebte. Kochkunst, die das Herz wärmte, wie bei »L et Lui«.

Rocco hatte ich schon ein paar Monate früher kurz aus den Augenwinkeln gesehen, bei »Ethik und Ästhetik«, einem Treffen der Food-Szene in Capri. Fredy Girardet, mein Küchenidol aus alten Tagen, war anwesend und baute sich vor mir auf. »Junger Mann«, sagte er. »Ich danke Ihnen dafür, dass Sie den Beruf des Kochs verteidigen.« Drei Stunden lang redeten wir über das Kochen, das Essen und den Wein.

Zu Hause setzte es weiter ein wenig Verbalprügel. Die Köche wollten ihre Zusatzstoffe, Kritik waren sie ohnehin nicht mehr gewohnt. Ein Koch namens Juan Amador aus der Umgebung von Frankfurt beschwerte sich in *essen & trinken* lautstark über meine Ansichten.

Ein Kessel Böses
Wieso Geschmack nur noch Illusion ist

Es kam, wie es kommen musste. Ein paar meiner Kollegen nahmen mir das Engagement gegen die Praktiken der Halbgötter in Weiß hörbar übel. Aufträge im kulinarischen Bereich wurden deutlich rarer, nicht nur, was Restauranttests betraf, sondern auch die von mir besonders geliebten Abstecher zu den Herstellern guter Zutaten. Vielleicht hatte ich auch nur jemanden den Freitisch gekostet, ich weiß es nicht. Da musste ich jetzt durch. Zwanzig Jahre lang hatte ich den guten Ruf der Gastronomie poliert. Jetzt wollte ich wissen, über wie viele Leichen Köche auf dem Weg zum Ruhm stiefeln und kämpfte mich dafür durch eine Reihe von Publikationen, die nicht alle Feinschmecker permanent lesen. *Angewandte Chemie International* zum Beispiel. Oder *La Revue trimestrielle du Réseau Ecrin*, die alle drei Monate erscheinende Zeitung des Ecrin-Netzwerks. Der französische Professor Hervé This, der 1992 das Wort

»Molekularküche« erfand, nahm darin im März 2005 zum Thema »Kochen mit Additiven und Aromen« kein Blatt vor den Mund:

»Solche Moleküle (aktive Substanzen) sind in konzentrierter Form oft giftig ... Die Staaten müssen einen Weg finden, die Nutzungsmethoden (in der Küche) zu umreißen. Was müssen die Küchenchefs auf die Karte setzen? ... Welche Produkte können zum Verkauf authorisiert werden, entweder in Restaurants, oder Feinkostgeschäften oder Supermärkten?« Diese sinnvollen Fragen hielten This nicht davon ab, sich fünf Jahre später im Magazin *Nature* gegen jede Deklaration von Zusatzstoffen in Restaurants auszusprechen.

Auch die *Angewandte Chemie International* präsentierte Tipps für die Avantgarde, Verfasser war wieder Hervé This: »Köche werden zur Anwendung der Gewürze und der Kräuter in ihrer Küche ausgebildet; im Labor verwenden Chemiker auch täglich aromatische Produkte wie Hexanal, Trans-Hexenal, 1-Hexanol, 1-octen-3-ol oder Benzyl-trans-2-methylbutenoat. Könnten wir diese Chemikalien in der Küche benutzen? Sehr leicht. Wenn Sie sich kein sehr gutes Olivenöl leisten können, versuchen Sie Hexanal in schlechtem Öl! Wenn Sie keine Waldpilze haben, setzen Sie etwas 1-octen-3-ol oder Benzyl-trans-2-methylbutenoat in Ihren Gerichten ein (diese zwei Mittel haben, in angemessenen passenden Dosen, einen wundervollen Pilz- oder Waldgeschmack). Wenn Sie etwas Gebäck mit Veilchenaroma machen möchten, benutzen Sie Beta-ionon. Wenn Sie sich keinen guten Whisky leisten können, nutzen Sie ein paar Tropfen Vanillin in einem preiswerten Whisky ... Sie werden sehen, wie der Whisky rund wird ... Es gibt viele Chemikalien, die verwendet werden können, um den Geschmack der Gerichte zu ändern, und einige könnten nützlich sein, um Aggregatzustände zu beeinflussen.« (erschienen in: *Angewandte Chemie International*, Ed 2002, 41, No 1). Waldpilze? Das war gestern. Heute mischen wir Whisky mit Vanillin, das ist Avantgarde und das ist auch gut so. Denn sonst würden Verbraucherschützer von Betrug reden.

Köche lesen die *Angewandte Chemie International* nicht? Dafür gibt es Kochkurse, in jeder größeren Stadt bringen Lehrer der kochenden Zunft den molekularen Feuerzauber bei. Die passende Rhetorik liefern sie gratis dazu. Fachleute weihen die Herren der Herde dann in das Märchen der natürlichen Zusatzstoffe ein, erklären, dass alles Kochen Transformation sei und Zusatzstoffe eine Quelle kulinarischer Qualität bilden, gewissermaßen die nächste Stufe der Evolution. This selbst schult und appelliert gern an das Berufsethos der Küche: »Der Chef kreiert den Geschmack, anstatt ihn zu ertragen.« Im Jahr 2006 gründete er die »Fondation Science et Culture Alimentaire«. Unter den Sponsoren befindet sich das »Syndicat National des Producteurs d'Additifs et d'Ingrédients Alimentaires«, also der französische Verband der Zusatzstoffhersteller, eine Joghurtfirma, Kochschulen, sowie Diana Naturals, ein Betrieb, der Farbstoffe, Gemüsekonzentrat und -flocken anbietet. Sein Dachunternehmen namens Diana Ingrédients ist der Weltmarktführer der »Appetitfaktoren im Pet-Food-Bereich«. Ich habe mich schon immer gefragt, wieso Haustiere mit empfindlicher Nase begierig braunen Dosenschleim auflecken.

Zum steuerlich geförderten Projekt INICON hatte der Chemiker eine klare Meinung: »Die Innovationen, an denen wir arbeiten, werden nur durchkommen, wenn sie von den großen Köchen akzeptiert werden, die ihnen als Einzige ein Autoritätsargument verleihen können«, publiziert in der Fachzeitschrift *L'Hôtellerie*, Ausgabe vom 12. August 2004. Die angeblich genialen Köche wie Blumenthal und Adrià sind für This weder Akteure noch Erfinder. Sie sind Generatoren von »Autoritätsargumenten«, um gesellschaftliche Akzeptanz von Nahrungsmittelchemie zu erzeugen. Sie sind Mittel zum Zweck, die vieles verkaufen können. Etwa die Aromen aus dem Beitrag von Professor This in *La Revue trimestrielle du Réseau Ecrin*:

» ... immer mehr Köche nutzen aromatische Präparationen. Das Unternehmen Givaudan (und einige andere) organisiert seit einigen Jahren kulinarische Wettbewerbe zur Nutzung aromatischer Kompositionen und während des letzten (Köchetreffens) Madrid Fusion 2005, hat der spanische Koch Ferran Adrià sogar Zerstäuber genutzt, um diese Kompositionen direkt auf Nahrungsmittel oder direkt vor den Mund ... zu sprühen! Anders ausgedrückt, wir sind am Ziel! Die Köche beginnen, in einigen Ländern, dieselben Zutaten wie die Nahrungsmittelindustrie einzusetzen ...« Schöner und treffender hätte ich das nicht ausdrücken können. Aromen direkt aus dem Labor werden von der kulinarischen Avantgarde nur noch aufgesprüht.

Givaudan, der Lieferant des Avantgardisten, gehört mit IFF und Firmenich in der Schweiz sowie Symrise in Holzminden zu den Marktführern in Sachen Aromen. Hoffentlich sprühen Sie sich nicht mit irgendwelchen Parfums ein und denken, die Rohstoffe dafür stammen aus Rosen- und Lavendelfeldern rund um das französische Dörfchen Grasse? Sie kommen aus großen Fabriken, egal ob Duftstoffe für Ihren WC-Reiniger, Ihr Parfüm oder für die Küche im Restaurant. Sogenannte »natürliche Aromen« entstammen Stoffen, die auch in der Natur anzutreffen sind. Sie werden zum Beispiel aus Schimmelpilzen extrahiert, die auf Holzwolle wachsen. Schimmelpilze sind in der Natur, Holzwolle ebenfalls, ich hatte das bei den guten Europa-Gesetzen schon mal erwähnt. Solche Aromen kosten wenig, sind höchst ergiebig und riechen immer gleich. Givaudan veranstaltete um die Schimmelpilzextrakte also Kochwettbewerbe ... Was, Sie kennen Givaudan trotzdem nicht?

Leon und Xavier Givaudan gründeten ihren Betrieb 1895 in Zürich. Gleich mehrfach hat Givaudan Geschichte geschrieben, nur erinnert sich daran kaum jemand mehr. Etwa im Jahr 1976. Vielleicht sagt Ihnen das Wort »Seveso« noch etwas: Dioxin war nahe der kleinen Gemeinde Seveso aus der Chemiefabrik Icmesa entwichen. Vergiftungen waren die Folge. Icmesa gehörte Givaudan. Vier Jahre zuvor, 1972, war das Unternehmen in die »Morhange Talkumpuder Krise« verwickelt. Talkumpuder wurde damals mit der Chemikalie Hexachlorophen, einem Bakterizid, versetzt. Hexachlorophen sollte die empfindliche Babyhaut schonen. Tragisch nur, dass in Frankreich über 30 Kleinkinder starben, nachdem sie mit Morhange Talkum eingepudert worden waren. Mehr als 100 weitere trugen Vergiftungen davon. Dem Fabrikanten Morhange hatte Givaudan das Hexachlorophen geliefert. In den Schweizer Labors hätte man die fatale Wirkung der Substanz kennen müssen: Schon 1939 waren Versuchstiere krepiert, die damit traktiert wurden. In Amerika warnten Fachleute 1971 vor hohen Dosierungen von Hexachlorophen in Kosmetika. Zum Prozess kam es erst sieben quälend lange Jahre später, hohe Würdenträger des Unternehmens wurden zu Gefängnisstrafen auf Bewährung verurteilt. Wie gut, dass deren Anwalt Robert Badinter zwei Jahre darauf unter Mitterrand zum Justizminister avancierte. Schnell waren die Givaudan-Mitarbeiter amnestiert.

Die Morhange »Talkumpuder Krise« gehört in Frankreich auf den Stundenplan von Marketingstudenten. Für 9,95 Euro kann jeder die Lösung auf Websites erstehen. Sie erläutert, dass Givaudan während der Krise einen passiven Eindruck machte und es keine hervorragende Strategie ist, das Schweigen von Hinterbliebenen erkaufen zu wollen.

Givaudans Kerngeschäft ist heute die Entwicklung und Vermarktung von Aromen und Stoffen für Parfüms. Als flankierende Maßnahme hat der Schweizer vor Jahren schon ein Chef's Council zusammengestellt. Trotz regelmäßiger Veranstaltungen wirbt das Unternehmen damit nicht gegenüber der breiten Öffentlichkeit. Dieser mysteriöse »Rat der Köche« traf sich laut Pressemeldung vom 14. Mai 2008 in der Fondacion Alícia des »Jahrhundertkochs« Ferran Adrià, nahe Barcelona. Unter den Gästen waren die Roca-Brüder aus dem Restaurant »El Celler de Can Roca« in Girona, Alex Stupak, der Patissier des Restaurants »WD 50« aus New York, Thomas Chai von Givaudan Singapur, Alex Atala aus dem »D.O.M.« in Brasilien und Flavio Solorzano aus dem »Señorío de Sulco« in Peru. Auch der französische Chemiker Hervé This, »Begründer« der Molekulargastronomie, gehört seit 2002 zum Chef's Council von Givaudan. So wurde es in einer Pressemeldung vom 28. Januar 2002 verlautet. Ein solcher »Rat der Köche« mit angegliederten Kochwettbewerben wäre ohne Produkte für Köche ziemlich überflüssig, oder?

Nun gibt es noch Herdmeister, die lieber selbst kochen, statt Aromen aufzusprühen. Einer schickte mir sein Aromenset nebst Prospekt mitsamt einer freundlichen Grußkarte zu. So konnte ich sechs Warenproben, Früchte und Gewürze zum Aufsprayen, in der eigenen Küche testen. Sie stammen nicht von den Marktfühern IFF, Firmernich, Givaudan und Symrise, sondern von einem kleinen Mittelständler mit vergleichsweise bescheidenen Entwicklungsbudgets. Dennoch war der Duft verblüffend. Ein geradezu überirdisch reines, intensives Aroma, das gerade durch seine Reinheit und Intensität künstlich wirkte. Nein, das ist jetzt geschmeichelt: Manches davon roch wie Haushaltsreiniger mit Orangenaroma. Auf jeden Fall ist es ein ideales Instrument zum Nepp: Sprayen wir den Fisch von letzter Woche doch mal mit Thymian ab – und bei 0,15 ml pro Portion im fertigen Gericht ist das Aroma kaum nachzuweisen. Richtig: Es sind nur 0,15 ml pro Portion. Meine sechs Flakons entsprechen damit 1 380 Portionen. Macht bei einem Gesamtpreis von 119,40 Euro also 0,0865 Euro pro Portion. Platz spare ich außerdem: Der Frucht- und Gewürzersatz nimmt 9x9x25 cm in meiner Küche ein. Noch dazu liefert die Parfümfabrik tolle Rezepte: Jakobsmuschelcarpaccio mit Pampelmuse, Seezungenroulade mit Vanille und Orange, Crème brûlée mit Orange und Pfeffer. Solche Tipps zeigen: Diese Leute wenden sich nicht an Kantinenköche.

Doch genug gelästert, die Gebrauchsanleitung spricht für sich, ich zitiere hier nur:

»Wie nutzt man Aromen?

Durch direkte Integration in das Rezept, wenn möglich nach der Garung, da Aromen auf hohe Temperaturen sensibel reagieren (etwa 80°). Dennoch konservieren einige Nahrungsmittel die Aromen besser als andere (Tortenteig zum Beispiel).

Durch Verwendung von Aroma auf der Oberfläche: – auf dem Teller vor dem Auftragen des Gerichts: um Aromen durch Kapillarwirkung aufsteigen zu lassen – auf dem Teller beim Herausschicken [in den Saal mit den Gästen]: um Duft zu privilegieren. In allen Fällen werden Sie von der Frische der Aromen begeistert sein! Abgesehen von diesen allgemeinen Grundsätzen, ist alles möglich: Aromen ins Rezept integrieren, die Oberfläche [Anmerkung: mit einem anderen Spray] aromatisieren, verschiedene Aromen mischen, verschiedene Aromen gegenüberstellen etc. Entfesseln Sie ... Ihre Fantasie!Die einfachsten Rezepte können mit einem simplen Druck verändert werden: Thymian-Mayonnaise, gegrillter Fisch mit Fenchelaroma, eine Schokoladenmousse mit Zitrone, Rosmarin-Sahne etc. Die Aromen ersetzen oder ergänzen Gewürze und Zitrusfrüchte und bringen tiefen, beständigen Duft. Und nichts hindert Sie daran, einen Schnitzer Zitrusfrucht als etwas »Knackiges« beizulegen – oder einen Kräuterzweig für die Optik! Aromen rechnen sich: Keine Probleme mit Vorratshaltung, Qualität, Jahreszeiten, kein Kleinschneiden, keine Mazeration, keine Haltbarkeitsprobleme, keine Verluste! Alles gewonnene Zeit: Aromen garantieren eine gleichbleibende Qualität von der ersten bis zur letzten Verwendung. Die Sprayflakons geben stets dieselbe Menge ab: 0,15 ml. Das heißt minimal 230 Portionen pro Flakon. Ein simpler Druck und das Rezept ist sofort parfümiert. Es gibt kein Problem mit dem Aufräumen: Sie können die Aromen ›sammeln‹ ohne dass sie sich verändern oder verloren gehen (Haltbarkeitsdatum 12 Monate). Sie sind immer für neue Kreationen und neue Versuche verfügbar, mit minimalem Zeitaufwand.« Ende des Zitats. Das Zeug ist sogar als Bioware zertifiziert, angeblich wird es »durch Druck oder per Wasserdampf aus Pflanzen gewonnen«. Ganz natürlich, na klar, und problemlos ein Jahr bei Raumtemperatur haltbar. Ferran Adrià hat ähnliche Sprays schon 2005 genutzt, jetzt werden sie probeweise unentgeltlich an Sterneköche verteilt. Wir kennen so etwas ja vom Hörensagen: Im Bahnhofsviertel ist die erste Dosis kostenlos. Aroma ist heute oft eine Illusion, schöner Schein aus der Chemiefabrik. Ich hatte das schon mal erwähnt. Inzwischen hatten die Reste-Veredler der Industrie auch Top-Lokale erreicht.

Kommt der Duft eines Gerichts nicht mehr von den »guten Zutaten«, die jeder bessere Koch drei Mal pro Satz erwähnt, sondern von einem Aromenspray, dann ist das »Küchendoping«. Das streng riechende Lamm von letzter Woche? Sprüh mal, Röstaroma wäre nicht schlecht. Blutorange zum Hummer? Einfach aufsprühen, am besten auf den Krustenpanzer. Ja, das ist Avantgarde. Oder, je nach Interpretation, eben Doping in Reinform. Entscheidend für den olfaktiven Eindruck, für das, was letztlich in unserer

Nase ankommt, ist nicht mehr das, was drinsteckt, sondern das, was aufgesprüht wird. Gerichte, die mit Aromensprays berieselt werden, verfügen über ein distinktives Merkmal: Sie riechen fantastisch und schmecken bestenfalls durchschnittlich: Oder sie schmecken ganz anders, als sie riechen. Die kulinarische Avantgarde argumentiert dann, dies sei eine gewünschte Sinnesverwirrung. Kommerziell erfolgreich sind diese Köche allemal: Ihre Klientel wurde im Kindesalter durch aromatisierte Süßigkeiten und Joghurts an den künstlichen Geschmack herangeführt. Als Erwachsene hält sie selbigen dann für ganz große Küche. Noch wenige Jahre, dann werden wir unsere Gerichte auch zu Hause mit Sprays aromatisieren können, während Profiküche wieder Nachrüstung aus der Chemiefabrik einfordern dürfen. Denn der Verbraucher vertraut dem Koch. Bedingungslos.

Märchenerzähler
Wie wird man »bester Koch der Welt«?

Restaurants testete ich inzwischen nicht mehr. Die großen Köche hatten mich – und andere – angelogen. Von vorn bis hinten. Eigene Forschungsarbeiten zum Thema Essen? Das waren Reste aus den Schubladen der Lebensmittelindustrie! Beste Produkte und frischeste Waren? Ja, wo sind sie denn? Unsere Additive sind ganz natürlich! Sie sind so natürlich wie der Inhalt einer Autobatterie.

Dürfen Köche Zusatzstoff-Menüs servieren, ohne auf der Karte darüber aufzuklären? Dürfen sie ihre Gerichte mit Aromen dopen, ohne den Gast darüber in Kenntnis zu setzen? Dürfen die Herren der Herde mit Handarbeit werben, in Wahrheit aber Convenience-Food aus industrieller Herstellung auftischen? Für mich war die Antwort eindeutig: Nein! In Deutschland jedenfalls informieren sogar Kneipen, Kantinen und Mensen zumindest teilweise dank der Zusatzstoffzulassungsverordnung (ZzulV) über den Inhalt ihrer Speisen. Stehen Spitzenköche über dem Gesetz?

Seit Jahren sang man uns das Lied von den besten Produkten und der absoluten Frische der Zutaten vor. Und jetzt? Zusatzstoffe, Aromen, Chemie. Das System, auch das der Restaurantführer, hatte versagt: Die Lügner sind oben, bewundert von allen. Die Ehrlichen sind wirklich die Dummen. Sie glauben an ihr Hohelied auf erstklassige Zutaten und lassen sie sich etwas kosten. Schließlich existiert eine riesige Grauzone: Köche, die hier und da mal ein paar Gerichte mit Additiven aufblähen und mit Aromen sprayen, ohne gleich eine Philosophie daraus zu machen. All die Unternehmen, die unseren Herdmeistern ihre »kleinen Helfer« verkauften, hatten eine Glanzleistung verbracht. Sie waren von oben in den Markt eingesickert, über die »weltbesten Köche«, die Vorbilder und Modelle einer ganzen Branche. Andere Herdmeister orientierten sich an ihnen ... und wurden selbstverständlich Kunden. Doch wie wird jemand bester Koch der Welt? Wie funktioniert die »Hype-Maschine« namens Restaurant? Eigentlich ist das ein simples Erfolgsrezept mit wenigen Zutaten. Viele davon können durch Sponsoren, Lieferanten und Lobbyisten oder dem Wirt selbst, sagen wir mal, »nachgewürzt«, werden.

Zutat 1: Eine Portion Dreistigkeit

Es hilft, nicht immer die ganze Wahrheit zu sagen. Restaurantkritiker lassen sich recht einfach manipulieren, nur wenige fragen kritisch nach. Quer durch die Jahrhunderte haben Europas Köche effizient an der eigenen Legende gestrickt, angefangen mit Marie-Antoine (genannt Antonin) Carême (1784-1833). Dieser erste Self-Made-Man der französischen Küche wurde angeblich als jüngstes von 15 Kindern kurzerhand auf den Straßen von Paris ausgesetzt, um sich prompt in eine miese Taverne zu verlaufen. Aus den Hinterhöfen der Garküchen brachte er es bis zum Lehrling der Patisserie Bailly, Lieferant von Talleyrand. Wenig später kochte er für Talleyrand selbst, Jahre darauf für alle großen Persönlichkeiten vom russischen Zaren bis zu den Rothschilds. Das ausgesetzte Kind mit dem großen Schicksal ... Klingt gut. Klappern gehört zum Handwerk. Ferran Adriàs Restaurant »El Bulli« rühmt sich auf seiner Website des »Covers der Sonntagsausgabe von *Le Monde*, der höchsten Ehrung durch die führende Gastronomie-Nation der Welt«. Klingt auch gut! Tatsächlich kommt am Wochenende die Beilage *Le Monde 2* heraus. Dort verfasste ein damaliger Automobiltester und heutiger Politikredakteur der Zeitung eine Lobrede auf Adrià. Jean-Claude Ribaut, der Restaurantkritiker von *Le Monde*, bemüht sich seit Jahren um eine Richtigstellung. Andere Äußerungen der »führenden Gastronomie-Nation der Welt« berücksichtigte das Bulli-Team nicht: Auch meine Zusatzstoff-Kritik schaffte es 2009 auf die Titelseite von *Le Monde 2* unter dem Titel *L'additif passe mal*, frei übersetzt ist das ein Wortspiel aus »Mit Additiven geht es schief« und »Zusatzstoffe sorgen für Verdauungsbeschwerden«. Klingt nicht gut. Freunde in der Presse helfen auch sonst, negative Schlagzeilen zu vermeiden: In Barcelona ist eine Klage gegen Ferran Adrià und seinen Geschäftspartner Juli Soler anhängig. Kläger sind Sergi und Jofre Horta, ein Architekt und ein Musiker – Erben eines »El Bulli«-Investors. Ihr Vater Miquel Horta ist eine Symbolfigur Kataloniens. Der Erbe des Spielzeug-Imperiums Nenuco war ein persönlicher Freund von Vázquez Montalbán, verlegte Bücher, darunter einige besonders engagierte politische Werke. Miquel Horta ist auch der »historische« Sponsor des »El Bulli«, zahlte 85 Prozent des Gesellschaftskapitals ein, erhielt im Austausch jedoch nur 20 Prozent der Anteile. Doch Miquel Horta leidet an auch einer schweren bipolaren Störung. An vielen Tagen ist er kaum ansprechbar. Mehrere Gutachter haben bestätigt, dass Horta seit Jahren nicht geschäftsfähig ist. Laut Jofre Horta haben Adrià und sein Partner diese Schwäche missbraucht: Die Anteile ihres einstigen Partners kauften sie für 1,1 Millionen Euro. Branchenexperten schätzten die Marke »El Bulli« auf einen Wert zwischen 45 und 200 (!) Millionen Euro. Über diesen Prozess wird kaum berichtet. Er passt nicht zum Image des großen Kochs. Überhaupt werden solche Prozesse ja meist außergerichtlich geregelt, zu groß wäre der Imageverlust. Und das Image ist doch die magische erste Zutat unseres Rezepts.

Zutat 2: Die fabelhaften 50

Noch besser für Aspiranten auf den Titel »weltbester Koch« ist eine offizielle Auszeichnung. Die Welt will Ordnung. Wo es ordentlich zugeht, kennt jeder seinen Platz. Die Ordnung in der Welt der Köche etabliert seit 2002 das britische *Restaurant Magazine*. Dort presst die Redaktion die Weißmützen der Welt in eine Rangliste zwischen 1 und 100. Wirklich vermarktet werden jedoch nur die 50 Besten. Getestet wird kein einziges Lokal, das könnte Geld kosten. Dennoch genießt die Rangliste Ansehen: Die »50 Besten« des *Restaurant Magazine* werden auch in deutschen Medien gern zitiert, meist um irgendeinen Kochtrend herbeizureden oder um einen Koch mit dem Titel »Bester der Welt« oder »Zweitbester der Welt« anzusprechen. Menschen lieben Listen, denn sie klingen nach absoluter Gewissheit, wie im Sport. Zumal der Titel durch eine »Umfrage« unter Kennern ermittelt wurde. Umfrage klingt repräsentativ, das ist gut.

Mir persönlich hat die Klassifizierung des *Restaurant Magazine* viele neue Erkenntnisse gebracht. Zum Beispiel die Gewissheit, dass in China oder Japan fast niemand kochen kann. Sicher, die Küche dieser Länder genießt einen ausgezeichneten Ruf, aber die Köche dort verstehen nichts von ihrem Handwerk. Sonst wären sie doch stärker in der Liste vertreten. Thailand? Bäh. Russland? Pfui! Südamerika? Indien? Afrika und arabische Länder? Außerhalb von Südafrika kann nun wirklich niemand kochen, wahrscheinlich werfen die Scheichs am Golf einander Brotrinden zu, wahrscheinlich wärmen Köche in den luxuriösen Hotels von Marrakesch Hirsebrei auf. Glaubt man dem *Magazine*. Unsere Welt ist eben ein kulinarisches Entwicklungsland, das nur von Europa und Nordamerika gerettet werden kann.

Dem Nestlé-Konzern, vielmehr der Tochtermarke San Pellegrino, ist das Wissen um die 50 weltbesten Köche eine Menge Geld wert. Genug, die zutiefst demokratisch erstellte Liste jetzt »The *S. Pellegrino* World's 50 Best Restaurants« zu nennen. Menschen, die gerne essen, könnten jetzt die Frage stellen, ob man wirklich das Tom Yang kung (eine Thai-Suppe) mit Pekingente und Sashimi vergleichen muss, ob der Gemüseteller eines Michel Bras durch eine Klassifizierung um ein paar Plätze von der Langustenvariation mit Langusten/Zitronengras-Süppchen von Harald Wohlfahrt getrennt werden muss. Die Welt des Essens braucht, wie gesagt, strenge Ordnung. Dazu gehört, dass am Ende der Wahl zu »The S. *Pellegrino* World's *50 Best* Restaurants« ein Molekularkoch oder einer seiner Schüler gewinnt. In der Regel ist das der Spanier Ferran Adrià, in Ausnahmefällen auch der Brite Heston Blumenthal, oder, wie 2010, Adriàs Schüler René Redzepi, der Mann mit dem Eselschweiß.

Im Jahr 2009 durfte ich mich über einen besonderen Anruf freuen: Drei andere Journalisten waren ausgefallen, ich sollte nun für die französische Delegation Juror bei den 50 Besten werden. Geld gebe es dafür nicht, aber der eigene Name werde auf der Website der Weltbesten genannt, als »Mitglied der Akademie«. Honorarfrei auf Websites als Akademiemitglied für San Pellegrino werben … das ist doch ein Angebot, zu dem man nicht Nein sagen kann. Ich zumindest konnte es nicht, denn mich interessierte, wie solche Listen zustande kamen.

Einen Vorgeschmack bekam ich gleich im Vorgespräch: Ich möge doch für das Pariser Lokal »Le Châteaubriand« stimmen, wurde mir nahe gelegt. Dies sei ein »unmoralisches Angebot wie zwischen Robert Redford und Demi Moore«. Ein kleines Amuse-Gueule einer der Länderaufseher der internationalen Jury. »Le Châteaubriand« ist ein Bistro mit durchaus guter Küche. Der Küchenchef, ein Baske namens Inaki Aizpitarte, wirkt zu jeder Tageszeit so, als wäre er gerade aus dem Bett gefallen. Im »Châteaubriand« schmeckt es, die Menüs provozieren keine schwarzen Löcher im Portemonnaie, doch die Weine sind zuweilen überteuert und die Herren vom Service halten sich für männliche Models im Wartestand. Es ist schwierig, zu erklären wieso »Le Châteaubriand« zu den Weltbesten gehört. An Küche, Ambiente und Weinkarte kann es nicht liegen. Vielleicht aber am Hype, der dieses Lokal beständig umschmeichelt, an den umtriebigen Kuschel-Kritikern und Listen-Lobbyisten, die hier sogar Berufskollegen zu ihrem Favoriten einladen. Ich sagte endgültig zu.

Dank des Anfangsbuchstaben Z in meinem Nachnamen stellte ich das letztgenannte Akademie-Mitglied 2009, nach Alexander Zaturinskiy, Mikhail Zelman, Peter Zhou, Alexey Zimin und Andrew Zimmern. Wir waren 794 Juroren für die Restaurants der ganzen Welt, darunter viele Journalisten, nicht wenige Küchenchefs, auch die Frau eines Kochs durfte mitstimmen. Die eigentliche Wahl der 50 besten Restaurants der Welt ist simpel: Eine E-Mail trudelt ein, die Juroren klicken auf den Link zu einer Website und werden aufgefordert, fünf beliebige Namen abzugeben. Ob »Harrys Fritten-Fürstentum« oder »Le Louis XV«, jedes Restaurant der Welt ist wählbar.

Die Reihenfolge stellt eine Wertung dar, mindestens zwei Stimmen dürfen nicht auf das eigene Land entfallen. Köche unter den Juroren dürfen nicht für ihr eigenes Lokal stimmen. Jeder versichert mit der Stimmabgabe in den letzten 18 Monaten in den genannten fünf Läden gespeist zu haben, Kontrollen fehlen allerdings. Wäre es so schwer, die Rechnung zu scannen und als Anhang zu mailen? Wie jede gute, demokratische Wahl ist die Wahl der 50 weltbesten Restaurants anonym. Niemand erfährt, wer für wen gestimmt hat. Tatsächlich ist die Wahl so anonym, dass nicht einmal die Juroren erfahren, wie viele Stimmen die einzelnen Restaurants erhalten haben, wie oft sie auf Platz eins und wie oft auf Platz zwei, drei, vier, fünf gesetzt wurden. Auch die mathematische Formel, die es erlaubt, 794 Mails mit je fünf beliebig ausgewählten (also nicht zwangsläufig identischen) Restaurants unter Berücksichtigung der Reihenfolge zu einer Liste von 100 treffsicher gesetzten Namen zu destillieren, wurde uns Akademiemitgliedern nicht kommuniziert. Am Ende gewann natürlich Ferran Adrià, Heston Blumenthal etablierte sich auf dem zweiten Platz. Wie machen die das bloß immer?

Das ist ganz einfach. Eine Durchsicht der Listen mit Stimmberechtigten zeigt: Viele der Juroren sind Köche. Davon sind überdurchschnittlich viele Molekularköche oder Freunde oder Geschäftspartner derselben: Grant Achatz, Sergi Arola, Juan Mari Arzak, Martin Berasategui, Heston Blumenthal, Massimo Bottura, René Redzepi, Paco Roncero, Joan Roca und wie sie alle heißen. Dazu kommen die journalistischen Claquere: Pau Arenos, José

Carlos Capel, Sebastien Demorand, Andrea Petrini, Luc Dubanchet und viele andere mehr. Selbstverständlich wollen wir die Strippenzieher nicht vergessen: Leute wie Rafael Anson, den Präsidenten der »Academia Española de Gastronomía« und einflussreiches Jurymitglied. Er hat an einigen geschäftlichen Aktivitäten Adriàs seinen Anteil, veröffentlichte 2010 etwa zusammen mit dem »Ferran Adrià Lehrstuhl für kulinarische Kultur« ein Buch über »Margarine in der Gastronomie des 21. Jahrhunderts«. Sponsor des Werks war die Unilever. Die Buchvorstellung fand am 20. Januar 2010 bei Paco Roncero, Jurymitglied und Koch, statt. Gelegentlich setzen Anson und Adrià ihre Unterschriften unter ein gemeinsames Dokument, z. B. unter das Vorwort des Buches *Tapas in der Gastronomie des 21. Jahrhunderts* des Jurymitglieds und Kochs Paco Roncero. Außerdem sind Ansons Ehefrau, seine Töchter und sein Sohn im spanischen Handelsregister als Betreiber von Agenturen zur Promotion von jungen Köchen eingetragen.

Das System der »50 Besten« gleicht einer Auswahl der Stimmberechtigten für die Bundestagswahlen, immer mit der Vorgabe, dass 60 Prozent über ein CDU-Parteibuch (wahlweise CSU, SPD, FDP oder Grüne) verfügen. Diese Liste ist die personifizierte »Demokratur«.

Wie glaubhaft ist eine solche, auch in der deutschen Presse oft zitierte Liste? Ich glaube kein Wort davon. Zum einen, weil die Stimmberechtigten sorgfältig ausgewählt werden. Zum anderen, weil für mich kein weltbestes Restaurant existiert. Für mich gibt es das richtige Restaurant für die richtige Stimmung. Weltbester Koch ist dort immer derjenige, der die Erwartungen seiner Gäste übertrifft.

Zutat 3: Sternenregen

Drei Sterne vom *Michelin* braucht jeder Aspirant auf den Titel »weltbester Koch«. Die vermeintlich unbestechlichen Tester haben die Avantgarde-Köche mit Sternen geradezu zugeschüttet. Vielleicht will der Großvater der Guides zeigen, wie hip und modern er sein kann. Oder es gibt eine versteckte Botschaft im Sternenreigen: Schon seit den Sechzigerjahren versuchten sich Wissenschaftler an Syntho-Steaks auf Petroleumbasis. Der Reifen auf dem Teller als nächster Schritt in der kulinarischen Entwicklung. Wir sind auf dem besten Weg dahin.

Doch was sind Sterne heute noch? In den letzten Monaten 2009 hatte es bei mir Hinweise auf kuriose Praktiken der *Michelin*-Männchen gehagelt: Mein Engagement in Sachen Molekularküche entfaltete eine angenehme Nebenwirkung. Vor den Mikrofonen anderer Journalisten schimpften die Wirte über mich. Ging aber hinter den Kulissen etwas schief, fielen Lieferanten durch allzu schlechte Lieferungen und Kritiker durch allzu viel Gier auf, dann riefen dieselben Wirte mich an. Manchmal schickten sie mir auch ein Fax. Eines davon betraf Wonderbox, ein Unternehmen für Geschenkboxen. Letzteres bietet eine *Michelin*-Selektion an: Gutscheine für besternte Restaurants in Schmuckschächtelchen. Nach den Geschäftsbedingungen von Wonderbox verdiente der Guide indirekt am Umsatz der Wirte mit. Köche treten einen Prozentsatz an Wonderbox ab, das wiederum den *Michelin* entlohnt, sei es mit einer Pauschale für die Verwendung des Markennamens oder mit Prozenten am generierten Umsatz. Wonderbox möchte diesbezügliche Fragen nicht beantworten. Im beiliegenden Fax bat eine europäische *Michelin*-Ausgabe die Köche, jetzt Partner des Geschenkbox-Vertriebs zu werden. Dann klingeln die Kassen des Führers aller Führer.

Champagner-Produzenten monierten, dass bei der Präsentation des italienischen *Michelin* ein nahezu unbekanntes Gebräu ausgeschenkt wurde: »Champagne Steinbrück«. Den Schampus mit dem deutschen Namen gab es offenbar nur auf der transalpinen Halbinsel, einige Handelsvertreter priesen ihn als »offiziellen Champagner eines Guide«. Tatsächlich stammte er von La Maison du Champagne (Champagne G.H. Martel) in Epernay.

Andere Wirte beschwerten sich darüber, sie müssten für Promotion-Aktionen des französischen *Michelin* die Menüpreise senken, damit Guide-Leser günstiger essen.

Wieder andere klagten, der Guide wolle Geld sehen für Urkunden und Sternchen, die sich der Wirt draußen an die Haustür schrauben kann. Früher war es verboten bis verpönt die Sterne zu Werbezwecken zu entfremden. Jetzt war es erlaubt, nein, erwünscht. In Serienanschreiben erklärte die *Michelin*-Direktion, Wirte könnten eine Plakette mit den beiden Himmelskörpern bei einem externen Dienstleister erwerben. Der Preis sei so »festgesetzt, dass er Herstellung und Versand deckt«. Jeder frisch auf- und abgestufte Wirt möge er daran denken, dass der Erwerb dieses »Elements die einzige Möglichkeit darstellt, die Selektion im Guide Michelin 2007 zu erwähnen«.

Im Hause *Michelin* hatte der Chef gleich mehrfach gewechselt. Der ehemalige Direktor Bernard Naegellen machte auf mich stets den Eindruck eines grundehrlichen Menschen. Er glaubte an seine Aufgabe, wusste, dass auf seinen Schultern ein gewaltiges Erbe lastete: Tradition, Glanz und Glorie der Haute Cuisine seit Escoffier.

Mit seiner lebenslangen Karibik-Dauerbräune und der faustgroßen Uhr erinnerte mich Nachfolger Jean-Luc Naret an einen Gebrauchtwagenhändler, den ich früher in Köln gekannt hatte. Während sein Vorgänger Naegellen das Scheinwerferlicht mied, ließ Naret nie eine Gelegenheit aus, noch ein paar zusätzliche Flutlichter in seine Richtung zu drehen. Er ist der Strahlemann der Gastronomie, jettete im Dienste des *Michelin* permanent von Kochfestival zu Kochfestival. Als rechte Hand für den französischen Markt setzte er die Deutsche Juliane Caspar ein. Die arbeitete vor gut zehn Jahren als Maître d'Hôtel bei Joachim Wissler im »Vendôme« in Bergisch-Gladbach und brachte es schnell bis zur Chefin des deutschen Guides. Ihrem alten Arbeitgeber verlieh sie 2006, im Jahr nach ihrer Ernennung zur Chefredakteurin, die legendären drei Sterne.

Der sprichwörtlichen Diskretion des *Michelin* folgend würde sich Frau Caspar, so hieß es, nur von hinten fotografieren lassen. Dennoch druckte die Zeitung *France Soir* im Februar 2010 ein Porträtfoto von ihr. Natürlich von vorn. So war es mit Naret: Indiskretionen verhinderte er nicht, er provozierte sie geradezu. Einem Reporter des *New Yorker*, John Colapinto, stellte er einmal eine Testerin vor. Zur Vorstellung des *Michelin Tokyo* ließ die

Reifenfirma sämtliche Drei-Sterne-Köche nach Japan fliegen. Man sonnte sich im Glanz der Sterne, den man selbst entzündet hatte.

Das französische *Journal du dimanche* berichtete 2009, Jean-Luc Naret suche zusammen mit Spitzenkoch Alain Ducasse einen Küchenchef für das noble Pariser »Hôtel de Crillon«.

Wenn der Herr der Sterne selbst die Küchenchefs empfiehlt, was kann dann auf der Jagd nach den begehrten Himmelskörpern noch schief gehen? Im Oktober 2010 berichtete die frz. Fachzeitung *L'hôtellerie* schließlich, Jean-Luc Naret würde Ende Dezember seinen Posten verlassen. Dem Bericht zufolge soll der ehemalige »Directeur Général« künftig als Berater für Hotel und Restaurants tätig sein und auch dem *Michelin* als Consultant verbunden bleiben. Ist das noch unabhängig und unparteiisch?

Wonderbox, Steinbrück, Schraubeschildchen, Beratergerüchte? Es gab nur einen Menschen, den ich dazu befragen konnte. Er ist recht groß, recht schlank und recht grauhaarig und der Albtraum des renommiertesten Restaurantführers der Welt: Pascal Remy. Falls Sie sich nicht erinnern: Er ist der abtrünnige Tester. Remy und ich hatten uns in einem Straßencafé verabredet. Fast alle Kontakte im weltberühmten Restaurantführer sind ihm geblieben, er redete frei: Der Ex-Tester erzählte mir von Kollegen, die als ehemalige Oberkellner die Gastronomie kennen – aber ihrerseits auch erkannt werden. Er weiß, dass ein europäisches Land von einem einzigen Tester geprüft wird, es sei allerdings ein kleineres Land, wenn auch nicht Luxemburg, Liechtenstein oder Andorra. Belgien oder die Schweiz kommen in Frage, ich versuchte Remy zu löchern, er grinste. Die Information wollte er sich dann doch für ein späteres Treffen aufheben.

Fünf Jahre würde es dauern, bis der Gaumen eines *Michelin*-Testers richtig eingestimmt sei. Die heutigen Tester blieben nicht lange genug, um ihren Geschmackssinn zu schulen. »Sie arbeiten ein paar Jahre; bleiben, um beim nächsten Bewerbungsgespräch sagen zu können, sie hätten in *Michelins* Diensten gestanden.« Richtig übel nehmen kann er ihnen das nicht. *Michelin*-Männer verdienen zwischen 1 500 und 2 500 Euro und verbringen auf

Reisen gut 130 Nächte in bescheidenen Hotels. »Für mehr als eine Familienpension reicht das Budget nicht. Früher wurden nur ausgebildete Hoteliers rekrutiert. Mit etwas Fremdsprachenkenntnissen können die leicht wesentlich mehr verdienen. Mit der Zeit fanden deshalb nur Leute den Weg zu uns, die in ihrem erlernten Beruf begrenzte Perspektiven hatten.« Mit anderen Worten: Es testen immer die weniger Qualifizierten, die in ihrem Beruf trotz korrekter Verdienstmöglichkeiten geringe Zukunftsaussichten sehen. Oder Menschen, denen es darum geht, für einen kurzen Zeitraum Macht über andere auszuüben.

Alle kuriosen Partnerschaften mit Champagnern, die Geschenkboxen, die Rechnungen für einen Stern zum Anschrauben – laut Remy ist alles wahr. »Wir müssen das Geld zusammenkratzen, wo wir können. Der Guide muss Geld verdienen. Angesichts der Tausenden von Hotels und Restaurants ist das unmöglich. Schon zu meiner Zeit hatten wir strenge Vorgaben.« Etwa für die Aufnahme neuer Restaurants: Tester mussten eine Trefferquote von 80 Prozent haben. Vier von fünf erstmals getesteten Lokalen mussten im Guide landen. »Das ist absurd, denn keiner von uns weiß zuvor, wie es in einem Lokal schmecken wird.«

Die Fülle an Zusatzstoffen in der Molekularküche habe man wahrgenommen und intern diskutiert. »Dann sind wir darauf verfallen, dass kaum ein Tester die Sachkunde besitzt, festzustellen, wann Additive eingesetzt werden und wann nicht. Wenn das Resultat schmeckte, galt das Lokal als in Ordnung.« Remy zögerte einen Moment: »Die Sache mit den Zusatzstoffen beginnt viel früher. Schon in der Berufsschule lernen Köche kaum mehr, wie man zum Beispiel einen Saucenfonds anrührt. Dann erklären die Lehrer tatsächlich, das sei nicht hygienisch genug. Dabei wurden Fonds über Jahrhunderte aus Knochen oder Gräten und einigen Resten eingekocht. Heute lernen junge Köche, wie man Suppenwürfel einsetzt.« Das Fazit des *Michelin*-Mannes blieb nicht weniger pessimistisch als mein eigenes: »In 20 Jahren haben wir keine Gastronomie mehr. Nur noch Köche, die sich für großartig halten, weil sie Mischungen der Lebensmittelindustrie anrühren können.« Dann erklärte er: »Eigentlich könnte es mir egal sein, dann bin ich in Rente. Aber schon heute hat sich das Essen in Restaurants dramatisch verschlechtert, auch in den besternten Lokalen. Mit der Gastronomie, wie es sie vor zehn Jahren noch gab, hat das nichts mehr zu tun. Ein paar ältere Köche leisten wacker Widerstand, aber der Rest ...«

Remy sprach mir aus Herz, Seele und Magen. Das, was heute auf die Teller kommt, wird zwar von Köchen und Presse gepriesen wie nie zuvor, wird küchenphilosophisch verbrämt ... nur schmeckt es nicht mehr so gut. »Ist eine Reise wert« – das bedeuteten die legendären drei Sterne früher. »Ist halbwegs essbar« könnte die künftige Bedeutung der Auszeichnung sein. Trotz des Verfalls der Qualität gilt weiterhin: Wer drei Sterne hat, ist ein Küchengenie. Der Effekt des dritten Sterns aber flaut spätestens nach zwei bis drei Jahren ab. Dann ist der Koch zwar immer noch ein Genie, nur liest man es nicht mehr ganz so oft in den Medien. Wer in der Presse bleiben will, muss überraschen, muss immer wieder Neuigkeiten generieren.

Zutat 4: Der eigene Wissenschaftler

Trefflich geeignet zum Generieren eines Grundbestands von Neuigkeiten ist das eigene »Labor« oder der »hauseigene Wissenschaftler«. Avantgarde-Küche begleiten zwei, drei Handvoll Wissenschaftler, was ich durchaus begrüßenswert finde. Sie können schließlich echtes Wissen erschließen und vermitteln und vielleicht sogar hier und da mit wirklichen Neuheiten aufwarten. Unter ihnen sind seriöse Menschen wie der deutsche Professor Thomas Vilgis vom Max-Planck-Institut. Er hat einige lesenswerte Bücher zum Thema Kochen verfasst, die sich vor allem der Temperaturkontrolle widmen. Genau zu wissen, welcher Garvorgang bei welcher Temperatur gelingt, bringt die Küche weiter. Professor Vilgis, das habe ich mehrfach erlebt, antwortet auf Anfragen von Köchen und Journalisten stets kenntnisreich und lobt nicht jede Neuerung, nur weil sie Etiketten wie »Molekular-« oder »Avantgarde-« trägt.

Eine Reihe von Wissenschaftlern allerdings sind für einige Köche fast exklusive Ansprechpartner: Der Schweizer Professor Marc Heyraud berät den Koch Denis Martin, der Brite Professor Peter Barham berät Küchenstar Heston Blumenthal und der Franzose Hervé This pflegt lebhaften Austausch mit dem Spitzenkoch Pierre Gagnaire. Der italienische Hochschullehrer Dario Bressanini nutzt seine Zeit, um Köche in Internetforen von der Additivnutzung zu überzeugen und gentechnisch erzeugte Lebensmittel zu loben. Einige der Lehrkörper identifizieren sich stark mit »ihrem« Spitzenkoch. Ihr Spitzenkoch wird zum verlängerten Arm, zu einem Gehilfen, der Ernährungsvisionen ausführt und – wie praktisch und wie lustig – an einem nichts ahnenden Publikum erprobt. Trifft den Gehilfen Kritik, fühlen sie sich berufen, all jene, die ihre Vision vom »Kochen der Zukunft« umsetzen, aufs Schärfste zu verteidigen. Kritische Autoren werden von Wissenschaftlern aus Frankreich oder der Schweiz auf Steuerzahlers Kosten beschimpft oder in Interviews schlecht gemacht, immer zur besten Arbeitszeit. Anscheinend deckt auch dies die Freiheit von Forschung und Lehre. Man muss sich das bildhaft vorstellen: Da wird ein Koch kritisiert, schon kommt eine akademische Lichtgestalt und setzt seine gesammelten Titel ein, um eine Menüfolge zu verteidigen.

Kann es wirklich Aufgabe der Universitäten und ihrer Lehrkörper sein, einzelnen Spitzenköchen einen Wettbewerbsvorteil zu verschaffen? Beim Avantgarde-Koch zahlen wir Gäste heute zwei Mal: einmal als Steuerzahler, einmal mit der Rechnung.

Zutat 5: Multiplikatoren

Einer der größten Vorkämpfer der Molekularküche in Deutschland heißt Ralf Bos. Wenn er Köche nicht gerade von den Segnungen des Additivs überzeugt, arbeitet Bos als Delikatessenhändler im Rheinland. Gern geriert Bos sich als Wohltäter und ruft zum »Kochen für Afrika« auf. Ich habe Respekt vor Wohltätern. Noch mehr Achtung habe ich jedoch vor Menschen, die auch dann spenden, wenn gerade keine Kamera draufhält und keine Zeitung über sie berichtet.

Ralf Bos beliefert mit seinem Unternehmen Bosfood viele Köche in Deutschland; manchmal habe ich sogar den Eindruck, alle Küchenchefs seien unter seinen Kunden. Hier und da kursiert die Zahl von »8 000 deutschen Spitzenköchen«. Das sind viele. Die molekulare Zusatzstoff-Extravaganza bietet er in Seminaren mit dem spanischen Koch Paco Roncero an. Über seine kulinarischen Ansichten berichtet er in Büchern, dem Magazin *Port Culinaire* oder dem österreichischen Fachblatt *Rolling Pin*, das ihn als Redakteur führt. Bos ist medienerfahren und streitbar: Den erwähnten Fischeier-Ersatz aus Heringsteilen, Avruga also, verteidigte er im Blog »Nicos Weinwelten« recht lautstark gegen eine Kritik des deutschen Gault Millau: »Der Avruga ist eine wohlschmeckende, preiswerte Alternative zum – unter Naturschutz stehenden und bedrohten – Wildstörkaviar. Dass dieser Artikel wohlschmeckend ist, beweist die Tatsache, dass er von den feinsten Zungen des Landes akzeptiert und benutzt wird«, erklärte er und forderte: »Schickt den vergreisten Dogmatiker (gemeint ist Chefredakteur Manfred Kohnke) in Rente und schafft Raum für kulinarische Dynamik.« Ich denke, die Redaktion des Gault Millau wäre zufrieden gewesen, wenn das Produkt Avruga korrekt auf Speisekarten ausgewiesen worden wäre: »Fischeier-Ersatzprodukt auf Heringsbasis« wäre ein passender Name.

Bosfood bietet auch eine Foie gras-Mischung für Espuma. Sie stammt von der französischen Marke Rougié, die wiederum dem Euralis-Konzern gehört, über den ich im Kapitel »Gesetz gegen Genuss« schon kurz berichtet habe. Espuma-Schäumchen sind in der Molekularküche sehr beliebt. Doch was ist der Unterschied zwischen einer Foie gras und einer Espuma-Mix-Stopfleber? Mehr als 48 Euro und 60 Prozent Foie gras. Erstere kostet den Endverbraucher 89,35 Euro pro Kilogramm, letztere 41,07 Euro pro Kilogramm (Stand März 2010). Aber der Preisunterschied ist gerechtfertigt: Foie gras besteht aus Foie gras. Der Foie gras-Espuma-Mix enthält Wasser, 40 Prozent Entenleber, Sahne, Zucker, Bindemittel (Weizenmehl, modifizierte Tapiokastärke, Dickungsmittel Xanthan), Salz, Pfeffer, Antioxydationsmittel Natriumascorbat, Konservierungsmittel Nitritpökelsalz. Selbstverständlich kann man einen solchen Schaum auch selbst machen: Foie gras würfeln, braten, mit ein wenig Sauternes deglacieren, etwas Crème fleurette hinzufügen, aufkochen, mixen, abschmecken, sieben und ab in den Siphon damit. Macht mehr Arbeit als die Tüte mit dem Mix aufzureißen. Nur ganz böse Menschen denken jetzt an den Avruga zurück und an die Bos'sche Devise, nach der dieser Artikel wohlschmeckend ist, weil er von den feinsten Zungen des Landes akzeptiert und benutzt wird.

Ein Multiplikator wie Bos ist wichtig für Köche auf dem Weg nach oben. Er kennt andere Köche, er kann vernetzen und durch »befreundete« Publikationen Trends ausrufen. Das ist wichtig, denn damit die Botschaft eines großen Kochs in die Welt gelangt, muss sie die vier Wände eines Lokals verlassen. Der große Durchbruch eines Ferran Adrià oder Heston Blumenthal kam nicht nur durch ihre eigene Küche. Heere von Nachahmern ließen sich rund um die Welt nieder. Köche, Händler und Vertriebsleute hatten die Herren der Herde in Massen von den Vorzügen der Lebensmittelchemie überzeugt.

Zutat 6: Die Kommunikationsabteilung

Jetzt schlägt die Stunde des Kommunikationsspezialisten oder, in gutem Neudeutsch, des Spin Doctors. Früher gaben die Kommunikationsspezialisten Pressedossiers heraus und luden ab und an Journalisten zu Reisen ein. Auch kleine, familiäre Restaurants beschäftigen inzwischen Presseprofis. Das Resultat liest man täglich in den Zeitungen. Als ich vor gut 15 Jahren einen damals schon ziemlich bekannten Koch interviewte, meinte der nur zu mir: »Ich kann ganz gut kochen. Das ist mein Beruf. Aber mit dem Reden habe ich es nicht so. Deshalb vertraue ich dir, dass ich in unserem Interview nicht wie ein Blödmann wirke.« Das wirkte ehrlich und realistisch. Heute liest derselbe Herdmeister pseudophilosophische Phrasen über Allegorien zwischen moderner, bildender Kunst und seiner Küche vom Blatt. Das ist ziemlicher Blödsinn, aber die Leute, auch manche Kollegen, hören und drucken es gern.

Der gute Spin Doctor sorgt dafür, dass »sein« Koch permanent Schlagzeilen macht, nach Möglichkeit, indem er jede Woche etwas anderes sagt. Auch wenn es beim beworbenen Koch kein Menü unter 150 Euro gibt, kann er »neue, erschwingliche Gastronomieformen zu Preisen unter 30 Euro« fordern. Bei der nächsten PK (Pressekonferenz) erfolgt ein Appell an die Autoritäten: Die Schulspeisung muss besser werden. (Übrigens muss das Essen in Altenheimen oder Hospitälern in den PKs der Köche ganz selten besser werden, denn Alter oder Krankheit »klingen« einfach nicht). Ein guter PR-Koch sorgt für Brot und Spiele: Er gibt dem Publikum jede Woche all das, wonach es sich sehnt, er ruft die Mode der neuen Landküche aus, kocht molekular, serviert Bioprodukte oder macht alles gleichzeitig. Jeder Koch muss eine Nische besetzen: Da gibt es den Sanften, den Intellektuellen, den Rebell, den Bad Boy, den Philosophen, Magier und Wissenschaftler. Ganz hervorragend für die Reputation sind Ehrendoktorhüte, Einladungen in Galerien oder auf Events um die eigene »Kunst« auszustellen. Jedes Schlagwort, das gerade im Trend liegt, wird aufgegriffen und zur Preisung der eigenen Kochkunst verwurstet. Nach der besseren Schulspeisung ist es auf jeden Fall Zeit, »Talente in der Gastronomie« zu fördern. Alles, absolut alles taugt für Schlagzeilen. Molekularkoch Heston Blumenthal etwa erklärte in der *Daily Mail* einen Zwischenfall mit einer Schusswaffe und Schuldeneintreibern, die Forderungen gegenüber seiner Familie kassieren wollten: »Mein Vater hatte eine Schrotflinte und ich kam gerade damit heraus und BANG! Ich schoss auf einen von ihnen, durch die Tür ... Ich lief hinter ihnen her, mit einem Hackmesser ... Was mir wirklich Sorgen wegen der Schrotflinten-Sache machte, wie ruhig ich mich dabei fühlte. Ich fühlte mich fantastisch. Es fühlte sich fantastisch an. Kraftvoll. Ich dachte, ich könnte die Welt regieren. Das ist es, was mir am meisten Angst machte, nicht, dass ich die Fähigkeit hatte, es zu tun, sondern dass es tatsächlich Spaß gemacht hatte.« Kritiker erzählen ja gern, dass eine Küche dem Koch ähnelt, vielleicht sollten sie über diesen Fall einmal nachdenken.

Das permanente Generieren von PR führt dazu, dass Köche nach einer gewissen Zeit am oberen Tellerrand des kulinarischen

Spektrums unheimlich begabt darin sind, jedem genau das zu sagen, was er hören möchte. In einigen Ländern kratzen die Äußerungen hart am »kulinarischen Nationalismus«. Spanische Zeitungen wie *El País* schreiben allen Ernstes von »französischer und italienischer Artillerie« in der Gastronomie, in anderen Medien leiden Avantgarde-Köche »für das Land«. Hier bildet sich eine pathetische Blut-und-Butter-Rhetorik unter dem Motto: »An unserem Essen soll die Welt sich messen«. Regelmäßig spendiert die spanische Regierung Millionensummen für die Gastronomie im Rahmen diverser »Pläne für die Internationale Promotion des Gastronomietourismus«. Küchenchefs kungeln am Tisch mit Politikern um die Zuteilung der sechs- bis siebenstelligen Beträge. So stellte der spanische Staatssekretär für Tourismus im März 2010 einen neuen »Botschafter« für die »Marke Spanien« vor, der in einer groß angelegten Werbekampagne Touristen auf die iberische Halbinsel locken soll: den Koch Ferran Adrià. Manchmal scheint mir, der ganze Molekular-Hype sei Werbung für die »Marke Spanien«.

Wer nun wirklich weltbester Koch werden möchte, braucht die magische siebte Zutat: ein Strahlerlächeln, ein halbwegs passables Aussehen, einen extravaganten Kleidungsstil sowie nach Wahl besondere Höflichkeit oder ausgesuchte Unhöflichkeit. Britische Köche wie Gordon Ramsay oder Marco Pierre White probieren gern, wie oft das Wörtchen »fuck« in einen Satz passt, prahlen mit Handgreiflichkeiten und werden gelegentlich im eigenen Restaurant mit fettigem Haar und zerrissenen Jeans gesichtet.

Ein paar Sterne, ein paar willige Autoren, Wissenschaftler mit Sendungsbewusstsein, verbunden mit dem Netzwerk spezialisierter Lebensmittelhändler, vielleicht sogar in mehreren Ländern, dazu staatliche Werbekampagnen: So werden zum gegenseitigen Nutzen Moden gezüchtet. Letztlich landen alle in den Schlagzeilen: Die Wissenschaftler mit ihrem Support für die Köche, der *Michelin* mit seinem »Bekenntnis zur Kreativität«, die Lebensmittelhändler mit ihrem exzellenten Sortiment. Und alle sind zufrieden.

Die Dicke Ente schließt
Bei einem britischen Koch erkranken 529 Gäste

Ich will nicht mehr ins Restaurant. Wie Molekularköche uns Tapetenkleister servieren – diesen Titel trug ein kleines Buch von mir, das auf meinen expliziten Wunsch in Spanien erschien. Es steckte voller additiver Leckereien. Meinen Verleger Akal hatte ich drei, vier Jahre zuvor bei der Verleihung eines Literaturpreises kennengelernt. Warum Spanien? Nun, da kam der molekulare Spuk schließlich her.

Die Nachrichtenagentur AFP nahm den Titel in ihr Programm auf: »In Spanien wird ein Buch gegen die Molekularküche publiziert«, Meldung vom 28. Februar 2009.

Trotzdem wäre *Ich will nicht mehr ins Restaurant* im allgegenwärtigen Bücherstapel untergegangen, hätte mir ein Molekularkoch nicht unfreiwillige Hilfestellung geleistet.

Kurz nachdem der Titel erschien, schloss der britische Molekulartempel »Fat Duck« seine Pforten. Gäste klagten über Vergiftungserscheinungen. Erst waren es nur fünf, dann 40, dann 529. Durchfall, Erbrechen und andere Beschwerden. Großbritanniens Küchenstar Heston Blumenthal schloss vorsichtshalber, nachdem er am Vortag beim Food-Festival von Deauville (darf ich noch einmal an den Eselschweiß erinnern?) seine Küchenphilosophie dargelegt hatte. Herren der Herde erzählten Reportern prompt, dergleichen passiere zuweilen. Dass es in keinem Lokal dieser Klasse je vorgekommen war, erwähnten sie nicht. Die britische Presse, in der Regel unter den aggressivsten der Welt, verschonte den Küchenchef mit kritischen Anmerkungen.

Die Schließung dauerte 14 Tage, dann gaben die Behörden »grünes Licht« für eine rauschende Wiedereröffnung. Am 20. März 2009 erklärte die HPA (Health Protection Agency) in einer Pressemitteilung, sechs Mitglieder des »Fat Duck«-Teams und acht Kunden seien positiv auf Noroviren getestet worden. Später gab es noch einen offiziellen Bericht, der unter anderem besagte, dass Gerichte auch von erkranktem Personal zubereitet wurden. Während die

»Fat Duck« rund 200 000 britische Pfund von der Versicherung überwiesen bekam, beschwerten sich einige Gäste, sie würden nicht entschädigt werden. Man habe die Erkrankten zu einem neuen Essen eingeladen, sagte ein Sprecher der »fetten Ente« dazu. »Wer weitere Ansprüche anmelden möchte, sollte sich direkt mit dem Versicherungskonzern Axa auseinandersetzen.« Avantgarde-Köchen kommt es augenscheinlich nicht in den Sinn, dass Menschen, die nach einem Essen in ihrem Lokal tagelang gelitten haben, keine spontane Lust empfinden, prompt zum nächsten Menü anzutreten. Juristischer Kleinkram, der die Restaurantkritiker rund um die Welt keineswegs von ihrem Strahlelob abhalten durfte. Sie standen permanent in Treue fest zu ihrem Idol und atmeten jetzt auf. Nur ein Virus! Unerwähnt blieb, dass Noroviren sich bevorzugt »fäkal-oral« verbreiten, zum Beispiel durch schmutziges Wasser oder kontaminierte Lebensmittel wie Muscheln, Austern, Meeresfrüchte. Nach Zusatzstoffen in der Küche hatte eh niemand gefragt, solche Analysen standen in der Regel unter der Verantwortung der FSA (Food Standards Authority). Wurden die anderen 515 Erkrankten, die nicht zu den sechs Analysierten zählten, ebenfalls Opfer des Norovirus? Niemand wollte das so genau wissen. Wie aber kam der Norovirus unbemerkt vom hauseigenen Hygieneservice in die fette Ente? Und: Worin liegt die Existenzberechtigung jenes teuren, externen Dienstleisters, der mit der Überwachung der Hygiene beauftragt ist?

Vielleicht findet sich die Antwort in den schon etwas betagteren Akten einer offiziellen Inspektion. Während Routineanalysen fiel den Behörden 2004 ein ungewöhnlich hohes Listeria-Niveau *(Staphylococcus aureus)* in einem Gericht mit Schweinebauch auf. Wendy Foster, »Food & Safety Officer« in Windsor, Berkshire, diskutierte über mehrere Wochen mit dem Team von »Fat Duck«, ob das Kochen bei niedrigen Temperaturen das Problem verursacht haben könnte. Foster äußerte sich besorgt, dass die Temperatur im Inneren des Schweinefleischs nicht gemessen wurde. Besagten Schweinebauch solle man nicht mehr als drei Tage im Kühlschrank verstauen. Es sei wichtig, beim Aufwärmen mindestens eine Kerntemperatur von 75 Grad zu erreichen. Ob diese

75 Grad denn wohl durch 40 Minuten in einem gerade einmal 60 Grad warmen Wasserbad erzielt würden?, fragte die Beamtin.

Schließlich schlug Wendy Foster vor, dass Mitarbeiter ihre Hände waschen sollten. Dem Chefkoch der fetten Ente war offenbar nur schwer verständlich zu machen, dass kaum gegartes Fleisch nicht drei Tage in den Kühlschrank gestopft werden kann, um dann noch einmal kaum gegart zu werden. Früher wussten so etwas auch die Hausfrauen. Überhaupt scheint das Wissen um Garung allmählich verloren zu gehen. Denn warum garten wir ursprünglich? Nicht für knackige Krusten und Spiele der Texturen. Gegart wird, um Keime abzutöten.

Ebenfalls im Jahr 2004, dem Jahr des *Staphylococcus aureus*, erhielt die »Fat Duck« ihre drei Sterne im *Michelin*. Der misslungene Kampf gegen die Keime beweist zumindest eines: Selbst Küchenchefs, die keine Gelegenheit auslassen, sich als kochende Wissenschaftler aufzuführen, schaffen es nicht immer, elementare Hygieneregeln zu beachten. Ich müsste Heston Blumenthal dankbar sein. Da schließt dieser Molekularwirt sein Lokal genau in der Woche, in der mein Buch gegen die Molekularküche erscheint! Jetzt fragten sich auch andere Medien, was vermeintliche Top-Restaurants auftischten. Ein Schweizer Verlag interessierte sich für *Ich will nicht mehr ins Restaurant*. Einige Kumpel-Kritiker verspürten leichtes Frösteln.

Viva Italia!
Oder: Italiens Verbraucherschützer ermitteln

Victor lachte, als ich ihm vom spanischen Generalboykott erzählte. »Du brauchst Verbraucherschützer! Oder irgendeine Fernsehsendung, die Verbraucherrechte vertritt«, sagte er lachend. »Das wirkt Wunder!« Nur: Wie ich da hereinkäme, das wusste Victor auch nicht. Für mich jedenfalls schien klar: Schlagkräftig sollte die Sendung sein, Zuschauer musste sie auch haben. Kulturprogramm kurz nach Mitternacht kam da weniger infrage. Zwei Tage lang recherchierte ich durch Europas Fernsehprogramme, dann rief ich *Striscia la notizia* in Italien an.

Zwischen acht und elf Millionen Italiener schauen sich die Sendung täglich an. Ärger im Betrieb? Streit mit den Nachbarn? Schwierigkeiten mit der Stadtverwaltung? Anruf genügt – und *Striscia* sendet einen Vermittler nebst Kamera an den Ort des Geschehens. Dazu gibt es eine Parodie der täglichen Nachrichten; verbrämt mit Glanz, Glitter und einem »goldenen Tapir« als »Anti-Oscar« für größere Untaten. Manchmal wurden die Untaten von Michelle Hunziker charmant verlesen.

Besonders der Kampf gegen die alltägliche Korruption beschäftigt den »Vater« von *Striscia*, Italiens führenden Fernsehproduzenten Antonio Ricci, 60. Recherchen zu nur scheinbar wohltätigen Spendenorganisatoren, manipulierten Geldspielautomaten oder verschwundenen Millionen in Unternehmen bringen ihm und seinen Mitarbeitern gelegentlich Morddrohungen ein.

Ein Anruf in der Redaktion, schon saß ich im Flugzeug nach Mailand. Vor der laufenden Kamera des *Striscia*-Reporters Max Laudadio redete ich über die Zusatzstoffe bei Ferran Adrià und Heston Blumenthal, das Projekt INICON und die Zuwendungen der chemischen Industrie. In Mailand herrschte Frühlingswetter, ich trug ein T-Shirt mit der Aufschrift »Adieu Ethik, es gibt nur noch Ästhetik«, gedruckt in Italienisch. Das schwarze Leibchen hatte mir eine Hostess auf einem Event in Capri in die Hand gedrückt. Später wurde es Objekt von Verschwörungstheorien im Internet, Köche und Blogger werteten reihenweise Fotostapel aus, sichteten andere Herdmeister, Fernsehleute und Journalisten mit »Adieu Ethik« auf der Garderobe. Hatten wir eine Geheimloge gegründet?

Wenn Sie das nächste Mal nach Italien kommen, tragen Sie als Deutscher bloß kein T-Shirt mit italienischer Aufschrift, man könnte Sie eines Komplotts beschuldigen, das vom Bau der Pyramiden über die Ermordung Kennedys bis zur Kritik an prominenten Köchen reicht. Molekularkoch Massimo Bottura fühlte sich durch mein »Adieu Ethik«-Shirt derart gestört, dass er prompt ein paar schreibende Freunde an einen runden Tisch einlud, die in seinem Lokal versicherten, Ethik und Ästhetik gingen stets Hand in Hand. Nach einer warmen Mahlzeit umhüllte wonniger Einklang die Mietmägen. Schon hatte der Herr der Herde aus einem schwarzen Leibchen wieder jede Menge Eigenwerbung generiert. Auch das ist eine Leistung. Fernsehkameras und Gourmetmagazinen versicherte er, nur Lecithin und Agar-Agar hätten Zugang zu seiner Küche. Nun finden sich freilich mit wenig Suchen auch Bottura-Rezepte mit E 415 und E 418 in Büchern, Magazinen sowie auf Websites. Doch wenn ein Chef spricht, sucht halt niemand.

Dennoch hatte sich der Abstecher nach Mailand gelohnt. Von jetzt an stand ich nicht mehr allein mit der Kritik an der Chemie im Sterne-Essen. Reporter Laudadio lief der vermeintlich weltbeste Koch Ferran Adrià vor das Mikrofon: »Zusatzstoffe verwende ich nicht«, erklärte der Mann. Seine eigene Produktreihe unter dem Namen »Texturas« sei »absolut natürlich«. Zuwendungen aus Europa im Rahmen des Projekts INICON hätte er nicht erhalten. Dann korrigiert er sich: 25 000 Euro Steuergelder für fünf Jahre! INICON lief aber nur drei Jahre. Von den Geldern der Additiv- und Aromenindustrie, die anlässlich INICONs flossen, sprach er nicht.

Schon vor dem Interview analysierten Chemiker der Universität von Mailand die Substanzen. Professor Veniero Gambero fällte ein verbindliches Urteil: »Das sind chemische Zusatzstoffe ... der Gebrauch einiger ist gesetzlich reglementiert. Einige Bestandteile könnte man als Syntheseprodukte bezeichnen, einige können Allergien verursachen, wenn das Produkt falsch gehandhabt wird.«

Derart alarmiert interviewte das Team von *Striscia* Köche, Journalisten und Ärzte. Italiens Altmeister Gualtiero Marchesi, ein gestandener Spitzenkoch, war ebenso darunter wie Arrigo Cipriani (»Harry's Bar« in Venedig). Alain Dutournier, Pariser Zwei-Sterne-Koch, erklärte seine Erfahrungen vor laufenden Kameras: »Ich eilte aus dem spanischen Molekularrestaurant und erbrach mich auf die Motorhaube eines Autos. Das war mir furchtbar peinlich, denn es war noch nicht einmal mein Wagen ... Meine fünf Tischgenossen, die sich zuerst über meine ›fragile Gesundheit‹ lustig gemacht hatten, zeigten dieselben Symptome – nur später.«

Köche sagen so etwas über Berufskollegen nur in extremen Notfällen. Juli Soler, der Sozius von Rekordkoch Adrià, beschimpfte das Fernsehteam mit Worten, die nicht druckreif sind. Nur so viel: Es ging um Sex, Religion und die Mutter des Reporters. Täglich flimmerten die Beiträge unter dem Titel *Fornelli polemici* (etwa: »Polemik der Herde«) über Italiens Bildschirme. Spanische Top-Köche liefen Sturm gegen die molekularen fünf Minuten im italienischen Fernsehen. Besonders Juan Mari Arzak aus San Sebastián, normalerweise ein Koch, den ich schätze, verteidigte die Zusatzstoff-Nutzung und erklärte ihre Kritiker für schwachsinnig. Schon weil Nachrichtenagenturen sofort jede seiner Äußerungen weitertrugen, schaffte er so fleißig noch mehr Aufmerksamkeit für die lästige Frage nach den Additiven im Restaurant. Dafür danke ich ihm.

Am 4. Juni 2009 wurde es den Behörden zu bunt. Die Beamten der Spezialeinheit NAS (Nuclei Antisofisticazioni e Sanità dell'Arma, eine Art Lebensmittelpolizei) durchsuchten 98 Restaurants und stellten 600 Boxen mit Zusatzstoffen sicher. Grund der Intervention: Die Chemiebaukästen für Köche waren falsch etikettiert. NAS-Vizekommandant Rocco Amoroso mahnte Wirte und Köche zu mehr Offenheit gegenüber dem Gast. Ein Appell, der ungehört verhallte. Wenige Wochen später waren die Zusatzstoffe mit neuen Etiketten wieder im Handel. Die große Zahl der Hausdurchsuchungen erklärt sich mit der schnellen Verbreitung der Methoden der Molekularküche auch in scheinbar traditionellen Restaurants. Ganze Vertreterkohorten belieferten inzwischen Europas Wirte mit ihrem Zusatzstoff-Sortiment. Dazu kommen entsprechende Kochkurse. Im »Nestlé Professional Service Center« in Frankfurt am Main fand zum Beispiel im Dezember 2009 ein Workshop zum Thema Molekularküche statt. Für 195 Euro lernten Köche »Arbeiten mit Methylcellulose: praktische Beispiele: Olivennudeln aus Olivenöl«. Immerhin blieben der Öffentlichkeit bisher die molekularen Entwicklungen des Hauses erspart, über die das Magazin »Technology Review« schon 2008 berichtete: Schokoladen ohne Kakao. »Der Festkörperanteil der Schokolade besteht stattdessen aus sprühgetrockneten Teilchen von Obst oder Gemüse.«

»Tomatolade« könnte wie Schokolade schmelzen, aber wie Tomatensauce schmecken.

Die Kollegen von Unilever bietet Köchen ein Werk names »Contemporary Cuisine – the essentials« in englischer, französischer und holländischer Sprache. Die »zeitgemäße Küche« redet, zu einem Preis von 120 Euro, über »die Eigenschaften von Isomalt, … den Mehrwert der Aromen oder gefriergetrockneter Lebensmittel« und vieles mehr. Sieben »Spitzenköche« haben zu den 416 Seiten beigetragen, sie stammen aus Belgien und den Niederlanden. Die Kurse und Bücher der Lebensmittel-Giganten schocken mich nicht im Geringsten: Es entspricht unternehmerischer Logik, all die »Spitzenköche«, die aus vollem Hals nach den Erfolgsrezepten der Food-Industrie schreien, möglichst ausgiebig zu bedienen – mit Additiven, Gebrauchsanleitungen, Fertigprodukten, Maschinen und Maschinchen. Anrüchig wird es, wenn die Spitzenköche diese Methoden dem Gast als »Handarbeit qualifizierter Fachleute« verkaufen oder gar mit dem Etikett »avantgardistische Kochkunst« wedeln. Weil das Know-How von der Food-Industrie stammt, machten sich die Spezialitäten dieser Küchenrichtung auch dort breit, wo jede kulinarische Mode irgendwann einsickert: in den Supermärkten. Trüffelkaviar und Zitronenkaviar, alles erzeugt wie die erwähnte Sphärifikation, warten im Regal ebenso auf Käufer wie Sprayaromen in den Geschmacksrichtungen Estragon und Begonie. Der Hersteller empfiehlt das übersprühen von Salaten und »salzigen Gerichten«. Aus Großbritannien ziehen »Airspuma«-Schäume über die Tische. Aus Dänemark kommt »Cavi-art«, rote Kugeln, die so schön nach prallen Lachseiern aussehen und aus Algenkram, Emulgatoren und Farbstoffen bestehen: »Ideal für Catering und Gastronomie« sind sie laut Hersteller auch in deutschen Netto-Märkten erhältlich. In Frankreich existieren »Algen-Perlen«, die fast nur aus Zusatzstoffen bestehen: 89,3% Alginat (E 401 ff), Wasser, Salz, Glutamat, Meeresfrüchtearoma, dazu Glutamat (E 621), E 330, E 350, E 415 und den Farbstoff E 153 nicht vergessen. Ein Döschen der »knackigen Perlen« kostet 5,61 Euro bei »Daily Monop«.

Das Zwei-Parteien-System
Für oder gegen Industriemethoden in der großen Küche?

Auch damals schrillte auf meinem Schreibtisch permanent das Telefon. Kollegen aus halb Europa baten um zusätzliche Informationen. Restaurantkritiker riefen an. Ab und zu fielen dabei die Worte: »Ich solidarisiere mich mit dir, wenn du Ferran Adrià außenvorlässt.« Adrià hatte jedoch nicht nur die Mode des Kochens mit Lebensmittelzusatzstoffen ins Leben gerufen, er vertrieb diese auch selbst mit seiner Produktlinie »Texturas«.

Es waren Gespräche, die auffallend nach Koalitionsverhandlungen klangen. Fortan existierten zwei Fraktionen in der kleinen europäischen Kritikergemeinde. Da gab es die »Menüs ohne Additive und Labor-Aromen«-Partei (MOALA) mit Jean-Claude Ribaut von *Le Monde*, Périco Legasse vom französischen Wochenmagazin *Marianne*, Manfred Kohnke, Chefredakteur des deutschen *Gault Millau* und mir selbst. Am anderen Ende des kulinarischen Spektrums stand die ausgesprochen gut vernetzte »Zusatzstoffe für Avantgardisten-Allianz« (ZAA) mit spanischen Autoren wie Carlos Maribona, Pau Arenos, dem Italo-Schweizer Elvio Gorelli, Besitzer eines Internetportals für Köche, und, wie sich später im *Feinschmecker* herausstellen sollte, *FAZ*-Kritiker Jürgen Dollase.

Verstärkt wurde die MOALA-Fraktion durch die italienische Striscia-Redaktion und einige Verbraucherverbände, die wiederum fast ausschließlich in Italien saßen. Die ZAA freute sich besonders über den Zuspruch von Slow Food Italia: Die Mutterorganisation der Langsam-Schmecker erklärte sich von Zusatzstoffen in Industrienahrung wenig angetan, befürwortete jedoch deren Gebrauch im Restaurant, »wenn Küchenchefs sie weise nutzen«. Küchenchefs nutzen die Additive also weise, während Food-Designer, die sich von Berufs wegen mit Additiven auskennen, zu einer intelligenten Nutzung nicht imstande sind?

Zwischen der »Menüs ohne Additive und Labor-Aromen«-Partei (MOALA) und der »Zusatzstoffe für Avantgardisten«-Allianz

(ZAA) lagerte das Heer der Unentschlossenen. Sie konnten uns MOALAs leicht von den Anhängern der Additive unterscheiden: Wir schrieben wahrheitsgemäß das hässliche Wort »Zusatzstoffe« aus. Die anderen berichteten von »geheimnisvollen Pülverchen«. Die Angehörigen der MOALA und die Mitglieder der ZAA nebst ihren Unterstützern hatten sich wenig zu sagen, zögerliche Versuche höflicher Kontaktaufnahme endeten in Unverständnis. Selbsternannte Avantgarde-Köche verteidigten lautstark ihre Lust am Additiv. Freunde der MOALA erhielten lediglich anonyme Unterstützung aus der Herdelite: »Ich stehe auf Ihrer Seite, aber bitte schreiben Sie es nicht. Sie wissen, kein Koch kritisiert einen anderen, das ist das oberste Gebot.« Genau wie im Schach gab es ZAA-Sympathisanten, die unsere Diskussionen gern aggressiv eröffneten. »Die Sklaverei war auch traditionell«, raunzte mich der französische Chemiker Hervé This an. »Und sie war nicht schön«. Da unsere Debatte im französischen Radio stattfand, verkniff ich mir den Hinweis, dass fast alle Diktaturen des 20. Jahrhunderts sich dem Volk gegenüber auch als avantgardistisch verkauft hatten. Wir redeten nicht über Sklaverei, sondern über Essen. Ich wollte nie traditionelle Küchenmethoden verteidigen, sondern einfach nur informiert werden, was die Herren der Herde mir auftischten.

Eine beliebte Eröffnung der ZAA-Fraktion bildete der Hinweis, alle Additive seien natürlich, ich konterte mit Säurebädern und Pflanzenschädlingen. Immer wieder gern hörte ich den zweiten Zug der Pro-Molekularen: »Die meisten der in der Avantgarde-Küche eingesetzten Gelier- und Verdickungsmittel sind unverdaulich und werden daher unverändert ausgeschieden.« Das impliziert: »Was unverdaut bleibt, bleibt auch folgenlos.« Stimmt nicht, wie die Studien von Dr. Tobacman zeigen.

Generell könnte man auch die Frage stellen, ob man wirklich ins Restaurant geht, um sich mit unverdaulichen Substanzen wie Methylcellulose oder Carrageenen zu stopfen. »Es kommt auf die Dosis an: Auch Thunfisch und Lachs enthalten Schwermetalle.« Gerade weil es auf die Dosis ankommt, wäre eine korrekte Etikettierung der Gerichte wichtig. Aber: Quecksilber, TBT, Blei, Kadmium und andere Schwermetalle in Fischen stammen aus der industriellen Verschmutzung der Meere. Es sind keinesfalls gewünschte Zutaten.

Permanent variiert wurde ein Argument von Jürgen Dollase aus der *FAZ*: »Ein Konsument nimmt über alle möglichen Formen von industrieller Nahrung bis hin zu Convenience-Food-Elementen pro Woche ein Vielfaches der Zusatzstoffe (E-Nummern) zu sich, die ihm ein Menü der Molekularküche bescheren dürfte.« Volkstümlich ausgedrückt klingt der Satz ein wenig danach, dass man dieses Zeug nicht vermeiden kann, und sich deshalb damit anfreunden soll. Einer der Gründe, weshalb ich überhaupt ins Restaurant gehe, ist, dass ich dort handwerklich auf hohem Niveau zubereitete Speisen genießen möchte – und eben nicht die Methoden der Food-Industrie vorgesetzt bekommen möchte. Mag sein, dass industrielle Lebensmittel endlos haltbar sein müssen. Bei Top-Köchen sind die Wege vom Herd zum Saal kurz, den Gast bekochen sie *à la minute*. Außerdem stelle ich an ein Lebensmittel für 2,50 Euro ganz andere Anforderungen als an ein Menü für 50 oder 200 Euro.

Besonders gern hörte ich, dass »die Industrie Additive zur Kostensenkung nutzt, Köche sie jedoch zur Kreativitätssteigerung einsetzen«. Solch gute Vorsätze sind mir völlig egal. Die Additive wandern nun einmal in meinen Körper. Nicht alle tun mir gut, das hatte ich mehrfach schmerzhaft erfahren. Auf industriellen Lebensmitteln sind die Zusatzstoffe vermerkt, ich kann, aber muss sie nicht kaufen. Im Restaurant weiß ich nicht, was mir das Genie auftischt.

In der Regel kam in den Diskussionen jetzt der Moment, in dem die ZAA-Mitglieder ihren Rhetorikhammer auspackten: Ihr zusatzstofflastiger Stil sei die »Kochkunst der Zukunft«. Wer die nicht mag, der ist von gestern.

Antwort: Wer die Methoden der Industrie will, der muss auch ihre Pflichten akzeptieren. Klare Auszeichnung der verwendeten Stoffe, Maximaldosierungen, Kontrollen, entsprechende Ausbildung der Mitarbeiter sowie … (Hier war ein guter Platz für eine Kunstpause) … selbstverständlich alle haftungsrechtlichen Bestimmungen. Bei den letzten beiden Worten bekreuzigten sich die Köche und ihre Kumpel-Kritiker: Man stelle sich vor, sie müssten

Leuten, die Additive nicht vertragen, womöglich Schadenersatz zahlen, weil sie den Gast nicht auf die Präsenz derselben hingewiesen hatten.

Der Gegenangriff konnte, wie in einer guten Schachpartie, nicht ausbleiben: »Da wird der Koch doch auf den Einkaufszettel reduziert, weil er hier Xanthan oder dort Polyglycerinester wählt! Was ist mit seiner Philosophie?« Entgegnung: »Philosophie landet nicht in Magen und Darm, Additive schon.« Und außerdem: Der einzige, halbwegs philosophische Gedanke, den uns »Spitzenköche« seit zehn Jahren brutalstmöglich um die Ohren hauen, lautet, dass wir unseren Sinnen manchmal misstrauen sollten. Nichts schmeckt zwangsläufig so, wie es aussieht. Parmesan kann kalt ausfallen, Spaghetti können aus gelierten Additiven bestehen. Schon gut, jeder Gast, der solche Lokale mehr als einmal besuchte, hat das inzwischen verstanden.

Jetzt war der Moment gekommen, den Oberkoch zu verteidigen: »Aber Ferran Adrià müssen Sie ausnehmen. Er ist der kreativste Koch überhaupt und nicht schuld dran, dass viele Köche ihn nachahmen!« Nur: Warum hat er dann seine eigene Zusatzstofflinie namens Texturas auf den Markt gebracht? Warum werden die Texturas mit vielen Rezepten geliefert? Adrià generiert die Nachahmer, über die sich seine Verteidiger aufregen, aktiv selbst. Je mehr, desto besser – er will ja eine Mode schaffen und damit einen Markt für seine Produktlinien kreieren.

Ein regelrechter Dauerbrenner bildete der Vergleich mit der jüngeren Küchengeschichte: »Die Nouvelle Cuisine nahm am Anfang auch niemand ernst. Es gab einen Streit zwischen Verfechtern der Tradition und der Moderne. Heute ist Nouvelle Cuisine selbstverständlich.«

Die Nouvelle Cuisine hatten allerdings tatsächlich Köche entwickelt. Sie setzte sich für leichtere, schonend zubereitete Gerichte ein. In der heutigen Avantgarde-Küche gibt es keinen Guérard, keinen Bocuse, sondern Forscherteams, die nicht selten mit Steuergeldern entlohnt werden. Diese Küche ist nicht neu. Sie setzt Techniken ein, die in der Industrie vor Jahren und Jahrzehnten entwickelt wurden. Sie ist das Gegenteil der Nouvelle Cuisine und jeder »neuen Küche«, die Autoren quer durch die Jahrhunderte immer als »leichter, bekömmlicher, näher am Produkt« beschrieben.

Immer willkommen schien mir das Argument von den natürlichen, gesunden Additiven, die fast weltweit zugelassen sind. Dann lehnte ich mich zurück und entgegnete lächelnd, dass die Köche ihre Gäste dann doch erst recht über die Präsenz der Zusatzstoffe im Menü aufklären könnten, schon zur Eigenwerbung. »Langustinos aus Loctudy, Zuchtkaviar aus der Gironde-Mündung, dazu eine Portion E 407 von den Philippinen« sei doch eine prima Menüempfehlung. In der Regel erklären die Köche dann, sie würden nur ganz wenige Zusatzstoffe verwenden. Und ich erwidere seelenruhig: In Gramm gemessen würden sie allerdings noch weniger Trüffel und Kaviar pro Gast nutzen. Dennoch stünden die entsprechenden Gerichte als »getrüffelt« oder »mit Sevruga-Kaviar« auf der Karte.

Als allerletzter rhetorischer Notnagel verblieb dann: »Die Additive sind legal, diese Art zu kochen ist nicht verboten.« Sicher sind die Additive legal. Doch für gewöhnlich wird der Konsument über ihre Präsenz informiert. Nicht so im Restaurant.

Bald wurde die vermeintliche Diskussion zum ewig gleichen Austausch von Floskeln, bei dem nur noch die Reihenfolge variierte. Die »Menüs ohne Additive und Labor-Aromen«-Partei (MO-ALA) inklusive mir selbst beharrte darauf, dass Informationen über Zusatzstoffe auf die Karte gehören. So kann man wählen, was man essen möchte. Die »Zusatzstoffe für Avantgardisten«-Allianz (ZAA) hielt weiterhin Küchenchefs im Allgemeinen und Adrià im Besonderen für Genies, denen alles erlaubt sein müsste. Eine Deklaration von Zusatzstoffen störe den Gast, verteure die Menüs, mache zu viel Arbeit. Im Übrigen solle man sich um den Chemiekram nicht kümmern, wer ausreichend Fertiggerichte zu sich nähme, sei dagegen abgehärtet. Die Unentschlossenen berichteten über den Stand des Schlagabtauschs, fürchteten um ihren Freitisch oder den Ruf der Branche. Über die Verwendung von Labor-Aromen durch Spitzenköche wollte niemand diskutieren. Wahrscheinlich war allein die Vorstellung, dass Gerüche nicht mehr von

Zutaten stammten, sondern jetzt aus Spraydosen kämen, den Leuten doch zu grässlich.

Am Telefon sympathisierten zumindest einige Redakteure mit meinen Ansichten: »Diesen Schund will ich nicht mehr essen.« Aufträge erteilten sie dennoch fortan eher zögerlich. Harte Kritik könnte die Köche stören. Letztendlich macht es beim Leser auch nicht den besten Eindruck, wenn man jahrelang Köche lobt und dann einen Meinungsumschwung vollzieht. »Warte doch einfach ab. Jede Mode geht irgendwann zu Ende«, hieß es hier und da. Ein Kollege meinte entrüstet, er hätte meine »Story auch schreiben können. Denn ich wusste die Geschichte mit den Zusatzstoffen auch«. In bester Tradition der Kumpel-Kritiker hatte der Mann freilich geschwiegen. Und jetzt? Ich zumindest hatte keine Lust, die Zusatzstoff-Panscher als Genies zu beschreiben. Überhaupt ging mir die ganze Inflation an Genialität schon seit Jahren auf die Nerven: Die meisten Köche sind keine Genies. Sie werden zu Genies hochgeschrieben. Wäre es anders, hätte die Welt von heute weit mehr Genies in der Küche aufzuweisen als in Naturwissenschaften, Musik, bildender Kunst und Literatur.

Tatsache ist, dass die imaginäre Inflation an Superlativen sich in Food-Zeitschriften und Guides besser als der reale Sieg des Mittelmaßes verkauft. In ganz Europa beteuert eine überwältigende Mehrheit an Restaurantführern, man hätte noch nie so gut gegessen wie heute. Ein Mantra, das seit 20 Jahren in jedem Vorwort eines Guides beständig gemurmelt wird und sich mit meiner Erfahrung vor Ort nicht im Mindesten deckt. Dies blieb auch eine der offiziellen Kernaussagen der »Zusatzstoffe für Avantgardisten«-Allianz (ZAA): Nie aßen wir besser und kreativer in Europa! Ich weiß nicht, wo die Kollegen von der ZAA ihre kulinarischen Schätze fanden. Ich weiß jedoch, dass sie uns von der MOALA (»Menüs ohne Additive und Labor-Aromen«) eines voraushatten: Sie durften in vielen Medien permanent um Aufmerksamkeit trommeln.

Nun, einen letzten Trommelschlag sollte es noch geben. *Ich will nicht mehr in Restaurant* erschien in französischer Sprache.

Wenn die Teller Trauer tragen
Die gute Küche stirbt in Stille

Frankreich ist ein Land mit einer reichhaltigen kulinarischen Tradition. Die letzte Generation am Herd hatte noch versucht, Gaumen und Nase ihrer Klientel zu erziehen. Herdmeister erklärten mir den Unterschied zwischen Bresse-Hühnern und handelsüblichem Geflügel: »Zehn Quadratmeter müssen pro Bresse-Huhn für artgerechten Auslauf zur Verfügung stehen, das Huhn frisst dabei Wiesenkräuter, Mais und Buchweizen. Kein Huhn wird vor dem Alter von vier Monaten geschlachtet, Kapaune dürfen doppelt so lange leben.« Darauf sind Züchter und Köche stolz – ebenso wie die Dörfler, die zufällig in der Umgebung der Geflügelzüchter leben.

Bretonische Köche erklärten mir vor Jahren, wie sie einen guten Taschenkrebs auswählten: »Zwei gleich große Tiere in den Händen wiegen – das schwerere ist meist das Bessere.« Oder wie sie feststellten, ob ihr Fisch frisch ist: »Fische sollten stets glänzende, gewölbte Augen aufweisen, ihr Fleisch muss sich fest anfassen und ihre Kiemen schimmern, je nach Sorte, rot oder rötlich. Achtung, Händler färben da gelegentlich mit Karotin nach. Eine ›Schleimschicht‹ am Fisch ist bei Seezungen in Ordnung, ein Petersfisch mit Schleimschicht, der ist schon älter.« Ältere Köche genossen es, den Gästen Tipps für den Einkauf zu geben.

Doch wer den Gaumen der Gäste schult, setzt die Latte für sich selber höher, sorgt für wachsende Ansprüche, kann nicht auf billigere Ware ausweichen. Gutes Essen kostet gutes Geld. Frankreich ist ein Land, wo sich auch Menschen, von denen man es vielleicht nicht erwartet, brennend für Gastronomie interessieren. Im September 2009 verteidigte sich ein flüchtiger Häftling in einem Brief an das französische Magazin *Marianne*. Beigelegt hatte er einen Gruß für Périco Legasse, seines Zeichens Restaurantkritiker und Lieblingsautor des mutmaßlichen Straftäters. Samstags ging dieser Mann während seiner Flucht vor der Polizei in einen Zeitschriftenladen und kaufte *Marianne*, um Betrachtungen zu Käse, Wein und Bistros zu lesen.

Auch wenn an jeder Ecke ein Laden für Tiefkühlkost steht, auch wenn viele vermeintliche Bäckereien nur noch aufbacken, auch wenn in Supermärkten mehr Surimi als Frischfisch lagert – in den Köpfen der Menschen gelten gute Zutaten noch etwas, zumindest im Restaurant. Viele französische Feinschmecker hatten deshalb keine große Bewunderung für zusatzstoffreiche Molekularküche. Sie mochten ein Buch, das über all die Zusatzstoffe aufklärte, die heute in Restaurants wandern – auch wenn es von einem Deutschen stammte.

Le Monde, L'Express, Marianne, Le Canard Enchaîné berichteten. Damit schwappte die Zusatzstoff-Frage über den großen Teich – Zeitungen wie *Le Monde* werden weltweit in Redaktionen gelesen. Ein Redakteur von *Valor Investe*, einer brasilianischen Wirtschaftszeitung, interviewte mich ebenso wie Autoren aus Argentinien. Auch *L'Independant* berichtete auf drei Seiten und konnte mit Gerald Garcia erstmals einen ehemaligen Schüler des »El Bulli« befragen. Der war kein großer Anhänger der Verwendung von Additiven, erklärte seinen Mentor jedoch zum »Weltmeister in Sachen Kommunikation«. Der *L'Independant* ist eine Regionalzeitung, doch für mein Anliegen schien der Bericht wichtig. Seine Leser saßen im französischen Teil Kataloniens, dort, wo traditionell starke Heimatverbundenheit herrscht. Wissenschaftler distanzierten sich mir gegenüber von den vermeintlichen Additiv-Zauberern und prangerten deren unwissenschaftliches Arbeiten an. Köche versprachen, ihre Texturas wegzuwerfen und gaben plötzlich Hinweise auf die eine oder andere Küchen-Schweinerei. Ein Künstler mit Wohnsitzen in Paris, Barcelona und Madrid bekannte, »er wäre es leid, permanent mit Avantgarde-Köchen auf eine Bühne gestellt zu werden«. Die seien »die Ponzi-Pyramide des Kulinarischen, etliche ehrenwerte Institutionen haben toxische Adrià-Fonds im Keller ...«

Der Blog der *New York Times* nahm das Buch in seine Lese-Empfehlungen auf, hier und da meldeten sich Fernsehteams an. Die britische *Sunday Times* nannte meine Argumentation die »ultimative Häresie in der Welt der Küche«. Zwei weitere Opfer molekularer Genüsse hatte der Autor des Beitrags gefunden: Bill

Buford, der amerikanische Journalist, der es mehr als ein Jahr in einer Profiküche ausgehalten hatte, sagte, eine »Waffel mit elektrischer Milch« (so etwas gibt es in Avantgarde-Restaurants!) hätte seiner Frau fast die Zunge verbrannt. Ein Student schrieb in einem Buch über »El Bulli« sein »Menü wäre eine Erfahrung und Kunst« gewesen. »Es hat mir sehr gefallen, danach musste ich kotzen.«

In der Welt sprechen wesentlich mehr Leute Englisch als Französisch, die Nachricht von den Additiven landete in Russland und Indien. »Killer Cuisine« titelte die *Times of India*. Ein wenig staunte ich selbst über das Echo in der Presse. Die Reaktion stand in direkter Beziehung zur Lüge, die uns Köche über ihre »guten Zutaten« auftischten. Sie predigten Wein und servierten Wasser. Pünktlich zu Weihnachten 2009 lieferte das französische Unternehmen Sentosphère dann Zusatzstoff-Kits für Kinder aus. Für 33,58 Euro plus Mehrwertsteuer konnte der Nachwuchs damit europaweit »die Geheimnisse großer Köche entdecken«. Mit seinen poppig-naiven Zeichnungen von Gurkenkaviar und Gelee-Spaghetti bildete die »Schule der Gourmets« das schönste Beispiel dafür, in welchen Niederungen des Banalen die Avantgarde der Küche angelangt war. Endlich durften auch die lieben Kleinen mit Zusatzstoffen manschen und panschen.

In Italien präsentierte Staatssekretärin Francesca Martini schließlich ein besonderes Weihnachtsgeschenk für Feinschmecker: Am 22. Dezember 2009 unterzeichnete die blonde Dame lächelnd und vor den laufenden Fernsehkameras meiner Freunde von *Striscia la notizia* eine Verordnung zur Deklaration von Zusatzstoffen im Restaurant: »Es ist absolut notwendig, die Gesundheit der Bürger zu garantieren, auch wenn sie Restaurants besuchen«, erklärte Martini. »Das gilt auch in der Molekularküche mit ihrer Destruktion der Gerichte durch chemische Zusätze.« Und: »Die Lebensmittelindustrie muss Zusatzstoffe knapp deklarieren. Doch ihre Verwendung überwachen staatliche Kontrollinstanzen. Im Restaurant ist das nicht der Fall.« Einige Additive wurden in Restaurantküchen vorübergehend verboten.

Striscia strahlte das Video aus und richtete eine Website mit einem Kalender ein. Ganz oben stand meine Stellungnahme gegen die Zusatzstoff-Küche. Unten stand jetzt eine Verordnung mit dem Titel »Dringende Maßnahmen zum Schutz der Kunden in Restaurants«. Selbst in der spanischen Zeitung *Vanguardia* erschien offene Kritik an der Zusatzstoff-Küche und, wenn auch mit allen rhetorischen Vorsichtsmaßnahmen, Lob für mein Büchlein.

Endlich wurde die optische Aufwertung der Gerichte ohne Rücksicht auf den Geschmack zur Kenntnis genommen, jedoch nicht in der Gourmetpresse: »Der dominierende Manierismus der modernen Küchen hat die Ordnung der Dinge umgeworfen. Die Präsentation der Zutaten hat nicht die Rolle den Appetit zu stimulieren, sondern setzt Emotion vor Vergnügen, Ästhetik vor Technik, Stil vor Freude und Degustation«, schrieb der Philosoph und Marketing-Spezialist Luca Vercelloni in *Gastronomie, Modezyklen und Konsum*, einer Publikation des Recherchezentrums des französischen Modeinstituts. »Die Gourmet-Küche ist jetzt ein familiärer Zweig der Mode. Denn existiert Mode nicht, um das Auge zu erfreuen? Dies erklärt, warum heute das Fotogene die Gastronomie verdrängt.«

Die MOALA (»Menüs ohne Additive und Labor-Aromen«)-Fraktion hatte ein paar Punkte gewonnen. Sogar selbstsichere Molekularköche konnten die Frage nach den Additiven nicht mehr hören. Wurden sie noch geliebt? Von mir jedenfalls nicht. Kurz danach verkündete Ferran Adrià die vorübergehende Schließung seines Lokals. Die offizielle Erklärung klang ein wenig dürftig: Jeden Tag kochen, das sei wie »Galliano (den Modeschöpfer) in die Textilfabrik zu schicken«. Adrià öffnet ein halbes Jahr, jeweils nur abends, verglichen mit ihm, dem angeblichen Fabrikarbeiter, führen alle anderen Köche das Dasein eines Galeerensklaven. Hier und da schrieben Kollegen, die beständige Kritik an der Zusatzstoff-Küche hätte seine sensible Künstlerseele ramponiert. So landete ich in den Nachrichten von *France 2*, etwa 45 Sekunden lang, es konnte sogar eine Minute gewesen sein. Zusatzstoff-Kritik um 20 Uhr, zur besten Sendezeit.

Außer Fabrikarbeit und Künstlerseelen hatte sich ein anderes Problem im Badeörtchen Rosas angesammelt: Der Prozess der Familie Horta gegen Ferran Adrià brodelte der heißen Phase entgegen. Die Buchhaltung hatten die Staatsanwälte und die Familie bereits einsehen dürfen, jetzt lagen konkrete Forderungen auf dem Tisch.

Einmal, auf einer Messe, ergriff ein Verleger meine rechte Hand, hielt sie wie nach einem Boxkampf in die Höhe: »Das ist der Mann, der die Zusatzstoff-Köche erledigt hat«, rief er in die Menge. »Mit einer Faust hat er sie erledigt!« Nun, ganz so war es nicht. Auf jeden Fall glich der Kampfruf einer Szene aus einem Boxfilm: *Rocky XXVI – das Auge der Aromenindustrie.*

Ein Kritiker wie Siebeck war ich nicht geworden. Das musste ich auch nicht mehr. Eigentlich war ich jetzt lieber ich selbst. Ansonsten hätte ich das ganze Zeug, was die Köche da anrührten, vielleicht noch essen müssen. Es ist ein kurioses Gefühl, bestimmte Lokale nicht einmal gegen Erstattung der Spesen und Zahlung eines Honorars besuchen zu wollen. Vielleicht ist es »Entel«, eine Mischung aus Enttäuschung und Ekel?

»Freust du dich denn gar nicht?«, fragten meine Freunde. »Zitate im Ausland! So etwas passiert deutschen Autoren nicht alle Tage!« »Du bist der erste deutsche Autor im kulinarischen Bereich, den Italiener beim Thema Essen beachten«, insistierte Victor. »Die guten Köche lieben dich, selbst hier in Spanien. Nur sagen werden sie dir das nie.« Sicher, Anerkennung tut gut. Aber jeder Journalist weiß, dass in der Coverstory von heute schon morgen früh auf dem Markt die Fische eingepackt werden. Warum diskutieren gebildete Menschen über Marketingprodukte wie »Avantgarde-Küche«, als hinge ihr Leben davon ab?

Ehrlich gesagt, ich weiß es nicht. Vielleicht liegt es nur daran, dass wir alle, egal ob arm oder reich, mehrmals am Tag durch die Küche zum Kühlschrank tigern wollen. Essen als »kleinster gemeinsamer Nenner« der Menschheit. Höchstens über Sex reden wir mehr als über das Kochen, was Pornodarsteller freilich noch nicht ganz in den Starstatus erhoben hat. Eine Gemeinsamkeit lässt sich vielleicht doch finden: Je weniger Menschen Sex haben, desto mehr und lauter reden sie darüber. Und je weniger Menschen kochen … Um die Spitzenköche mit ihren riesigen Weißmützen wird dennoch viel zu viel Wirbel gemacht. Sie haben die

Welt nicht gerettet, sie werden die Grippeviren nicht ausrotten, sie können den Krebs nicht heilen und sie werden unsere Energieprobleme nicht lösen. Sie servieren »Spezereien« für die oberen Zehntausend.

Meine Freude über Zitate, Rezensionen und Fernsehberichte über die Zusatzstoff-Küche hielt sich jedenfalls in Grenzen. Ich hatte einen Ruf gewonnen und eine Liebe verloren, die mich 25 Jahre begleitet hatte. Die Liebe zur »großen Küche«.

Denn wenn unsere »großen« Küchenchefs die Methoden der Lebensmittelindustrie kopieren, statt einen Gegenentwurf zum Konzept der automatisierten Massenspeisung zu bieten, wozu brauchen wir sie dann überhaupt? Diese verlorene Liebe bleibt ein kurioses Gefühl. All das Spektakel der Haute Cuisine hatte sich in mein Herz gefressen. Jetzt vermisste ich die Höhen der Haute Cuisine kein bisschen. Ich blicke auf Websites und Hochglanzmagazine, sehe lachende Köche mit kompliziert konzipierten Kreationen. Doch nie habe ich das Gefühl, unbedingt von diesen Tellerchen naschen zu wollen.

Weil ich schon lange nicht mehr krank bin, sehe ich meinen Apotheker nicht mehr allzu oft. Sie wissen schon, der Mann aus dem ersten Kapitel, der mich vom Hummerzwicken im Leib heilen wollte. »Überlege dir mal, was dir am Essen Spaß macht«, hatte er gefragt. Gut 25 Jahre später hatte ich die Antwort gefunden: Spaß macht mir der Geschmack einer Region. Ich mag authentisches Essen, das so nur in einer Region aufgetischt wird – wechsele ich die Gegend, dann wechsele ich auch das Menü. Solches Essen bildet ein Stück Kulturgut. Regionalküchen verdienen es, gepflegt zu werden. Spaß bereiten mir Köche, die aus einer Handvoll bekannter Zutaten etwas Neues, nie Geschmecktes machen, die ein untrügliches Gespür für das rechte Maß besitzen und sich auf den Einkauf verstehen. Ich liebte das unverfälschte Essen, das Herz und Seele wärmt. Und ich bin froh, relativ jung im bunten Kessel der Gastronomie gelandet zu sein. Nur deshalb hatte ich sie noch kennenlernen dürfen: die großen Köche, die mit besten Viktualien kochen – nicht mit Lieferungen aus dem Chemielabor. Rückblickend besehen hatte ich als Kritiker also sterbende Genüsse gelobt. Getötet wurden sie von denen, die sie eigentlich verteidigen sollten: von einigen »Spitzenköchen«, deren beständiges Loblied auf die besten Produkte nichts als Heuchlerei war. Die Zeit der »großen Küche« war vorbei. Jetzt half nur noch eines: selber kochen.

Epilog: Jetzt bitte keinen Nachschlag

Am 25. April 2010 berichtete die spanische Zeitung *El País* von »Klebesteaks«. Die Europäische Kommission hätte ein neues Klebeenzym zugelassen. Fibrimex® heißt es. Ursprünglich lag wohl einmal der Vorschlag auf dem Tisch, Fleischprodukte sichtbar zu kennzeichnen, wenn sie mit Fibrimex® manipuliert worden waren. Doch, wie das in Europa so ist, einige Länder waren dagegen. Ähnlich wie Transglutaminase kann Fibrimex® »Größe, Form, Aroma und Mundgefühl« beeinflussen. Fibrimex® pappt nahezu untrennbar zusammen, was nicht zusammengehört: Hase und Igel, Hummer und Butt – oder eben Fleisch und Fischreste, damit sie wieder zu stattlichen Portionen wachsen. Laut der entsprechenden Website kommt das Erzeugnis von »einer Gesellschaft mit intellektuellem Industriewissen aus dem Fleischgeschäft«. »Intellektuelles Wissen« manifestiert sich in folgendem Promotiontext: »Das Beste von allem, es ist ganz natürlich. Nur die gleichen natürlichen Proteine, die man auch im Steak findet, das Sie schon essen. Fibrimex® klebt einfach natürliche Proteine namens Fibrinogen und Thrombin zusammen, um das am besten schmeckende Rindfleisch, Schweinefleisch, Geflügel und Meeresfrüchte zu produzieren. Und das Beste daran ist, dass Ihr Geschäft oder Restaurant köstliche Produkte anbieten und gleichzeitig Geld sparen kann.« Ganz natürlich … die Tiere auf der Weide kleben ja auch permanent aneinander fest; jeder Hobbykoch kämpft gegen Fleischfitzel, die sich wieder zu Steaks formen wollen.

»Es gibt Restaurants mit einem *Michelin*-Stern, die bereits mit diesen Verbindungen arbeiten, um neue Produkte zu schaffen. Wir haben das populär gemacht«, resümierte Geert van der Velden, der niederländische Geschäftsführer, gegenüber *El País*. Knapp einen Monat später gewannen die Skeptiker die Oberhand: EU-Abgeordnete stimmten gegen eine europaweite Zulassung von Thrombin. Die Gefahr eines Befalls mit gefährlichen Bakterien wie Salmonellen und Clostridien ist bei Klebefleisch aus verschiedenen Fetzen einfach größer, hieß es. Es fielen die üblichen Politikerworte: »Ein Steak muss ein Steak bleiben«, sagte Jo Leinen, Vorsitzender des Umweltausschusses. Aber die Katze war aus dem Sack oder besser: in der Wurst. Solche und ähnliche Produkte zirkulieren in »Spitzenküchen«. Ich bin Herrn Van der Velden für so viel Offenheit dankbar.

Im Mai 2010 verkündete Azti-Tecnalia, nach eigenen Angaben »Referenzzentrum der Food-Industrie« und Betreiber einer Zusatzstoff-Datenbank für Köche, eine neue Partnerschaft: Künftig werde man auch mit dem baskischen Lokal »Akelarre«, geschmückt mit drei *Michelin*-Sternen, zusammenarbeiten um »neue Lebensmittel-Produkte« (!) und neue Techniken zu entwickeln. Wer von den beiden Partnern wird wohl entwickeln? Und wer wird die Entwicklungen gegenüber Presse und Publikum hoffähig machen?

Azti-Tecnalia ist Partner des neuen »Basque Culinary Center« in Mondragón, das Mitte 2011 seine Pforten eröffnen soll. Hoffnungsvolle Aspiranten werden dann in vier Jahren einen Abschluss in »Haute Cuisine« oder einen »Master in Restaurant Innovation and Management« erwerben können. Und zu akademischen Lorbeeren der hohen Küche zählt dann auch der Einsatz von Additiven aus Azti-Tecnalias Bibliothek. Verschiedenen Ebenen des spanischen Staates, vom Land bis hinunter zur Stadt, war diese Errungenschaft 11 Millionen Euro an Steuergeldern wert, ein Grundstück gab es gratis dazu. Das Gesamtbudget betrug 17,1 Millionen Euro. Laut Presseberichten wird mit Betriebskosten von 85,9 Millionen Euro gerechnet. Pro Jahr. Dieser Geldsegen soll mittels Zusatzstoffen »die Kontinuität der baskischen Küche als Mittelpunkt der Haute Cuisine und Innovation in Zukunft sichern.«

Ist ein böser Geist wie die »Molekularküche« einmal in der Natur, bekommt ihn niemand mehr in die Flasche zurück, das beweisen die Beispiel Fibrimex® und Azti-Tecnalia. Spitzenköche nutzen weiterhin Additive und Aromen. Nur nennen sie das jetzt »Wiederentdeckung der Landküche«. Erste Schritte in diese Richtung wurden schon getan. »Zurück zur Natur« heißt der Küchentrend der »Zehnerjahre«, passend zur wirtschaftlichen Lage dürfen die Menüs ruhig spartanischer ausfallen. Fakturiert werden sie zu früher unvorstellbaren Gigantenpreisen. Küchenchefs propagieren vergessene Kräuter, lassen sich mit fangfrischen Fischen fotografieren, rühmen den Nutzen von bei Vollmondschein geernteten Holunderbeeren, schwärmen von Gewürzen. Sie lächeln mit Bauern und Züchtern und bestens frisierten Zicklein in die Kameras. Die Natur ist wieder König.

All die jungen Köche, die dank Adrià von der Food-Industrie inspiriert wurden, kennen das »Clean Label«-Konzept bestens. Das Schlagwort wechselt, die miesen Praktiken bleiben. Nennen wir Molekularküche doch »Regionalküche reloaded«, oder, neudeutsch, »New Naturals«. Keine Sorge, der additiven Avantgarde geht es prima. Hinter den Kulissen molekularisieren und atomisieren sie weiter, bis schließlich das Aromenspray zum Einsatz kommt. Wie kann ich da so sicher sein, wo namhafte Köche doch öffentlich Eide auf ökologisch verträgliche, nachhaltige Küchenpraktiken schwören? Ganz einfach, weil unter den Unternehmen, die Profiköche mit all dem Additiv- und Aromenzauber versorgen, keine Pleitewelle auftritt. Es geht aufwärts: etwa bei Sens Gourmet auf dem Großmarkt Rungis, einem Händler, der hauptsächlich Additive sowie Pizza- und Bratsprays (»gibt Gemüse Glanz«) führt. Er verzeichnete 2007 und 2008 Umsatzsprünge von mehr als 50 Prozent. Kaum ein Küchenchef gibt offen zu, dass er Produkte von Sens Gourmet nutzt.

Diese Woche hat mich mein Freund Louis angerufen. Sie wissen, der Mann vom Großmarkt. Eigentlich hätte er ja keine Additive anbieten wollen, bedauerte er. Aber die Nachfrage seitens der Köche steigt, besonders bei E 407, E 415 und Aromen. Einen Lieferanten für »vegetarische Gelatinen« hätte er schon um einen Termin gebeten. Ja, er wüsste, dass vegetarische Gelatinen nichts anderes als

Zusatzstoff-Binder seien, »aber was soll man machen, der Kunde verlangt es halt«.

Auch beim Unternehmen Cuisine Innovation hat sich der Umsatz an Additiven zwischen 2007 und 2008 mehr als verdoppelt und legte 2009 nochmals um 68 Prozent zu. Die Gründerin führt den stolzen Titel »Doktorin der Molekulargastronomie« und wirbt als Referenz mit einer ganzen Liste von Sterneköchen, den Idolen ihrer Zunft. Auf dem Lehrplan des »Basque Culinary Centers« war schon vor Eröffnung verzeichnet, dass 8,3 Prozent der vierjährigen Studienzeit auf die Lebensmittelindustrie und ihre Methoden entfällt. Das verrät, wohin die Reise für die studierte Küchen-Avantgarde von morgen geht. Das Spitzenrestaurant als Showroom der Chemieindustrie. Fooddesigner kochen auf, »Spitzenköche« werten auf. Die vollständige Industrialisierung der Gastronomie ist mit Einrichtungen wie dem »Basque Culinary« Center und Doktortiteln in »molekularer Küche« definitiv institutionalisiert; der Tag ist absehbar an dem unsere Zusatzstoff-Köche zu »Professoren der Gastronomie« mutieren und damit offiziell unangreifbar werden. Die vielbeschworene »natürliche Küche« hat eben keine Lobby.

Sicher, es gibt grundehrliche, anspruchsvolle Herdmeister, die solche Methoden als Verrat am eigenen Beruf empfinden. Es sind sogar besonders viele. Aber wo stecken sie? Offene Kritik an Kollegen ginge gegen ihre Berufsauffassung. Kein Koch darf einen anderen kritisieren. Verglichen mit der Omertà dieses Berufsstandes wirkt die Familie Corleone aus Francis Ford Coppolas Film *Der Pate* wie ein offener Debattierclub. Kein Restaurantkritiker hilft mehr, Aromenblender von Aromenzauberern zu unterscheiden. Das große Geld liegt eben bei der Food-Industrie. Autoren, Kritiker, Köche und Eventveranstalter sind darüber bestens informiert und versuchen permanent, vom Fluss der Sponsorengelder zu profitieren. So etwas ist menschlich und, in manchen Fällen, verständliches, unternehmerisches Handeln.

Einen letzten Tritt gab die Wirtschafts- und Finanzkrise 2009 der darbenden Restaurantkritik. Anzeigenkunden für Magazine blieben aus, die Testbudgets wurden auf ein Minimum zusammengestrichen. Auch die letzte gedruckte Ausgabe des amerikanischen *Gourmet* erschien. Das prestigeträchtige Magazin hatte die Kriegsjahre 1941 bis 1945 überlebt und damals Lesern empfohlen, Rezepte für Friedenszeiten zu sammeln. Dem Profitdenken moderner Verlagsmanager entkam *Gourmet* nicht. Und sein ehemaliger Restaurantkritiker? Der schrieb erst einmal die Biografie von Starkoch Adrià. Es gleicht einem symbolischen Akt. *Gourmet* ist am Ende, Kritiker werden Biografen, Hofberichterstatter. Feinschmeckerei, das war einmal. Starkochen ist heute. Eine Multimillionenindustrie, die Essen, Genuss und Restaurants zu reinem Showbusiness mutieren lässt. Alle finden alles gut, Hauptsache, sie werden beim Starchef gesehen und vielleicht sogar per Handschlag begrüßt.

Die Aussicht, als Hofpoet zu enden, löst bei mir das alte Magenzwicken aus. Wo es keine Budgets gibt, kann es auch keine Tester geben. Und dem Heiligenschein der Showbusiness-Köche möchte ich ohnehin keine Sternchen mehr hinzufügen. Was wissen wir denn wirklich darüber, was im Restaurant serviert wird? Wo vorgekocht wird? Wo erstklassige, wo minderwertige Produkte verwendet werden? Wo Zusatzstoffe und Aromen auf die Teller kommen? Nichts. Die Branche beruht auf Sternen, Punkten und bekannten Gesichtern. Deren Ruf ist fleckenlos, so weißgewaschen und derart über alle Zweifel erhaben, dass fast 500 Gäste, die nach dem Besuch des Drei-Sterne-Restaurants »The Fat Duck« an Durchfall und Erbrechen litten, sich erst mit Verspätung und nach massiver Mobilisierung der Medien bei den Gesundheitsbehörden meldeten. Vom Küchenstar krank gekocht, das kann es doch nicht geben ... oder? Tauchen solche Unsicherheiten auf, verlassen sich Menschen inzwischen gern darauf, dass der Gesetzgeber rettend eingreift. Der italienische Gesetzgeber jedenfalls erntet für seinen Versuch, Avantgarde-Köche zur Offenlegung ihrer Zusatzstoffliste zu verpflichten, den Hohn und Spott der Halbgötter in Weiß. Molekularfans, Chemiker und Köche gleichermaßen kündigen auf Websites an, gegen die »schwachsinnige Verordnung « vorzugehen und den Staatsdienern »den Kopf zu frisieren«.

Wer schreibt so etwas? Zum Beispiel der Chemiker Dario Bressanini. Oder der Chemiker Hervé This: »Ein italienisches Ministerium entgleist«. Oder der US-Koch Homaro Cantu: »Lasst uns alle Industriechemikalien den Großunternehmen überlassen – was denken diese Leute eigentlich? Wer steckt hinter diesem Betrug? Innovation ist unvermeidlich und sollte für alle zugänglich sein. Nicht nur für große Konzerne, die Gifte, die unserer Nahrung zugesetzt werden können, patentieren und verstecken.« Gifte für alle, das ist doch fast ein demokratisches Grundrecht. Die italienischen Alajmo-Brüder, anerkannte Spitzenköche, boten ihrer Regierung Nachhilfe in Molekularküche an und beschuldigten das Gesundheitsministerium, »die italienische Küche getötet zu haben«. Große Worte! Ich fürchte da schon eher, dass der Brüsseler Beamtenapparat Wirte und Küchenchefs definitiv von der Deklaration ihrer Zusatzstoffe freistellt.

Während ich dieses Kapitel schreibe, nehmen Lobbyisten bereits Europa-Abgeordnete ins Gebet. Der saftige Profimarkt darf weder der Zusatzstoff- noch der Aromenindustrie entgehen. Gäste über Zusatzstoffe und Aromen zu informieren, so etwas ist unzumutbar für den Clan der Köche, der sich vor den Kameras gern als Hüter kulinarischer Schätze und Traditionen verkauft. Denn das ist die Krux mit der Avantgarde-Küche: Werden Gäste über den Inhalt ihrer Gerichte korrekt informiert, möchten sie meist nicht mehr zur Gabel greifen. Hervé This, der französische Chemiker, und sein britischer Kollege Brite Peter Barham protestierten deshalb im renommierten *Nature*-Magazin gegen einen gesetzlichen Rahmen für Zusatzstoff-Küche. Eine Pflicht zur Deklarierung von Zusatzstoffen würde »die Küche ihrer Magie berauben«, erklärte This, der schon an neuen Leckerlis arbeitet: »synthetische Gerichte« aus »puren Komponenten«, die eine »Notenküche« *(cuisine note à note)* bilden sollen. »Pure Komponenten« sind für This zum Beispiel Glukose, Fruktose, Amylose oder Wasser, ab und zu wandert etwas Polyphenol auf den Teller. Viele dieser Komponenten sind monatelang haltbar oder, wie Leitungswasser, jederzeit verfügbar. Säcke und Flaschen einlagern, hochschleppen, mischen: Guten Appetit! Eine traurige Zukunftsvision für die »Kochkunst«.

Auch diese Innovation wird demnächst ausführlich die Medien bewegen, weil das Resultat zwangsläufig fotogen ausfallen muss. »Notenküche« wird selbstverständlich einen neuen Kontinent an Geschmack und Textur eröffnen und damit flächendeckend lobend besungen werden.

Sind wir wirklich schon so weit? All das »fake food« ist ideal für eine Welt, in der Fische und Krustentiere ausgestorben sind, Gemüse mit Pestiziden durchseucht ist und Klonfleisch vor Hormonen strotzt. So können wir fröhlich unsere aromatisierten Gelatinen und »Notengerichte« verspeisen und als große Kochkunst verehren. Weil wir nämlich nichts anderes mehr haben. Solange wir Menschen, die so etwas anrichten, als Helden am Herd verehren, kann sich an solchen Praktiken nichts ändern. Die Halbgötter in Weiß glauben inzwischen an ihre eigenen Lügen. Lügengeschichten bezüglich Qualität der Zutaten, überbordender Kreativität und hauseigenen »Erfindungen«.

Mir scheint, dass in einer Zeit, in der jeden Tag über Ethik und Nachhaltigkeit geredet wird, sowohl Köche als auch Kritiker ihr eigenes Tun gelegentlich kritisch betrachten sollten:

Wenn Sie Koch sind, fragen Sie sich doch einmal, ob Sie Ihre Gerichte regelmäßig mit Freude selbst essen und vielleicht sogar Frau und Kind vorsetzen würden? Wenn Sie Convenience-Food nutzen, sagen Sie es doch dem Gast. Wenn Sie mit Zusatzstoffen »würzen«, setzen Sie diese Information auf die Karte. Wenn Sie meinen, das könne die Gäste stören … vielleicht haben Sie damit recht. Ein Grund mehr, nicht allzu gierig in den Chemietopf zu greifen. Suchen Sie den Kontakt mit Züchtern, Fischern und Bauern nicht nur wegen der netten Fotos. Vielleicht brauchen wir auf den Speisekarten keine vom Aussterben bedrohten Fischarten? Falls nein, bitte auch keine chemischen Surrogate und Imitate derselben … Distanzieren Sie sich von den Food-Fälschern. Oder machen Sie es wie viele andere, lügen Sie Ihren Gästen etwas vor, geben Sie sich rücksichtslos und kumpelhaft zugleich. Kleiden Sie sich unkonventionell und rasieren Sie einen Streifen aus ihrem Haupthaar. Wenn Sie unverwechselbar sind, muss Ihre Küche es nicht mehr sein. Erklären Sie Ihre Misserfolge zu Experimenten, die »das Machbare zeigen«. Die Presse frisst Ihnen danach aus der Hand. Ich habe das oft genug selbst erlebt.

Wenn Sie Kritiker sind, will ich Sie nicht belehren. Aber glauben Sie mir: Nicht alle Köche sind bessere Menschen, einige sind sogar fähig, Sie ein wenig anzuflunkern. Wäre es nicht schön, mal die zu loben, die mit Lebensmitteln kochen, nicht mit Aromen, Additiven und Convenience? Oder verdienen Sie Ihr Geld lieber im aktuellen »Millionenspiel«? Sie wissen schon: Kritiker überschütten Köche mit Lob, die Aufsteiger der Branche setzen ihren guten Ruf dann für Additive, Labor-Aromen und industriell hergestellte Nahrungsmittel ein. Und mit etwas Glück fließt über das nächste Kochfestival ein Quentchen vom großen Geld zurück.

Wenn Sie Gast sind, hätte ich Ihnen gern geraten, beim nächsten Restaurant-Besuch nach Zusatzstoffen, Convenience und Labor-Aromen zu fragen. Leider dürfen Sie nur bei wenigen Wirten mit einer ehrlichen Antwort rechnen. Misstrauen Sie ruhig allzu kühnen Kreationen, die Ihre Mutter nicht als Nahrungsmittel erkannt hätte. Kochen Sie lieber selbst. Nehmen Sie sich Zeit, studieren Sie die Etiketten, ignorieren Sie ruhig die Produkte mit den Porträts der »Spitzenköche«. Fast alles, was schmeckt, kann man problemlos zu Hause zubereiten. Kaufen Sie gute Ware auf dem Wochenmarkt, dann fällt das Kochen leichter. Falls Sie auf dem Land leben: Vielleicht finden Sie in der Umgebung einen vertrauenswürdigen Bauern oder Geflügelzüchter, der Ihnen Gutes verkauft. Und denken Sie daran: Nicht alle Menschen sagen die Wahrheit, nur weil sie eine weiße Weste tragen.